भारतीय भाषाओं में रामकथा
(असमिया भाषा)
भाग—1

बाईस भारतीय भाषाओं में रामकथा का शृंखलाबद्ध प्रकाशन

सामान्यतः लोकमान्य तिलक, महात्मा गाँधी, स्वामी दयानन्द सरस्वती, विनोबा भावे, डॉ. राममनोहर लोहिया आदि आधुनिक चिन्तक तथा मनीषी भारत के लोकतन्त्र को रामराज्य जैसा देखना चाहते थे क्योंकि देश के सम्पूर्ण राज्यों, भाषाओं, लोकचिन्तन सन्दर्भों एवं भारतीय मनीषियों के आचरणों में यह रामराज्य तन्त्र कब से वर्तमान एवं आचरणीय चला आ रहा है—किन्तु उधर हमारा ध्यान नहीं जा रहा है। भारतीय संस्कृति की इसी गौरवमयी निष्ठा की ओर हम भारतीयों का ध्यान आकर्षित करना इस योजना का लक्ष्य है।

उत्तर प्रदेश शासन के संस्कृति विभाग के अयोध्या शोध संस्थान, अयोध्या, फ़ैज़ाबाद द्वारा परिचालित यह योजना भारतीय प्राचीन सांस्कृतिक अस्मिता को पुनः प्रकाश में ले आने का कार्य कर रही है। यह योजना देश भर के लिए श्रेष्ठता का एक मानक साक्ष्य है। अयोध्या शोध संस्थान, अयोध्या, फ़ैज़ाबाद के निदेशक डॉ. योगेन्द्र प्रताप सिंह को इस गुरुतर कार्य के लिए निश्चित ही सदैव स्मरण किया जाता रहेगा।

सम्पूर्ण भारत में प्रचलित इस समय बाईस भाषाओं के मर्मज्ञ विद्वान एवं मनीषी इस दिशा में जिस निष्ठा के साथ प्रतिबद्ध भाव से इस कार्य के लिए तत्पर हुए हैं, उनका प्रतिफल सभी भाषाओं में रामकथा पर आधारित ये कृतियाँ हैं और इन पुस्तकों में विद्वान मनीषी लेखक अनन्त बधाई के पात्र हैं।

आशा है, यह रामकथा कृति माला भारतीय सांस्कृतिक अस्मिता को देश के नागरिकों को आत्मीय गौरव से निरन्तर अभिभूत करती रहेगी।

—प्रधान सम्पादक की कलम से

भारतीय भाषाओं में रामकथा
(असमिया भाषा)
भाग—1

प्रधान सम्पादक

डॉ. योगेन्द्र प्रताप सिंह

पूर्व प्रोफ़ेसर तथा अध्यक्ष, हिन्दी विभाग
इलाहाबाद विश्वविद्यालय, इलाहाबाद

सम्पादक

डॉ. अनुशब्द

असिस्टेंट प्रोफ़ेसर, हिन्दी विभाग
तेजपुर विश्वविद्यालय, तेजपुर, असम

सह-सम्पादक

डॉ. चारु गोयल

असिस्टेंट प्रोफ़ेसर, हिन्दी विभाग
श्यामा प्रसाद मुखर्जी महिला महाविद्यालय, दिल्ली विश्वविद्यालय

संरक्षक

श्री जितेन्द्र कुमार *आई.ए.एस.*
प्रमुख सचिव, संस्कृति एवं अध्यक्ष, अयोध्या शोध संस्थान

श्री शिशिर *पी.सी.एस.*
निदेशक, संस्कृति एवं उपाध्यक्ष, अयोध्या शोध संस्थान

परिकल्पना

डॉ. योगेन्द्र प्रताप सिंह

निदेशक, अयोध्या शोध संस्थान : तुलसी स्मारक भवन
अयोध्या, फ़ैज़ाबाद (उ.प्र.)

वाणी प्रकाशन

वाणी प्रकाशन

4695, 21-ए, दरियागंज, नयी दिल्ली 110 002

फ़ोन : +91 11 23273167 फ़ैक्स : +91 11 23275710

शाखाएँ

अशोक राजपथ, पटना 800 004, बिहार

कॉफ़ी हाउस कैम्पस, महात्मा गांधी मार्ग, इलाहाबाद 211 001, उत्तर प्रदेश

महात्मा गांधी अन्तरराष्ट्रीय हिन्दी विश्वविद्यालय, वर्धा 442 001, महाराष्ट्र

सुल्तानिया रोड, मोतिया पार्क, भोपाल 462 001, मध्य प्रदेश

www.vaniprakashan.com
marketing@vaniprakashan.in
sales@vaniprakashan.in

In Association with

ESTD.-1986

Ayodhya Shodh Sansthan

presents

BHARTIYA BHASHAON MEIN RAMKATHA : ASAMIYA BHASHA-1

Chief Editor Dr. Yogendra Pratap Singh
Editor Dr. Anushabda
Co-*Editor* Dr. Charu Goel
Visualisation Dr. Yogendra Pratap Singh

ISBN : 978-93-89915-82-2

Religion/Culture

प्रथम संस्करण 2020

मूल्य : ₹ 495

सिटी प्रेस, दिल्ली-110 095 में मुद्रित

वाणी प्रकाशन का लोगो मक़बूल फ़िदा हुसेन की कूची से

सम्पादकीय

रामकथा की जड़ें बहुत गहराई में जमी हुई हैं। उसकी शाखाओं एवं प्रशाखाओं की व्याप्ति देश-देशान्तर तक है। छोटे-मोटे वैषम्य के साथ पूरे विश्व में उसकी पैठ है। विश्व जनमानस पर इसका साम्राज्य है। दशकों पहले अपने शोध-प्रबन्ध में फ़ादर कामिल बुल्के ने साबित कर दिया है कि रामकथा केवल भारतीय कथा नहीं है, यह अन्तराष्ट्रीय कथा है। रामकथा के इस विस्तार को फ़ादर कामिल बुल्के आदिकवि 'वाल्मीकि की दिग्विजय' कहा करते थे। इस कथा की जड़ें ईसा पूर्व चौथी शताब्दी में मिलती हैं। लेकिन यह वाचिक परम्परा में ही सीमित रह जाने के कारण अप्राप्य है। राम को ही 'बोधिसत्व' मानकर रामकथा को जातक कथाओं में भी स्थान मिला है। वाल्मीकि से प्रेरित और प्रभावित होकर भारत की विभिन्न भाषाओं में रामकथा के रूपान्तर मिलते हैं। संस्कृत के बाद पालि, प्राकृत, अपभ्रंश तथा अन्य भारतीय भाषाओं में रामकथा की रचना हुई। यदि आधुनिक भारतीय भाषाओं में रचित रामकथा की बात करें तो इस क्रम में द्रविड़ भाषा परिवार की भाषाओं में प्रणीत राम-साहित्य का नाम पहले आता है। मसलन-तमिल में कम्बन कृत 'कम्ब रामायण' (12वीं सदी), तेलुगु में रंगनाथ रचित 'रंगनाथ रामायण या द्विपद रामायण' (13वीं सदी), मलयालम में राम कवि कृत 'रामचरितम या इरामचरित' (14वीं सदी) तथा कन्नड़ में नरहरि रचित 'तोरवे रामायण' (16वीं सदी)। अब यदि हम आधुनिक भारतीय आर्यभाषाओं में रचित रामकथाओं पर ग़ौर करें तो इस क्रम में हम देखते हैं कि सबसे पहले जिस आधुनिक भारतीय आर्यभाषा में रामकथा मिलती है वह है असमिया भाषा में 14वीं सदी में 'अप्रमादी कवि' माधव कन्दलि द्वारा रचित 'सप्तकाण्ड रामायण'। ध्यातव्य है कि यह रामकथा तुलसी के 'रामचरितमानस' से लगभग डेढ़ सौ वर्ष पूर्व लिखी गयी। आश्चर्य की बात यह भी है कि यह रामकथा सबसे पहले उस प्रदेश में लिखी गयी जो मूलतः कृष्ण-भक्ति प्रधान क्षेत्र है। इससे भी ज़्यादा चकित करने वाली बात यह है कि असम के महान कृष्ण भक्त कवि महापुरुष श्रीमन्त शंकरदेव ने अपना पहला बरगीत 'मन मेरे राम चरणहि लागू...' और अन्तिम नाटक 'रामविजय' राम को केन्द्र में रखकर लिखा है। यह महज़ इत्तेफ़ाक़ तो नहीं हो सकता। यह रामकथा की चतुर्दिक व्याप्ति तथा उसकी गरिमा-महिमा नहीं है तो और क्या है? ख़ैर, श्रीमन्त शंकरदेव विरचित 'उत्तरकाण्ड' और कवि प्रवर माधवदेव कृत 'आदिकाण्ड' असमिया रामकथा की शृंखला की महत्त्वपूर्ण कड़ियाँ हैं। इसी क्रम में अनन्त कन्दलि के 'पाताखण्ड रामायण' एवं 'जीवस्तुति रामायण', हरिहर विप्र के 'लवकुशर युद्ध', दुर्गावर कायस्थ के 'गीतिरामायण', अनन्त ठाकुर अता के 'श्रीराम कीर्तन', रघुनाथ महन्त के 'अद्‌भुत रामायण' एवं 'कथा रामायण', श्रीराम अता के 'अध्यात्म रामायण' आदि का भी नाम लिया जा सकता है। इन रामकथाओं में आमतौर पर वाल्मीकि रामायण के सारानुवाद को ही लोकभाषा में कुछ नवीन उद्‌भावनाओं के साथ प्रस्तुत किया गया है। असमिया लोक जीवन एवं लोक संस्कृति के फ़ोक एलिमेंट्स जैसे-असम के विशिष्ट खेलों,

वाद्ययन्त्रों, मछली के प्रकार, सिल्क, ताम्बूल, असमिया जाति, पेशा, व्यवसाय आदि का निवेश इन रामकथाओं को स्वाभाविक एवं मौलिक बनाता है।

ये तो हुई असमिया रामकथा के लिखित रूप की बात। वाचिक रूप में भी असमिया रामकथा की एक सुदीर्घ एवं समृद्ध परम्परा असम के लोकगीतों, संस्कार गीतों एवं श्रम गीतों में मौजूद रही है। 'निसुकनि गीतों', 'हुसरी गीतों', 'बारामाही गीतों', 'नावखेलोवा गीतों', 'बियानाम', 'मन्त्र साहित्य' तथा 'जतुवा ठाँस (लोकोक्ति)' आदि में रामकथा स्थानीय वैशिष्ट्य के साथ उपस्थित है। असम के जनजातीय बहुल समाज में भी अलग-अलग रामकथाएँ अपने लोकल फ़्लेवर के साथ भिन्न-भिन्न रूपों में तथा प्रभूत मात्रा में उपलब्ध हैं। इस दृष्टि से कार्बी जनजाति के 'साबिन आलुन', टाईफाँके जनजाति के 'टाई रामायण' तथा न्यीशी, मिजो, डिमासा, खामति, तिवा, बोडो आदि जनजातियों के लोकसाहित्य में रामकथा पूरी विविधता के साथ मौजूद है।

लिखित और वाचिक साहित्य के अलावा देश-विदेश की साहित्येतर कलाओं मसलन-चित्रकला, मूर्तिकला, स्थापत्य कला, मुखौटा कला आदि में भी रामकथा के दृष्टान्त मिलते हैं। श्रीलंका, जावा, सुमात्रा, कम्बोडिया, थाईलैंड, इंडोनेशिया आदि देशों की विभिन्न कलाओं में भी रामकथा की स्पष्ट छाप मिलती है। असम में स्थित दुनिया के सबसे बड़े नदी द्वीप 'माजुली' की मुखौटा कला विश्व प्रसिद्ध है। माजुली की इस अद्‌भुत कला में भी रामकथा सदियों से जीवन्त है और उसकी अपनी एक विशिष्ट पहचान भी है।

असमिया लोक, शास्त्र और कला में व्याप्त रामकथा के इन्हीं वैविध्यपूर्ण एवं बहुपक्षीय रूपों को उद्‌घाटित करना ही इस पुस्तक का लक्ष्य है।

ग़ौरतलब है कि मॉरिशस में हमारे पूर्वजों को जब काले पानी की सज़ा मिली थी तब दिन भर के जी-तोड़ परिश्रम के बाद शाम को रामकथा (रामायण) ही उनको राहत देती थी तथा हताशा और अवसाद से उबारती थी। रामायण उनके लिए ट्रैंक्विलाइज़र थी। यही उनकी मानसिक खुराक थी, संजीवनी थी। आज भी जब पूरी दुनिया दहशत में है और 'कोरोना' वायरस के आगमन से सभी लोग आतंकित हैं तो लगता है कि हमारे पास 'राम नाम' के अलावा कोई मन्त्र नहीं है जो हमारे प्राणों को राहत दे सके, 'कोरोना' से लड़ने की ताकत दे सके :

"राम नाम सुन्दर करतारी
संशय विहग उड़ावन हारी"

वस्तुतः हमारे देश की मनोभूमि ही राममय है। मैथिलीशरण गुप्त ने तो अपनी रचनात्मकता को ही राम के नाम समर्पित कर दिया है और उन्हें ही अपनी काव्यात्मक ऊर्जा का स्रोत मानते हुए कहा है-

"राम, तुम्हारा चरित स्वयं ही काव्य है
कोई कवि बन जाय, सहज सम्भाव्य है।"

आज मानसिक और आर्थिक साम्राज्यवाद से भी निपटने के लिए इसी प्राणदायी और प्रेरणादायी 'राम नाम' को, संजीवनी 'रामकथा' को पुनर्जीवित करने की ज़रूरत है और चर्चा-परिचर्चा के माध्यम से लोगों के मानस की देहरी पर रामनाम रूपी दीपक को प्रतिष्ठित करने की महती आवश्यकता है :

"रामनाम मणि दीप धरु, जीह देहरी द्वार
तुलसी भीतर बाहिरहुँ, जौ चाहसि उजियार"

यह पुस्तक इन्हीं भावनाओं से अनुप्राणित आलेखों का संग्रह है। चयनित आलेख असमिया रामकथा पर केन्द्रित हैं। पुस्तक में संकलित आलेखों में कथ्य और रूप दोनों की ही विविधता है।

उम्मीद है कि यह विविधता पाठकों को पसन्द आयेगी। आलेखों की विषयवस्तु लगभग यथावत है। कहने की आवश्यकता नहीं कि संग्रह में शामिल आलेखों की मौलिकता की पूर्ण ज़िम्मेदारी उनके लेखकों की ही है। लेखकों के विचारों से मेरी सहमति अनिवार्य नहीं है। वैसे भी विचार के लोकतन्त्र में असहमतियाँ ज़्यादा क़ीमती होती हैं।

आभार ज्ञापन तो महज़ एक औपचारिकता है फिर भी कृतज्ञता का ज्ञापन आत्मतोष के लिए ही सही, लेकिन आवश्यक है। इस क्रम में सबसे पहले मैं अयोध्या शोध संस्थान, अयोध्या, फ़ैज़ाबाद के यशस्वी एवं कर्मठ निदेशक डॉ. योगेन्द्र प्रताप सिंह के प्रति हार्दिक आभार व्यक्त करता हूँ जिन्होंने 'भारतीय भाषाओं में रामकथा' विषयक संस्थान की गौरवशाली योजना के अन्तर्गत पूर्ण वित्तीय सहयोग के साथ इस पुस्तक के प्रकाशन की अनुमति प्रदान की। पुस्तक के प्रकाशक श्री अरुण माहेश्वरी, प्रबन्ध निदेशक, वाणी प्रकाशन, दिल्ली एवं अध्यक्ष, वाणी फाउंडेशन, दिल्ली को भी मैं धन्यवाद ज्ञपित करता हूँ जिनकी उपस्थिति इस पूरी योजना में सूत्रधार की तरह रही है। अरुण जी न केवल इस पुस्तक के प्रकाशक हैं बल्कि इस पूरी योजना के परिकल्पक भी हैं। उनके परामर्श और सहयोग से ही यह पुस्तक आपके समक्ष है। अन्त में मैं अपने बौद्धिक आइकन तथा रचनात्मक प्रेरणा के स्रोत अपने बाबूजी प्रो. शिवमंगल राय को अन्तश्चेतना की गहराइयों से नमन करता हूँ जिन्होंने मुझमें पढ़ने-लिखने का संस्कार दिया। माँ श्रीमती रश्मि राय, पत्नी चारु गोयल और बिटिया अनुकृति के स्नेह और प्रेम ने इस बौद्धिक अनुष्ठान के दौरान हमेशा मेरे अन्दर एक नवीन ऊर्जा का संचार किया तथा करणीय कर्म के प्रति रुचि पैदा की। अपने विद्यार्थियों के प्रति आभार ज्ञापन के लिए यक़ीनन मेरे पास शब्द नहीं है। उनके अनवरत सहयोग के बिना इस कार्य की सफलता सन्दिग्ध थी।

यदि यह संग्रह, संग्रहणीय बना तथा सुधी पाठकों में विषय के प्रति रुचि, कौतूहल तथा जिज्ञासा का संचार कर सका तो इसका सारा श्रेय संग्रह में शामिल आलेखों के लेखकों का होगा। इसकी सारी सफलता और लोकप्रियता आलेखों के लेखकों के नाम है। पुस्तक आप प्रबुद्ध पाठकों के बौद्धिक निकष पर परखने हेतु प्रस्तुत है। आपके परामर्श और प्रतिक्रियाएँ प्रतीक्षित हैं।

अनुशब्द
असिस्टेंट प्रोफ़ेसर,
हिन्दी विभाग
तेजपुर विश्वविद्यालय, तेजपुर, असम-784028
anush@tezu.ernet.in/anushabda@gmail.com

अनुक्रम

असम में राम

प्रो. गजेन्द्र कुमार पाठक

असम जाने से पहले शंकरदेव के हिन्दी से तीन सम्बन्धों से मैं परिचित था। एक तो यह कि वे ब्रजबुलि में लिखते थे। दूसरा यह कि वे कबीर से मिलने के लिए मगहर आये थे। तीसरी बात यह कि मिथिला में प्रचलित बिदापत नाच पर शंकरदेव का गहरा प्रभाव था।

महाराष्ट्र के सन्त कवियों के ब्रजभाषा काव्य की लम्बी परम्परा को देखते हुए यह एक प्रीतिकर आश्चर्य लगता है कि ब्रजबुलि ने एक लम्बे समय तक सम्पर्क भाषा का काम किया है। भारत की भाषाई-सांस्कृतिक एकता की लम्बी परम्परा को जानने-समझने का यह एक बहुत बड़ा प्रमाण है। साथ ही, हिन्दी की सांस्कृतिक परिधि को समझने की एक बहुत महत्त्वपूर्ण कुंजी भी इसी सूचना से जुड़ी हुई है। हिन्दी जो सिर्फ़ एक भाषा नहीं बल्कि एक व्यापक भाषिक संस्कृति है, की जड़ों को जानने-समझने के लिए भक्ति काव्य की यात्रा बेहद ज़रूरी है। हिन्दी की बोलियों ने लम्बे समय से अपनी भौगोलिक सीमा का अतिक्रमण करते हुए गुजरात, महाराष्ट्र से लेकर असम तक से हिन्दी प्रदेशों को जोड़ा है। राममनोहर लोहिया ने एक ज़माने में राम और कृष्ण के सांस्कृतिक महत्त्व को रेखांकित किया था। त्रोता में राम ने उत्तर से दक्षिण को जोड़ा और द्वापर में कृष्ण ने पूरब से पश्चिम को जोड़ा था। लोहिया जी के लिए राम और कृष्ण के सन्दर्भ में यह बहुत बड़ी उपादेयता है। हमारे ईश्वर हमारे देश के भूगोल को भी जोड़ते हैं और इतिहास को भी। प्रेमचन्द ने लिखा है कि वाल्मीकि और वेदव्यास जैसे कवियों ने हमारे ईश्वर का निर्माण किया है। कवि और कविता की ताक़त का इलहाम प्रेमचन्द को था। फ़ादर कामिल बुल्के जैसे भारत और हिन्दीप्रेमी राम को इतिहास पुरुष मानते हैं। राम को इतिहाससम्मत कल्पना मानने के ठोस आधार को रेखांकित करते हुए बुल्के ने उन्हें सिर्फ़ कल्पना पुरुष मानने से इनकार किया था। जीवन-भर ईसाई धर्म को मानते रहे लेकिन मृत्यु के बाद अपनी समाधि पर 'हे राम' लिखवाने की इच्छा रही। इक़बाल ने राम को 'इमामे हिन्द' कहा था। राम का चरित्र भारतीय जनमानस में कितना रचा-बसा है इसे जानने के लिए लम्बी यात्रा पर जाने की ज़रूरत नहीं।

असम की पहली यात्रा में ही मुझे शंकरदेव परिकल्पित नामघर की जानकारी मिली। एक ऐसा साधना-गृह जिसमें बिना किसी भेदभाव के, सब एक साथ बैठकर आराध्य का नाम स्मरण कर सकें। अपने समय के पाखण्डी धार्मिक ढाँचे के विरुद्ध शंकरदेव का यह सत्याग्रह था। शक्ति पूजा में बलि प्रथा के ख़िलाफ़ अहिंसक वैष्णव संकल्प। शंकरदेव द्वारा स्थापित सत्रों से परिचय भी पहली असम यात्रा में ही हुआ। माजुली द्वीप के कलाकारों द्वारा रामकथा के 'मुखाभिनय' यानी मुखौटे पहनकर रामकथा की प्रस्तुति से यह पता चला कि शंकरदेव ने नामघर के साथ-साथ नाटकघरों की भी स्थापना की थी। मुझे 'मानस का हंस' के तुलसीदास याद आये। अमृतलाल नागर ने तुलसीदास

के नाट्य और रंगमंच पक्ष पर प्रकाश डाला है। उनके लिए यह दिव्य स्थिति थी कि हिन्दी का इतना बड़ा कवि किस तरह बनारस जैसे शहर को एक बड़े रंगमंच में बदल डालता है। जो लोग बनारस की रामलीला से परिचित हैं उन्हें बताने की ज़रूरत नहीं कि पूरी रामलीला के अलग-अलग प्रसंगों के अभिनय के लिए अलग-अलग मुहल्ले रंगमंच का काम करते हैं। यह तुलसीदास की परिकल्पना थी। हिन्दी प्रदेश के रामकाव्य परम्परा के सबसे बड़े कवि। राम के चरित्र में नाटक और रंगमंच की कितनी सम्भावना है, तुलसीदास इससे परिचित थे। तुलसी के पहले शंकरदेव राम के चरित्र में इस सम्भावना को पहचान चुके थे। नामघर के साथ नाटकघर के ज़रिये उन्होंने समाज के हर वर्ग को साधना और कला के मंच पर एक साथ बैठने के लिए प्रेरित किया। एक साथ भजन, एक साथ भोजन और एक साथ मनोरंजन के ज़रिये उन्होंने आपसी सामाजिक विश्वास और भरोसे का वातावरण तैयार किया।

शंकरदेव के जीवन से जो परिचित हैं, उन्हें पता है कि किस तरह उन्होंने कठिन परिस्थितियों में अपने समय में सत्ता और धर्म के गठबन्धन से संघर्ष करते हुए सफलतापूर्वक अपनी अलग राह बनायी। तान्त्रिक साधना की धरती पर वैष्णव भक्ति का फूल खिलाने में कामयाब रहे। प्राग्ज्योतिषपुर में नरकासुर की कथा से जो-जो परिचित हैं, उन्हें पता है कि असम की धरती का कृष्ण और सत्यभामा से रागात्मक जुड़ाव रहा है। लोहिया जी ने कृष्ण को पूर्वी और पश्चिमी भारत के बीच जिस सांस्कृतिक कड़ी के रूप में देखा था उसका एक प्रबल साक्ष्य नरकासुर और कृष्ण के युद्ध के रूप में देख सकते हैं। यह युद्ध कोई साधारण युद्ध नहीं था। राम-रावण युद्ध से भी कठिन था यह युद्ध। आततायी नरकासुर से सत्यभामा के सहयोग से मुक्ति दिलाकर असम के जनमानस में कृष्ण ने एक विशेष जगह बनायी थी। शंकरदेव असम के जनमानस में कृष्ण के प्रति अनुराग और लगाव से परिचित थे। कृष्णकाव्य परम्परा और ब्रजबुलि से जुड़कर उन्होंने असम को शेष भारत में लोकप्रिय भक्ति आन्दोलन से जोड़ा। कबीर जिस ज्ञान की आँधी की बात कर रहे थे उस आँधी का वेग कितना प्रबल था इससे भी वे परिचित थे। इसी आँधी की आहट पाने के लिए उन्होंने बारह वर्षों तक पूरे देश की यात्रा की। मुझे याद आ रहा है कि जब गोखले जी ने गाँधी को भारत भ्रमण की सलाह दी थी तब गाँधी 365 दिन की यात्रा पूरी करने के बाद इस निष्कर्ष पर पहुँचे कि जितना 55 साल की उम्र में विभिन्न माध्यमों से भारत को नहीं जाना उससे बहुत ज़्यादा सिर्फ़ एक साल के भारत-भ्रमण से जान गये हैं। अपना देश बड़ा है तब और भी बड़ा था। इतने बड़े देश को सिर्फ़ किताबों से नहीं जाना जा सकता। शंकरदेव ने अपनी दीर्घ यात्रा में महसूस किया कि भारतीय जनमानस में सगुण-निर्गुण के रूप में जो काव्य आन्दोलन चल रहा था उसमें तीन आराध्य लोकप्रिय थे। वे इस बात से भी प्रभावित थे कि कृष्ण के चरित्र में जहाँ निर्गुण के लिए कोई सम्भावना नहीं थी वहीं राम के चरित्र में दोनों सम्भावनाएँ मौजूद थीं। आकस्मिक नहीं है कि शंकरदेव के रचना-संसार में कृष्ण और राम दोनों उपस्थित हैं। उससे भी ख़ास बात मुझे यह लगती है कि राम दोनों ही रूपों में उनके आराध्य हैं। यही नहीं राम उनकी कविता में भी हैं और नाटकों में भी। राम के चरित्र में नाटकीयता के तत्त्वों की पहचान कर उन्होंने भवभूति के बाद सबसे बड़ा प्रयोग किया। मेरे ख़याल से संस्कृत के बाद किसी भी अन्य भाषा में सबसे बड़ा प्रयोग। साधारण जनमानस में राम की आसक्ति से वे प्रभावित रहे होंगे। चूँकि उनकी स्वयं की दिलचस्पी इसी जनसमुदाय में थी इसलिए भी वे राम के प्रति विशेष आकर्षित थे।

श्रीमंत शंकरदेव के 'अंकिया नाट' असम में बेहद लोकप्रिय हुए। असमिया और मैथिली के मेलजोल से उन्होंने कृष्ण के जीवन-चरित को आधार बनाकर जिन एकांकी नाटकों की रचना की

उन्होंने अशिक्षित और उपेक्षित जन-सामान्य को बेहद आकृष्ट किया। यही अंकिया नाट बिदापत नाच के प्रेरणास्रोत बने। जिस तरह विद्यापति ने मिथिला और बंगाल के बीच सेतु का काम किया उसी तरह श्रीमन्त शंकरदेव ने असम और मिथिला के बीच। इन दोनों नाट्य शैलियों ने दोनों समाजों के सर्वाधिक उपेक्षित जन-सामान्य को आकृष्ट किया यह विशेष रूप से रेखांकित करने वाली बात है। भक्ति आन्दोलन के वास्तविक लक्ष्य समुदाय से जुड़ने में इन लोकनाट्य प्रयोगों ने ऐतिहासिक और कालजयी सफलता अर्जित की।

शंकरदेव ने अपना पहला बरगीत बद्रिकाश्रम यात्रा में रचा था। 'बरगीत' अर्थात् 'श्रेष्ठ गीत'। अंकिया नाट की तरह ये गीत भी ब्रजबुलि में थे। इन गीतों में राम हैं। राम से शंकरदेव के रागात्मक संवाद हैं। लगभग उसी तरह जिस तरह कबीर के राम। कबीर अपने राम से बात करते हुए सबसे ज़्यादा समर्पित और कृतज्ञ नज़र आते हैं। शंकरदेव जब अपने पहले ही बरगीत 'मन मेरो राम चरनहीं लागू' को राम के चरणों में अर्पित करते हैं। यह वन्दना तुलसीदास के पहले की वन्दना है। हिन्दी से पहले असमिया ने राम के चरणों में अपनी आस्था प्रकट की थी, इसे ध्यान में रखना होगा। संस्कृत और तमिल के बाद राम पहली बार ब्रजबुलि में आये। रामकाव्य परम्परा का हिन्दी में सूर्योदय असम से हुआ है। पहले बरगीत में ही शंकरदेव का राम के प्रति समर्पण मुझे कबीर और आगे आने वाले तुलसीदास का समुच्चय प्रतीत होता है। तुलसीदास की 'विनयपत्रिका' के पदों का मंगलाचरण शंकरदेव के बरगीतों में मौजूद है। मृत्युबोध की उपस्थिति कबीर की याद दिलाती है। शंकरदेव को राम के अलावा कोई उम्मीद नहीं दिखाई पड़ती।

एक दूसरे बरगीत में कवि अपने हृदय पंकज में राम से बस जाने का निहोरा कर रहा है। राम मित्र हैं, राम बन्धु हैं यहाँ तक कि माँ भी हैं। 'त्वमेव माता, त्वमेव बन्धु भाव।' लेकिन ख़ास बात यह है कि कृष्ण का दास राम को भज रहा है। रामभक्ति का सबसे बड़ा सबब यह है कि वे भय से मुक्ति प्रदान करने वाले ईश्वर हैं। अन्तिम शरणदाता।

एक बरगीत में कृष्ण का यह दास मृत्यु की आगोश में जाने से बचने के लिए राम को पुकार रहा है। मृत्यु-बोध से आशंकित भक्त हृदय राम के पास बार-बार जा रहा है। अपने हृदय में सदा-सदा के लिए बस जाने की गुहार लगा रहा है। शंकरदेव ने राम को दुनिया के सबसे बड़े ख़ज़ाने के रूप में देखा है। ऐसा ख़ज़ाना जो पूरी दुनिया पर सब कुछ लुटाने के बावजूद रिक्त नहीं होता। कवि राम को मृत्यु के ख़िलाफ़ एक अचूक हथियार के रूप में देखता है।

एक बरगीत में वे राम को दुनिया के सभी पाप कर्मों और दुखों से मुक्तिदाता के रूप में याद करते हुए लिखते हैं कि तीर्थ, व्रत, तपस्या, मन्त्र, बलि, योग, न्यायपरायणता, अच्छे कर्म आदि से मुक्ति नहीं मिलने वाली है। माता, पिता, पत्नी, बच्चे सबकी मृत्यु अवश्यम्भावी है। इसलिए सारे भ्रमों को छोड़कर कवि राम के चरणों में शरण की याचना करता है।

मैं थोड़ी देर के लिए यह कल्पना करना चाहता हूँ कि यदि शंकरदेव के सारे पद आज उपलब्ध होते तो हमारे भक्ति काव्य का मानचित्र और कितना व्यापक होता। शंकरदेव सिर्फ़ असम के कवि नहीं हैं। यह तो उन्होंने ब्रजबुलि में लिखकर भी प्रमाणित किया है और यह कहकर भी कि यह उनका सौभाग्य है कि वे भारत के कवि हैं। अमीर ख़ुसरो को हम भारत से बेइन्तहा प्यार करने वाले कवि के रूप में जानते हैं। भक्ति आन्दोलन में मेरे ख़याल से शंकरदेव पहले और अकेले कवि हैं जो अपने को भारत का कवि कहते और मानते हैं। भारत का कवि होना उनके लिए उतने ही सौभाग्य और गौरव का विषय है जितना कृष्ण और राम का भक्त होना।

असमिया 'बियानाम' में राम-प्रसंग : एक अध्ययन

डॉ. रीतामणि वैश्य

पूर्वोत्तर भारत अपनी विविधता के लिए जाना जाता है। पूर्वोत्तर में असम, अरुणाचल प्रदेश, मेघालय, मणिपुर, नागालैंड, मिजोरम और त्रिपुरा—ये सात राज्य आते हैं। अब पूर्वोत्तर में सिक्किम की भी गिनती होने लगी है। सांस्कृतिक दृष्टि से पूर्वोत्तर भारत अति समृद्ध है।

असम उत्तर पूर्व भारत का हृदयस्थल है। साहित्यिक और सांस्कृतिक उपलब्धियों से यह प्रदेश अति महत्त्वपूर्ण है। यहाँ लिखित साहित्य के साथ-साथ मौखिक साहित्य की भरमार है।

असमिया समाज-जीवन का सर्वाधिक रंगीन सामाजिक त्योहार विवाह है, जिसे असमिया में 'बिया' या 'बिबाह' कहा गया है। विवाह मानव-जीवन का एक पवित्र और महत्त्वपूर्ण अध्याय है, जिससे नारी और पुरुष युगल जीवन का शुभारम्भ करते हैं। असमिया विवाह पद्धति पर भारतीय वैदिक एवं आर्यों का प्रभाव मिलता है। राम भारतीय जनजीवन का अमर तत्त्व हैं। भारतीय समाज और संस्कृति की नस-नस में राम तत्त्व विराजमान है। असमिया संस्कृति का अभिन्न अंग विवाह के विविध अवसरों पर गाये जाने वाले राम और राम प्रसंग से जुड़े गीत हैं, जिन्हें 'बियानाम' कहा जाता है। औरतें एकत्रित रूप में ये गीत गाती हैं। 'बियानाम' में किसी प्रकार के वाद्यों का प्रयोग नहीं किया जाता। लोक-साहित्य का अध्ययन हमेशा ही समाज एवं साहित्य के लिए उपादेय रहा है। इस दृष्टि से असमिया विवाह गीतों का अध्ययन आवश्यक है। दूसरी ओर असमिया साहित्य, समाज, संस्कृति सब में राम विराजमान हैं। इसीलिए विवाह गीत में राम-प्रसंग का अध्ययन आवश्यक एवं रोचक है।

प्रस्तुत अध्ययन का उद्देश्य असमिया 'बियानाम' में राम-प्रसंग की महत्ता प्रदर्शित करना है। बियानाम में राम-प्रसंग किन सन्दर्भों में और किस रूप में है, उसका अध्ययन यहाँ किया गया है।

प्रस्तुत अध्ययन असम में प्रचलित विवाह गीतों तक सीमित है। राम के प्रसंग से युक्त असमिया विवाह गीतों के आधार पर शोध-पत्र प्रस्तुत किया गया है। प्रसंगानुसार शिव आदि मिथकीय चरित्रों से समृद्ध अन्य 'बियानाम' पर भी सरसरी नज़र डाली गयी है। कुछ विवाह गीतों का संग्रह असम के नलबारी ज़िले की महिलाओं से किया गया है।

शोध-पत्र के अध्ययन की पद्धति विश्लेषणात्मक है। पत्र का प्रस्तुतीकरण एवं उद्धृतियाँ 'आधुनिक भाषा संस्था' के 7वें संस्करण (MLA 7th edition) के अनुरूप रखे गये हैं। जिन बियानामों के सन्दर्भ नहीं दिये गये हैं, वे ग्रामीण महिलाओं से संगृहीत किये गये हैं।

आवश्यकतानुसार 'बियानाम' की पंक्तियों का लिप्यन्तरण किया गया है। असमिया भाषा में 'स' उच्चारण वाले दो वर्ण हैं—'च' और 'छ'। असमिया भाषा में 'स' के लिए कोमल 'ह' का

उच्चारण होता है। असमिया के 'स', 'च' और 'छ' इन तीनों वर्णों के लिए हिन्दी लिप्यन्तरण में क्रमशः 'स', 'च' और 'छ' रखे गये हैं। हिन्दी भाषा के 'य' वर्ण के लिए असमिया भाषा में दो वर्ण चलते हैं एक का उच्चारण 'य' ही है और दूसरे का उच्चारण 'ज' होता है। असमिया 'य' के लिए हिन्दी में भी 'य' रखा गया है। असमिया के 'य' के 'ज' वाले उच्चारण के लिए लिप्यन्तरण में 'य' रखा गया है।

असमिया	हिन्दी
स	स
च	स
छ	छ
य	य
य(ज उच्चारण वाले)	य
अ'(क')	कॉ

असमिया जनजीवन के प्रत्येक क्षेत्र में राम के प्रसंग मिलते हैं। यहाँ अनेक जगहों के नाम राम से शुरू होते हैं, यथा—रामदिया, रामपुर आदि। बातचीत के प्रसंग में भी राम आते रहते हैं, जैसे—'हे राम, एतिया कि हॉब? (हे राम, अब क्या होगा?), 'राम, राम, कि कथा कोवा?' (राम-राम, कैसी बातें बोलते हो?), 'रामायण पढ़ि शेष हॉल, एतिया सीता कोन बोले रामर माक' (रामायण पढ़कर ख़त्म किया, अब पूछो तो सीता कौन हैं कि राम की माँ) आदि। व्यापक अर्थ समझने के लिए भी रामनाम का प्रयोग होता है, यथा—'राम बेल'(महामूर्ख) आदि। यहाँ के जन्म में राम, मृत्यु में राम, नामघरों में राम, बड़ी बातों में राम, छोटी बातों में राम, सभी जगह राम मिल जाते हैं। प्रत्येक समाज की संस्कृति का अपना-अपना स्वरूप होता है। भारतवर्ष में अलग-अलग सम्प्रदायों, जातियों, धर्मों के समाजों में अलग-अलग तरीक़े से विवाह कराये जाते हैं। असम के हिन्दू धर्म के लोगों के विवाह में भारत के दूसरे प्रान्तों के विवाह से कुछ अलग रीति-रिवाज हैं। धर्म के अनुरूप यद्यपि मूल संस्कारों की मूल बातें एक जैसी ही होती हैं, फिर भी ऐसे संस्कारों में आंचलिकता का प्रभाव रहता है। असमिया समाज के विवाह की एक प्रमुख विशेषता विवाह में गाये जाने वाले गीत हैं, जिन्हें 'बियानाम' कहा जाता है। विवाह के विविध अवसरों पर ये गीत गाये जाते हैं और इन गीतों में राम और राम-प्रसंग बार-बार आते हैं। यहाँ विवाह के अवसर पर गाये जाने वाले गीतों में राम-प्रसंग पर चर्चा करने का प्रयास किया गया है। विवाह के दिन दूल्हे को साक्षात शिव या राम माना जाता है; वैसे ही दुल्हन को पार्वती या सीता का पर्याय माना जाता है—

शिव गोंसाइ आहिछे डंबरु बाजिछे
हेमबन्तर पदुलित कन्या भिक्षा मागिछे।

भावार्थ—प्रभु शिव पधारे हैं। डमरू बजा है। हेमवन्त के आँगन में वे उनकी बेटी माँग रहे हैं।

विवाह के दिन दूल्हे और दुल्हन को सर्वश्रेष्ठ माना जाता है। दूल्हे को 'वर' कहना, जिसका अर्थ है श्रेष्ठ, इसी का परिचायक है। विवाह के लिए यात्रा करते समय वर को लोग पैर छूकर प्रणाम भी करते हैं। विवाह के विविध गीतों में राम का नाम मंगलाचरण-सा लिया जाता है।

'जोरण' के गीत में राम-प्रसंग—विवाह से दो-एक दिन पहले या विवाह के दिन की सुबह दूल्हे के घर से दुल्हन के लिए 'जोरण' या 'तेलर भार' भेजने का एक रोचक रिवाज है। असमिया साहित्य में मनसा कवि ख्यात मनकर ने हर-गौरी के विवाह के समय 'तेलर भार' देने का सजीव चित्र अंकित

किया है। 'जोरण' दूल्हे द्वारा दुल्हन को सामाजिक रूप में पत्नी की मान्यता देने का पहला सामाजिक पड़ाव होता है। इस अनुष्ठान में दूल्हे वाले दूल्हे को छोड़ बाराती की तरह दुल्हन वालों के घर जाते हैं। स्थान भेद से 'जोरण' की सामग्रियों में भी अन्तर देखा जाता है। प्रख्यात साहित्यकार निर्मल प्रभा बोरदोलोई के हवाले से 'असमर संस्कृति-कोश' में कई जोड़े असमिया मेखला-चादर, गमछा, अलंकार, सिन्दूर, कंघी, आईना, ख़ुशबूवाली और सरसों के तेल की बोतलें, दही की कटोरियाँ आदि सामग्रियाँ देने का उल्लेख किया गया है–

बनकरा एसाज, पातलिबछा मेखेला आरु गुणार पारि बछा आशी सूतार चादर, एखन गामोछा, एसँजुलि अलंकार, सिन्दूर, आर्ची-फणि, दुयोर तामोल-कटारी, दुटा सुगन्धि तेलर बटल, दुटा मिठा तेलर बटल, दुटा दैर टेकेलि, दुटा माटिर घट (आरै चाउल, तामोल-पाण घटर भितरत थाके।)

(राजवंशी 2014 : 262)

दूल्हे के घर से 'जोरण' निकलने के समय दूल्हे के घर में औरतें और लड़कियाँ उस वातावरण का वर्णन करती हैं, जहाँ दूल्हे को राम मानकर उसके सगे-सम्बन्धियों को रामायण का पात्र मान लिया जाता है–

कैकेयी ओलाइछे-ऑ प्रजापति
सुमित्रा ओलाइछे-ऑ प्रजापति
ओलाइछे रामर माव प्रजापति
जोरण लै ओलाइछो दिया अनुमति।
जनकर जीयारी-ऑ प्रजापति
जानकी सुन्दरी-ऑ प्रजापति
जोरण पिंधाबलै याय प्रजापति
जोरण लै ओलाइछो दिया अनुमति।

(हाजरिका 2016 : 3)

भावार्थ–हे प्रजापति! कैकेयी और सुमित्रा के साथ राम की माँ 'जोरण' लेकर निकली हैं। 'जोरण' के साथ हम भी जा रहे हैं, हमें आज्ञा दीजिए। जनक की बेटी जानकी सुन्दरी को 'जोरण' पहनाने जा रहे हैं, हमें आज्ञा दीजिए।

'बियानाम' में प्रेम-विषयक गीत भी होते हैं। ऐसे गीतों में दूल्हा-दुल्हन के प्रेम का वर्णन किया जाता है। अतः दोनों के मन में अधीरता रहती है। निम्नलिखित गीत में दूल्हे के लिए दुल्हन के मन की आकुलता का वर्णन किया गया है, दूल्हा-दुल्हन सीता-राम माने गये हैं–

राइजे करिछे-बारीत आछे करदै,
मंगल हरध्वनि-बारीत आछे करदै,
रामचन्द्रइ करिछे सेवाहे बारीत आछे करदै
जोरण निया खरकै,
तात सीताइ कांदि आछे रामर कथा कै कै।

(हाजरिका 2016 : 3)

भावार्थ–बाराती मंगलध्वनि कर रहे हैं। रामचन्द्र प्रणाम कर रहे हैं। 'जोरण' जल्दी ले जाओ। वहाँ सीता राम के लिए रो रही है।

'जोरण' के दुल्हन के घर पहुँचने पर वहाँ की औरतें भी 'बियानाम' गाती हैं। राम-सीता के प्रसंग के बहाने इन गीतों में दुल्हा और दुल्हन के प्रेम का वर्णन किया जाता है–

पाणत पत्र लेखि दिलाहे जानकी
ऐ राम पाणत पत्र लेखि दिलाहे।
सेइ पत्रखनि पाइ रामचन्द्रइ
ऐ राम गहना पठियाइ दिलेहे।
शिरर सेंदूर खुलिब पिंधिब
ऐ राम धरिब कइनार बेशहे।
सेंदूर पिंधिब जनकर जीयारी
ऐ राम रामचन्द्रर मरमर पत्नी हे।
दशरथ रजार प्रथमा बोवारी
ऐ राम रूपे जकेमकाइ आछे हे।

(हाजरिका 2016 : 7-8)

भावार्थ–जानकी ने पान में पत्र लिखकर रामचन्द्र को भेज दिया। उस पत्र को पाकर राम ने गहने भेज दिये। जानकी माथे पर सिन्दूर लगाकर दुल्हन का वेश धारण करेगी। जनक की बेटी सिन्दूर पहनकर दुल्हन बनेगी, जो रामचन्द्र की प्यारी पत्नी होगी। दशरथ राजा की पहली बहू अति सुन्दरी है, जो रूप से चमक रही है।

असमिया समाज की यह बहुत बड़ी विशेषता है कि यहाँ तिलक का कोई पर्व नहीं होता, यहाँ दहेज देने का कोई रिवाज नहीं है। इसके विपरीत दूल्हे वालों के द्वारा दुल्हन को विवाह के लिए कुछ आवश्यक सामग्रियाँ देने की प्रथा है। यहाँ दूल्हे वालों की सामग्रियों से लदकर दुल्हन दूल्हे के घर में जाती है। मायके की एक भी सामग्री शरीर पर न रखने को अच्छा माना जाता है। 'जोरण' में दूल्हे वाले दुल्हन के लिए जो भी सामग्री लाते हैं, उनके परिमाण और संख्या पर उस समाज में दूल्हे की प्रतिष्ठा या छवि बनती है। 'जोरण' के अवसर पर गाये जाने वाले इस गीत में यही भाव मिलता है, जहाँ माँ-बाप के गहने छोड़ राम स्वरूप दूल्हे के भेजे गहने पहनने का आग्रह किया गया है–

मारार अलंकार थोवा काति करि
ऐ राम देउतारार अलंकार थोवा हे
रामे दि पठाइछे सुवर्णर अलंकार
ऐ राम हात योर करि लोवा हे।

(हाजरिका 2016 : 9)

भावार्थ–माँ के दिये हुए गहने रख दो, बाप के दिये हुए गहने भी रख दो। राम ने तुम्हारे लिए सोने के अलंकार भेजे हैं, तुम उन्हें प्यार से ग्रहण करो।

'पानीतोला' गीत में राम-प्रसंग–विवाह के दिन दूल्हा और दुल्हन को अपने-अपने घर में सामूहिक रूप से नहलाया जाता है। इसके लिए औरतें समूह में आसपास के नदी, तालाब आदि से घड़ों में पानी भरने जाती हैं। पाँच, सात या नौ औरतें विवाह का घट लेकर पानी लेने जाती हैं। दूसरी औरतें भी उनका साथ देती हैं। यह अति आनन्द और उत्साह का पर्व होता है। पानी भरने जाते समय दुल्हन और दूल्हे की मंगलकामना से चाकू से पानी काटा जाता है। जो दुल्हन या दूल्हे को नहलायेगी, वह पहला घट पकड़ती है। यह घट अन्य घटों से बड़ा होता है। पानी लेने जाते समय औरतें गाड़ी से जाने की आकांक्षा रखती हैं। इस अवसर पर वे जो गीत गाती हैं, वहाँ भी राम के प्रसंग मिल जाते हैं–

राम राम पानी तुलिबलै
राम राम कोन कोन आहिछ
राम राम दरारे माकक कोवाहे
दरारे दादाके गाड़ी ठिक करिले
धरेने नधरे चोवाहे।

भावार्थ–राम-राम, पानी लेने के लिए कौन-कौन जाना चाहती हो, दूल्हे की माँ से आकर मिलो। दूल्हे के बड़े भाई ने गाड़ी की व्यवस्था की है, उसमें सब जा सकोगे कि नहीं, देखो।

शाम को दुल्हनवालों के घर से दूल्हे को विवाह के लिए निमन्त्रण देने जाने का रिवाज है। इसमें जाने वाले लोगों की संख्या कम होती है। निमन्त्रण में दूल्हे के विवाह के समय पहनने वाले कपड़े और प्रसाधन की कुछ सामग्रियाँ भेंट की जाती हैं। दुल्हन को नहलाने के लिए पानी भरने जानेवाली औरतों के गीतों में दोनों पक्षों की भेंट की गयी सामग्रियों का रोचक उल्लेख मिलता है। यहाँ भी रामनाम के स्मरण के बिना गाना पूर्ण नहीं होता–

पुखुरीर पारे-पारे खागरिर बेरा राम
राम राम
दलि मारि पेलाइ दिलो फटिकरे माला राम
राम राम
तंथे दिछा फटिक माला आमि दिमनो कि?
राम राम
सत्ये सत्ये तिनि सत्ये सत्यभामार जी।

भावार्थ–राम पोखर के तट पर ईख की दीवार हैं। हमने 'फटिक'(क्रिस्टल) की माला फेंक दी। तुम लोगों ने 'फटिक' की माला दी, पर हम क्या दें? हम सच कह रहे हैं। हम सत्यभामा की बेटी की शपथ खा रहे हैं।

सर में दूब अच्छत देने के नाम में राम-प्रसंग–दुल्हन और दूल्हे को नहलाने के बाद उन्हें दूब-अच्छत देने का विधान है। आँगन में चँदवा के नीचे सम्बन्धियों के सामने उनके सर में दूब-अच्छत दिये जाते हैं। विश्वास यह है कि इस विधि में देवता उन्हें आशीर्वाद देते हैं। ऐसे स्थलों पर गाये जाने वाले गीतों में भी राम-प्रसंग भरे पड़े हैं। यहाँ स्नान करने के बाद दूल्हे रूपी रामचन्द्र को स्वर्ग के देवताओं के आशीर्वाद देने का अनुपम वर्णन है–

पुखुरीर चौपशे
पुखुरीर चौपशे
मृग पहु चरे कि राम राम
मृग पहु चरे
ताके देखि रामचन्द्रइ
ताके देखि रामचन्द्रइ
शर धनु धरे कि राम राम
शर धनु धरे।
स्नान करि रामचन्द्रइ

स्नान करि रामचन्द्रइ
मूरत दिये हात कि राम राम
मूरत दिये हात।
स्वर्गर परा देवताये
स्वर्गर परा देवताये
करे आशीर्वाद कि राम राम
करे आशीर्वाद।

(हाजरिका 2016 : 34-35)

भावार्थ—पोखर के चारों ओर हिरण चरता है। उसे देखकर रामचन्द्र धनुष उठा लेते हैं। स्नान कर रामचन्द्र सर पर हाथ रखते हैं जैसे स्वर्ग से देवता आशीर्वाद दे रहे हैं।

दूल्हा-दुल्हन के शृंगार के समय के गीत में राम-प्रसंग—विवाह के दिन दुल्हन को पार्वती या सीता का रूप माना जाता है। उस दिन उसका इस तरह से शृंगार किया जाता है कि उसका रूप अति सुन्दर बन पड़े। उसे शिव या राम के योग्य बनाने के लिए अति अनुपम रूप देने का प्रयास किया जाता है। दुल्हन को सजाते समय औरतें सुन्दर 'बियानाम' गाती हैं—

ऑ मन तरा
दरा आहिछे आयोद्धार परा।
नै, जान, जुरि
आइदेउक सजोवा धुनीया करि।
आइदेउ बहिछे दलिचा पारि
सेओंता फालिछे सेंदूरी आलि।
खोपाटो बांधिबा ओखकै तुलि
सन्मुखत पेलाबा केंकोरा चुलि।
दुचकुत सानिबा कॉलाकै काजल
दीघलकै राखिबा चादरर आँचल।
कपालत दिबा सेंदूरर फोंट
रङाकै बोलोवा आइदेउर ओंठ।

(हाजरिका 2016 : 34-35)

भावार्थ—दूल्हा नदी, झरने पार करके दूर आयोध्या से आये हैं। दुल्हन को इस तरह से सजाओ कि वह अत्यन्त सुन्दरी दीखे। दुल्हन दरी पर बैठी हुई है और उसने माथे पर लम्बी सिन्दूरी रेखा खींच ली है। दुल्हन के जूड़े को ऊँचा बाँधना। सामने घुँघराले बाल छोड़ देना। दोनों आँखों में काला काजल लगाना, चादर का आँचल लम्बा रखना, कपोल में सिन्दूर का टीका लगाना और दुल्हन के होंठ लाल रंग से रँग देना।

इसी तरह से दूल्हे का भी शृंगार किया जाता है। विवाह के लिए घर से निकलते समय चौपाल में चँदवा के नीचे दूल्हे का शृंगार किया जाता है। इस समय दूल्हे को राम का अवतार मानकर आयोध्या से मिथिला जाने का सुन्दर प्रसंग मिलता है, जहाँ रामायण के अनेक महत्त्वपूर्ण चरित्र मिल जाते हैं—

विश्वामित्र बोले शुना राम रघुवर।
बाटचाइ आछे सीता जनकर घर।।

जनकर घरे सीता आछे बाट चाइ।
धनुभाङि बिया कराओं बिदाइ दिया आइ।।
कौशल्या बोलन्त राम योवा शीघ्र करि।
धनु भाङि लै आहा जानकी सुन्दरी।।
ताल बाजे खोल बाजे आरु बाजे बेणु।
खर करा गुरु बापु पाति थैछे धनु।।
राम तुमि कि करिछा बाली भात खाइ।
तात चागे जानकीये आछे बाट चाइ।
गोसांइ घरत सेवा करि लोवा शुभ बर।
भाल मते जिनि आहा जनकर नगर।।

(हाजरिका 2016 : 49)

भावार्थ–विश्वामित्र बोले–रघुवर राम सुनो। सीता जनक के घर में तुम्हारी प्रतीक्षा कर रही है। राम बोले–धनुष तोड़कर सीता से विवाह करने के लिए मैं जा रहा हूँ, माँ मुझे आज्ञा दो। तब कौशल्या बोली–राम तुम शीघ्र जाओ और जनक की सुन्दरी को धनुष तोड़कर ले आओ। ताल, खोल और वेणु सब बजने लगे। गुरु बापू तुम शीघ्र काम निबटा लो, वहाँ धनुष रखा हुआ है। राम तुम क्या कर रहे हो, वहाँ जानकी प्रतीक्षा कर रही है। गोसाईं घर में प्रणाम करो और अच्छी तरह से जनक का नगर जीत आओ।

दूल्हे के साथ चलते समय गाये जाने वाले गीत में राम-प्रसंग–दूल्हे के घर से निकलते समय भी औरतें 'बियानाम' गाती हैं। ऐसे गीतों में यात्रा में आने वाली बाधा और उनके अतिक्रमण के उपाय, दूल्हे की उत्कण्ठा आदि के सुन्दर प्रसंग भरे पड़े हैं। यहाँ दूल्हे रूपी राम की राजकीय बारात का वर्णन दर्शनीय बन पड़ा है–

चटाइ पर्वते नियरे धरिछे
ऐ राम सीता कोन दिशे आछा हे।
पूरबे-पश्चिमे उत्तरे-दक्षिणे
ऐ राम तारे एधाले आछे हे।
जनकर घरते सीता आछे बुलि
ऐ राम रामक बा जनाले कोने हे।
अग्निशर करोंते तारका बधोते
ऐ राम ऋषिए बातरि कॉले हे।
दुकाषे दुशारी लगाइ घृतर बाति
ऐ राम आगत चलाइ गैछे हाती हे।
सात योरा गायने राम ओलाइ गैछे
ऐ राम लगत बाटरुवा आहि हे।

(हाजरिका 2016 : 52-53)

भावार्थ–चटाइ पर्वत ओस से ढँका हुआ है। कहीं कुछ दिखाई नहीं दे रहा। सीता तुम किस दिशा में हो? पूर्व, पश्चिम, उत्तर, दक्षिण–चारों तरफ़ पर्वत फैला हुआ है। जनक के घर में सीता के होने की ख़बर किसने दी पता नहीं। अग्निशर से तारका का वध करते समय ऋषि ने ही उन्हें

सन्देश दिया। दोनों ओर घी के दीपक जलाकर सामने हाथी चलाया गया है। सात जोड़े गाने-बजाने वालों को लेकर राम निकल गये हैं। उनके साथ दूसरे पथिक भी गये हैं।

दूल्हे के पधारने के समय के गीत में राम-प्रसंग–विवाह की विविध विधियों में एक है दूल्हे का स्वागत करना। दूल्हे के पधारने के समय औरतें मंगलध्वनि करती हैं और दुल्हन दूल्हे को प्रणाम करती है। दुल्हन की बहन दूल्हे के पैर धोती और दूल्हे को उसे कुछ पैसे उपहार के रूप में देने होते हैं। फिर दुल्हन की माँ दूल्हे का स्वागत करती है और दुल्हन पक्ष की ओर से कोई दूल्हे को गोद में उठाकर विवाह मण्डप में ले आता है। इस पूरे कार्यक्रम में 'बियानाम' चलते रहते हैं। इस अवसर पर गाये जाने वाले इस गीत में दूल्हे को रघुपति का रूप मानकर उससे स्वयं अपनी शक्ति का प्रदर्शन कर दुल्हन रूपी सीता के लिए योग्य साबित करने को कहा गया है, अन्यथा दुल्हन उसे स्वामी के रूप में स्वीकार नहीं करेगी–

रघुपति राघव दरा हॉले नहॉब
जनक रजार धनुखन/हरधनु तुलि लॉब लागिब।
तुलिलेउ नहॉब गुण लगाब लागिब
तेतियाहे सीतादेवी स्वामी वरन करिब।

भावार्थ–रघुपति राघव, दुल्हा होने से नहीं होगा। जनक राजा का धनुष/हरधनु उठाना होगा। केवल उठाने से नहीं होगा, गुण भी लगाना होगा। तभी सीता तुम्हें स्वामी के रूप में स्वीकार करेगी।

असमिया समाज में बेटी को अत्यधिक महत्त्व दिया जाता है। प्यार से बेटी का पालन-पोषण होता है, अतः किसी दूसरे घर में उसे विदा देते समय माँ-बाप के मन में बड़ी चिन्ता होती है। बेटी के भविष्य को सुनिश्चित करने के लिए दूल्हे से अपेक्षा की जाती है। लड़कियाँ इस अवसर पर रामायण का प्रसंग छेड़कर दूल्हे से दुल्हन को सँभालकर रखने का आग्रह करती हैं। ऐसे गीत में कुछ ही पंक्तियों में पूरा रामायण समेटकर पारिवारिक जीवन को सफल बनाने की विधि बतायी जाती है–

आकाशे बगाइ याय आकाशीलता
शूनाचोन भिनदेउ आयोद्धार कथा
आयोद्धात आछिल दशरथ रजा
शान्तिरे चलिछिल सकलो प्रजा
दशरथर राणी तिनि गराकी
कौशल्या, कैकेयी, सुमित्रा आइ
तारे माजु रानी कैकेयीर मते
रामे चैध्य बछर बनवास खाटे
राम गॉल, लक्ष्मण गॉल, सीता गॉल लगत
तिनिओ गै आछिल असुरर बनत
असुरर मते हरिणा चरे
सेइ सोणर हरिण सीता आइक लागे
राम गॉल, लक्ष्मण गॉल हरिणा खेदि
सीता देवी आछिल कुटिरत बहि
रावण रजा आहे ऋषि भेष धरि
सीताक लै गॉल लंकापुरी

सेइ कतजा भिनदेउ ऐ परेने मनत
जानि शुनि बाइदेउक निनिबा बनत।

भावार्थ–आकाश में अमरबेल रेंगती जाती है। जीजाजी, तुम अयोध्या की बातें सुनो। अयोध्या में दशरथ नाम के एक राजा थे, जो शान्ति से प्रजा पर शासन करते थे। दशरथ की तीन महारानियाँ थीं–कौशल्या, कैकेयी और सुमित्रा। उनमें से रानी कैकेयी के कहने से राम चौदह वर्ष के लिए वनवास का कष्ट उठाते हैं। राम के साथ लक्ष्मण और सीता भी गये। तीनों ने असुरों से भरे वन में प्रवेश किया। हिरण का वेश धारणकर एक असुर वहाँ चर रहा था। सीता को वह हिरण पसन्द आया। उसे पकड़ने के लिए राम और लक्ष्मण ने उसका पीछा किया। सीता कुटिया में बैठी हुई थी। इतने में रावण ऋषि के वेश में वहाँ पहुँचता है और सीता का हरण कर उसे लंकापुरी ले जाता है। जीजाजी, वह कथा तुम्हें अवश्य स्मरण होगी। इसीलिए जानबूझकर दीदी को लेकर वन मत जाना, उसे सँभालकर रखना।

यहाँ इस बात का उल्लेख करना आवश्यक है कि दूल्हे के घर पहुँचने के समय दुल्हन का भी ठीक वैसा ही स्वागत होता है, जैसे दुल्हन के घर में दूल्हे का होता है। दूल्हे की बहन दुल्हन के पैर धोती है और उपहारस्वरूप दुल्हन उसे कुछ रूपये देती है। फिर दुल्हन का ससुराल में प्रवेश होता है।

दुल्हन माँगने के समय के गीत में राम-प्रसंग–दूल्हे के पधारने के बाद दुल्हन को विवाह के लिए आँगन में निकाल देना होता है। यह समय दुल्हन की सहेलियों के हँसी-मज़ाक़ का होता है। दूल्हे वालों द्वारा 'शराइ'* में कुछ सामग्रियाँ लेकर दुल्हन को मण्डप में बुलाने का नियम है। सहेलियाँ सिर्फ़ एक 'शराइ' के बदले में दुल्हन रूपी सीता को दूल्हे रूपी राम को अर्पण करने से मना करती हैं। प्यारी सहेली को अपने से दूर भेजा जा रहा है, इसके बदले में वे दो 'शराइ' की माँग रखती हैं। ऐसे गीतों में भी राम-प्रसंग आता है–

रघुपति राघव, कइना उलियाइ दिबलै आमाक
एखन शराइ दिले नहॉब।
दुखन शराइ लागिब, चफ, मरटन लागिब,
आमार बहुत लगरी भगाइ खाब लागिब।

(हाजरिका 2016 : 65)

भावार्थ–रघुपति राघव, दुल्हन को यहाँ से निकाल देने के लिए हमें एक 'शराइ' देने से नहीं होगा। हमें दो 'शराइ' देना होगा, जिसमें बहुत सारा सामान और मिठाईयाँ होंगी। हम अनेक सहेलियाँ हैं, हमको बाँटकर खाना होगा।

विवाह के समय गाये जाने वाले गीत में राम-प्रसंग–विवाह के अनुष्ठान के समय भी औरतें 'बियानाम' गाती रहती हैं। इस अवसर पर गाये जाने वाले गीतों में वर और वधू के रूप-गुण, कन्यादान की विधि, माँ-बाप और बेटी के हृदय के विदाईजन्य दुख आदि का वर्णन मिलता है। यहाँ दुल्हा राम, दुल्हन सीता और दुल्हन का कन्यादान करने वाले पिता जनक के रूप में माने गये हैं–

---

* शराइ दो टुकड़ों में बँटा एक असमिया बर्तन है, जिसके ऊपर का हिस्सा मन्दिर के ऊपरी हिस्से की तरह नुकीला होता है और नीचे का हिस्सा थाली जैसा होता है। नीचे के हिस्से में सामान रखकर ऊपर के हिस्से से ढँक दिया जाता है।

जनक रजाइ सभार मध्ये रामर हातत धरि।
सीताक उछर्गि दिला सालंकृता करि।।
हातयोर करि रजाइ शुना कृपामय।
लक्ष्मीकन्या सीता देवीक अर्पिलो निश्चय।।

भावार्थ–राजा जनक ने अलंकार से सुज्जजित सीता को सभा के बीच राम को उत्सर्ग (दान) किया और हाथ जोड़ते हुए कहा–हे कृपामय, मैं तुम्हें लक्ष्मीकन्या को अर्पण कर रहा हूँ।

'योरानाम' में राम-प्रसंग–विवाह जीवन का एक अति महत्त्वपूर्ण कर्म होता है। विवाह के आचारों का अत्यन्त विधिवत और गम्भीर रूप से पालन किया जाता है। विवाह के 'योरानाम' से सारा दुखद परिवेश लघु हो जाता है। 'योरा' शब्द का अर्थ है जोड़ना। ग्रामीण अशिक्षित औरतों की काव्यप्रतिभा के साक्षी हैं ये 'योरानाम'। ऐसे नामों से वर पक्ष-वधू पक्ष के लोगों को और वधू पक्ष-वर पक्ष के लोगों को उलाहना देता हैं, व्यंग्य करता है। इस कर्म में उनकी आशु बुद्धि का प्रयोग होता है। योरानाम विवाह का विशेष आकर्षण होता है। इस अवसर पर भी रघुपति की आज्ञा माँगी जाती है–

ऑ रघुपति बियार नाम लॉबलै दिया अनुमति
बिया बिया बुलि ऑ रघुपति
बिया घर बनालो
निचिङे कपालर गाँठि रघुपति
योरा नाम लॉ बलै दिया अनुमति।

भावार्थ–हे रघुपति, विवाह का नाम लेने के लिए हमें आज्ञा दीजिए। विवाह का नाम रटते हुए घर बना लिया फिर भी भाग्य सुप्रसन्न नहीं होता। हमें 'योरानाम' के गीत गाने की आज्ञा दीजिए।

जन्म, मृत्यु और विवाह जीवन की पूर्णतः अनिश्चित घटनाएँ हैं। जन्म को लेकर जन्म लेने वाले को छोड़ सगे-सम्बन्धी बाक़ी सबकीं अपेक्षा रहती है और इसके विपरीत मृत्यु की सब उपेक्षा करना चाहते हैं। विवाह, विवाह प्रार्थी और सगे-सम्बन्धी सबके लिए उत्कण्ठा का विषय है और बहुत लोग इस समय के लिए अधीरता से प्रतीक्षा भी करते हैं। 'योरानाम' में ऐसे विषयों का भी समावेश होता है–

यार बिया येतिया रामर बिया एतिया
सखिये भाबि आछे मोरखन हॉब केतिया।।

(हाजरिका 2016 : 57-58)

भावार्थ–जिसका विवाह जब होना होता है, तभी होता है। राम का विवाह अभी होना तय था। उनके मित्र सोच रहे हैं कि उनका विवाह कब होगा?

दुल्हन की विदाई के 'बियानाम' में राम-प्रसंग–विवाह का सबसे दुखद समय दुल्हन की विदाई का होता है। विदाई के अवसर पर गाये जाने वाले बियानाम में बेटी को बाप किस लाड़-प्यार से बड़ा करते हैं और किस तरह वह अब दुल्हन बनकर बाप के घर से विदा हो रही है, उसका मार्मिक वर्णन होता है। यहाँ दुल्हन को प्यारी मैना कहा गया है, जो राम की दुल्हन बनी–

गछरे खोलोङत आछिलि मइना तइ
गछरे कुँहिपात खाय पेमर मइना
सिरि रामर कइना।

भावार्थ–बेटी तू एक मैना है, जो अब तक पेड़ के खोह में थी और पेड़ के पल्लव खाती थी। अब तू श्रीराम की दुल्हन बन गयी।

उपलब्धियाँ

- असमिया भाषा में लोक गीत का एक समृद्ध भण्डार है और इन लोक गीतों में मिथकीय प्रसंगों का
  व्यापक प्रयोग हुआ है।
- 'बियानाम' असमिया लोक साहित्य की अनमोल निधि है।
- असमिया जनजीवन के अनेक क्षेत्रों में रामायण का प्रसंग विराजमान है।
- 'बियानाम' में राम के अनेक प्रसंग मिलते हैं। राम-प्रसंग के बिना 'बियानाम' अपूर्ण है।
- राम की छवि मर्यादा पुरुषोत्तम की है। अतः विवाह के दिन वर को राम या शिव का रूप माना जाता है और इसके अनुरूप दुल्हन को सीता या पार्वती का रूप माना जाता है।
- असमिया 'बियानाम' में राम के अलावा शिव-पार्वती, राधा-कृष्ण आदि की लीलाओं का भी उल्लेख मिलता है।

निष्कर्ष

असमिया 'बियानाम' में रामायण के अनेक सन्दर्भ मिलते हैं। रामायण की कथाओं से 'बियानाम' की गरिमा अधिक बढ़ी है। विवाह के पवित्र दिन दुल्हन को सीता, पार्वती, राधा और दूल्हे को राम, शिव, कृष्ण आदि माना जाता है। बियानाम में असमिया जनजीवन की छवि मिलती है,साथ ही यहाँ व्यावहारिक जीवन से जुड़े अनुभव का भण्डार मिलता है। राम-प्रसंग 'बियानाम' का अपरिहार्य तत्त्व बन गया है, जिसके अभाव में असमिया 'बियानाम' अपूर्ण हैं।

सन्दर्भ ग्रन्थ

1. गगै, देवेन, सं.बियानाम, तीसरा, गुवाहाटी, सबिता प्रकाश, 2015
2. राजवंशी, परमानन्द, सं. असमर संस्कृति-कोश, दूसरा, गुवाहाटी, ज्योति प्रकाशन, 2014
3. शास्त्री, शिवप्रसाद भारद्वाज, सं. अशोक मानक विशाल हिन्दी शब्दकोश, दिल्ली, अशोक प्रकाशन, 2009
4. हाजरिका, मीना फुकन, बियानामर सफुँरा, प्रथम, गुवाहाटी, चन्द्र प्रकाश, 2016

माजुली की मुखौटा कला में राम

डॉ. राजकुमारी दास

महाबाहु ब्रह्मपुत्र के मध्य स्थित माजुली असम का सबसे आकर्षक पर्यटक स्थल होने के साथ ही असम के प्रमुख वैष्णव तीर्थस्थानों में एक है। इतिहास और संस्कृति को अपने में समेटे हुए माजुली मूलतः एक आध्यात्मिक स्थान है। माजुली न केवल एशिया महादेशों का सबसे बड़ा नदी-द्वीप है बल्कि असम के वैष्णव सन्त महापुरुष श्रीमन्त शंकरदेव द्वारा प्रवर्तित वैष्णव धर्म प्रचार का प्रमुख केन्द्र भी है। जोरहाट ज़िले से 20 किलोमीटर की दूरी पर स्थित माजुली द्वीप पर नाव के ज़रिये ही पहुँचा जा सकता है। प्राकृतिक सौन्दर्य से भरपूर माजुली विविध जाति-जनगोष्ठी की मिलन भूमि है। यहाँ का प्रमुख आकर्षण है यहाँ का सत्र समूह जो यहाँ के प्राण-स्वरूप हैं। माजुली के कण-कण में व्याप्त धर्म और संस्कृति के कारण ही यह स्थल असम के दूसरे पर्यटन स्थलों से अलग है। माजुली के सत्र समूह सम्पूर्ण विश्व में अपनी एक अलग पहचान बनाने में सक्षम हैं। ये सत्र समूह सम्पूर्ण असम की धरोहर हैं जो असम को विश्व दरबार में अपनी एक अलग पहचान दिलाते हैं।

प्राकृतिक सौन्दर्य से भरपूर असम के कुल 32 ज़िलों में मजुली का स्थान अन्यतम है। इसका प्रमुख कारण शंकरदेव-माधवदेव के साथ अन्य सन्तों द्वारा स्थापित सत्र समूह हैं जिनके कारण माजुली सत्र नगरी के रूप में समग्र विश्व में प्रसिद्ध है। हर साल कई हज़ार देशी-विदेशी पर्यटक को आकर्षित करने वाला माजुली असम का गौरव है। अपने जातीय जीवन में माजुली असम के बाक़ी ज़िलों से भिन्न है। इसका कारण है यहाँ के जनजीवन में सत्र-संस्कृति का विशेष प्रभाव। माजुली के निवासी अपनी कला-संस्कृति, रीति-रिवाज, परम्परा तथा सामाजिक, आर्थिक और धार्मिक व्यवस्था को लेकर अत्यन्त सजग और रक्षणशील हैं। माजुली के सत्र-समूह में विकसित विविध कलाओं में प्रमुख है यहाँ का मुखौटा शिल्प। असम को विश्व-दरबार में प्रतिष्ठित करने में माजुली के मुखौटा शिल्प का विशेष योगदान है। केवल माजुली में ही उपलब्ध तथा निर्मित मुखौटों के द्वारा वैष्णव धर्म के विविध धार्मिक तत्त्वों को भाउना में बड़े ही मनोरंजक ढंग से दर्शकों के सम्मुख प्रस्तुत किया जाता है। मुखौटा भाउना का एक अहम हिस्सा है। जगद्गुरु श्रीमन्त शंकरदेव ने तत्कालीन अनपढ़, अशिक्षित, रूढ़ियों एवं अन्धविश्वासों से ग्रस्त जनता को वैष्णव धर्म तत्त्वों को सहज, सरल बनाकर समझाने के लिए 'अंकिया नाट' तथा 'भाउना' का प्रवर्तन किया था और भाउना को मनोरंजक और आकर्षक बनाने के लिए ही मुखौटे का निर्माण और प्रयोग किया था। इस प्रकार वैष्णव धर्म प्रचार में मुखौटा शिल्प की एक महत्त्वपूर्ण भूमिका है। यद्यपि माजुली के सत्र समूहों तथा उनसे सम्बन्धित विषयों पर कई लेख और पुस्तकें प्रकाशित हो चुकी हैं किन्तु मुखौटा शिल्प का उल्लेख इनमें नाममात्र ही देखने को मिलता है। माजुली का मुखौटा शिल्प अपने-आप में एक महत्त्वपूर्ण और अनोखी कला है।

जिस पर अभी तक ज़्यादा चर्चा नहीं हुई है। मुखौटा शिल्प पर शोध आवश्यक है जिसके तहत इस विषय का चुनाव किया गया।

इस लेख को प्रस्तुत करने के लिए विश्लेषणात्मक पद्धति को अपनाया गया है तथा अध्ययन की प्रस्तुति में विविध ग्रन्थों की सहायता ली गयी है। साथ ही तथ्यसंग्रह में स्थानीय लोगों की मदद ली गयी है और ग्रन्थ सूची MLA(Modern language Association) शैली में प्रस्तुत की गयी है।

प्रस्तुत विषय के अध्ययन के पीछे निहित उद्देश्य को निम्नलिखित बिन्दुओं में देखा जा सकता है—

1. सत्र-नगरी के रूप में माजुली के वैभव को दर्शाना।
2. वैष्णव धर्म-चर्चा के रूप में भाउना और मुखौटा शिल्प के महत्त्व को प्रतिपादित करना।
3. मुखौटा शिल्प में अभिव्यक्त राम के चरित्र-चित्रण पर प्रकाश डालना।

माजुली का सामाजिक जीवन यहाँ के सत्र समूहों के बिना अधूरा है। यहाँ का प्रत्येक नर-नारी सत्र के आदर्श तथा संस्कृति द्वारा निर्मित है। महापुरुष श्रीमन्त शंकरदेव और माधवदेव के अतिरिक्त कई सन्त सत्राधिकारियों की प्रमुख कर्मस्थली माजुली रहा है। अतः यहाँ के निवासियों पर सदियों से परम्परागत रूप से वैष्णव धर्म का प्रभाव विस्तार है। वैष्णव धर्म के आधार राम तथा कृष्ण माजुलीवासियों की रग-रग में बसे हुए हैं। रासलीला की भाँति ही माजुली में भाउना अत्यधिक लोकप्रिय है। भाउना में प्रदर्शित मर्यादा पुरुषोत्तम राम का चरित्र माजुली के वैष्णव धर्म का मूल तत्त्व है। जिसकी चर्चा हम निम्नलिखित बिन्दुओं में कर रहे हैं—

माजुली के सत्र-समूह—सन् 1601 से 1700 तक के कालखण्ड के प्रारम्भिक समय में राजा 'जयध्वज सिंह' ने 'निरंजन बापू' से दीक्षा लेकर माजुली में सर्वप्रथम 'आउनीआती' सत्र की स्थापना की थी। तब से ही यहाँ वैष्णव धर्म का शुभारम्भ होने लगा। उसके पश्चात वैष्णव धर्मगुरु महापुरुष श्रीमन्त शंकरदेव ने माजुली यात्रा के दौरान वहाँ 'बेलगुरि' सत्र की स्थापना की जिसे बाद में 'धुवाहाट' सत्र के नाम से भी जाना जाता है। यह वह ऐतिहासिक स्थल है जहाँ महापुरुष श्रीमन्त शंकरदेव और माधवदेव का मणिकांचन संयोग हुआ था। सत्र-समूह मूलतः वैष्णव संस्कृति की चर्चा का केन्द्र हैं जो जगद्गुरु श्रीमन्त शंकरदेव ने 15वीं सदी के आसपास शुरू किये थे। कालान्तर में माजुली में पैंसठ सत्र और स्थापित हुए। असम के कुल 665 मूल सत्रों में से 65 माजुली में ही स्थित हैं। जो माजुलीवासियों के लिए गौरव की बात है। परन्तु दुर्भाग्य की बात यह है कि विविध प्राकृतिक दुर्योग विशेषकर बाढ़, भूकम्प आदि के साथ-साथ देखभाल के अभाव के कारण कई सत्र ब्रह्मपुत्र की गोद में समा गये। इन सत्र-समूहों में वैष्णव धर्म-चर्चा के साथ ही नृत्य-गीत, कला, आयुर्वेद आदि की भी नियमित चर्चा हुआ करती थी। साथ ही, असम की जातीय परम्परा के शिल्प एवं प्राचीन विद्याओं को भी सजीव रूप में जीवित रखा जाता था। उनमें से 'साचिपाठ का पुथि', रात के अँधेरों में चमकने वाला अक्षर, जिसे एक विशेष प्रकार की कीड़े (केंचुले) के रस से बनाया जाता है, प्रमुख था। परन्तु वर्तमान समय में इन सत्र-समूहों में विशेष रूप से शंकरदेव द्वारा प्रवर्तित बरगीत, सत्रीय नृत्य आदि के साथ दशावतार नृत्य, अप्सरा नृत्य, उजा-पालि, झुमुरा नृत्य, नन्दी-भृंगी, नतुआ नृत्य, नाम-कीर्तन, भाउना आदि की नियमित चर्चा होती है। माजुली में स्थित सत्र-समूहों में कमलावरी सत्र, आउनीआती सत्र, गरमूढ़ सत्र, सामगुरी सत्र (पुराना), सामगुरी सत्र (दलनी), दक्षिणपाट सत्र, बेगेनाआती सत्र, नतुन कमलावरी

सत्र, उत्तर कमलावरी सत्र, नेपाली सत्र, आधार सत्र, लाइआति सत्र, हेमारवरी सत्र आदि का नाम लिया जा सकता है। समाज को सामाजिक, आर्थिक, नैतिक और आध्यात्मिक रूप से समृद्ध बनाने में सत्र-समूहों की महत्त्वपूर्ण भूमिका रहती है। परन्तु यह दुर्भाग्य की वात है कि माजुली के 64 सत्रों में से वर्तमान समय में केवल 36 सत्र ही अस्तित्व में हैं। इसका कारण हर साल आने वाली भयंकर बाढ़ है। यदपि प्रत्येक सत्र के अपने-अपने नीति नियम हैं किन्तु समष्टिगत प्रयोजन में आवश्यकता पड़ने पर सभी सत्र आपस में एक हो जाते हैं। इससे सभी को समन्वय की मूल्यवान शिक्षा प्राप्त होती है।

माजुली में धर्म प्रचार—मध्ययुग के अन्तिम चरण में समग्र भारतवर्ष में नव-वैष्णव धर्म जो व्यापक आन्दोलन का रूप धारण कर चुका था उसी के फलस्वरूप भारतवर्ष के विविध प्रान्तों में वैष्णव धर्म तथा साहित्य का जन्म हुआ था। इस क्षेत्र में असम के महापुरुष श्रीमन्त शंकरदेव और उनके प्रिय शिष्य माधवदेव का नाम विशेष रूप से उल्लेखनीय है। इन दो महापुरुषों ने समग्र भारतवर्ष में फैले भक्ति आन्दोलन तथा नव-वैष्णव धर्म को असम में प्रचारित किया। जिससे असम में वैष्णव साहित्य का जन्म होने लगा। यद्यपि अनेक सन्त साहित्यकारों ने इस क्षेत्र में अपना-अपना योगदान दिया है परन्तु शंकरदेव और माधवदेव द्वारा रचित साहित्य द्वारा असमिया साहित्य की नींव खड़ी हुई। इन दोनों महापुरुषों के साहित्य से भक्ति की जो धारा प्रवाहित हुई, वह अत्यधिक प्रभावशाली थी। अपने तीर्थाटन के दौरान जब महापुरुष श्रीमन्त शंकरदेव माजुली पहुँचे तब वहाँ उनकी भेंट माधवदेव से हुई। सर्वप्रथम बेलगुरि सत्र की स्थापना द्वारा माजुली में सत्र-संस्कृति का शुभारम्भ हुआ और साथ ही वैष्णव धर्म का प्रचार-प्रसार प्रारम्भ हुआ।

महापुरुष शंकरदेव न केवल आध्यात्मिक पथ-प्रदर्शक एवं गुरु थे अपितु एक निपुण कलाकार भी थे। उस समय के निरक्षर, अशिक्षित, अन्धविश्वासी एवं कुरीतियों से ग्रस्त जनता को वैष्णव धर्म तत्त्वों को समझाना शंकरदेव के समक्ष एक बहुत बड़ी चुनौती थी। अतः शंकरदेव ने एक ऐसी दृश्य-कला पद्धति का आरम्भ किया जिसे 'अंकिया नाट' कहा जाता है। इसमें पौराणिक-धार्मिक आख्यानों को पात्रों द्वारा अभिनय करके दर्शकों के समक्ष रखा जाता था जो ज्ञानवर्धक होने के साथ-साथ मनोरंजक भी थे। महापुरुष शंकरदेव को 'अंकिया नाट' का जनक कहा जाता है। परवर्ती समय में अंकिया नाट से ही भाउना का जन्म माना जाता है। असमिया समाज में वैष्णव धर्म प्रचार-प्रसार के क्षेत्र में भाउना का विशेष महत्त्व है। जिस प्रकार माजुली 'रास' और सत्र-समूहों के कारण जगत्-विख्यात है उसी प्रकार इन सत्र-समूहों में प्रदर्शित भाउना भी असमिया समाज में अत्यन्त लोकप्रिय है। श्रीमन्त शंकरदेव और माधवदेव ने असमिया समाज में वैष्णव धर्म का जो प्रचार-प्रसार किया था उसी से असमिया धर्म-समाज का स्वरूप बदलने लगा था। शंकरदेव और माधवदेव ने वैष्णव धर्म तत्त्वों को सुगम और सरस पद्धतियों से जनता के लिए बोधगम्य बनाने का भरसक प्रयास किया था। धर्म तत्त्वों को केवल नीति-सिद्धान्तों में बन्द न रखकर नृत्य-गीत, नाटक, एकांकी, चित्रकला, हस्तकला आदि के द्वारा मनोरंजक और बोधगम्य बनने का सफल प्रयास किया था। भाउना इन सभी माध्यमों में से एक बेहद आकर्षक और मनोरंजक दृश्य माध्यम है। यह एक प्रकार का धार्मिक नाट्य है। धर्म-तत्त्वों से सम्बन्धित विविध प्रसंगों को भाउना द्वारा प्रदर्शित किया जाता है। असम में भाउना का प्रारम्भ 'चिह्नयात्रा' नामक अंकिया नाट से माना जाता है जिसे महापुरुष श्रीमन्त शंकरदेव ने बरदोवा के निवास काल के

दौरान लिखा था। परन्तु इससे पूर्व भी असमिया लोकसमाज में 'पुतला नाच' उजा-पालि आदि प्रचलन में होने का प्रमाण मिलता है। 'चिह्नयात्रा' अंकिया नाट में पहली बार शंकरदेव ने मंच का व्यवहार किया था जिसे भाउना में 'पट' कहा जाता है। 'चिह्नयात्रा' नाट के लिए उन्होंने स्वयं चित्र अंकित किये थे, आवश्यक दृश्य परिकल्पना की थी और साथ ही कलाकारों को अभिनय के लिए ज़रूरी तालीम भी दी थी। इसके साथ ही नाट में आवश्यक वाद्य यन्त्र बजाये और स्वयं भी अभिनय किया था। इस प्रकार शंकरदेव ने असमिया संस्कृति में भाउना का इतिहास निर्माण किया था। उनके पश्चात माधवदेव और कई सन्त साहित्यकारों ने अनेकों नाटकों की रचना करके वैष्णव साहित्य को समृद्ध बनाया। और साथ ही समय-समय पर उसे भाउना द्वारा जनता के समक्ष प्रदर्शित भी किया गया। परन्तु जैसे-जैसे माजुली में सत्रों की संख्या में वृद्धि होने लगी और 'निर्मालि' अनुष्ठान में एक नये नाटक का भाउना करना अनिवार्य हुआ तो शंकरदेव, माधवदेव द्वारा रचित नाटक कम पड़ने लगे। अतः सत्रों की आवश्यकताओं की पूर्ति हेतु सत्रांधिकारियों द्वारा अनेकों नाटक की रचना हुई। साथ ही सत्र-समूहों में सत्राधिकारी बनने के लिए धार्मिक कथाओं पर आधारित नाटक लिखने का नियम प्राचीनकाल में प्रचलित था। इस अलिखित नियम ने कई सत्राधिकारियों को नाटक लिखने के लिए अनुप्रेरित किया जिससे माजुली के सत्र-समूहों का नाट्य-साहित्य पर्याप्त समृद्धशाली बना। केवल आउनीआती सत्र में ही इस प्रकार के रचित नाटकों की संख्या 100 से अधिक बतायी जाती है। इस प्रकार नाटकों की संख्या में वृद्धि तो हुई, परन्तु वर्तमान समय में अभी भी कई नाटक इन सत्रों में अप्राप्य रूप में हैं। ज़्यादातर नाटकों के सही तथ्य अप्राप्य हैं। क्योंकि अनेक नाटककारों ने नाटकों के अन्त में अपने नाम के बदले उपनाम तथा हरिदास, कृष्णदास, मूढ़मति आदि शब्द का प्रयोग किया था। असम के सत्र-समूहों में ऐसे कई हज़ार नाटक होने का प्रमाण तो है परन्तु दुर्भाग्य से वे अब अप्राप्य हैं।

माजुली का मुखौटा शिल्प–मुखौटा भाउना का एक महत्त्वपूर्ण हिस्सा है। यह माजुली के सत्र समाज का एक महत्त्वपूर्ण हिस्सा है, साथ ही एक प्रमुख हस्तकला भी है। माजुली के सामगुरी सत्र मुखौटा शिल्प के लिए लोकप्रिय हैं। महापुरुष श्रीमन्त शंकरदेव ने भाउना को अधिक सरस, आकर्षक और लोकप्रिय बनाने के लिए सर्वप्रथम भाउना में मुखौटे का प्रयोग किया था। मुखौटे के प्रयोग द्वारा उन्होंने भाउना के पात्रों को अधिक सजीव और आकर्षक रूप में प्रस्तुत किया था। भाउना में मुखौटा अधिकतर गौण पात्र ही पहनते हैं।

माजुली के सामगुरी सत्र के सत्राधिकारी कुशकान्न देव गोस्वामी जी के भतीजे हेमचन्द्र गोस्वामी एक लोकप्रिय मुखौटा कलाकार हैं। पुराने समय के बहुत सारे मुखौटे जो सही देखरेख के अभाव में नष्ट होने लगे थे उन्होंने उनका पुनरुद्धार कर संरक्षण किया, साथ ही गाँव के कई नौजवानों को यह विद्या सिखायी। उन्होंने समय के साथ-साथ मुखौटा शिल्प को एक नया रूप देने का भी प्रयास किया। साथ ही मुखौटा निर्माण में नयी-नयी पद्धति का प्रयोग किया। जैसे कि पहले किसी पात्र के लिए पूरे शरीर का मुखौटा बनाया जाता था, जो बेहद भारी होने के कारण एक जगह से दूसरी जगह ले जाने में कठिनाई होती थी। गोस्वामी जी ने एक नयी पद्धति का प्रयोग करके उसे आसानी से एक जगह से दूसरी जगह पर ले जाने योग्य बनाया। इस पद्धति में उन्होंने सम्पूर्ण मूर्ति को कई हिस्सों में बनाया ताकि उसे आसानी से खोला और जोड़ा जा सके।

मुखौटा कलाओं में राम–भारतीय सभ्यता, संस्कृति, कला साहित्य में स्थायी एवं सुदृढ़ प्रभाव डालने वाले ग्रन्थों में रामायण निश्चित रूप से अन्यतम है। आदिकवि वाल्मीकि द्वारा

रचित रामायण भारतीय संस्कृति की पहचान है। परन्तु इससे पूर्व भी भारतीय जनजीवन में रामकथा की मौखिक परम्परा होने का दावा इतिहासकार करते हैं। इसके अतिरिक्त अधिकांश प्रादेशिक भाषा की लोक कथाओं में रामकथा होने का प्रमाण मिलता है। उत्तर पूर्व भारतवर्ष में विशेषकर प्रान्तीय भाषाओं में रचित रामायणों में वैष्णव सन्त माधव कन्दलि द्वारा अनूदित 'असमिया रामायण' को प्रान्तीय भाषा में रचित प्रथम रामायण माना जाता है। परन्तु इससे पूर्व भी असमिया जनजीवन में रामकथा का प्रयोग लोक गीतों, लोक कथाओं, लोकोक्ति-मुहावरों तथा तन्त्र-मन्त्र आदि में पाया जाता है। इससे ज्ञात होता है कि असम में रामकथा का

प्रचलन प्राचीनकाल से ही है। असमिया सामाजिक जीवन में रामायण एक अत्यधिक लोकप्रिय एवं धार्मिक ग्रन्थ है। मर्यादा पुरुषोत्तम राम असमिया जनजीवन के कण-कण में बसे हुए हैं जिसकी झलक असमिया लोगों के नामों में भी देखी जा सकती है। जैसे रामचन्द्र, हरि-राम आदि। यहाँ तक कि अचानक से लगी चोट में भी असमिया लोगों के मुँह से बचपन से ही 'उः राम', 'इस राम' शब्द अनायास ही निकल पड़ते हैं।

वैष्णवोत्तर युग में असम के वैष्णव साहित्य में ऐसे कई नाटकों की रचना हुई थी, जिनका आधार-बिन्दु रामायण थी। शंकरदेव द्वारा रचित 'राम-विजय' नाटक भी इसी प्रकार का नाटक है। 'राम-विजय' के पश्चात रामकथा पर आधारित अनेक नाटकों की रचना असमिया वैष्णव साहित्य में हुई और साथ ही उनका असम के विविध सत्रों में भाउना द्वारा अभिनय भी किया गया। माजुली के सत्र-समूहों में रचित नाटकों में भी अनेक नाटक ऐसे हैं जो रामकथा पर

आधारित हैं। जैसे तारकासुर वध, रावण वध, इन्द्रजीत वध, अंगत-रायवर आदि। तारकासुर वध नाटक के लेखक हेमचन्द्र गोस्वामी हैं। रावण वध नाटक कमलावरी सत्र में प्राप्त हुआ था जिसमें लक्ष्मीदेव, गोपालचन्द्र देव और तिखरचन्द्र देव के नाम आते हैं। इन्द्रजीत वध और अंगत-रायवर भी कमलावरी सत्र में प्राप्त हुए थे।

इन नाटकों के अतिरिक्त वैष्णवोत्तर काल से लेकर वर्तमान समय तक ऐसे कई नाटकों की रचना हुई जो रामकथा पर आधारित थे और समय-समय पर इन नाटकों पर भाउना किया गया। जैसे सीता-हरण, बालीवध, रामराज्य, मारीच वध, सीता-वनवास, राम-वनवास आदि।

माजुली के सत्र-समूहों में होने वाले भाउनाओं में रामायण के कई प्रसंगों का सजीव एवं सरस अभिनय देखने को मिलता है। रामकथा पर आधारित भाउनाओं में मर्यादा पुरुषोत्तम राम के चरित्र का सजीव वर्णन होता है। जैसा कि ऊपर उल्लेख किया गया है कि भाउना में मुखौटे का प्रयोग भाउना के गौण पात्र के लिए ही होता है। भाउना के मुख्य पात्र जैसे राम, सीता, लक्ष्मण आदि केवल रूप-सज्जा (make up) के द्वारा ही भाउना करते हैं। मुखौटे का प्रयोग केवल भाउना को आकर्षक बनाने के लिए ही किया जाता है। इसलिए राक्षस, हाथी, घोड़ा, चिड़िया, जटायु, वानर आदि के मुखौ टों का प्रयोग करके भाउना को आकर्षक बनाया जाता है। मर्यादा पुरुषोत्तम राम का चरित्र माजुली भाउना का प्राण है। दर्शक निपुण कलाकारों द्वारा अभिनीत राम को देखकर उसमें लीन हो जाते हैं। भाउना में मुखौटों का प्रयोग उन पात्रों के लिए किया जाता है जो देखने में भयंकर या अस्वाभाविक होते हैं। जैसे रावण, गणेश, ब्रह्म, गरुड़, असुर, राक्षस आदि। मुखौटों का निर्माण बाँस, लकड़ी, काग़ज़ और मिट्टी से किया जाता है। परम्परागत पद्धति से स्थानीय सामग्रियों से निर्मित मुखौटा भाउना का मूल आकर्षण है जिसे सर्वप्रथम जगद्गुरु श्रीमन्त शंकरदेव ने प्रयोग किया था। तब से लेकर वर्तमान समय तक माजुली के भाउनाओं में विविध मुखौटों का प्रयोग होता आ रहा है।

माजुली असम का प्रमुख एवं लोकप्रिय वैष्णव तीर्थस्थल है। प्राचीनकाल से अब तक माजुली ने अपने संस्कृति को जीवित रखा है। इन सत्र-समूहों में नाट्य साहित्य का विशाल भण्डार है जो देख-रेख के अभाव के कारण नष्ट हो रहा है। माजुली का मुखौटा शिल्प अपने-आप में एक लोकप्रिय और दुर्लभ कलाकारी है जिसे संरक्षण तथा विस्तार की आवश्यकता है, साथ ही प्राकृतिक आपदाओं से माजुली को बचाना भी बेहद ज़रूरी है। व्यक्तिगत या सरकारी मदद द्वारा माजुली तथा उसकी संस्कृति को नयी पीढ़ी के लिए संरक्षित करने की आवश्यकता है। साथ ही मुखौटा शिल्प को अधिक लोकप्रिय बनाने और जीवित रखने के लिए ठोस क़दम उठाने चाहिए।

उपसंहार

उपर्युक्त विवेचन के आधार पर यह कहा जा सकता है कि शंकरदेव द्वारा स्थापित सत्र असमिया संस्कृति की नीव हैं जो असमिया समाज के धार्मिक, सामाजिक और सांस्कृतिक केन्द्र के रूप में कालान्तर में विकसित हुए। इन सत्र-समूहों को 'नामघर' या 'कीर्तनघर' नाम से भी जाना जाता है। ये सत्र असमिया ग्राम्य जीवन के प्राण-स्वरूप हैं। बृहद असमिया समाज को एक सूत्र में बाँधने में इन सत्र-समूहों की भूमिका निश्चित रूप से महत्त्वपूर्ण है। सत्र-समूहों में अनुष्ठित भाउना मनोरंजन कारी होने के साथ-साथ लोगों के ज्ञान प्राप्ति का भी प्रमुख माध्यम है। रामकथा पर आधारित

भाउना में प्रयुक्त मुखौटे असमिया समाज की सांस्कृतिक पहचान है तथा भाउना में अभिनीत राम असमिया समाज तथा वैष्णव धर्म की मूल मन्त्र है और सदैव ही असमिया समाज में विद्यमान रहेगा।

सन्दर्भ ग्रन्थ

1. डॉ. विजया बरुवा (राजखोवा)—माधव कन्दलि के रामायण में लोकायत, जीवन-ज्योति प्रकाशन, गुवाहाटी
2. महेश्वर नेऊग, शंकरदेव, माधवदेव, चन्द्र प्रकाश, गुवाहाटी
3. डॉ. भूपेन्द्र राय चौधुरी, वरपेटा सत्र का इतिहास, रेखा प्रकाशन, गुवाहाटी
4. डॉ. सत्येन्द्रनाथ शर्मा, असमिया नाट्य साहित्य, सौमार प्रकाशन, गुवाहाटी
5. डॉ. सत्येन्द्रनाथ शर्मा, रामायण इतिवृत, वीणा लाइब्रेरी, गुवाहाटी
6. डॉ. हीरेन गोहाई, असमिया जातीय जीवन में महापुरुषीया परम्परा, गुवाहाटी
7. डॉ. कनक चन्द्र चहरीया, असम के वैष्णव धर्म और साहित्य, चन्द्र प्रकाश, गुवाहाटी
8. डॉ. केशवानन्ददेव गोस्वामी, सत्र-संस्कृति की रूपरेखा, वनलता प्रकाशन, गुवाहाटी

डॉ. इन्दिरा गोस्वामी और उनका रामायणी साहित्य : एक तुलनात्मक अध्ययन

करबी देवी

डॉ. इन्दिरा गोस्वामी-एक परिचय

ज्ञानपीठ पुरस्कार से सम्मानित असम प्रान्त की प्रतिष्ठित कथाकार डॉ. मामोनी रायसम गोस्वामी उर्फ़ डॉ. इन्दिरा गोस्वामी सिर्फ़ असम की ही नहीं पूरे भारतवर्ष की उज्ज्वल नक्षत्र स्वरूप हैं। आप दिल्ली विश्वविद्यालय में 'आधुनिक भारतीय भाषा साहित्य अध्ययन विभाग' में प्रवक्ता के रूप में कार्यरत रहीं। आपने माधव कन्दलि के असमिया रामायण और गोस्वामी तुलसीदास के रामचरितमानस के ऊपर एक तुलनात्मक अध्ययन करके, दोनों महाकाव्यों के साम्य और वैषम्य पर शोध कार्य किया। आपने रामायणी साहित्य को और अधिक समृद्ध बनाने के लिए देश-विदेश की विभिन्न सभा -संगोष्ठियों में जाकर अपने संगोष्ठी पत्रों का पाठ किया। असम के गुवाहाटी शहर में रामायणी साहित्य आपने एक गवेषणा केन्द्र की स्थापना की जिसको नाम दिया 'साउथ ईस्ट एशिया रामायण रिसर्च सेंटर'। अपने गुवाहाटी स्थित घर का नाम भी आपने रामांजली रखा क्योंकि राम आपके अत्यन्त प्रिय पुरुष थे।

डॉ. इन्दिरा गोस्वामी ने रामायणी साहित्य के अध्ययन के अलावा भी बहुत सारे उपन्यास व कहानी-संग्रह लिखे हैं। उपन्यासों में—दताल हाटीर उइये खोवा हाउदा, चेनावर श्रोत, छिन्नमस्ता, अहिरण, दस्तावेजर नतुन पृष्ठा, नीलकण्ठी ब्रज, दसरथीर खोज, अप्सरा गृह, मामरे धरा तरोवाल, तेज आरु धुलिरे धुसरित पृष्ठा, छिन्नमस्तार मानुहतो आदि प्रमुख हैं।

कहानी संग्रहों में—चिनाकि मरम, कइना, हृदय एक नदीर नाम, मामणि रयचमर श्वनिर्वाचित गल्प (मामोनी रायसम के प्रिय गल्प) आदि प्रमुख हैं।

आत्मजीवनी—आधालेखा दस्तावेज।

जीवनी—महीयसी कमला।

अनुवाद—प्रेमचन्द की कहानी, जातक कथा, कलम आदि।

अंग्रेजी—रामायण फ्रॉम गंगा टू ब्रह्मपुत्र।

सम्पादन—एरि अहा दिनबोर, इंडियन फ़ोकलोर

आपको असम, भारत और विदेशों में विभिन्न सम्मानों से सम्मानित किया गया है। जैसे—ज्ञानपीठ पुरस्कार, साहित्य अकादेमी पुरस्कार, कमल कुमारी पुरस्कार, अमेरिका के फ्लोरिडा विश्वविद्यालय से 'तुलसी बटा' सम्मान। पद्मश्री सम्मान, डी.लिट्. की उपाधि, असम से 'जयमती बटा' सम्मान, दिल्ली के मानस चतुपदी से सम्मान, असम साहित्य सभा का सम्मान आदि। इन सब उदाहरणों और सम्मानों को देखकर हम कह सकते हैं डॉ. इन्दिरा गोस्वामी सिर्फ़ असम की ही नहीं पूरे भारतवर्ष की एक महान लेखिका हैं।

रामायण और रामायणी साहित्य (देश और विदेश में)

रामायण भारतवर्ष का एक प्राचीन महाकाव्य है जो भारत की प्राचीन सभ्यता, आदर्श, धर्म-विश्वास, संस्कृति को वहन करते हुए हर भारतीय के हृदय में बह रहा है। रामायण के रचयिता हैं आदिकवि वाल्मीकि। रामायण शब्द का प्रकृत अर्थ है—**'रामस्यचरितान्वितम अयनं शास्त्रम्'** अर्थात् राम का चरित्र विषयक ग्रन्थ। रामायण को भारत का आदिकाव्य और वाल्मीकि को आदिकवि कहा जाता है।

रामायण में तीन प्रकार का संग्रह देखने को मिलता है। पहला मुम्बई से निकला हुआ, दूसरा बंगीय या गौड़ीय रामायण, तीसरा उत्तर पश्चिम भारत के लाहौर से निकला हुआ। चौथे प्रकार का रामायण बर्लिन की लाइब्रेरी में हस्तलिखित अवस्था में है, यह सुना गया है।[1]

विभिन्न नगरों, कस्बों, गाँव आदि का अतिक्रमण करते हुए रामायण ने जब लिखित रूप लिया तब कहीं-कहीं मूल स्तर से थोड़ा अलग होता दिखाई दिया।

वर्तमान यूरोप की प्रायः सभी भाषाओं में रामायण का अनुवाद हो चुका है। दो सौ पचास शम्बर में रामायण का अनुवाद चीनी भाषा में होने का प्रमाण भी मिला है। उसके बाद पालि भाषा में रामायण की रचना की गयी थी। जावा और बाली आदि द्वीपों में भी शायद प्राचीनकाल में ही रामायण का अनुवाद किया गया था।

रामायण की कहानी का नेपाली पण्डित रघुनाथ भत्त ने 'अध्यात्म रामायण' नाम से नेपाली भाषा में अनुवाद किया। मगर अब इसका सिर्फ़ सुन्दर काण्ड ही उपलब्ध है। इसके पहले मल्लवंशीय राजा के समय में नेवारी भाषा में राम सम्बन्धित नाटक की रचना हुई थी। इसके बाद पहले-पहल 1833 में नेपाली भाषा में राम-विषयक ग्रन्थ 'रामस्वमेध' की रचना हुई। यह ग्रन्थ गद्य में रचित है।[2] उसके बाद सुन्दरानन्द ने नेपाली भाषा में 'सप्तकाण्ड रामायण' की रचना 1839 में की।

नौवीं शताब्दी में दक्षिण में भी तमिल भाषा में रामायण की रचना की गयी थी। ग्यारहवीं शताब्दी में जैन पण्डित हेमचन्द्र आचार्य ने 'जैन रामायण' की रचना की। मगर यह रामायण मूल वाल्मीकि रामायण से थोड़ा अलग है। उसके बाद तेलुगु, उत्कल, मराठी आदि भाषाओं में रामायण की रचना की गयी। चौदहवीं शताब्दी में असम प्रान्त के कामरूप राज्य में कवि माधव कन्दलि ने असमिया भाषा में 'रामायण' की रचना की। इसके बाद कृतिवास ने बांग्ला भाषा में और तुलसीदास ने अवधी भाषा में 'रामचरितमानस' लिखी।

इन सभी कवियों एवं पण्डितों ने यद्यपि मूल वाल्मीकि रामायण की संस्कृति से विभिन्न भाषाओं में अनुवाद किया, इसके साथ ही वे जिस क्षेत्र के वासी थे, उसी स्थान की सामाजिक रीति-नीति, चिन्ता-चर्चा, वेश-भूषा आदि का प्रभाव अपनी-अपनी रामायण पर दर्शाया है। फलस्वरूप यह रामायण सभी प्रान्त के लोगों के हृदय में अपने आप समा गयी।

यह भी एक महत्त्वपूर्ण बात है कि इनके अलावा भी और बहुत सारे कवियों ने रामायण की रचना की है और बहुत से हस्तलिखित रूप भी प्राप्त हुए हैं। जैसे मराठी भाषा में आठ प्रकार के, तेलुगु भाषा में पाँच प्रकार के, तमिल भाषा में बारह प्रकार के, उत्कल भाषा में छह प्रकार के, हिन्दी भाषा में ग्यारह प्रकार के और बंग भाषा में पच्चीस प्रकार के रामायण मिलने की बात कही गयी है।

असमिया भाषा में माधव कन्दलि और अनन्त कन्दलि नामक दो व्यक्तियों ने पहले-पहल रामायण की रचना की थी। कहीं-कहीं अनन्त कन्दलि के रामायण को 'अनन्त रामायण' भी कहा जाता है मगर इसका प्रचार बहुत कम है। इसके अलावा अवधूत आचार्य नाम के एक असमिया कवि ने 'सप्तकाण्ड रामायण' की रचना की थी जो रंगपुर अंचल में मिलने का ज़िक्र है। लेकिन इस रामायण

और इसके कवि को लेकर असमिया साहित्य समाज आज भी अन्धकार में है। पण्डित प्रताप चन्द्र गोस्वामी जी के अनुसार कोचबिहार की स्टेट लाइब्रेरी में यह रामायण होने का प्रमाण है।

इसके बाद असमिया भाषा में और जितने भी रामायणी साहित्य प्राप्त हुए हैं उनका उल्लेख नीचे दिया गया है–

1. अनन्त रामायण–अनन्त ठाकुर आता।
2. सीतार पाताल प्रवेश (सीता का पाताल प्रवेश)–अनन्त कन्दलि।
3. दुर्गावरी रामायण–कवि दुर्गावर।
4. पातालिकाण्ड रामायण–विद्या पंचानन देव।
5. सीतार बनवास (सीता का वनवास)–कवि गंगाराम दास।
6. राम विजय–शंकरदेव।
7. सीता सयम्बर और सीता हरण नाट–शंकरदेव।
8. लव-कुश के युद्ध–हरिहर विप्र।
9. अद्भुत रामायण–रघुनाथ दास महन्त।

उसके बाद डॉ. इन्दिरा गोस्वामी का नाम आता है जिन्होंने माधव कन्दलि के 'रामायण' और तुलसीदास के 'रामचरितमानस' का तुलनात्मक अध्ययन करके अंग्रेजी में 'रामायण फ्रॉम गंगा टू ब्रह्मपुत्र' नामक एक शोधग्रन्थ लिखा।

प्रस्तुत शोध में माधव कन्दलि के 'रामायण' और गोस्वामी तुलसीदास के 'रामचरितमानस' का काफ़ी अध्ययन-मनन करके तुलनात्मक व्याख्या की गयी है। दो साल पहले पार्थप्रतिम हजारिका ने इस ग्रन्थ का असमिया में अनुवाद भी किया है जो असमिया साहित्य जगत के लिए एक महत्त्वपूर्ण बात है। डॉ. इन्दिरा गोस्वामी ने न सिर्फ़ असम प्रान्त में बल्कि पूरे विश्वभर में रामायण और रामायणी साहित्य का शोध एवं अध्ययन किया है।

असम प्रान्त में रामायणी साहित्य

पहले-पहल डॉ. इन्दिरा गोस्वामी ने कहा है कि असमिया समाज तथा जीवन के हर स्तर पर जैसे-लोक-परम्परा, नृत्य-गीत, आचार-व्यवहार आदि में रामायण निवास करती है। प्राचीनकाल से ही रामकथा हर असमिया के हृदय में कूट-कूटकर भरी हुई है। असमिया लोक-संगीत में राम का गुण-कीर्तन किया गया है और हरेक मन्त्र में राम को प्रणाम किया गया है। इसे 'करति मन्त्र' भी कहा जाता है। आपने शोध पत्रिका की भूमिका में असम प्रान्त के विभिन्न अंचलों में राम-सीता का होना या उनके प्रभाव का प्रमाण दिया है। जैसे–तेजपुर, गुवाहाटी, वामुणीशिल, मरनै आदि स्थानों में जो दशावतार रूप के फलक मिले हैं वहाँ रामनाम का उल्लेख है। देउपर्वत में जो फलक मिला है वहाँ भी रामायण के बहुत सारे चरित्रों का अंकन किया गया है। धुबुरी के कालदबा नामक स्थान में भी एक पुराना राम मन्दिर है। जागीरोड में 'सीताजखला' नामक एक स्थान है जहाँ कलिंग नदी के निकट एक छोटा-सा पहाड़ है। उस स्थान पर वनवास के समय राम और सीता का आगमन और कुछ दिन वहाँ रहने की कहानी प्रचलित है। डिब्रुगढ़ ज़िले में एक स्थान का नाम है सीताकुण्ड। वहाँ भी राम और सीता के रहने का विवरण मिलता है। गोवालपारा के 'रंगजुलि' नामक एक स्थान में भी राम के द्वारा होली खेलने की एक कहानी प्रचलित है।

इसके अलावा असम प्रान्त में हरिहर विप्र नाम के एक कवि थे जिन्होंने 'लव-कुश का युद्ध' नामक एक काव्य ग्रन्थ लिखा था। जिसका तथ्य उन्होंने जैमिनी के 'अश्वमेध पर्व' से संग्रह किया है। वैष्णव कवि अनन्त कन्दलि ने भी 1500 से 1520 के आसपास रामायण की रचना पद्य में की थी। जिसमें राम के मानवीय गुण को हटाकर ब्रह्म के स्वर्गीय रूप एवं गुण का समाहार राम के चरित्र में दिखाने की कोशिश की थी। और एक ग्रन्थ है रघुनाथ महन्त जी का 'शत्रुजय'। जहाँ वाल्मीकि को वक्ता और ऋषि भारद्वाज को श्रोता के रूप में दिखाया गया है। डॉ. बिरिंचि कुमार बरुवा जी के अनुसार इस ग्रन्थ को कवि ने रामायणी कहानी को आधार बनाकर ही शायद लिखा होगा। यह राम के अलौकिक गुणों को जनसाधारण के बीच अधिक लोकप्रिय बनाने के लिए लिखा गया है। शप्तदह शती में धनंजय ने 'गणक चरित्र' नामक एक कृति की रचना की जिसमें हनुमान की महानता के बारे में वर्णन किया है। उसके बाद हनुमान के महानता की लेकर भवदेव विप्र ने 'नागक्षर युद्ध' काव्य की विभिन्न कथा-काण्ड का वर्णन किया है। इसके रचयिता हैं दिव्य पंचानन। उसके बाद रघुनाथ महन्त जी के कथा रामायण, अद्‌भुत रामायण भी महत्त्वपूर्ण हैं।

महापुरुष शंकरदेव ने भी रामायण की मूल कहानी को लेकर विभिन्न नाटकों एवं काव्यों की रचना की। उनमें से 'राम विजय' नाट प्रमुख है। उसके बाद दुर्गावर के द्वारा रचित 'गीति रामायण' और 'दुर्गावरी रामायण', जहाँ राम और सीता के साथ-साथ रामायण का भी सुन्दर वर्णन किया गया है।

डॉ. इन्दिरा गोस्वामी की दृष्टि में माधव कन्दलि

प्राकशंकर कवियों में माधव कन्दलि का नाम सबसे पहले आता है और उन्हें कवियों में श्रेष्ठ कवि कहा गया है। श्रीमन्त शंकरदेव ने माधव कन्दलि का 'पूर्व कवि अप्रमादी माधव कन्दलि आदि बिरचिला पदे रामकथा' कहकर गुण-कीर्तन किया है। स्वयं माधव कन्दलि ने भी अपना परिचय देते हुए ख़ुद को राम का भक्त कहा है–

कविराज कन्दलिजे आमाकेसे बुलिबय
माधव कन्दलि आरो नाम।
सपोने सचिते मई ज्ञाने काय वाक्य मने
अहर्निशे चिन्तों राम-राम।।

अर्थात् मुझे कविराज कन्दलि कहने के साथ-साथ मेरा दूसरा नाम माधव कन्दलि भी है। मैं सोते-जागते अपितु स्वप्नों में भी सम्पूर्ण ज्ञान-चेतन के साथ राम का स्मरण करता हूँ।

आपने कहीं-कहीं पर स्वयं को माधव कन्दलि विप्र या द्विजम्बर माधव कन्दलि भी कहा है। आप ज्ञान-गरिमा से समृद्ध एक श्रेष्ठ ब्राह्मण और कवि शिरोमणि हैं, इसमें किसी को कोई सन्देह नहीं है। तो इस प्रकार महापुरुष शंकरदेव और स्वयं माधव कन्दलि ने अपना परिचय व्यक्त किया है।

माधव कन्दलि जी ने असमिया भाषा में रामायण की रचना की। इसे आधुनिक भारतीय आर्य भाषाओं में लिखी हुई पहली रामायण कहा जाता है। उन्होंने वाल्मीकि रामायण का असमियाकरण कर दिया है। साथ ही अपनी रामायण में उत्तर पूर्व भारत के असमिया समाज को प्रतिबिम्बित भी किया है। घर, सड़क, रास्ता, बाज़ार आदि को जो वर्णन किया है उसमें भी असमिया समाज का अंगरूप प्रतिफलित होता हुआ नज़र आता है। राम, सीता, लक्ष्मण भी जैसे असमिया जीवन का ही एक अंग हैं। जहाँ सीता कहीं कपड़े बुनती हुई नज़र आती है तो कहीं एक सहज सरल देहाती पतिव्रता पत्नी के रूप में।

तुलसीदास–एक परिचय

तुलसीदास रामभक्ति काव्यधारा के श्रेष्ठ कवि तथा हिन्दी साहित्यकाश के देदीप्यमान नक्षत्र हैं। आप बाबा नरहरिदास के शिष्य और रामानन्द के प्रशिष्य थे।[3] आपने विनय पत्रिका, रामचरितमानस, दोहावली, कवितावली, गीतावली, कृष्णगीतावली, रामाज्ञा प्रश्नावली, रामलला नहछू, बरवै रामायण आदि ग्रन्थों की रचना की जिनमें से विनय पत्रिका और रामचरितमानस आपकी सर्वश्रेष्ठ रचना है। सुन्दर शब्द चयन, सुगठित भाषाशैली, प्रगाढ़ भक्ति-भाव के कारण रामचरितमानस प्रकाशित और प्रचारित होने के बाद कवि अग्रदास और नाभादास के रामायण जैसे दब गये। रामचरितमानस केवल हिन्दी का ही नहीं, रामायणी साहित्य तथा भारतीय भक्ति साहित्य का एक प्रमुख महाग्रन्थ है। सर ग्रियर्सन के अनुसार पूरे इंग्लैंड में बाइबिल का जितना प्रभाव है उससे कहीं अधिक रामचरितमानस का प्रभाव बंगाल, पंजाब, हिमालय, विन्ध्य और मध्य प्रदेश में है।[4] एफ. एच. ग्राउज़ के अनुसार, तुलसीदास द्वारा अपने हाथ से लिखा हुआ रामायण पहले राजापुर नामक स्थान में था। मगर बाद में एक भक्त ने उसे चोरी किया और पकड़े जाने पर नदी में फेंक दिया। बाद में जब पुस्तक हाथ में आयी तो उसका काफ़ी अंश नष्ट हो चुका था।

तुलसीदास द्वारा रचित रामचरितमानस में उत्तर भारत के सामाजिक जीवन का एक सच्चा और आदर्श रूप देखने को मिलता है।

तुलसीदास जी ने रामचरितमानस लिखने की मूल प्रेरणा वाल्मीकि रामायण से ली। राम का जन्म, विवाह, रामराज्य आदि का वर्णन मूल वाल्मीकि रामायण से मिलता है। यह भी महत्त्वपूर्ण बात है कि रामचरितमानस के हरेक पृष्ठ में भगवान राम के प्रति तुलसी का आनुगत्य विराजमान है। यहाँ राम को मर्यादा पुरुषोत्तम के रूप में प्रतिष्ठित किया गया है।

कन्दलि रामायण और तुलसीदास के रामचरितमानस का तुलनात्मक अध्ययन

अयोध्या नगरी का वर्णन–तुलसीदास ने रामचरितमानस में अयोध्या नगरी का जो वर्णन किया है उसमें अपनी आत्मा और मन दोनों को ही समर्पित कर दिया है। क्योंकि अयोध्या उनके प्रभु राम का जन्म स्थान है। सरयू नदी के तट पर बसी अयोध्या एक सुन्दर और पवित्र नगरी है। यहाँ हर समय आनन्दोत्सव का वातावरण फैला रहता है। वेदों के मन्त्रोचार से हमेशा यह नगरी गूँजती रहती है। अयोध्या में जो महल है वह सोने और चाँदी से बनाया हुआ है। विभिन्न प्रकार के हीरे-जवाहरातों से फ़र्श और दीवारों को सुसज्जित किया गया है। राम का प्रासाद आकाशलंघी है। ऊपर जो कलची जड़े हुए हैं वह तारों की तरह हर वक़्त चमकते रहते हैं। वन-उपवन, सड़क, पेड़-पौधे, नदी, बाज़ार सब एक से बढ़कर एक हैं। चारों ओर सिर्फ़ सुन्दरता, हरियाली और शान्ति का वातावरण, जैसे स्वर्ग का दूसरा रूप हो। यह अयोध्या नगरी धनी हो या ग़रीब, किसी के मुँह पर किसी भी प्रकार की करुणा या कष्ट-यन्त्रणा का भाव लेश मात्र भी नहीं है। सिर्फ़ आनन्द और प्राप्ति का सुख ही विराजमान है।

माधव कन्दलि ने भी अपने रामायण में अयोध्या नगरी का सुन्दर और आकर्षक वर्णन किया है। फ़र्क़ सिर्फ़ इतना है कि उनकी रामायण में अयोध्या नगरी के घर, महल, सड़क, बाज़ार का वर्णन असमिया समाज व जीवन की तरह है। यहाँ अयोध्या की इन्द्र के नगर अमरावती के साथ तुलना की गयी है। घर-महल-दरवाज़ा सोने का है। नगर के चारों ओर उपवन और झील आदि हैं। दुर्ग की दीवार सोने की है। हर छोटे-बड़े घर और महल के ऊपर सोने की कलची जड़ी हुई है।

राम का महल बहुत सुन्दर है, लेकिन वह असमिया घर जैसी आकृति का है। कैलाश पर्वत जैसी उसकी चमक है। महल का हर खम्भा सोने का है और वहाँ हीरे और जवाहरात आभूषण की तरह सजाये गये हैं। हर समय नगर में नृत्य-गीत का माहौल रहता है। चारों ओर आनन्द और शान्ति का वातावरण है।

तो इस प्रकार देखा जाता है माधव कन्दलि और तुलसीदास दोनों के रामायण में अयोध्या नगरी का सुन्दर वर्णन किया गया है लेकिन कन्दलि रामायण में असमिया समाज का रूप प्रतिफलित हुआ है।

कन्दलि और तुलसी के रामायण में समाज व्यवस्था

कन्दलि ने अपने रामायण में उस समय के असमिया समाज, रीति-नीति, परम्परा, खाद्य, जाति-वृत्ति, वेशभूषा, अलंकार, खेलकूद आदि का वर्णन और प्रभाव दिखाया है। जैसे—असम में तेरहवीं शती से ही आहोम शासन का प्रभाव था। इसलिए राम के सभागृह में सन्दिकै, पाइक, बरबरुवा (मुख्य न्यायाधीश), बरफुकन (सेनाध्यक्ष) आदि पदवियों का भी उल्लेख मिलता है।

धर्म के क्षेत्र में भी देखा जाता है कि उस समय असम प्रान्त में शक्ति पूजा का प्रभाव था। इसलिए कन्दलि रामायण में भी शक्ति पूजा का प्रभाव और चण्डी देवी का नाम अनेक बार आता है। लंका युद्ध में प्रवेश करने से पहले ही ब्रजदमस्त्र ने चण्डी की पूजा की है। कन्दलि के रामायण में शिव और पार्वती के नाम का उल्लेख भी बहुत बार आया है। कहीं-कहीं कन्दलि ने राम-सीता की शिव-पार्वती के साथ तुलना भी की है। राम के शक्ति और सौन्दर्य को भी शिव के समान कहा है। सीता की भी चण्डी, दुर्गा और पार्वती के साथ तुलना की है। कैलाश पर्वत की तुलना राम के प्रासाद और रावण के रथ के साथ की गयी है।

कन्दलि रामायण में राम, शिव, पार्वती के साथ-साथ विष्णु, गणेश, अग्नि, विभिन्न प्रकार के ग्रह और नक्षत्रों का उल्लेख भी मिलता है।

कन्दलि रामायण में ब्राह्मण, क्षत्रिय, शूद्र, चण्डाल आदि जातियों का भी उल्लेख है। वृत्तिमूलक जातियों में जैसे—धोबी, कहार, जुलाहा, तेली, ग्वाल आदि का उल्लेख है।

खाद्य और वेशभूषा में परम्परागत असमिया खाद्य जैसे—दाल-चावल, फल, दूध, सब्ज़ी, खीर, घी, नारियल पानी आदि का उल्लेख मिलता है। ताम्बूल (पान) के प्रचलन को भी दिखाया गया है।

वेशभूषा में नेतावस्त्र, नेताकमली वस्त्र, धोती या पगड़ी आदि पहनने की बात कही गयी है। असम प्रान्त के प्रभाव के कारण सीता द्वारा स्वयं कपड़े बुनकर चादर-मेखला पहनने की बात कही गयी है।

तुलसी के रामचरितमानस में उस समय की समाज-व्यवस्था में जो अहंकारमय वातावरण छाया हुआ था उसका प्रभाव देखने को मिलता है। सीता के स्वयंवर का जो वर्णन किया गया है उसमें मुग़ल ऐश्वर्य का प्रभाव मिलता है। अयोध्या नगरी के महल-भवन, वन-उपवन, बाज़ार आदि सभी में मुग़ल शासन की जीवन प्रणाली और स्थापत्य कला का निदर्शन मिलता है। जैसे—महल के खम्भे सोने के तो हैं ही, उनमें हीरे और पन्ने भी जड़े हुए हैं।

रामचरितमानस में धर्म व्यवस्था और देवी-देवता

रामचरितमानस में तुलसीदास ने समाज में विभिन्न प्रकार की खाइयों को मिटाने के लिए समन्वयवाद की प्रतिष्ठा की थी। इसलिए मानस में शिव, पार्वती, चामुण्डा, काली, विष्णु, गणेश और विभिन्न

प्रकार के ग्रहों की उपासना और स्तुति करता हुआ दिखाया गया है। जैसे—सेतुबन्ध के समय राम ने शिवलिंग की स्थापना करते हुए कहा है कि शिव से बढ़कर दूसरा कोई प्रियतम नहीं है। सीता को भी गौरी का उपासक कहा गया है।

रामचरितमानस में विभिन्न जातियों और वृत्तियों जैसे—ब्राह्मण, क्षत्रिय, शूद्र, चण्डाल, नाई, कहार, तेली, जुलाहा, गायक, जादूगर आदि का भी उल्लेख मिलता है।

खाद्य में चावल, फल, दूध, शाक-सब्ज़ी, मधुपर्क, सुरा और ताम्बूल का प्रसंग है। वेशभूषा में साड़ी और धोती ही प्रधान है। उसके बाद पीत वस्त्र, ओढ़नी, पाट का मेखला, चन्दन का लेप, वलय, कंकन, किंकिनी, गजमुति, चूड़ामणि, कर्णफूल आदि का व्यवहार दिखाया गया है।

कन्दलि रामायण और मानस में नारी का स्थान

कन्दलि रामायण के हरेक पृष्ठ पर नारी को सम्मान के साथ प्रसंग में लाया गया है। यहाँ नारी स्वाधीन है, किसी प्रकार का कोई पर्दा या आवरण नहीं है। नारी को मातृ देवी, सती और भगिनी आदि कहकर सम्बोधित किया गया है। वहाँ सिर्फ़ नर्तकी और अभिनेत्री को लोग अच्छी नज़र से नहीं देखते।

रामचरितमानस में तुलसीदास ने नारी को वितर्क में रखा है। आपके अनुसार नारी दुर्भाग्य का प्रतीक है, भ्रम का एक अन्य रूप है। नारी एक उत्तेजक ऋतु है, जो भक्ति को समूल विनष्ट कर देती है।

तुलसीदास ने नारी के अस्थिर मन के बारे में उल्लेख किया है। आपके अनुसार नारी में आठ प्रकार के अवगुण हैं। वह हैं—अस्थिरता, प्रवंचना, अपवित्रता, मिथ्या, दुस्साहस, अज्ञानता, कठोरता और आत्मविश्वासहीनता। वाल्मीकि रामायण की भाँति नारी के प्रति परम्परागत श्रृणात्मक मन्तव्य का व्यवहार तुलसीदास के मानस में भी है। मगर आचार्य रामचन्द्र शुक्ल के अनुसार, यह मन्तव्य सिर्फ़ उन नारियों के प्रति है जो चरित्रहीन हैं, जो समाज को नष्ट करती हैं।

भाषा-शैली में वैषम्य

तुलसीदास ने रामचरितमानस की रचना अवधी भाषा में की है। सुगठित भाषा-शैली, सुन्दर शब्द चयन के कारण यह ग्रन्थ बहुत प्रसिद्ध हुआ। रामचरितमानस केवल हिन्दी साहित्य का ही नहीं, रामायण साहित्य तथा भारतीय भक्ति साहित्य का एक प्रमुख महाग्रन्थ है। काव्य प्रौढ़त्व तथा भक्ति रस की प्रगाढ़ता के कारण भी यह ग्रन्थ अतुलनीय है।

माधव कन्दलि के असमिया रामायण में वाल्मीकि रामायण का गौड़ीय संस्करण और संस्कृत भाषा का अनुकरण है। वाल्मीकि रामायण के गौड़ीय संस्करण में निहित कुछ घटनाएँ कन्दलि के रामायण में भी हैं। कन्दलि ने रामायण की रचना चार पंक्तियुक्त पदों के द्वारा की है। युद्ध विवरण के समय झुमुर छन्द का व्यवहार किया है। उसके बाद छवि और दुलारी (दुलड़ि) छन्द का भी प्रयोग किया है।

चरित्र-चित्रण का तुलनात्मक अध्ययन

राम—वाल्मीकि रामायण में राम का जो चरित्र-चित्रण किया गया है उसी चरित्र का तुलसीदास और माधव कन्दलि ने भी हू-ब-हू निर्वाह किया है। बल्कि उससे कहीं अधिक महिमामण्डित करने की कोशिश की है। वाल्मीकि के राम मानवीय और दैवी दोनों गुणों के अधिकारी हैं। लेकिन वे दैवी गुणों से ज़्यादा मानवीय गुण की प्रतिष्ठा करने में प्रयत्नशील हैं।

इधर तुलसीदास ने राम के देवता रूप को ज़्यादा महत्त्व दिया है। कहीं-कहीं राम को परमब्रह्म के साथ भी प्रतिष्ठित करने की कोशिश की है।

माधव कन्दलि ने भी राम को आदर्शवान और कर्तव्यपरायण व्यक्ति दर्शाया और परमब्रह्म के साथ प्रतिष्ठित किया है। पर कन्दलि के राम भिन्न-भिन्न परिस्थितियों में अनुभूतिप्रवण होकर अपनी अलौकिक अवस्था को भूल गये हैं और साधारण मनुष्य की तरह निराश, हताश और विपन्न होकर मानवीय धरातल पर उतर आये हैं। तुलसी के मानस में भी राम के चरित्र में मानवीय अनुभूति का आभास मिलता है। उदाहरणार्थ भरत के चित्रकूट से विदाई लेते समय राम के नयनों से अश्रु बहने लगते हैं।

लक्ष्मण–तुलसीदास ने लक्ष्मण के उग्र स्वभाव को यथारूप संयत और धीरस्थिर भाव से अंकित किया है। लेकिन माधव कन्दलि ने ऐसा नहीं किया है। उन्होंने लक्ष्मण को मानवीय गुण सम्पन्न दिखाने की यथासम्भव कोशिश की है। लक्ष्मण का भ्रातृप्रेम और त्याग संसार के लिए अनुकरणीय और अतुलनीय है। इसी भाव को कन्दलि ने प्रस्तुत करने की कोशिश की है।

भरत : भरत तुलसीदास के अत्यन्त प्रिय चरित्र हैं। इसलिए आपने मानस में भरत के चरित्र को बहुत प्यार से अंकित किया है। आपने भरत को सर्वगुणों से सम्पन्न और सर्वश्रेष्ठ कहा है। तुलसी के भरत धार्मिक, भक्त और समाज के प्रति दायबद्ध हैं। राम के प्रति उनका प्रेम निःस्वार्थ है।

लेकिन कन्दलि रामायण के भरत विभिन्न प्रकार के आरोपों से युक्त हैं। भरत को भिन्न-भिन्न परिस्थितियों में सन्देह की नज़र से देखा गया है। कौशल्या से लेकर दशरथ तक भरत को सन्देह की दृष्टि से देखते हैं।

शत्रुघ्न–तुलसी के रामचरितमानस और कन्दलि के रामायण में शत्रुघ्न के चरित्र को लेकर किसी भी प्रकार का कोई परिवर्तन, रूपान्तरण या आपत्ति नहीं उठाई गयी है। राम के प्रति शत्रुघ्न का प्रेम, कर्तव्य और मन्थरा के प्रति उनके प्रचण्ड राग का वर्णन दोनों कवियों ने बहुत सुन्दर रूप से अंकित किया है।

हनुमान–दोनों कवियों ने हनुमान के चरित्र को आकर्षक रूप में चित्रित किया है। तुलसी ने हनुमान को राम के श्रेष्ठतम भक्त के रूप में अंकित किया है। ठीक उसी प्रकार कन्दलि ने हनुमान को कृतज्ञ, अलौकिक शक्ति के अधिकारी और साहस की प्रतिमूर्ति के रूप में स्वीकार किया है।

रावण–राम के प्रति तुलसीदास के अधिक प्रेम और भक्ति के कारण उन्होंने रावण को अधिक दुर्गुणसम्पन्न व्यक्ति के रूप में प्रतिष्ठापित किया है। रावण ने राम के विरुद्ध आचरण किया था इसलिए तुलसी ने रावण की शारीरिक शक्ति का वर्णन करते समय अतिशयोक्तिपूर्ण वर्णन का आश्रय लिया है।

कन्दलि ने भी रावण के अत्याचारी रूप का वर्णन करने में किसी प्रकार की कोई कमी नहीं छोड़ी है।

सीता–तुलसीदास ने सीता के रूप-सौन्दर्य का बहुत उत्कृष्ट निदर्शन दिया है और वह भी भक्ति तथा श्रद्धा के साथ। उन्होंने सीता के रूप-सौन्दर्य के सामने अलंकार और वेशभूषा को अर्थहीन कहा है। तुलसी की सीता अपने व्यवहार और कथन-चलन के प्रति हमेशा नियन्त्रण रखती है। कभी-कभी भाग्य पर भी अपना निर्णय छोड़ देती हैं।

मगर कन्दलि रामायण में सीता साहसी और स्वाधीन मन की हैं। उनका मुखमण्डल पूर्णिमा के चन्द्रमा की तरह है, नयन पंकज के समान हैं, शरीर का रंग स्वर्ण जैसा और कमर मन्दाकिनी नदी की लहर की तरह है।

तुलसीकृत रामचरितमानस व कन्दलि कृत रामायण के प्रसंगों का तुलनात्मक अध्ययन

सीताहरण और रावण वध—तुलसीदास ने रामायण के सीताहरण काण्ड को एक नया रूप देने की कोशिश की है। आपके अनुसार जिस सीता का रावण ने हरण किया था, वह प्रकृत सीता नहीं थी, वह एक प्रकार का भ्रम था। इस प्रसंग को लेकर तुलसीदास 'अध्यात्म रामायण' प्रभावित थे।

मगर माधव कन्दलि सीताहरण काण्ड का वर्णन करते समय वाल्मीकि रामायण के अधिक निकट पहुँच गये हैं। फलस्वरूप तुलसीदास की अपेक्षा कन्दलि जी के रामायण का यथार्थ और सुन्दर है। जहाँ सीता एक साधारण नारी की तरह स्वर्ण मृग को देखकर लालायित होती हैं और उसे जीवित या मृत रूप में लाने के लिए राम से विनय करती हैं।

लंका काण्ड—कन्दलि रामायण के लंका काण्ड में रावण वध का जो वर्णन है वह बहुत ही भयंकर और वर्णनातीत है। इस काण्ड का वर्णन करने के लिए कन्दलि ने 220 पदों का सृजन किया है। वर्णन के अनुसार—इस युद्ध के समय पर्वत और पहाड़ चूर्ण-विचूर्ण हो गये थे। बहुत सारे नद-नदियों ने अपना गतिपथ बदल दिया था। दिन अँधेरी रातों में बदल गये थे और सारी लंका नगरी रक्त की धार से लाल हो गयी थी।

तुलसीदास ने भी लंका काण्ड और रावण वध का वर्णन करते समय अलौकिक घटनाओं का आश्रय लिया है। नदी के पानी जैसी रक्त की धारा, मृत शरीर की गन्ध और हाड़-मांस के टुकड़े चारों ओर बिखरे पड़े थे। हज़ार-हज़ार मुण्डहीन शरीरों का पहाड़ जैसा बन गया था। तुलसीदास के इस वर्णन में वाल्मीकि रामायण का लेश मात्र भी अनुकरण नहीं है।

अग्नि परीक्षा—कन्दलि रामायण में यह दिखाया गया है कि राम एक अवतारी पुरुष हैं मगर उनमें भी मानवीय गुण हैं। उन्होंने इस काण्ड में भी वाल्मीकि रामायण का अनुसरण किया है। रावण वध के बाद राम और सीता के संवाद में राम का संवाद सीता के प्रति अधिक कठोर होता हुआ नज़र आता है। राम के द्वारा सीता को पुनः ग्रहण न करने के प्रसंग को लेकर सीता के मन में लज्जा और शंका उत्पन्न होती है। वह अग्नि परीक्षा के लिए स्वयं को प्रस्तुत करती है। अग्नि परीक्षा के बाद अग्नि देवता स्वयं सीता को गोद में उठाकर राम के सम्मुख खड़ा कर देते हैं और यह कहते हैं कि सीता पवित्र हैं, इसमें कोई सन्देह नहीं।

मगर तुलसीदास ने अग्नि परीक्षा के प्रसंग को कुछ ही पदों में संक्षेप में प्रस्तुत किया है। यहाँ सिर्फ़ यह लिखा गया है कि रावण वध के बाद राम सीता के प्रति अति कठोर भाव दिखाते हैं। सीता स्वयं लक्ष्मण को अग्नि परीक्षा के लिए वेदी प्रस्तुत करने को कहती हैं। सीता जब अग्नि में प्रवेश करती हैं तो अग्नि स्वयं चन्दन काठ की तरह शीतल बन जाती है। उसके बाद अग्नि देवता सीता को हाथ पकड़कर ले आते हैं और उसका हाथ राम के हाथ में देते हैं।

इन्दिरा जी द्वारा देश-विदेश में रामायणी साहित्य पर भाषण एवं संगोष्ठी पत्रों का पाठ

षष्ठम अन्तरराष्ट्रीय रामायणी साहित्य सभा में डॉ. इन्दिरा गोस्वामी जी ने भाग लिया था। वह इस सभा में भाग लेने के लिए मॉरिशस गयी थीं। मॉरिशस जाकर उन्होंने वहाँ स्थायी रूप में निवास करने वाले भारतीय लोगों में रामचरितमानस के प्रति जो प्यार और उत्साह देखा उसे देखकर उन्हें बहुत आश्चर्य हुआ। इस सभा के साथ ही वहाँ एक सांस्कृतिक पदयात्रा यानी जुलूस भी निकाला गया था जिसमें बहुत सारे स्थानीय लोगों, सरकारी मन्त्रियों तथा विधायकों ने भी भाग लिया था। मॉरिशस में प्रथम रामायण का मुद्रण 19वीं शती में हुआ। इसकी लिपि थी काईथि। यह देवनागरी लिपि की एक अन्य दूसरी पद्धति है।

उसके बाद आप त्रिनिदाद गयीं, वहाँ जाकर आपने यह तथ्य निकाला कि वहाँ बसे हुए जितने भारतीय लोग हैं उनके यहाँ मुम्बई और गोरखपुर की गीता प्रेस में मुद्रित तुलसीदास का रामचरितमानस बहुत ही लोकप्रिय है।

फिजी द्वीप में भी तुलसीदास का रामचरितमानस वहाँ बसे भारतीय लोगों के लिए संजीवनी बूटी की तरह है जिसे पढ़कर वे मानसिक और शारीरिक कष्ट को दूर करते हैं। फिजी साहित्य का अन्यतम आकर्षण है 'रामायण महाराणी', जो फीजी में बसे भारतीयों के लिए प्रेरणास्रोत है। इन्दिरा गोस्वामी को रामायण और तुलसीदास के रामचरितमानस पर अपने विचार रखने के लिए अमेरिका के फ्लोरिडा विश्वविद्यालय ने निमन्त्रण दिया था। वहाँ आपने अपने शक्तिशाली वक्तव्य में मानस के सुन्दर दोहे का पाठ करके लोगों को आकर्षित किया। आपको फ्लोरिडा विश्वविद्यालय ने रामायणी साहित्य के साहित्य कर्म के कारण 'तुलसी बटा सम्मान' से सम्मानित किया।

फिर आप जावा, बाली, थाइलैंड आदि देशों में भी गयीं। कहीं रामायणी साहित्य पर संगोष्ठी पत्रों का पाठ किया तो कहीं अपना तेजस्वी भाषण रखा।

विदेशों में रामायणी साहित्य का जो प्रभाव है उसका मूलतः एक कारण आपने यह बताया कि वहाँ बसे भारतीय लोग, जो काम या मज़दूरी के सिलसिले में देश छोड़कर गये थे वे जाते वक़्त रामायण या उसकी मूल कहानी को अपने साथ ले गये थे और दूसरा कारण है विभिन्न भाषाओं में रामायण का अनुवाद जिसके फलस्वरूप रामायण को इतना प्रचार और प्रसार मिला।

साउथ ईस्ट एशिया रामायण रिसर्च सेंटर

राम इन्दिरा गोस्वामी जी के प्रिय पुरुष हैं। यौवन काल से लेकर मृत्यु तक आपने अपनी कलम को साहित्य सृजन के लिए रुकने नहीं दिया। कहीं उपन्यास तो कहीं कहानी। कहीं रामायणी साहित्य के ऊपर संगोष्ठी पत्र तो कहीं राम का गुण-कीर्तन। आपने रामायण और रामायणी साहित्य को आगे ले जाने के लिए बहुत परिश्रम किया। काफ़ी हद तक आप सफल भी हुईं। आपने जितनी पुस्तकें लिखीं, अध्ययन किये, जितने सम्मान प्राप्त किये, उन सबको इकट्ठा करके जीवनकाल में ही आपने गुवाहाटी स्थित भवन में एक रामायणी साहित्य शोध केन्द्र स्थापित किया जिसका नाम हैं 'साउथ ईस्ट एशिया रामायण रिसर्च सेंटर'। वहाँ असमिया हिन्दी तथा अंग्रेजी साहित्य की विभिन्न पुस्तकें, जिनका आपने अध्ययन किया था या स्वयं जिनकी आपने रचना की थी उन सबको उस केन्द्र में समाविष्ट किया है। राम आपके आराध्य देव होने के कारण आपने भवन का नाम दिया—रामांजली। तो इस प्रकार हम यह भी देख सकते हैं आपने आने वाली युवा पीढ़ी के लिए अपना तमाम योगदान आशीर्वाद के रूप में दिया। इस शोध केन्द्र के द्वारा विद्यार्थी, शोधार्थी और पाठक बहुत लाभान्वित हुए हैं।

निष्कर्ष

निष्कर्ष रूप में मैं यही कहना चाहूँगी कि रामायण और रामायणी साहित्य पूरे विश्व साहित्य के लिए अनोखा वरदान है। रामायण हमारे मन-मस्तिष्क में ऐसे समायी हुई है जैसे रक्त की धारा हो। जिसके बिना सारा जीवन ही बेकार है। आज के युग परिप्रेक्ष्य में राम जैसे सिद्ध पुरुष को, उनके आदर्शों को, हम नकार नहीं सकते। वर्तमान समाज को और अधिक शक्तिशाली बनाने के लिए, शृंखलित रूप में सजाने के लिए, सुचारु रूप में परिचालित करने के लिए राम जैसे मर्यादा पुरुषोत्तम और आदर्श व्यक्ति को यादों में बसाये रखना आवश्यक है।

पाद टिप्पणी

1. रामांजली, पृ. 117, अध्यापक उमाकान्त गोस्वामी। जर्नल, वॉल्यूम-1, नं.-1, साउथ ईस्ट एशिया रामायण रिसर्च सेंटर
2. वही, पृ. 313
3. रामकथा-कृत्तिवास और तुलसीदास, पृ. 24, डॉ. भीखी प्रसाद, 'वीरेन्द्र'
4. रामायण फ्रॉम गंगा टू ब्रह्मपुत्र, पृ. 26, डॉ. इन्दिरा रायसम गोस्वामी

सन्दर्भ ग्रन्थ

1. असमिया रामायणी साहित्य, केशव महन्त, गुवाहाटी, वेदकण्ठ संस्करण—2011
2. असमिया रामायण साहित्य, उपेन्द्रचन्द्र लेखारु, 1948
3. रामायणर इतिबृत्त—सत्येन्द्रनाथ शर्मा, वीणा लाइब्रेरी, गुवाहाटी
4. रामकथा कृत्तिवास और तुलसीदास : एक तुलनात्मक अध्ययन, डॉ. भीखी प्रसाद, 'वीरेन्द्र', युक्ति प्रकाशन, दिल्ली
5. रामांजली, सं., निकुमणि हुसेन, चन्द्र प्रकाश, गुवाहाटी
6. हिन्दी साहित्य की प्रवृत्तियाँ, उषा यादव, प्रकाशन केन्द्र, लखनऊ
7. श्री रामकीर्ति महाकाव्यम, सत्यव्रत शास्त्री, अनुवाद—सुब्रत बरुवा, दक्षिण पूर्व एशिया रामायण गवेषणा केन्द्र, राजगढ़, मेन रोड, गुवाहाटी
8. रामायण फ्रॉम गंगा टू ब्रह्मपुत्र, डॉ. इन्दिरा गोस्वामी, अनुवाद—पार्थप्रतिम हजारिका, भवानी ऑफ़सेट, गुवाहाटी
9. रामांजली, वॉल्यूम-1, नं.-1, जर्नल ऑफ़ साउथ ईस्ट एशिया रामायण रिसर्च सेंटर, सं. उपेन्द्रनाथ शर्मा

विष्णुदास एवं माधव कन्दलि के 'कथा' और 'सप्तकाण्ड' का तुलनात्मक अध्ययन

(राम-विषयक विचारधारा के सन्दर्भ में)

जोनटि दुवरा

साहित्य समाज सापेक्ष होता है। वह किसी-न-किसी विचारधारा अथवा उद्देश्य की अभिव्यक्ति अवश्य करता है। साहित्यकार अपनी कृति से पूर्ववर्ती कथाओं को अपने समकालीन परिवेश के अनुरूप नवीन रूप देकर पात्र एवं घटना प्रसंगों के द्वारा अपनी कृति को अपने विचारों का वाहक बनाता है।

कथा और सप्तकाण्ड के कवि वस्तुतः विचारक, दार्शनिक अथवा तत्त्व-चिन्तक नहीं, बल्कि कवि हैं। विष्णुदास एवं माधव कन्दलि दो राजकवि हैं, जिन्होंने अपने आश्रयदाता के अनुरोध पर पूर्व प्रचलित संस्कृत की वाल्मीकि रामायण को जनभाषा में प्रस्तुत किया। जिनसे वैष्णव भक्ति की अभिव्यक्ति हो सकी। सप्तकाण्ड के शेष दो कवि शंकरदेव और माधवदेव मूलतः वैष्णव भक्त कवि हैं। विष्णुदास और माधव कन्दलि को भी वैष्णव कवि ही कहा जा सकता है। उन दोनों के कवि और भक्त रूप का परिचय हमें उनकी कृतियों में प्राप्त होता है। तत्त्व चिन्तक का रूप गौण ही कहा जायेगा।

उनकी कृतियों का उद्देश्य रामकथा को मात्र जनभाषाओं में उपस्थित करने तक ही सीमित है। शंकरदेव और माधवदेव ने अवश्य भक्ति-प्रचारार्थ कुछ बातें सोच-समझकर कही हैं। तात्पर्य यह है कि दोनों कृतियों में दर्शन, भक्ति, साहित्य, समाज और राजनीति विषयक विचार प्रसंगानुकूल ही वर्णित हुए हैं। यों 'कथा' और 'सप्तकाण्ड' के कवियों के अधिकांश विचारों में समानता है। यदि कहीं कुछ अन्तर है तो उसका कारण स्थानीय प्रभाव है। तुलनात्मक दृष्टि से इतना अवश्य कहा जायेगा कि 'कथा' की अपेक्षा 'सप्तकाण्ड' में विभिन्न विचारधाराओं को अधिक स्थान मिला है।

प्रस्तुत अध्ययन में दार्शनिक मान्यताओं, धार्मिक-साम्प्रदायिक सिद्धान्तों, राजनीतिक, सामाजिक और साहित्यिक विचारधाराओं की तुलनात्मक दृष्टि अधिक महत्त्वपूर्ण है।

प्रस्तुत शोध-पत्र में दोनों कृतिकारों द्वारा अपनी-अपनी कृतियों में निरूपित राम-विषयक विचारों का तुलनात्मक अध्ययन करना ही मुख्य उद्देश्य है।

दोनों कृतिकारों द्वारा अपनी-अपनी कृतियों में निरूपित राम-विषयक विचारों के तुलनात्मक अध्ययन तक ही सीमा सीमित रहेगी।

प्रस्तुत शोध-पत्र में अध्ययन की विश्लेषणात्मक और तुलनात्मक दोनों पद्धतियों को अपनाया गया है। विभिन्न विचारों का तुलनात्मक विश्लेषण इस प्रकार है–

दार्शनिक विचारधारा–दार्शनिक विचारधारा के अन्तर्गत उनकी कृतियों में व्यक्त दार्शनिक मान्यताओं का तुलनात्मक विश्लेषण किया जाना ही अपेक्षित है। 'कथा' में दार्शनिक मान्यताएँ प्रायः व्यक्त नहीं हुई हैं। वैसे यत्र-तत्र अवतारवाद सम्बन्धी कुछ पंक्तियाँ मिलती हैं। विष्णुदास 'नाथ' सम्प्रदाय में दीक्षित थे। किन्तु राम के ईश्वरत्व और नारायणत्व के प्रकाशन में उन्होंने अपनी साम्प्रदायिक मान्यताओं को कहीं भी आड़े नहीं आने दिया है। 'कथा' में कवि ने राम को आदिपुरुष, ब्रह्म स्वीकार किया है। अंगह की उक्ति है–

"अनजानत तुम आनी सियों। आदिपुरुष सौ विग्रह कियो।"

नारायण विष्णु के रूप में राम को अनेक जगह स्मरण किया गया है। यहाँ अनेक अवतार रूपों में मत्स्य, कच्छप, वराह, वामन आदि का भी उल्लेख हुआ है। यथा–

"अनन्त नाम तथा गुण युक्त रूप-
तु हरि तो गुन नाम अनन्त। हौ पुनि पार न लहो कहन्त।"

विराट ब्रह्म नारायण (विष्णु) विभिन्न रूपों में पृथ्वी पर अवतरित होते हैं। विष्णुदास के मत्स्य, कच्छप, वामन, परशुराम आदि अवतारों के उल्लेख में दशावतार रूप की मान्यता का आभास मिलता है। अवतार रूपों का उल्लेख कई अन्य स्थलों पर भी हुआ है। कवि ने सीता को भी अवतार माना है। देवताओं के वानरादि के रूप में अवतार लेने का भी उल्लेख हुआ है। राम के अवतार का पता राक्षसों को भी है। शार्दूल, मारीच, कुम्भकरण आदि के कथन से भी इस बात की पुष्टि होती है।

इस तरह यह स्पष्ट है कि विष्णुदास राम को आदिपुरुष ब्रह्म का अवतार मानते हैं। साथ ही वे चतुर्व्यूह के सिद्धान्तों को भी स्वीकार करते हैं। इसके अतिरिक्त जीव-जगत आदि के विषय में 'कथा' में किसी प्रकार का विचार नहीं मिलता है। अस्तु डॉ. भागीरथ मिश्र का कथन सही प्रतीत होता है कि 'नारायण कथा' में दार्शनिक दृष्टिकोण का अभाव है। जबकि 'सप्तकाण्ड' में यत्र-तत्र व्यक्त दार्शनिक मान्यताओं को उद्घाटित करना ही अभीष्ट है। इससे सम्बन्धित विचारों का ब्रह्म, जीव, जगत, माया और मोक्ष शीर्षकों के अन्तर्गत विचार किया जाता है।

ब्रह्म : माधव कन्दलि राम को निर्गुण, निरंजन, अव्यक्त, अनादि, अनन्त, वेद-विधायक आदि योगेश्वर मानते हैं। उसमें उनके सृष्टिकर्ता, पालनकर्ता और संहारकर्ता तीनों रूपों का वर्णन हुआ है।

सृष्टि के कर्ता, पालनकर्ता और संहारकर्ता के रूप में ब्रह्मा, विष्णु और शिव का रूप देखने योग्य है–

"ब्रह्मरूप धरि सजा इतिनी भूलन।
विष्णुरूप धरि करा सृष्टिक पालन।
रुद्र रूप धरि करा आपूनि संहार।"

अवतार–माधव कन्दलि का अवतार के विषय में कथन है कि ब्रह्म ने स्वयं को छिपाकर माया को वश में करने के लिए दशरथ के यहाँ लीलावतार ग्रहण किया है। यहीं पर राम के साथ सीता और अन्य पात्रों को भी अवतरित होने को कहा गया है।

संस्कृति के तीनों गुणों और अपने योगबल से ब्रह्म अपनी सृष्टि करते हैं–

"निज योग बले प्रकृतिरि गुण तिनि।
आपोनतेआपौनकस्त्रजाहाआपुनी।" ॥छन्द-580॥

भक्तवत्सल भगवान–'सप्तकाण्ड' और 'कथा' दोनों के राम भक्तवत्सल हैं। इसका उल्लेख दोनों कृतियों में अनेक स्थलों पर हुआ है। वास्तव में उनका जन्म ही भक्तों की रक्षा के लिए हुआ। देवताओं की प्रार्थना पर उनके संकटों को दूर करने के लिए उनका अवतार होता है। भगवान राम दयालु हैं, जो उनकी शरण में जाता है उसे वो पूर्ण अभयदान देकर उचित सम्मान देते हैं। सुग्रीव तथा वानरों से मित्रता, उन्हें यथोचित सम्मान तथा विभीषण प्रसंग में भी इसका परिचय मिलता है। राम शरण में आये सभी की रक्षा के लिए तत्पर हैं। राम नागपाश में बँध जाने पर विपत्ति की अवस्था में भी यही चिन्ता करते हैं कि वे विभीषण को लंका का राज्य न दिला सके। राम भक्तद्रोही का वध करने में नहीं हिचकते और भक्तों के साथ अन्याय नहीं करते हैं। राम भक्तों के मित्र को मित्र तथा उनके शत्रु को अपना शत्रु मानते हैं–

"भकतर शत्रु भैल तान शत्रु भकतर मित्रे मित्र।
परम ईश्वर देवक देखियो चरित विचित्र।" ॥छन्द 1744॥

हरिभक्ति में किसी प्रकार का भेदभाव नहीं है। कवि राम की भक्त-वत्सलता पर मुग्ध होकर यह आकांक्षा करता है कि हमेशा उसके मुँह में रामनाम तथा हृदय में भक्ति रहे।

जगत–'कथा' में जगत और संसार की कल्पनाएँ अलग-अलग की गयी हैं, जिसमें जगत को विद्या माया से उत्पन्न सत्य और संसार को अविद्या माया से उत्पन्न असत्य माना गया है। 'सप्तकाण्ड' में जगत और संसार में भेद का स्पष्ट उल्लेख नहीं है।

'सप्तकाण्ड' में जगत की मान्यता शंकराचार्य के अनुरूप है। यहाँ स्पष्ट है कि मात्र ब्रह्म ही सत्य है तथा संसार में ब्रह्म के अतिरिक्त सब असत्य। ब्रह्म ने सनातन रूप धारण कर रखा है–

"जगत के व्यापिया आपुनि आछा धरि।" ॥छन्द-2987॥

यह पूरा संसार ही राममय है। जगत की वस्तुएँ, रिश्ते-नाते सभी मिथ्या हैं। इन्हें माया ने घेर रखा है। जीव और माया के सम्बन्ध में कन्दलि की उक्ति नहीं है, किन्तु उनकी अन्य उक्तियों के आधार पर कहा जा सकता है कि जीव और माया के विषय में भी उनके विचार शंकराचार्य के अनुरूप ही हैं। शंकरदेव ने इस मायारूपी संसार में राम के नाम का महत्त्व बतलाया है, तथा ईश्वर को जीव-नियन्ता और मायाधीरा माना है। मोक्ष के बारे में 'कथा' और 'सप्तकाण्ड' में किसी सिद्धान्त का प्रतिपादन नहीं हुआ है किन्तु जटायु, बाली, रावण, मारीच आदि के प्रसंग में मुक्ति का उल्लेख किया गया है। ऐसे ही पिण्डदान, तिलांजलि आदि के उल्लेख के समय मुक्ति अथवा स्वर्ग प्राप्ति के सम्बन्ध में उल्लेख मिलता है।

माधव कन्दलि की विद्वता का परिचय उनकी रचना में मिलता है। उनकी उक्तियों में दर्शन की प्रतिध्वनि मिलती है। जिससे पता चलता है कि वे न्याय, वेदान्त और शास्त्र के पण्डित थे। इस विषय में निम्नलिखित उक्तियाँ देखी जा सकती हैं–

क) सांख्य–

अन्धलार कन्धात पेडूआ जाय चढ़ि।
पेहुलार उद्देश्ये अन्धता काढ़े भरि। ॥4105॥

ख) न्याय–

धूम्रयेवे आछय अगनि आछे ज्वालि।
कार्यर निमिते कारण परिमिलि। ॥5166॥

ग) वेदान्त–

तुमि सांचा सबे मिछा जतेक।
संसारत नाहिके तोमात व्यतिरेक।
नाहि आदि अन्त मध्य पुरातन हरि।
जगतक व्यापिया आपुनि आछा धरि।
काला माया आदि यात अधीन याहार।
नमो पूर्ण ब्रह्म मूर्ति राम करो नमस्कार। ॥2987॥

उपर्युक्त विवरण से स्पष्ट है कि 'सप्तकाण्ड' में कवि किसी दर्शन का प्रतिपादन न करके मात्र प्रसंगों के बीच में उसका उल्लेख करता चलता है। इस तरह के कवि दार्शनिक नहीं बल्कि कवि हैं। तुलनात्मक दृष्टि से इतना स्पष्ट है कि 'कथा' की तुलना में 'सप्तकाण्ड' में दार्शनिक उक्तियाँ अधिक तो हैं ही, वे अधिक स्पष्ट भी हैं। विष्णुदास की 'कथा' में दार्शनिक विचारधारा नहीं के बराबर है, पर यही बात 'सप्तकाण्ड' के बारे में नहीं कही जा सकती।

भक्ति सम्बन्धी विचार–दोनों कृतियों में भक्ति की किसी प्रकार की परिभाषा नहीं दी गयी है। उसके भेदों पर भी स्पष्ट विचार नहीं किया गया है। दोनों कृतियों में राम के श्रवण-कीर्तन और स्मरण पर बल दिया गया है। 'कथा' और 'सप्तकाण्ड' दोनों में कवियों ने राम की कथा के श्रवण-गायन आदि के महत्त्व को प्रसंगों या काण्डों के अन्त में बताया है।

'कथा' में भक्ति विषयक जो कथन हैं वे एक सामान्य व्यक्ति के कथन की तरह हैं। विष्णु दास राम को मुक्ति प्रदायक मानते हैं–

स्वामी भुक्ति मुक्ति दाताः।
प्रनऊँ रामदेव अवतारु। ॥916॥

भक्ति के साधन के रूप में 'कथा' में रामकथा का श्रवण, रामनाम का स्मरण, कथा का पठन-श्रवण, रामनाम-जप आदि का अनेक जगह उल्लेख हुआ है–

- **राम राम जो राम कहाई। सो नर नरक वास सहि जाई।**
- **पढ़त सुनत गंगा अस्नान।**
- **बन्धन मुक्ति राम कोसुने। नासै पाप विष्णु कविभने।**
- **रामनाम है अच्छरनी कुठार। सिरि कहत अति तीछन धार।**
- **जो अविलम्ब जीभ को धरै। मूल छेद्रि के पातकु हरै।**

रामभक्तों के लिए भक्ति की महत्ता का भी विष्णुदास ने उल्लेख किया है। विष्णुदास ने भक्ति के अतिरिक्त भवसागर से पार उतरने के माध्यम के रूप में तीर्थाटन, दान, गंगा-स्नान, ब्राह्मण-गुरु की सेवा आदि का भी यत्र-तत्र उल्लेख किया है। इससे स्पष्ट है कि 'कथा' में भक्ति विषयक सामान्य उद्‌गार ही मिलते हैं।

'सप्तकाण्ड' में भी भक्ति के महत्त्व को दिखाया गया है, किन्तु भक्ति की परिभाषा तथा उसके भेदों पर स्पष्ट विचार नहीं हुआ है। सम्पूर्ण रचना में श्रवण-कीर्तन और स्मरण भक्ति का ही अनेक

जगह उल्लेख मिलता है। राम का चरित्र तथा कथा के महात्म्य के प्रसंग में श्रवण-गायन के महत्त्व को कवियों ने दिखाया है। रामचरित का महत्त्व है रामनाम का महत्त्व–

"आठर धर्म्म कलित नामत परे नाई।।"

समाज सम्बन्धी विचार : आदर्श समाज के गठन के लिए मनुष्य का आदर्श होना आवश्यक है, क्योंकि मनुष्य ही समाज की इकाई है। इसलिए आदर्श समाज के लिए व्यक्ति, परिवार, जनपद, राज्य आदि का आदर्श होना आवश्यक है। 'कथा' और 'सप्तकाण्ड' से आदर्श समाज की झलक कवियों द्वारा वर्णित 'रामराज्य' में मिलती है। वस्तुतः कवियों ने जिस आदर्श समाज की कल्पना की, उसे ही उन्होंने रामराज्य के वर्णन में अभिव्यक्त किया। यहाँ रामराज्य की कल्पना को आदर्श समाज का रूप माना जा सकता है। कारण, व्यक्ति राम का वैयक्तिक आदर्श धीरे-धीरे परिवार, पास-पड़ोस, नगर, राज्य तथा पूरे समाज का आदर्श बन चुका है।

राम के माध्यम से जहाँ पुत्र, पिता, शिष्य, मित्र, पति, स्वामी, सेवक, मन्त्री, राजा, नायक आदि के आदर्श रूपों की स्थापना हुई है, वहीं दूसरी ओर जाति-भेद, ऊँच-नीच के भेदभाव, वंशाभिमान आदि को दूर करने का प्रयास किया गया है। इसी के फलस्वरूप तत्कालीन समाज में व्याप्त ऊँच-नीच का भेद, जाति-भेद, वंशाभिमान की भावना, गिरती हुई नैतिकता की भावना, स्वकेन्द्रित भावना आदि की विलुप्ति के बाद सामाजिक मर्यादा की पुनर्स्थापना की जा चुकी है। दोनों कृतियों में राक्षस रावण के राज्य के वर्णन में तत्कालीन मर्यादाहीन हिन्दू समाज का रूप ही प्रतिफलित हुआ है। इस समाज को मर्यादित बनाने के लिए ही एक पत्नीव्रत पारस्परिक प्रेम व वर्णाश्रम धर्म की मर्यादा के अनुकूल स्वकर्मों के सम्पादन में लगे रहने के सुझाव पर ज़ोर दिया है। राम तथा राम के पक्ष के पात्रों के माध्यम से पारस्परिक सम्बन्ध, व्यवहार, कर्तव्य आदि के चित्र आदर्श समाज के लिए मानदण्ड स्वरूप हैं। इसी सिलसिले में रावण-पक्ष के कुछ पात्रों की योजना की गयी है, जो आदर्श के प्रति जागरूक हैं।

'कथा' और 'सप्तकाण्ड' के कर्म प्रत्येक परिवार को राम के परिवार की भाँति बनाना चाहते हैं जिसमें माता-पिता पुत्रवत्सल हों। पुत्र की स्वार्थजनित भावना उसे कर्तव्यबोध से विमुख न कर पाये। पुत्र यदि माता-पिता का आज्ञाकारी है, तो माता-पिता भी वात्सल्य प्रेम में परिपूर्ण होने के साथ पुत्र के कल्याण में लगे रहते हैं। पति-पत्नी का सम्बन्ध मधुर होने के साथ सत्य धर्म पर आधारित हं।

समाज में गुरु का महत्त्व अधिक है। इसे दोनों ग्रन्थों के कवियों ने स्वीकार किया है। गुरु-शिष्य का सम्बन्ध सर्वोपरि है, जिसमें गुरु के प्रति शिष्य की आज्ञाकारिता, सेवाभाव तथा गुरु कृपा से दिव्य ज्ञान प्राप्ति के साथ ही भाग्य परिवर्तन होने का भी उल्लेख हुआ है। स्वामी-सेवक का सम्बन्ध दोनों कृतियों में आदर्श सम्बन्ध के रूप में वर्णित हुआ है। सेवक को स्वामी के प्रति पूर्ण विश्वासी एवं भक्त होना चाहिए। साथ ही स्वामी को सेवक के प्रति दयालु एवं हितैषी होना चाहिए। राजा-प्रजा के सम्बन्ध को भी स्वामी-सेवक के आदर्श रूप में ही निरूपित किया गया है। राजा को प्रजा से पुत्रवत् व्यवहार करना चाहिए। प्रजा को भी राजा के प्रति पितृतुल्य आदर अभीष्ट है। राजा-प्रजा के आदर्श सम्बन्ध से ही आदर्श समाज का निर्माण सम्भव है। दोनों कृतियों में ब्राह्मणों की दयालुता एवं परोपकारिता और क्षत्रियों की निःस्वार्थता पर ज़ोर दिया गया है।

दोनों कृतियों में आदर्श समाज की स्थापना के प्रयास में एकरूपता होते हुए भी 'सप्तकाण्ड' में जन आदर्शों के निरूपण के लिए अधिक तथ्यों पर बल दिया है। डॉ. मगध के अनुसार–सुख,

समृद्धि और शान्ति की दृष्टि से समाज की विभक्ति को समाप्त कर एकजुट करना ही भक्ति है। इस दृष्टि से 'कथा' की अपेक्षा 'सप्तकाण्ड' में अधिक प्रयास दृष्टिगत होता है।

राम की विनयशीलता, आज्ञाकारिता, सेवा-भावना, वचन की रक्षा आदि का उदाहरण अनेक प्रसंगों में मिलता है। वे कभी दूसरे के दोष को नहीं देखते। भरत तथा कैकयी के प्रसंग में लक्ष्मण एवं दशरथ द्वारा अनुचित वचन कहे जाने पर राम उनका विरोध करते हैं।

राम के राजा होने पर दशरथकालीन व्यवस्था में अन्तर आता है। राम प्रजा के हित के लिए सदैव चिन्तित रहते हैं। उनके राज्य में मानव का मूल्य-कर्म के आधार पर निश्चित किया जाता है। निषाद गुह के प्रसंग से यह स्पष्ट है। दशरथ द्वारा दण्डित किये जाने पर भी गुह को मित्र बनाना एवं चित्रकूट में गले लगाकर प्रेमाभिव्यक्ति इसी का उदाहरण है। इसी तरह हनुमान, सुग्रीव, विभीषण के प्रसंग में देखा जा सकता है। सभी के साथ प्रेमपूर्वक मिलना पारम्परिक ऊँच-नीच के भेदभाव को दूर करने की ओर दृढ़ कदम को दर्शाता है। हिन्दू समाज में ऐसी पारस्परिक एकता से ही समाज को सुदृढ़ किया जा सकता है, जहाँ जातिगत भेदभाव न हो, मानव का मूल्य उसके गुणों, कर्मों पर आधारित हो।

राम हमेशा मर्यादा का ध्यान रखते हैं। सीता की अग्नि-परीक्षा, सीता का निर्वासन वे लोक मर्यादा की रक्षा के लिए ही करते हैं। सीता के निर्वासन के बाद राम की मनोदशा अत्यन्त कारुणिक है। वे लोकपवाद के दुख को मृत्यु से भी बढ़कर मानते हैं।

"मरपतो करि लोक अपवाद दुख।" ॥6734॥

रामराज्य के वर्णन में 'कथा' और 'सप्तकाण्ड' दोनों के कवियों ने समाज के आदर्श का वर्णन किया है। सत्य-अहिंसा के पालन एवं परोपकार को ज़रूरी तथा बाह्याडम्बर एवं अभिमान के परित्याग को आदर्श समाज के लिए आवश्यक मान गया है। 'कथा' में परधन चोरी, परस्त्री लोभ भी घृणित कार्य बताये हैं।

सारांशतः दोनों कृतियों में आदर्श समाज की स्थापना के लिए एक जैसे विचारों का प्रतिपादन हुआ है, किन्तु अभिव्यक्ति के ढंग में थोड़ा-सा अन्तर है। दोनों ही कृतियों में समाज का आदर्श रामराज्य के आदर्श को माना गया है।

राजनीति सम्बन्धी विचार—समाज और उसमें प्रचलित राजनीति में अनन्य सम्बन्ध है। सामाजिक विचारधारा के आकलन के बाद कुछ राजनीतिक मान्यताओं को देखना विषय की स्पष्टता के लिए आवश्यक है। 'कथा' और 'सप्तकाण्ड' दोनों में राजनीति सम्बन्धी विचारों का स्वतन्त्र मूल्यांकन नहीं मिलता है। अतः यहाँ दोनों कृतियों में यत्र-तत्र प्राप्त राजनीतिक विचारों का तुलनात्मक अध्ययन ही अभीष्ट है।

दोनों कृतियों में न केवल रामराज्य का वर्णन हुआ है, बल्कि रावण राज्य का भी। दोनों में राज्य व्यवस्थाएँ समान हैं। दोनों कवियों ने अपने विचार रामराज्य के आदर्श पर ही व्यक्त किये हैं। राम द्वारा संचालित नीति ही आदर्श राजनीति है। रामकथा प्राचीन होने के कारण 'कथा' और 'सप्तकाण्ड' पुनःसर्जित कृतियाँ है, जिन पर पौराणिक और मिथकीय आदर्शों की छाप के साथ तत्कालीन वैष्णव धर्म का प्रभाव पड़ना स्वाभाविक है। विष्णुदास और माधव कन्दलि दरबारी कवि होने पर भी वैष्णव प्रभावापन्न थे। शंकरदेव और माधवदेव पूर्ण वैष्णव थे। साथ ही वे अपने 'उत्तर' एवं 'आदि काण्डों' में अपने सिद्धान्तों को पूर्णतः व्यक्त करने का अवसर नहीं पा सके हैं।

विष्णुदास और माधव कन्दलि अपने युग की मान्यताओं को सम्यक् रूप से चित्रित नहीं कर सके हैं। वे केवल युगानुरूप परिस्थितियों का उल्लेख कर सके हैं। इसका कारण उनके उद्देश्य का जनभाषा में रामकथा के प्रचार तक ही सीमित होना है।

राजनीति सम्बन्धी विचारों में साम, दाम, दण्ड और भेद की नीति, मन्त्रियों के कर्तव्य, गम्भीर समस्या पर धैर्य के साथ विचार, उचित-अनुचित का ज्ञान, राज्य की व्यवस्था के लिए धन, सेना, मन्त्रियों, पुरोहितों का अधिक महत्त्व है। यहीं पर राज्य की रक्षा के लिए गुप्तचरों का महत्त्व भी वर्णित है। राजा को युद्ध टालने का प्रयत्न करना चाहिए। राज्य की समृद्धि एवं शान्ति के लिए प्रजा का सुखी होना आवश्यक है। राजा का कर्तव्य है कि वह प्रजा के सुख-दुख का ध्यान रखे। राम-दरबार में फ़रियाद के लिए आने वालों का स्वागत होता था।

निष्कर्ष

उपर्युक्त अध्ययन से स्पष्ट है कि 'कथा' और 'सप्तकाण्ड' के कवि का उद्देश्य रामकथा को जनभाषाओं में उपस्थित करने मात्र तक ही सीमित है। तात्पर्य यह है कि दोनों कृतियों में दर्शन, भक्ति, साहित्य, समाज और राजनीति-विषयक विचार प्रसंगानुकूल ही वर्णित हुए हैं। इस प्रकार 'कथा' और 'सप्तकाण्ड' के कवियों के अधिकांश विचारों में समानता है। यदि कहीं कुछ अन्तर है तो उसका कारण स्थानीय प्रभाव है। तुलनात्मक दृष्टि से इतना कहा जायेगा कि 'कथा' की अपेक्षा 'सप्तकाण्ड' में विभिन्न विचारधाराओं को अधिक स्थान मिला है।

सन्दर्भ ग्रन्थ

1. रामायण कथा, विष्णु दास, सं. लोकनाथ द्विवेदी सिलाहकारी, प्रकाशन-साहित्य भवन (प्रा.) लि. इलाहाबाद—1972 ई.
2. असमिया सप्तकाण्ड रामायण भूमिका, कनक चन्द्र शर्मा, गुवाहाटी—1925 ई.
3. केशदा महन्त, असमिया रामायणी साहित्य कथावस्तुर, आंतिगुरि, गुवाहाटी—1986 ई.
4. सप्तकाण्ड रामायण, माधव कन्दलि, शंकरदेव और माधवदेव, हरिनारायण दत्त बरुआ, प्र. दत्त बरुआ एण्ड कम्पनी, नलबारी, गुवाहाटी—1972 ई.
5. पत्रिका, अख़बार, इंटरनेट, समाचार-पत्र आदि

खामति जनजाति के रामायण 'लिक-चाउ-लामाङ' में राम

डॉ. मालविका शर्मा

भारतीय संस्कृति के समष्टिगत रूप का दर्शन हमें जिन विशिष्ट स्थलों पर होता है, उनमें प्रमुख है मर्यादा पुरुषोत्तम राम का चरित्र। यह चरित्र इतना लोकप्रिय रहा है कि भारतवर्ष की विभिन्न भाषाओं, जातियों में ही नहीं, पड़ोसी देशों की जनभाषाओं में भी एक विशाल साहित्य की रचना हुई है। समय के बहाव के अनुसार कवियों की वैयक्तिक रुचि और समकालीन सामाजिक-सांस्कृतिक आदर्शों के अनुसार भी रामकथा नये-नये साँचों में ढलती रही।

यद्यपि राम का उल्लेख हमें सर्वप्रथम वाल्मीकि रामायण में मिलता है, परन्तु विद्वानों ने रामकथा का मूल स्रोत और इस कथा के प्रमुख पात्रों का प्रतिबिम्ब वैदिक साहित्य में भी खोजने का प्रयत्न किया है। वेदों में कुछ स्थलों पर राम शब्द का प्रयोग हुआ है, किन्तु उसका अर्थ दशरथ पुत्र राम है या नहीं। इस पर विभिन्न मत-मतान्तर होते रहे हैं। महाभारत के कतिपय स्थलों पर जैसे आरण्यक, द्रोण एवं शान्ति पर्व में रामकथा का समावेश हुआ है। इसके अतिरिक्त पुराणों में रामकथा का समावेश हुआ है, परन्तु राम के चरित्र का पूर्ण विकास नहीं हो पाया है। इसीलिए उपलब्ध प्रमाणों के आधार पर वाल्मीकि रामायण को आदिकाव्य मानकर रामकथा का मूलस्रोत स्वीकार किया गया है। वाल्मीकि रामायण में राम अलौकिक महापुरुष हैं, ईश्वरीय अवतार नहीं। रामानुजाचार्य की सहसरमिति और रामानन्द की रामार्चन पद्धति ने रामभक्ति को एक विशिष्ट सम्प्रदाय के रूप में प्रतिष्ठित किया है।

राम का उदात्त चरित्र केवल धार्मिक साहित्य का ही नहीं, ललित साहित्य की रचना का भी अन्यतम प्रेरणास्रोत रहा है। संस्कृत के विशाल रामकाव्य साहित्य में कालिदास कृत 'रघुवंश' के अतिरिक्त 'मणिकाव्य', अभिनन्द कृत 'रामचरित' आदि अनेक उल्लेखनीय ग्रन्थ रचे गये हैं।

वैष्णव साहित्य में ही नहीं बल्कि राम की कथा बौद्ध एवं जैन ग्रन्थों में भी पायी जाती है। बौद्ध रामकथा में दशरथ जातक के अन्त में कथा का समाधान करते हुए बुद्ध कहते हैं—उस समय महाराजा शुद्धोधन महाराज दशरथ थे, महामाया राम की माता, यशोधरा सीता, आनन्द भरत और मैं राम पण्डित था। (स. व्यास, 2000 : 33)। इसके अतिरिक्त अनामर्कजातक, दशरथ कथानक में रामकथा लिपिबद्ध हुई है।

बौद्ध ग्रन्थों की अपेक्षा जैन-ग्रन्थों में रामकथा का वर्णन अपेक्षाकृत विस्तारपूर्वक हुआ है। जैन साहित्य में राम, लक्ष्मण और रावण तीनों जैनियों के तिरसठ महापुरुषों में से हैं। जैन ग्रन्थों की इस परम्परा में भुवनतुंग सूरि प्रणीत 'सियाचरियम' तथा 'रामचरियम', रविषेण कृत 'पद्मचरित' तथा गुणभद्र रचित 'उत्तर पुराण' भी उल्लेखनीय हैं।

संस्कृत के साथ-साथ पालि, प्राकृत एवं अपभ्रंश साहित्य में भी रामकथा की सुदीर्घ परम्परा वैविध्य सम्पन्न प्रबन्ध काव्यों, उद्देश्यप्रधान नाटकों एवं भावसंवलित गीतिकाव्यों के रूप में परिलक्षित होती है।

हिन्दी के साथ-साथ भारतवर्ष की सभी आधुनिक भारतीय भाषाओं में मर्यादा पुरुषोत्तम राम के जीवन-प्रसंगों को लेकर विविध काव्यों की पुष्कल रचना हुई है। जबकि प्रागैतिहासिक काल से मर्यादा पुरुषोत्तम रामचन्द्र के शील, शक्ति एवं सौन्दर्य से मण्डित अलौकिक व्यक्तित्व के विविध रूपों ने जनमानस को आकृष्ट किया है। इसीलिए भारतवर्ष के विभिन्न धर्मों, भाषाओं, जाति-जनजाति में राम का चित्रण हुआ है। असम प्रान्त विभिन्न जाति-जनजाति का समाहार है। यहाँ असमिया भाषा के अतिरिक्त विभिन्न जनजातीय भाषाओं में भी राम को लेकर रामायण लिखने की परम्परा रही है। उनमें खामति जनजाति प्रमुख है। यह जनजाति टाइ-मंगोलिया जनजाति की एक शाखा है। इन लोगों का प्राचीन निवास स्थल चीन देश के पश्चिमांचल में था। परवर्ती काल में यह जनजाति उत्तर ब्रह्मदेश के खामति ल्यूङ या बरखामती में रहने लगी। तत्पश्चात उसकी एक शाखा असम पहुँची और असम के लखीमपुर तथा अरुणाचल प्रदेश के लोहित ज़िले के चौखाम आदि गाँव में रहने लगी। खामति जनजाति बौद्ध धर्मालम्बी है। इन लोगों की भाषा 'टाइ' है। टाइ भाषा में रचित खामति रामायण का नाम 'लिक-चाउ-लामाङ' है। उक्त रामायण हस्तलिखित रूप में आज भी उत्तर लखीमपुर के अन्तर्गत नारायणपुर के बरखामती गाँव के बौद्ध विहार में संरक्षित है। पाण्डुलिपि की लम्बाई 2 फुट 4 इंच और चौड़ाई 1 फुट 8 इंच है। पाण्डुलिपि की पृष्ठ संख्या 306 है। स्थानीय भाव से प्रस्तुत किये गये काग़ज़ से पाण्डुलिपि लिखी गयी है। इस रामायण के रचनाकार के बारे में मतभेद पाया जाता है। किंवदन्ती के अनुसार साकालेत 1322 में उःचाम सौं पिंगा माथा नामक एक बौद्ध भिक्षु ने चाउफा पें मुं खां राजा के अनुरोध पर टाइ भाषा में इस रामायण की रचना की थी (बरा 2001 : ग)। असम में प्रस्तुत रामायण को डॉ. भिक्षु कौडिण्य ने ढूँढ़ निकाला था और इसका असमिया भाषा में रूपान्तर श्रीयुत फणीधर बरा ने किया है। वास्तव में प्रस्तुत रामायण में राम के चरित्र की कुछ उल्लेखनीय विशेषताएँ पायी गयी हैं जिनका विश्लेषण आगे करने का प्रयास किया जायेगा।

'राम' भारतीय लोक जीवन के अभिन्न अंग रहे हैं। शताब्दियों पूर्व से ही साहित्य तथा अन्य कलाओं में इनके जीवन और कार्यों से सम्बद्ध अनेकानेक घटनाओं के चित्रण होते रहे हैं। आज यह सर्वमान्य सत्य है कि आज हमारे लिए रामकथा सर्वाधिक प्रेरक तत्त्व बन गयी है। वह हमारे जीवन के नैतिक मूल्यों एवं सांस्कृतिक मान्यताओं का आलोक-स्तम्भ बन चुकी है। वाल्मीकि रामायण में चित्रित राम के उदात्त एवं आदर्श जीवन से प्रेरित होकर ब्राह्मण, बौद्ध, जैन धर्मालम्बी तथा विभिन्न भाषा-भाषी, जाति-जनजातियों के कवियों ने भी अपने-अपने समाज की भलाई के लिए रामकथा का चित्रण किया। असम प्रान्त की विभिन्न जाति-जनजातियों में रामकथा का प्रचलन है। इन जाति-जनजातियों में प्रसिद्ध जनजाति है खामति जनजाति। जिसमें टाइ भाषा में रचित रामायण 'लिक-चाउ-लामाङ' है। रामायण की परम्परा खामति समाज में महाभारत से भी अधिक प्राचीन है। उल्लेखनीय बात यह है कि रामायण की लिखित परम्परा की शुरुआत इस जनजाति में बौद्ध धर्म के माध्यम से हुई है तो रामायण की मौखिक परम्परा प्राचीनकाल से ही चली आ रही थी। विद्वानों के अनुसार, खामति रामायण का मूल उत्स वाल्मीकि रामायण है। किन्तु वाल्मीकि तथा रामायणी साहित्य के साथ जुड़े किसी भी व्यक्ति का नाम उक्त रामायण में प्राप्त नहीं होता है।

(प्रांतिक 2002, 16 जून)। वास्तव में उक्त रामायण का आधार यद्यपि वाल्मीकि रामायण है फिर भी लिक-चाउ-लामाङ में कृत्तिवासी रामायण का प्रभाव है। असम के बौद्ध धर्मावलम्बी समाज के लिए उपयोगी बनाने हेतु खामति रामायण में असम के बौद्धधर्मी तत्त्व का भी संयोजन किया गया है।

प्रस्तुत संगोष्ठी पत्र का महत्त्व इसी बात में निहित है कि खामति रामायण की मौलिकता क्या है? और खामति समाज में राम का स्थान क्या है? बौद्ध परम्परा में रामकथा का प्रचलन बहुत प्राचीनकाल से रहा है। पर स्थान और काल के अनुसार कथा में बहुत परिवर्तन हुआ। इस प्रकार के परिवर्तन के साथ कथा में विचित्रता भी दिखाई पड़ती है। महत्त्वपूर्ण बात यह है कि इस विचित्रता में ऐतिहासिक-सांस्कृतिक महत्त्व भी छिपा हुआ है।

असम प्रान्त के लखीमपुर ज़िले और अरुणाचल के लोहित ज़िले में निवास करने वाली जनजातियों में एक है खामति जनजाति। इस जनजाति की सांस्कृतिक गरिमा और साहित्य की सुदीर्घ परम्परा का प्रमाण टाइ भाषा में रचित रामायण 'लिक-चाउ-लामाङ' है। उक्त रामायण का प्रचार-प्रसार सबसे प्रथम डॉ. भिक्षु कौडिण्य ने किया है। खामति जनजाति बौद्ध धर्मालम्बी है। उनके गाँव में बौद्ध विहार है। यह रामायण (लिक-चाउ-लामाङ) उत्तर लखीमपुर के नारायणपुर के बरखामती गाँव के बौद्ध विहार में संगृहीत है। (नाथ 2013 : 138)

भारतीय समाज, साहित्य और संस्कृति में राम मर्यादा पुरुषोत्तम हैं। 'राम' का शील चरित्र इतना लोकप्रिय रहा है कि भारतवर्ष की विभिन्न भाषाओं, जातियों में ही नहीं, बल्कि पड़ोसी देशों की भाषा में भी एक विशाल साहित्य की रचना हुई है। विभिन्न जाति-जनजातियों के कवियों ने भी समयानुसार अपनी-अपनी सामाजिक, सांस्कृतिक एवं वैयक्तिक रुचि तथा अपने-अपने धर्म के अनुसार रामकथा को नये-नये साँचों में ढाला है। बौद्ध धर्मावलम्बी खामति जनजाति ने 'राम' को बोधिसत्व का अवतार माना है। कहा जाता है कि लिक-चाउ-लामाङ ग्रन्थ के रचनाकार का मुख्य उद्देश्य बौद्ध धर्म की वाणी का जनसाधारण में प्रचार करना रहा है। (देश-विदेशर रामायणी साहित्यर अध्ययन, नाथ : 139)। यद्यपि लिक-चाउ-लामाङ का मूल आधार वाल्मीकि कृत रामायण है फिर भी प्रस्तुत रामायण में कवि ने अपनी मौलिकता का परिचय बख़ूबी निभाया है। राम के इसी रूप को दर्शाना प्रस्तुत संगोष्ठी पत्र का उद्देश्य है। उन्होंने राम को बोधिसत्व का अवतार मानते हुए बौद्ध धर्मावलम्बी समाज के अनुरूप उनके चरित्र का अंकन किया है।

प्रस्तुत संगोष्ठी पत्र के अध्ययन की पद्धति विश्लेषणात्मक है। जिसके द्वारा खामति रामायण 'लिक-चाउ-लामाङ' के राम-चरित्र का विश्लेषण करने का प्रयास किया गया है। विश्लेषण करते समय खामति जनजाति के टाइ भाषा में विरचित लिक-चाउ-लामाङ का असमिया अनुवाद तथा रामकाव्य परम्परा से सम्बन्धित विभिन्न ग्रन्थों की सहायता ली गयी है। प्रस्तुत संगोष्ठी पत्र में टिप्पणी के लिए आधुनिक भाषा पद्धति के अन्तर्गत सातवें संस्करण की प्रणाली को अपनाया गया है।

विषय के अन्तर्गत असम की खामति जनजाति की रामायण लिक-चाउ-लामाङ में राम का चरित्र सामान्य रूप से प्रस्तुत करने का प्रयास किया गया है।

लिक-चाउ-लामाङ रामकाव्य परम्परा की अनूठी उपलब्धि है। लिक शब्द का अर्थ ग्रन्थ/काव्य, चाउ का अर्थ श्री/श्रेष्ठ/आदरणीय और लामाङ का अर्थ राम अर्थात् श्रीराम है।(शइकीया 2012, 16 जून : 31)। प्रस्तुत रामायण में पैंतीस (35) अध्याय हैं। प्रत्येक अध्याय के अलग-अलग विभाग हैं। ग्रन्थ का प्रारम्भ बुद्धदेव की नीति और वचन से हुआ है, क्योंकि रचनाकार का प्रमुख उद्देश्य

बौद्ध धर्म की वाणी का प्रचार करना है। रामायण की मौखिक परम्परा खामति जनजाति के बीच प्राचीनकाल से चली आ रही है। यह उल्लेखनीय है कि टाइ-मंगोलियन देशों में रामायण की परम्परा बौद्ध धर्म के माध्यम से प्रतिष्ठित और प्रचारित हुई है। लिक-चाउ-लामाङ में रामचन्द्र को बोधिसत्व का अवतार माना गया है। वैष्णव धर्म की परम्परा के अनुसार दशावतार की तालिका में श्रीराम और बुद्ध क्रमानुसार अष्टम और नवम अवतार हैं। किन्तु बौद्ध धर्म की रामायणी परम्परा में रामचन्द्र को स्वयं बुद्धदेव का अवतार माना गया है।

लिक-चाउ-लामाङ का मूल आधार वाल्मीकि कृत रामायण है। किन्तु बौद्धधर्मी समाज हेतु उपयोगी बनाने के लिए प्रस्तुत रामायण में बौद्धधर्मीय कथा का संयोग किया गया है। यद्यपि वाल्मीकि रामायण का उल्लेख कहीं भी लिक-चाउ-लामाङ में नहीं है, फिर भी तत्कालीन सामाजिक, धार्मिक तथा सांस्कृतिक परिवेश के अनुसार उक्त रामायण में विविध उपकहानियों का संयोजन करके लिक-चाउ-लामाङ को रामायणी परम्परा में एक अलग विशेषता प्रदान की है। प्रस्तुत रामायण में कृत्तिवास रामायण और माधव कन्दलि रामायण का भी प्रभाव देखा जा सकता है।

लिक-चाउ-लामाङ के प्रारम्भ में रचनाकार ने उल्लेख किया है कि महापरिनिर्वाण के पहले (80 साल में) खुद तथागत बुद्ध ने भिक्षु आनन्द समन्वित उत्सुक शिष्यों के सामने रामकथा का वर्णन किया था। यथा–**मोर महाप्रयाणर पिछत एइ संसारत पाँच हेजार धरमर शासन काले देव-मनुष्यक मुक्तिर संधान दिव। तारपिछत एइ संसारत आर्यमैत्री (आलि मेलिया) नामेरे एजन बुद्धइ जंमग्रहण करिब।** अर्थात् मेरे महाप्रयाण के बाद इस संसार में पाँच हज़ार धर्म का शासनकाल देव-मानव को मुक्ति का सन्धान देगा। उसके बाद इस संसार में आर्यमैत्री (आलि मेतिया) नाम से एक बुद्ध जन्मेगा वही देव-मानव का उद्धार करेगा और मुक्ति का वाहन स्वरूप होगा। तत्पश्चात इस संसार में कोई बुद्ध नहीं होगा।

अवतारी पुरुष के रूप में राम : प्रस्तुत रामायण में राम को अवतारी पुरुष माना गया है। महाप्रतापी रावण का वध करने के लिए ब्रह्मा के आदेश के अनुसार बोधिसत्व का पृथ्वी पर आविर्भाव होने के लिए इन्द्र ने विनम्रता से प्रार्थना की है। यथा–**आपुनि मर्त्यलोकत आविर्भाव है दुष्ट रावणक निधन करि देव समाजात शान्तिर निजरा बोवाइ तुलक। आपोनार अबिहने सेइ कालरूपी रावणक कोनेउ निधन करिब नोवारिब॥ 180 (बरा 2001 : 25)** अर्थात् आप मर्त्यलोक में (पृथ्वी) अवतरित होकर दुष्ट रावण का वध करके देव समाज में शान्ति की धारा प्रभावित कर दीजिए। आपके बिना कालरूपी रावण का कोई वध नहीं कर सकता है। उनकी प्रार्थना से सन्तुष्ट होकर दशरथ-पत्नी कौशल्या के गर्भ गें बोधिसत्व राम (लामाङ) रूप में आये। यथा–**बोधिसत्व कौशल्यार गर्भत स्थित हलहि। तेउँ (लामाङ) राम रूपे आविर्भाव हल। (बरा 2000 : 30)।।** अर्थात् बोधिसत्व कौशल्या के गर्भ में स्थित हुए और उनका (लामाङ) राम रूप में आविर्भाव हुआ।

शक्तिशाली पुरुष के रूप में राम–प्रस्तुत रामायण में राम को शक्तिशाली पुरुष के रूप में चित्रित किया गया है। उनके ग्रन्थ में जन्म का जो वर्णन किया गया है, उसमें राम की शक्ति का स्पष्ट प्रमाण उपलब्ध होता है। उक्त रामायण में यह वर्णन किया गया है कि जब राम कौशल्या के गर्भ से भूमिष्ठ हुए थे, तब महाप्रतापी रावण के सिर से मुकुट गिर गया था। सात बार भूकम्प हुआ था, गंगा में पर्वत सम लहरें उत्पन्न हुई थीं। जब रावण ने इसका कारण जानने का आग्रह किया तब विभीषण ने बताया कि रावण को परास्त करने के लिए एक महापुरुष का जन्म हुआ है।

यथा—**जि जन महापुरुष जन्म हैछे तेउ आपोनाक परास्त करिब। (बरा 2001 : 31)** अर्थात् जिस महापुरुष का जन्म हुआ है वह आपको परास्त करेंगे।

प्रस्तुत रामायण में वर्णित विश्वामित्र के यज्ञ-रक्षा हेतु राम-लक्ष्मण यात्रा राम के शक्तिशाली रूप को प्रतिष्ठित करती है। यथा—**मुनिये पुनर ध्यान करि संधान पाले ये अयोध्या राज्यर रजा दशरथ पुत्र राम (लामाङ) आरू लक्ष्मणहे (लाखाना) सेइ विराटकाय काउरीटोक खेदाव पारिव। 264 (बरा 2001 : 37)** अर्थात् विश्वामित्र ऋषि को ध्यान करने के बाद यह पता चला है कि अयोध्या राज्य के राजा दशरथ के पुत्र राम (लामाङ) और लक्ष्मण (लाखाना) उन विशाल आकृति के कौओं को जंगल से खदेड़ सकेंगे।

सीता-स्वयंवर की घटना में भी राम के शक्तिशाली रूप का उत्कृष्ट निदर्शन है। हरधनु तोड़ने के लिए विभिन्न देशों से प्रबल प्रतापी राजा आये थे। लेकिन सबको परास्त करके राम (लामाङ) ने हरधनु को तोड़ दिया और सीता से विवाह किया।

संस्कारी पुरुष के रूप में राम—प्रस्तुत रामायण में प्रारम्भ से ही राम (लामाङ) को एक संस्कारी पुरुष के रूप में चित्रित किया गया है। सीता-स्वयंवर में जब वे हरधनु तोड़ने के लिए जा रहे थे तब उन्होंने सबसे प्रथम माता-पिता और गुरुजनों को प्रणाम किया। यथा—**मुनिर प्रस्ताव और राजार आज्ञामते रामे प्रथमते निज पितृ-मातृ और गुरुजनाक सेवा जनाइ आत्मविश्वासेरे सैते हरधनुर उचरत थिय हल। (बरा 2001 : 87)**। अर्थात् ऋषि का प्रस्ताव और राजा के आदेश से राम सबसे पहले पिता-माता और गुरु को प्रणाम करके आत्मविश्वास के साथ हरधनु के पास खड़े हुए। **विनयी राम** —रामायणी परम्परा में राम मर्यादा पुरुषोत्तम हैं। प्रस्तुत रामायण में भी राम के इसी रूप को अंकित किया गया है। राज्याभिषेक के समय पिता दशरथ की प्रतिज्ञा के बारे में जब उन्हें ज्ञात हुआ तब वे खुशी-खुशी राज्यभार भरत को अर्पण करके वनवास जाने के लिए तैयार हो गये। यथा—**आपोनार मनर अभिप्राय कि? ...जि करिवलै आज्ञा प्रदान करे ताके करिवलै मइ नतशिरे आगवाढ़ि जाम। 411 11 (बरा 2001 : 61)**। अर्थात् आपके मन की इच्छा क्या है? ...जो करने के लिए आदेश देंगे सर झुकाकर वही करूँगा। दशरथ की मृत्यु के पश्चात तीनों रानियाँ, भरत, शत्रुघ्न और प्रजावर्ग वन में राम को वापस लाने के लिए गये लेकिन राम ने मृत पिता के सामने की गयी प्रतिज्ञा तोड़ने से इनकार कर दिया । इससे उनकी महानता अधिक निखरती है।

राजनीतिक आदर्श—किसी भी समाज के राजनीतिक आदर्श उसकी परिस्थितियों पर अवलम्बित होते हैं और समय-समय पर उनमें परिवर्तन होता रहता है। प्रस्तुत रामायण में राम आदर्श राजा हैं, जिनके प्रताप से राज्य में ऐश्वर्य की वृद्धि हुई है।

आदर्श पति : प्रस्तुत रामायण में राम आदर्श पति हैं । सीता ने स्वयं रावण (चिपहोलांका) को कहा है कि—**मोर स्वामी लामाङ धर्म और शीलर अधिष्ठाता। ज्ञान बुद्धित तेजस्वी तेउर समान वीर हयतो संसारत कोनो नोलाव। मइ सकलो देवतार उचरत प्रतिज्ञा करिछिलो ये लामाङर बाहिरे काको स्वामी वरन नकरो। (बरा 2001 : 127)** अर्थात् मेरे स्वामी लामाङ धर्म और शील के अधिष्ठाता हैं। ज्ञान और बुद्धि में उनके समान तेजस्वी कोई नहीं है। मैं सभी देवताओं से प्रार्थना करती हूँ कि लामाङ के सिवा किसी को स्वामी नहीं वरूँगी।

पिता के रूप में राम—प्रस्तुत रामायण में राम (लामाङ) आदर्श पिता हैं। अश्वमेघ यज्ञ के समय में राम का दोनों पुत्रों छोला और कुकशा के साथ परिचय होता है। ग्रन्थ के अन्त में वे ज्येष्ठ पुत्र छोला (लव) को युवराज और कनिष्ठ पुत्र कुकशा (कुश) को प्रधान सेनापति बनाते हैं। अन्त में राजा

राम (लामाङ) ने पुत्रों को राज्य की नीतियों की शिक्षा और उपदेश दिया। यथा—**देशर रजा य नेता हवलै हाले हृदय पवित्र हव लागे। धर्मर प्रति अटल विश्वास राखिव लागे। रजाइ धर्म रक्षा करि राजकार्य करिब लागे। लोभ मोहर प्रति ध्यान दिब नालागे। पंचशीलर नीति नियम बिलाक आखरे-आखरे पालन करिब लागे। 1980 (बरा 2001 : 298)** अर्थात् राजा होने के लिए हृदय पवित्र होना चाहिए। धर्म के प्रति विश्वास रखना चाहिए। धर्मरक्षा करके राज-कार्य करना चाहिए। पंचशील नीतियों का पालन करना चाहिए। **कूटनीतिज्ञ के रूप में राम :** प्रस्तुत रामायण में कूटनीतिज्ञ के रूप में राम के चरित्र में एक नीति कुशलता देखी जाती है जहाँ वे कूटनीति अपनाते हैं। उन्होंने गुप्त रूप से बाली पर बाण छोड़कर अन्याय से उसका वध किया। यथा—**कोन तुम? कोन देशर परा आहि बनत एनेदरे लुकाइ थाकि मोक हत्या करिला। 696।। (बरा 2001 : 113)**
अर्थात् तुम कौन हो? कौन से देश से आकर जंगल में छिपकर मुझे मार डाला।

प्रजावत्सल राम—प्रस्तुत रामायण में राम प्रजावत्सल हैं। उनका एकमात्र उद्देश्य प्रजा को सुख-शान्ति प्रदान करना है और समाज को सुव्यवस्थित करना है। इसीलिए प्रजागण को सन्तुष्ट रखने के लिए उन्होंने अपनी पत्नी तक को वनवास दे दिया। बाली-वध प्रसंग में राम (लामाङ) स्वयं बाली से कहते हैं कि—**दुष्टक दमन और संतक पालन कराइ मोर धर्म। 698।। (बरा 2001 : 113)** अर्थात् दुष्ट का दमन और सन्तों का पालन करना ही मेरा धर्म है।

उपलब्धियाँ

- लिक-चाउ-लामाङ टाइ भाषा में रचित खामति रामायण है।
- इसमें खामति समाज का प्रतिफलन हुआ है।
- आलोच्य ग्रन्थ का मुख्य उद्देश्य बौद्ध धर्म की वाणी का प्रचार करना है।
- इस ग्रन्थ का मूल आधार वाल्मीकि रामायण है, इसमें कृत्तिवास रामायण तथा माधव कन्दलि के रामायण का प्रभाव परिलक्षित होते हुए भी मौलिकता देखी जा सकती है।
- राम स्वयं बोधिसत्व के अवतार हैं।
- समाज में धर्म स्थापना करने के लिए राम अर्थात् लामाङ का जन्म हुआ है।
- प्रस्तुत रामायण में राम का नाम लामाङ है।
- सभी पात्रों का नाम खामति समाज के अनुरूप है। जैसे—राम—लामाङ, लक्ष्मण—लाखाना, दशरथ—तातछाराथा, सीता—नांसीता, रावण—चिपहोलंका, हनुमान—आनुमाम इत्यादि।
- राम अर्थात् लामाङ अवतारी पुरुष हैं। उनका जन्म समाज में शान्ति स्थापना के लिए हुआ है।
- प्रस्तुत रामायण की प्रमुख विशेषता यह है कि इसमें सीता के पाताल-प्रवेश की दुखद कहानी नहीं है बल्कि लव-कुश और सीता के साथ राम शान्तिपूर्वक जीवन-निर्वाह करते दिखाये गये हैं।

निष्कर्ष

उपर्युक्त विश्लेषण से यह स्पष्ट होता है कि लिक-चाउ-लामाङ (खामति रामायण) खामति समाज का दर्पण है। यद्यपि प्रस्तुत रामायण की रचना वाल्मीकि रामायण का मूल आधार लेकर हुई है फिर भी इसमें खामति समाज की विभिन्न रीति-नीतियों, लोक-विश्वासों का चित्रण किया गया है।

नायक-नायिका तथा स्थानों का नाम भी खामति भाषा और समाज के अनुरूप है। राम, लक्ष्मण, विभीषण आदि सभी पात्रों पर बौद्ध धर्म का प्रभाव स्पष्ट देखा जा सकता है। राम स्वयं बोधिसत्व के अवतार हैं। चरित्र की दृष्टि से राम आदर्श पुत्र, आदर्श भ्राता, आदर्श स्वामी, आदर्श मित्र, आदर्श वीर, आदर्श शासक हैं। उनका चरित्र परम्परागत होते हुए भी नवीन है, क्योंकि रचनाकार का उद्देश्य ही बौद्ध धर्म की वाणी का प्रचार करना रहा है। इसीलिए ग्रन्थ का प्रारम्भ बुद्ध की नीति और वचन से हुआ है और अन्तिम अध्याय भी बुद्ध की नीति से समाप्त हुआ है। वस्तुतः प्रस्तुत रामायण खामति भाषा और साहित्य का अमूल्य ग्रन्थ है और भारतीय रामकाव्य परम्परा की अनूठी उपलब्धि है।

सन्दर्भ ग्रन्थ

प्राथमिक स्रोत

1. बरा, फणीधर, बौद्ध परम्परात टाइ रामायण (लिक-चाउ-लामाङ) रामकाव्य, बरा प्रकाशन, जोरहाट, प्रथम संस्करण 2001

द्वितीयक स्रोत

हिन्दी :

1. डॉ. नगेन्द्र (सम्पादक), हिन्दी साहित्य का इतिहास, मयूर पेपरबैक्स, नयी दिल्ली 110002, प्रथम संस्करण, 1973
2. सिंह, प्रो. वासुदेव, हिन्दी साहित्य का समीक्षात्मक इतिहास, संजय बुक सेंटर, द्वितीय संस्करण, 1997
3. बुल्के, कामिल, रामकथा, हिन्दी परिषद् प्रकाशन, इलाहाबाद विश्वविद्यालय, 1971
4. वर्मा, डॉ. रामकुमार, हिन्दी साहित्य का आलोचनात्मक इतिहास, प्रयाग, 1948

असमिया

1. शर्मा, डॉ. सत्येन्द्रनाथ—रामायणर इतिवृत्त, वीणा लाइब्रेरी, 1984
2. शर्मा, डॉ. सत्येन्द्रनाथ—असमिया साहित्यर समीक्षात्मक इतिवृत्त, 1981

अंग्रेजी

1. सेन, सुकुमार, द ओरिजिन ऑफ़ रामा लेजेण्ड, रूपा एंड कम्पनी, 1980
2. व्यास, लल्लन प्रसाद, रामायण इंटरनेशनल पर्सपेक्टिव, बी.आर. पब्लिशिंग कॉरपोरेशन 1998

पत्रिका

1. प्रान्तिक 2002, 16 जून

असमिया लोकगीतों में रामकथा

डॉ. मंजूमोनी सैकिया/डॉ. दीपा डेका

लोक-साहित्य का जनजीवन से सम्बन्ध होता है। लोक गीत लोक-साहित्य का अभिन्न अंग और लोक जीवन की अभिव्यक्ति का सशक्त माध्यम हैं, क्योंकि गीत हृदय के उद्‌गार हैं। जो मानव के सुख-दुख, हर्ष-विषाद, आशा-निराशा आदि भावों को सहज रूप में अभिव्यक्त कर सकते हैं। देवेन्द्र सत्यार्थी के अनुसार, "लोक गीत किसी संस्कृति के मुँह बोलते चित्र हैं।"

भारतीय सामाजिक जीवन में रामायण और महाभारत की कथा परम्परागत रूप से प्राप्त है। अतः भारतीय समाज व्यवस्था में इन दोनों ग्रन्थों का व्यापक प्रभाव है।

पूर्वोत्तर भारत के अन्यतम राज्य असम प्रान्त में भी रामायण की कथा जनजीवन के बीच अनेक आधारों के माध्यम से प्रचलित रही है जिसका एक अन्यतम आधार 'लोक गीत' हैं। "मानव जीवन का कोई ऐसा कक्ष नहीं, ऐसा विषय नहीं जिस पर लोक गीत का स्वर्गीय मधुर प्रकाश न पड़ा हो, सम्पूर्ण जीवन की व्यंजना यदि कहीं हो पायी है, तो लोक गीत में।" आर्य सभ्यता के विकास के साथ-साथ रामकथा ने असम प्रान्त में अपना स्थान बनाना शुरू किया होगा।

जनजीवन के सोच-विचार, भोगे हुए जीवन के अनुभव, विभिन्न क्षेत्र में गाये हुए अनेक गीत रामकथा पर आश्रित हैं। प्रस्तुत आलेख में असमिया मौखिक साहित्य की प्रमुख विधा लोक गीत पर रामकथा के प्रभाव की चर्चा की जायेगी।

लोक-साहित्य का अन्यतम पक्ष लोक गीत आम जनता के दिल की धड़कन है। साधारण जन-गण आनन्द की घड़ी में हों विरह की तल्लीनता में हों, अपने हृदय के आवेग गीत के माध्यम से व्यक्त करके तसल्ली लेते हैं। चूँकि रामकथा लोगों के दिल में बसी है। अतः साधारण जन लोक-भावना में अपना भाव मिलाकर राम-सीता तथा रामकथा के द्वारा अपना दर्द या आनन्द व्यक्त करते हैं। इस आलेख में असमिया जनजीवन से जुड़े धार्मिक तथा अन्य अवसरों में गाये हुए कुछ गीतों में रामकथा का प्रभाव खोजने का प्रयास है। अनुभव होता है कि इस आलेख के माध्यम से असमिया सामाजिक-जीवन में रामकथा की विस्तृति पर थोड़ी-सी जानकारी प्राप्त होगी जिससे आने वाले पीढ़ी को रामकथा पर चर्चा करने का मार्ग मिलेगा। यह एक आलेख है इसलिए यहाँ ज़्यादा लोक गीतों पर चर्चा तो नहीं हो पायेगी। किन्तु कुछ चुने हुए गीतों के आधार पर असमिया जनजीवन में रामकथा के विकास पर अध्ययन होगा।

इस आलेख को प्रस्तुत करने में कुछ पुस्तकों की सहायता ली गयी है। साथ-साथ कुछ स्थानीय लोगों से भी मौखिक रूप में प्रचलित गीतों का संग्रह किया गया है।

असमिया लोक गीत में रामकथा—असमिया सामाजिक जीवन में मौखिक परम्परा में प्रचलित अनेक गीत रामकथा से प्रभावित हैं। विवाह गीत (बियानाम), धर्म सम्बन्धी गीत (दिहानाम), उपनयन के नाम, बारहमासा गीत, असम के प्रमुख उत्सव बिहु के अवसर पर गाये जाने वाले गीत, ओपापालि, आदि गीतों में रामकथा का प्रभाव देखा जा सकता है—

विवाह गीत (बिया नाम)—असमिया सामाजिक जीवन में विवाह समाज और संस्कृति का संस्कार तथा त्योहार है। विवाह से सम्बन्धित रीति-रिवाजों के साथ-साथ गीत गाये जाते हैं, जहाँ अनपढ़ ग्रामीण नारी की मनःस्थिति, भाव-अनुभूति, नारी-जीवन की आशा, असम की प्रकृति आदि विवाह गीतों के माध्यम से प्रकट होते हैं।

रामायण के दो प्रमुख चरित्रों राम और सीता को वर (दूल्हा) और कन्या (दुल्हन) के रूप में मानकर अनेक विवाह गीतों का सृजन हुआ है। राम-सीता की तरह नयी ज़िन्दगी की शुरुआत करने वाले दुल्हा-दुल्हन को आदर्श पति-पत्नी के रूप में जीवन को सुन्दर बनाने की प्रेरणा विवाह गीतों के माध्यम से दी जाती है।

विवाह के अवसर पर श्राद्ध कार्य—विवाह के दिन वर-कन्या दोनों के घर पर सुबह पूर्वजों का श्राद्ध करने की परम्परा है। इस अवसर पर ऐसे गीत गाये जाते हैं:—

देवगण श्राद्धते बहिछे, राजा पुण्यरे कारण
राम राजा ऋषि राजा जनक रजार घरे
आजि रामे धनु भाङिव, सीतार कारणे।

अर्थात् देवगण पुण्य के लिए श्राद्ध में बैठे हैं। मिथिला नगर के राजा जनक के घर में आज राम को धनुष तोड़ना है।

जोरण (जेवर पहनाने के समय), वर-कन्या को नहलाने के समय, जल भरने के समय(पानी तोला), वर के स्वागत के समय, (सुवागिरु तोला) आदि विवाह के अवसर पर किये जाने वाले रीति-रिवाज हैं। इन सभी अवसरों पर गाये हुए अनेक गीत रामकथा को लेकर रचित हैं।

जोरण—विवाह के एक-दो दिन पूर्व मनाया जाने वाला एक उपसंस्कार **जोरण** है। वर (दूल्हा) के घर से वर के माता-पिता तथा अन्य बुज़ुर्ग कन्या के घर अलंकार, कपड़े, हल्दी, तेल आदि कन्या के लिए ले जाते हैं।

घर से निकलते समय इस तरह का गीत गाया जाता है—

कैकेयी ओलोवा, सुमित्रा ओलोवा
ओलोवा रामरे भाव
जनकर जीयरी जानकी सुन्दरीक
जोरण पिंधावले याओं। (संगृहीत)

कन्या के घर पहुँचने के बाद कन्या पक्ष के लोग गाते हैं।

मारार अलंकार थोवाहे जानकी,
रामे दि पठाइछे विचित्र अलंकार
हाते योर करि लोवा है।

अर्थात् माता-पिता के अलंकार खोलकर रख दो राम ने सुन्दर अलंकार भेजे हैं, प्रणाम करके लो।

वर-कन्या को नियम के अनुसार तालाब, नदी या कूप से पानी लाकर नहलाया जाता है जिसे 'पानी तोला' कहते हैं। इस अवसर पर गाये हुए गीत में भी रामकथा का वर्णन है। जैसे–

रामकृष्ण, एइ घाटे दुबरि
रामकृष्ण सीता स्वयम्वरी
हरि मोर अ, तोले कारे घाटे पानी।

वर को नहलाते समय गाये हुए गीत

आहा राम वहाहि
गंगाजल आनिछो, शिरपाति लोवाहि। (संगृहीत)

अर्थात्, वर को बुलाया जाता है कि राम आयो गंगा का पवित्र जल लाये हैं, प्रणाम करके लो। अग्नि कुण्ड के पास वर-कन्या के बैठते समय गाये हुए गीत में भी रामकथा का वर्णन मिलता है।

मिथिला नगरे जनकरे घरे
जन्मिला जानकी सीता।
पारे कि नोवारे राम धनु भाङिव
सीतार मने होइछे चिन्ता।।

दुल्हन की विदाई का समय बहुत कारुणिक होता है। इस समय दर्द भरे गीत गाये जाते हैं। जैसे–

अ मन तगर
आजि शुण्य हल जनकर नगर।

विवाह गीतों में जनक, अयोध्या, मिथिला आदि शब्दों का भी प्रयोग है। इन विवाह गीतों में ग्रामीण नारी का राम सीता के प्रति प्रेम, अनुभव की चमत्कार काव्यिकता तथा सुन्दर प्रतिभा भी प्रतिफलित हती है।

जोरानाम : वर-कन्या को छेड़ते हुए ये गीत गाये जाते हैं कभी वर (दूल्हा) से कभी वधू (दुल्हन) से गीतों के द्वारा हँसी-मज़ाक़ किया जाता है। जिसे जोरानाम कहते हैं।

अ', रघुपति,
जोरा नाम गावलै,
दिया अनुमति।

वर (दूल्हा) के कन्या के घर में स्वागत के समय दुल्हन के घर की महिलाएँ गाती हैं–

वेजि आगे काटेने
वेजि आगे शियेने
सदाय अहा राम-तोमाक
आदरिब लागेने

अर्थात्, वर तो हमेशा कन्या के घर में आते हैं, आज स्वागत करना क्या ज़रूरी है?

दूल्हा दुल्हन को पाकर अपने रिश्तेदारों, भाई-बहन को भूल जाता है जिसे विवाह गीतों में गाया जाता है–

राम ऐ, श्याम, सीताई मारिछिल
मोहिनी वाण
मोहिनी वाणते राम मोह गोला।
भाई-भनीर मरमबोर पाहरि गोला।

वर को छेड़कर गाया जाता है–

रामचन्दइ पुहिले शालिका चरायटि
नितौ फरिङ धरि खाय।
धुनिया छोवाली रामे विचारोते
दाढ़ि-चुलि पकि याय।

अर्थात् सुन्दरी लड़की खोजते-खोजते दूल्हा बूढ़ा हो गया।

कन्या के पीछे-पीछे घूमने वाले वर को उद्देश्य करके गाया जाता है–

एवार भावि छोवा राम,
सीतरा पाछत यावलै
पोवा नाइने अपमान

वर के सखा को भी गीतों से इस तरह छेड़ते हैं–

रामचन्द्र आहिछे, कलर तलत वहिछे
छाति धरा सखी जनक
जयढोल येन लागिछे

दूल्हा कभी-कभी कहता है कि दुल्हन उसे पसन्द नहीं है पर पवित्र अग्नि के पास उसे स्वीकार कर लेता है, गीत में इस तरह गाया जाता है–

आगते रामचन्द्रइ कै फुरिछिल
एइ कन्या नालागे बुलि
होमरे गुरिते, लला ओचर छपाइ
मोरे प्रिय भार्या बुलि।

धर्म सम्बन्धी गीत (दिहानाम)–असमिया मौखिक परम्परा में दिहानाम एक धार्मिक अनुष्ठान है। सम्पूर्ण रीति-रिवाजों के साथ नामघर में या लोगों के घर में दिहानाम कीर्तन किया जाता है। कुछ दिहानाम रामकथा पर आश्रित हैं।

घोषा–

बनर मृग मारि राम घनुघारी
आहिला आनन्द मने
शुव्य ग्रह देखी जुरिला कन्दन
सीताक हेरुवालो बुली

पद–

हा सीता हा सीता, जनक दुहिता
कैक गैला मोक एरि।

जीवनने मरणे शयने सपोने
आछिला तुमि लगरी।।
गछ लता वन स्थिर करि मन
कोवा सवे सत्य करि।
जटायु भनिले शुनिलो काणेरे
लंकेश्वरे निले हरि।।
सागर बान्धिव, पार हैया याव।
वान्दरक संगे करि।।
रावणक वधि राखिवेक ख्याति
आनिव सीताक उद्धारि।

असमिया लोक गीतों में राम-सीता सम्बन्धी अनेक गीत मिलते हैं। सीताजी जब रावण के यहाँ बन्दी थीं तब हनुमान रामचन्द्र जी की अँगूठी लेकर सीता के पास गये थे। तब सीता ने हनुमान को पहचान लिया और राम-लक्ष्मण के कुशल समाचार पूछे। असमिया गीतों में इसका वर्णन इस प्रकार है—

रामर हातर आङुठि परिल सीतार हातत
तेतियाइ सीताइ हनुमाक माते।
मोर स्वामी, राम आछेने कल्याणे
मोर देवर लक्ष्मण आछेने कल्याण।।

असम के प्रमुख त्योहार(बिहु) सम्बन्धी गीत : बिहु के अवसर पर गाये हुए गीतों में रामकथा का वर्णन मिलता है। रङ्गाली बिहु के तहत असम के लोग घर-घर में हुचरि गाते हैं। हुचरि के अनेक गीतों में रामकथा का वर्णन है। जैसेः—

देउतार पदुलित गोनधाइछे माघुरी
केतेकी मलेमलाक ऐ गोविन्दाइ राम।।

पद—

बशिष्ट वदति शुना रघुपति
मिलिल परम चिन्ता ऐ गोविन्दाइ राम।
केने यज्ञ भुमि, प्रवेशिला तुमि।
लगत नाहिके सीता ऐ गोविन्दाइ राम।

काति बिहु के दिन सन्ध्या समय तुलसी के पौधे के नीचे दिया जलाकर बच्चे कीर्तन करते हैं और घर के लोग बच्चों से आशीर्वाद लेते हैं। इस अवसर पर गाये हुए गीतों में भी रामकथा का वर्णन मिलता है—

तुलसीर तले तले, मृग पहु चरे।
ताके देखि रामचन्द्रइ धनु शर धरे।।

संस्कार सम्बन्धी गीत—असमिया ब्राह्मण सम्प्रदाय के लोगों में चूड़ाकरण और उपनयन दो पुत्र-सन्तान से सम्बन्धित अनुष्ठान हैं। इन दोनों अनुष्ठानों में विवाह गीत की तरह ही गीत गाये जाते हैं। इन गीतों में भी राम का वर्णन है। जैसे—

चुड़ाकरण के नाम

राम, राम आरौ चाउल मुठि
राम, राम सोनरे खुरे लै
राम राम नापित तो, आहिछे,
हरि मोर ऐ
कानाइरे चुलि काटिवलै।

(संगृहीत)

उपनयन के नाम

लोटा दि खेदिले, वाटि दि खेदिले
ऐ राम, आरु कि दि खेदिले विधि हे।
भार्या दिम बुलि उलोटाइ आनिले
ए राम किनो देउताकर विधि हे।

विविध गीत : इसके अलावा अनेक गीतों में रामकथा का वर्णन मिलता है। रामायण से सम्बन्धित एक करुण कहानी श्रवण कुमार की कहानी है। जिसे लेकर रचे हुए गीत असमिया समाज में प्रचलित हैं।

राजा दशरथ के पास शब्द सुनकर तीर चलाने की क्षमता थी। एक बार उन्होंने मृग समझकर तीर चलाया तो उस तीर से अन्धे माता-पिता की एकलौती सन्तान श्रवण कुमार की मृत्यु हो गयी। पुत्र-वियोग पीड़ित पिता ने शाप दिया कि दशरथ को भी पुत्र शोक में मरना होगा। राम जब वन चले गये तो पुत्र शोक में दशरथ का देहान्त हुआ। कुछ गीतों में दशरथ पर अन्धे मुनि के शाप का वर्णन है—

अंधमुणिर अभिशाप, दशरथे पाइला ताप
मुखत नोलाय मात, ये न भैल बज्रपात
पुत्र शोके तेजिला जीवन

गर्भवती सीता को वनवास देने के कारण राम को दोषी मानकर असम की स्त्रियाँ गीत के माध्यम से अपनी व्यथा व्यक्त करती हैं—

रामचन्द्र प्रभु तुमि कि काम करिला।
गर्भवती सीताके वनवास दिला।।

असमिया लोकसंगीत में एक प्रख्यात गीत प्रचलित है जिसमें राम के साथ वन जाने के लिए सीता अनुरोध करती हैं, राम मना करते हैं, और बाद में राम-लक्ष्मण के साथ सीता जी के वन में जाने की कहानी का वर्णन है।

दिहा मइओ वने याओं स्वामी हे, अ स्वामी नकरा नैराश
तोमार लगत स्वामी खातिम वनवास

पद—

ओपरे सुरुजर छाति, तले तप्त बाली।
केनमते याबा सीता सुकोमल नारी।।
पदुका वनते आधे बाघ सिंह हाती।
केनमते यावा सीता तुमि नारी जाति।।

उपसंहार

इस प्रकार कह सकते हैं कि पूर्वोत्तर के असम प्रान्त में रामकथा की अविरल धारा विभिन्न लोक गीतों के माध्यम से प्रवाहित हो रही है। जिन गीतों में कोई कृत्रिमता नहीं है, जहाँ लोकमानस के हृदय में उद्वेलित अनुभूति अकृत्रिम तथा सहज रूप में प्रकाशित हुई है। प्रस्तुत आलेख में कुछेक गीतों को ही उल्लिखित किया गया है। असम प्रान्त की अनपढ़, गँवार जनता के बीच मौखिक रूप में प्रचलित लोक गीतों को ढूढ़ँना होगा, जो अभी भी, लिखित रूप में संरक्षित नहीं हुए हैं, बुज़ुर्गों के साथ वे गीत भी लुप्त हो जायेंगे। उत्तर पुरुष को सहृदयता से ऐसे कार्य में आत्म-नियोग करना होगा, क्योंकि ऐसे गीतों में ही प्राचीन मानव सभ्यता तथा संस्कृति के चित्र छिपे रहते हैं।

सहायक ग्रन्थ

1. द रामायण : इट्स इम्पैक्ट ऑन लाइफ़ एंड कल्चर, सं. डॉ. विभा भारती, प्रियंका शर्मा
2. राजस्थानी लोक गीतों का सांस्कृतिक अध्ययन, डॉ. मदनलाल शर्मा
3. राजस्थानी लोक गीत, डॉ. सूर्यकरण पारीक
4. असमिया लोक साहित्यर रूपरेखा, लीला गगै, नवीन प्रकाशन, गोलाघाट—1968

माधव कन्दलि कृत रामकथा में मौलिकता का प्रश्न

डॉ. परिस्मिता बरदलै

माधव कन्दलि द्वारा रचित 'सप्तकाण्ड रामायण' मौलिक न होकर वाल्मीकि रामायण का अनुवाद है। लेकिन उनका यह अनुवाद इतना मनोरम है कि उससे मौलिक रचना का ही आनन्द प्राप्त होता है। यह केवल कवि कन्दलि की विशिष्ट प्रतिभा के कारण ही सम्भव हो पाया है। माधव कन्दलि का पाण्डित्य और भाषा ज्ञान इतना प्रखर है कि उनके द्वारा रची गयी 'सप्तकाण्ड रामायण' एक अनूदित काव्य होते हुए भी मौलिकता को उजागर करती है।

माधव कन्दलि के जन्म, मृत्यु और कर्म के विषय में अभी तक कोई सटीक प्रमाण नहीं मिला है। **'सप्तकाण्ड रामायण पदबन्धे निबन्धिलो'** कन्दलि द्वारा कहे गये इस वक्तव्य से हम यह कह सकते हैं कि उन्होंने सप्तकाण्ड रामायण की रचना करके असमिया भाषा में रामायणी साहित्य का सूत्रपात किया। काल और स्थान के बारे में विभिन्न विद्वानों में मतभेद होने के बावजूद भी हम माधव कन्दलि को चतुर्दश शताब्दी का कवि मान सकते हैं। इस दृष्टि से अगर विचार किया जाये तो माधव कन्दलि की सप्तकाण्ड रामायण, कृत्तिवासी रामायण या तुलसी के रामचरितमानस से भी पहले की है।

माधव कन्दलि की रामायण में आदि काण्ड और उत्तर काण्ड का अभाव है। सम्भवतः उन्होंने इन दोनों काण्डों की रचना की ही नहीं थी या की भी थी तो वह काल के गर्भ में खो गयी। इसी कारण माधवदेव ने आदि काण्ड और शंकरदेव ने उत्तर काण्ड की रचना करके माधव कन्दलि के 'सप्तकाण्ड रामायण' को पूर्णता प्रदान की। यहाँ एक बात का उल्लेख करना ठीक रहेगा कि कन्दलि के रामायण के अन्त में **'सप्तकाण्ड रामायण पदबन्धे निबन्धिलो लम्भा परिहरि सारोधृते'** कहने से अनुमान लगाया जा सकता है कि उन्होंने वहाँ तक ही अर्थात् बीच के काण्डों की ही रचना की थी।

महापुरुष शंकरदेव ने उत्तर काण्ड की रचना करते समय माधव कन्दलि की श्रद्धापूर्वक प्रशंसा करते हुए कहा है कि–

"पूर्वकवि अप्रमादी माधव कन्दलि आदि
तेहे विरचिला रामकथा
हस्तीर देखिया लाद शशा जेन फारे मार्ग
मोर भोल तेन्हय अवस्था।।"

(उत्तर काण्ड : 7041)

शंकरदेव के इस पद से दो बातें स्पष्ट हो जाती हैं कि शंकरदेव ने माधव कन्दलि को 'अप्रमादी' कवि नाम से विभूषित किया था और दूसरे कवि कन्दलि प्राक्शंकर युग के एक विशिष्ट प्रतिभाशाली कवि थे।

असमिया रामायणी साहित्य में माधव कन्दलि की रामायण के पश्चात महापुरुष शंकरदेव और माधवदेव के 'आदि काण्ड' और 'उत्तर काण्ड', रघुनाथ महन्त की 'कथा रामायण', 'शत्रुजंय काव्य', 'अदभुत रामायण', अनन्त ठाकुर का श्रीराम कीर्तन, दुर्गावर कायस्थ की 'गीतिदरामायण' और अनन्त कन्दलि की 'रामायण' का नाम ले सकते हैं। इसके अलावा 'राम विजय' नाट, विविध गीत, रामायण के विभिन्न आख्यानों का अनुवाद, रामकथा से सम्बन्धित विभिन्न कहानियों का नाम ले सकते हैं। इन सभी रामायणों के बीच में सूर्य के समान उज्ज्वलित है : माधव कन्दलि की रामायण। यहाँ और एक बात कह सकते हैं कि ऊपर उल्लिखित सभी रामायणों में आदि काण्ड और उत्तर काण्ड का अभाव है।

माधव कन्दलि कृत रामकथा में मौलिकता

सभी श्रेष्ठ कवियों का यह लक्ष्य होता है कि जिनके लिए रचना की जा रही है उन लोगों के रुचिबोध के प्रति ध्यान दिया जाये। माधव कन्दलि ने भी असम के सहज-सरल निरक्षर श्रोताओं को जो बात समझ में आती है या आनन्द प्रदान करा सकती है, उन्हीं अंशों की विस्तृत रूप से व्याख्या करके बाक़ी अंशों को त्याग दिया था। उन्होंने अपने अनुवाद के आदर्श के बारे में खुद ही कहा है कि—**'देव वाणी नूहि इतो लौकिक है कथा।'** लोक-समाज की आवश्यकता को ध्यान में रखकर ही सम्भवतः उन्होंने आक्षरिक अनुवाद की ओर विशेष ध्यान न देकर, कुछ हद तक श्लोकानुवाद और व्यापक रूप से भावानुवाद पर ही ज़्यादा ज़ोर दिया। कन्दलि द्वारा किये गये श्लोकानुवाद का एक उदाहरण ले सकते हैं जो अयोध्या काण्ड में राम अभिषेक के विरोध में मन्थरा द्वारा दिये गये किसी परामर्श को अस्वीकार करते हुए कैकेयी ने कहा था—

यथा वै भरतोमान्यस्तथा भूयोहपि राघवः।
कौशल्यातो 2 तिरिक्तश्य मम शुश्रषते बहु।।
राज्यगं यदिहि रामस्य भरतस्यापि तत्तदा।
मान्यते हि यथात्मनगं तथा भ्रातृःश्च राघवः।।

(अयोध्या काण्ड : 8वाँ सर्ग 18-19 श्लोक)

इन दोनों श्लोकों का श्लोकानुवाद कन्दलि ने इस प्रकार किया है—

गुणर मन्दिर राम बाप शुद्धमति।
कौशस्यातोधिक मोत करय भकति।।
सत्यो सत्यो बलो किछु नाई अन्यथा।
भरततोधिक मोर रामकेसे वेथा।।
कतोकाल राज्य भुज्यं सहरिष मने।
भरतत रामे राज्य सम्पिब आपने।।

(अयोध्या काण्ड : 1582-83)

इन पदों को पढ़ने के उपरान्त हम यह कह सकते हैं कि वाल्मीकि के श्लोकों के भावों को अक्षुण्ण रखते हुए माधव कन्दलि असमिया पदों को मौलिक रूप देने में सक्षम हुए हैं।

प्रयोजन अनुसार मूल रामायण के कुछ अध्यायों की कहानी को उन्होंने छोड़ दिया और जहाँ उन्होंने अनुभव किया, वहाँ उन्होंने मूल से भी अधिक विस्तृत रूप से वर्णन किया है। कन्दलि ने मूल रामायण के 'अयोध्या काण्ड' के 119 सर्गों को असमिया संस्करण में 41 सर्गों में, अरण्य काण्ड

के 75 सर्गों को 22 सर्गों में और लंका काण्ड के 128 सर्गों की कथा को 56 सर्गों में समाप्त किया है। सर्गों की इस कटौती या बढ़ोतरी से काव्य सौन्दर्य में कोई बाधा उपस्थित नहीं हुई है। असमिया जनसाधारण के मनोरजंन को ध्यान में रखते हुए ही कन्दलि ने कुछ नयी कहानियों का संयोजन अपनी रामायण में किया है। जैसे—मन्थरा के मन में भरत के प्रति काम भावना, दशरथ के शोक में मूर्च्छित अवस्था में राम की दम्भोक्ति, वनवास के प्राक् मुहूर्त में सीता के देह सौन्दर्य के प्रति आकृष्ट राम आदि इस प्रकार के चित्रण से कन्दलि रामायण एक अनुवाद होते हुए भी कवि की मौलिक निदर्शन शक्ति का आभास दिलाती है। उन्होंने ख़ुद ही स्वीकार किया है कि—

"सप्तकाण्ड रामायण पदबन्धे निबन्धिलो।
लम्भा परिहरि सारोद्तृते
महामानिकयर वूले काव्यरस किछो दिलो,
दुग्धक मथिले जेन घृत।"

अर्थात्, जिस प्रकार दूध को मथकर घी निकाला जाता है, उसी प्रकार मैंने राजा महामाणिक्य को काव्य रस देने के लिए वाल्मीकि कृत रामायण के सार मर्म को लेकर सप्तकाण्ड रामायण को पद के आकार में बाँध दिया।

कन्दलि ने अपनी सृजन शक्ति द्वारा पदों की रचना करके अनेक स्थानों पर नया संयोजन किया है। ऐसे में उन्हें अत्यन्त सफलता मिली है। इस दृष्टि से हम कन्दलि के चित्रकूट वर्णन को ले सकते हैं। मूल में वाल्मीकि ने सात-आठ पदों में ही चित्रकूट की शोभा का वर्णन किया है। किन्तु कवि कन्दलि ने एक सुदक्ष चित्रशिल्पी की दृष्टि से चित्रकूट के नैसर्गिक-प्राकृतिक सौन्दर्य का सुन्दर एवं विस्तृत वर्णन किया है—

देख देख जानकी हरिष करि मन।
फल मूल जुकुत बिबिध तरूवन।।
जाई जुति बकुल बन्दुलि कर्णकार।
कांचन तगर कुन्द शेवालि मन्दार।।
अशोक पलाश फुलि गैल हिसाहिसि।
नागेश्वर चम्पक फुलिल अहर्निशि।।

(अयोध्या काण्ड : 2072-73)

इसी प्रकार चित्रकूट के जो मनोरम दृश्य कन्दलि ने चित्रित किये हैं वह मूल से भी अधिक मनमोहक और सुन्दर हैं। इस वर्णन में उन्होंने सम्पूर्ण रूप से असम के प्राकृतिक सौन्दर्य को ही केन्द्र में रखा है। कन्दलि ने जिन फूलों का नाम यहाँ लिया है वह मूल रामायण में नहीं हैं। इसी प्रसंग में सीता के देह सौन्दर्य के साथ प्रकृति के अपूर्व सौन्दर्य की जो तुलना की है वह भी मन को लुभाने वाली है—

राजहंस देख सीता तोमार गमन।
चक्रबाक युगल तुमार दुई तन।।
कल हंस राव कान्सि नूपुरर नाद।
बदन कमल तोर देखन्ते आह्लाद।।
बदन ऊपरे तुमार नयन युगले।
खंजन दुतय जेन चलय कमले।।

(अयोध्या काण्ड : 2081-83)

कन्दलि ने सप्तकाण्ड रामायण की रचना की थी—असम के लोक समाज को ध्यान में रखकर। इसी कारण कन्दलि के रामायण में लौकिकता का प्राधान्य अत्यधिक मात्रा में देखने को मिलता है। वाल्मीकि कृत रामायण लौकिक होते हुए भी उन्होंने अपनी रामायण में शिष्टता को अत्यधिक महत्त्व दिया था। इसी कारण वाल्मीकि रामायण के राम, लक्ष्मण, भरत आदि पात्रों में वाक् संयम अत्यधिक मात्रा में देखने को मिलता है। किन्तु कन्दलि ने इन चरित्रों को लोक जीवन के स्वाभाविक चरित्र के रूप में चित्रित किया है। लोक जीवन में युवक-युवतियों के चरित्रों में संयम से ज्यादा उच्छृंखलता ही देखने को मिलती है। अपने वनवास से कुछ समय पूर्व पिता दशरथ के दुख और विषाद को अनुभव करते हुए कन्दलि कृत रामायण के राम अपने पिता को इस प्रकार की स्वाभिमान सूचक उक्ति देते हैं—

"बापर इन्द्रक प्रति भोल क्रोध मन।
बान्धिया आगत आनि दिवो एतिक्षण।।"

(अयोध्या काण्ड : 1673)

इस प्रकार के दम्भोक्तिपूर्ण कथन के माध्यम से राम का दम्भी और साहसी चरित्र सामने आता है जो वाल्मीकि रामायण से पूर्णतः विपरीत है। क्योंकि वाल्मीकि के राम विनयी और नम्र स्वभाव के युवक हैं। किन्तु कन्दलि ने राम को लोक-समाज के एक साहसी और आदर्शवान पुरुष के रूप में चित्रित किया है। लोक जीवन के ज़्यादातर युवक-युवती ऐसे हैं जो आगे-पीछे सोचे बिना ही अपने मन्तव्य देते हैं। ऐसा ही रूप हमें लक्ष्मण और भरत के चरित्र में देखने को मिलता है। राम को वनवास का आदेश देने के कारण लक्ष्मण ने अपने पिता को जो कटुवचन कहे थे ऐसा लोकजीवन में भी देखने को मिलता है—

"सकल राज्यर लोक भोलोहो असार
वापकर गोसानीक करिलेक सार।
आग्या दियो प्रबु मोक बोले बारे
भुढ़ार आगत काटि करिवो दोहार।"

(अयोध्या काण्ड : 1761)

कन्दलि रामायण के लक्ष्मण लोक-समाज के एक अत्यन्त साधारण और स्वाभाविक युवक हैं। वनवास के आदेश को तोड़ने के लिए लक्ष्मण ने राम से आज्ञा माँगते समय जो दम्भोक्तिपूर्ण उक्ति कही है वह लोक-समाज के लिए अत्यन्त स्वाभाविक है। राम-लक्ष्मण की तरह ही भरत भी गाँव के एक उद्दण्ड युवक हैं। माता कैकेयी के प्रति भरत के एक कथन को यहाँ हम उदाहरण के रूप में ले सकते हैं जो गाँव के एक उद्दण्ड युवक के ही चरित्र को उजागर करता है—

"शुषिणी नागिणी निकारूणी संशारिणी।
निर्दयिनी राक्षसिणी बाघिनी दारूणी।।"

(अयोध्या काण्ड : 2277)

भरत के प्रति मन्थरा के मन में उपजी काम भावना भी अत्यन्त स्वाभाविक है। इस बात को लोकजीवन के साथ घनिष्ठ सम्बन्ध रखने वाले व्यक्ति ही अनुभव कर सकते हैं। स्वामी और सेविका के बीच में गुप्त सम्बन्ध कोई नयी बात नहीं है। दुष्ट मन्थरा के मन में भरत के प्रति उपजी काम भावना तथाकथित सामन्तवादी वर्ग की एक छवि को ही दर्शाती है—

बयसत मई बर भरतत करि।
कामवश भैले सिटो दोषक नधरि।।

विदिते कुमारे जेबे लाज किछु करि।
गुप्तरूपे तथापितो हैवा पटेश्वरी।

(अयोध्या काण्ड : 2285, 86)

कन्दलि की सप्तकाण्ड रामायण की सीता वाल्मीकि रामायण की सीता जैसे सती-सावित्री नहीं बल्कि अधिक लौकिक है। लोक जीवन की सभी स्त्रियों के तरह ही वह भी अपने पति के साथ जीवन-यौवन का उपभोग करना चाहती है। बार-बार अनुरोध करने के बावजूद भी जब राम-सीता को साथ ले जाने के लिए तैयार नहीं हुए थे तब प्रतिवाद के स्वर में सीता ने कहा–

कमन अंगत मोक हीन देखिलाहे।
कि कारणे प्रभु मोक उपेक्षिया जाहा ।।

(अयोध्या काण्ड : 1842)

यह वक्तव्य लोक-समाज की एक साधारण युवती का ही है। लोकजीवन की नारी ही ज़्यादातर प्रतिवादी स्वर युक्त होती है। अन्याय के विपक्ष में प्रतिवाद करने से ऐसी नारी कभी पीछे नहीं हटती। लंका काण्ड में सीता के उद्धार के पश्चात् जब राम ने सीता की अग्नि परीक्षा के सम्बन्ध में अपने मनोभाव प्रकट किये तब सीता ने उनका प्रतिवाद करते हुए कहा था–

आमाक ईतर नारी सम देखिलाहा ।
नटर नटनी जेन आनक विलाहा ।।

(लंका काण्ड : 6508)

इन सभी विषयों को ध्यान में रखते हुए हम यह कह सकते हैं कि कन्दलि ने केवल लोक- व्यवहार के लिए ही रामायण की रचना नहीं की थी। वास्तव में उन्होंने समकालीन समाज को भी अकृत्रिम रूप से अपने रामायण में चित्रित किया था। कन्दलि के समकालीन असम में नगरीय जीवन की कृत्रिमता का प्रभाव देखने को नहीं मिलता।

आदिकवि वाल्मीकि ने अपनी रामायण में सुन्दर काण्ड का जो वर्णन किया है वह यथार्थ रूप में सुन्दर एवं मनोरम है। पर्वत-पहाड़, सागर-नदी, नगर-गाँव, वन-अट्टालिका के साथ-साथ नर-नारी, ऋषि-मुनि आदि सभी का सम्पूर्ण एवं जीवन्त चित्रण वाल्मीकि ने अपनी रामायण में किया है। लेकिन कन्दलि ने वाल्मीकि द्वारा रचे गये इन पदों के सारमर्म को ही अपने रामायण के सुन्दर काण्ड में स्थान दिया है। वाल्मीकि की रामायण में सुन्दर काण्ड के प्रथम सर्ग में ही श्लोकों की संख्या 205 है। लेकिन कन्दलि ने अपनी रामायण में सम्पूर्ण सुन्दर काण्ड को 55 पदों में ही समाप्त कर दिया। सुन्दर काण्ड के वर्णन में उन्होंने सम्पूर्ण रूप से असम के प्राकृतिक सौन्दर्य का ही चित्रण किया है। इसमें कवि की मौलिक निदर्शन शक्ति का आभास मिलता है। इस चित्रण में उन्होंने जो फल-फूल के बाग़ों एवं उपवनों का उल्लेख किया है वह सम्पूर्ण रूप से असम प्रान्त का ही मनोरम दृश्य है। (सुन्दर काण्ड : 4062-4077) यहाँ तक कि सुन्दरवन की राक्षसी के द्वारा खेले गये खेल भी असम के प्रान्तीय खेल हैं। एक उदाहरण द्रष्टव्य है–

ढोप खेड़ि खेलावय कतो लुनि लुनि।
गुवाल गुवाली खेले आनन्दित शुनि।
फलफुल टोकरा आवर जुवा पाश।
दलि जुजँ खेले कतो लवरि हताश।।

(सुन्दर काण्ड : 4076-77)

अप्रमादी कवि माधव कन्दलि ने अयोध्या काण्ड में राम की अट्टालिका का जो वर्णन किया है, वह असम में बनाये जाने वाले घरों का ही चित्रण है। असम में उस समय राज अट्टालिकाओं का जो मनमोहक रूप था उसी का वर्णन कवि ने किया है। लेकिन इनकी दीवारों पर विभिन्न देवी-देवताओं का चित्रण है जो असम में देखने को नहीं मिलता है।

राम को वनवास से वापस लाने के लिए भरत के साथ जो छत्तीस जाति के लोग उनके साथ गये थे वह सभी कन्दलि के समकालीन असम के वृत्तिगत जाति के लोग थे। उदाहरण—

क्षेत्री, वेश्यगण, कायस्थ सज्जन,
नट, भाट, तेली, तास्ती।
ठठारी, सोनारी, कमार सेङ्गारी,
भरतर लगे जान्ति।।
वणिया, चमार, कमार, सुतार।
धोवा आरू कुम्भकार।
ईसब प्रमुख्ये चलिल जतेक
आदि अन्त नाहि तार।।

(अयोध्या काण्ड : 2383)

उसी समय भरत ने जब गंगा पार की थी तब जिस प्रकार का नौका-चित्रण कवि कन्दलि ने किया है वह भी सम्भवतः समकालीन असम की नौका-वाहिनी का ही चित्रण है। अतः हम यह कह सकते हैं कि असम के सामाजिक और सांस्कृतिक परिवेश को चित्रित करने का जहाँ मौक़ा मिला उसका भरपूर प्रयोग कवि कन्दलि ने किया है।

सप्तकाण्ड रामायण के बहुत से स्थानों में कन्दलि ने अपनी तरफ़ से नया संयोजन किया है जो वाल्मीकि कृत रामायण में देखने को नहीं मिलता है। उदाहरण के रूप में अयोध्या काण्ड में संयोजित चित्रकूट वर्णन और सुन्दर काण्ड में रावण के मधुवन ध्वंस के चित्रण को ले सकते हैं। वाल्मीकि रामायण में भी इन सबका उल्लेख है किन्तु कन्दलि मूल से भी अधिक विस्तृत और सुन्दर ढंग से वर्णन करने में सफल हुए हैं। इस बात को ध्यान में रखकर ही उन्होंने हनुमान का चरित्र-चित्रण किया कि वह एक वानर हैं। प्रायः उनका यह मनोभाव हमें उनके चित्रण में देखने को मिलता है। हनुमान द्वारा रावण के अशोक वन के ध्वंस का एक चित्रण यहाँ ले सकते हैं—

आजोर पिजोर करि डालसव भांगि-मुरि,
समस्ते कलमौ फल खाय।।
गण्डगलित करि, मधुफल भुंजि बीरे,
ठिस् ठिस् करिलन्त पेट।
गर्भर पुरीष ज्वले; खखारे सिन्दुरे बान्ति
दुर्गम करिल सवे हेठ।।

(सुन्दर काण्ड : 4327)

इस प्रकार के स्वक्रिय वर्णन से परिवेश और परिस्थिति और अधिक स्पष्ट हो गयी है। इसके उपरान्त हनुमान द्वारा लंका भस्म करके किष्किन्धा वापस आते समय वानर वाहिनी का जो आनन्द उल्लास का चित्रण कन्दलि ने किया है, वह भी कवि कन्दलि की वास्तव उपलब्धि का फल है। जब हनुमान और वानरवाहिनी का पुनर्मिलन होता है तब हनुमान ने सम्पूर्ण यात्रा में जो अभिज्ञता

प्राप्त की थी उसी का विस्तृत वर्णन वाल्मीकि ने अपनी रामायण में किया है जो केवल पुनरावृत्ति मात्र ही है। किन्तु कन्दलि ने इसी सन्दर्भ को अति संक्षिप्त और सारगर्भित रूप में प्रस्तुत किया है। उन्होंने अधिक गुरुत्व आरोप किया है हनुमान से मिलने के पश्चात् वानरों के बीच में हुए आनन्द उल्लास के ऊपर–

केहोगाव लुण्डे केहो गले आटि धरे।
कृताजंलि हुया केहो तुति नति करि।
केहो बृक्षपत्र आनि आनन्दे बिचंस्त।
केहु केहु आनि मधुफल योगावन्त।
जाके जाके रिंग पारि धेमालि करन्त।।
चापरिर चेवे कतो आनन्द नाचन्त।।

(सुन्दर काण्ड : 8531-32)

पुनर्मिलन का यह दृश्य केवल जीवन्त ही नहीं स्वाभाविक भी है। इस प्रकार के चित्रण के कारण ही माधव कन्दलि कृत रामायण अत्यधिक रसयुक्त और जनप्रिय प्रतीत होती है। लंका विजय के पश्चात् सीता का उद्धार करके जब राम के सामने लाया जाता है तब वाल्मीकि कृत रामायण के राम सीता के प्रति पूर्ण रूप से निर्दयी है किन्तु कन्दलि ने राम के मानवीय रूप का चित्रण अपनी रामायण में किया है। जिनके हृदय में सीता के प्रति उस समय भी अपार प्रेम है–

सीताक देखिया राम अन्तर्गत स्नेह।
क्षणे सकरुण क्षणे निकरुण देह।।
दुःख देखि रामर चक्षुरे परे पानी।।
क्रोध करि पुनः ताक धरे तानि तानि।
धरन्ते धरन्ते लोह धरण नयाई।
शोक दुःख क्रोध सव भैला एक थाई।।

(लंका काण्ड : 6469-70)

यह चित्रण सम्पूर्ण रूप से स्वाभाविक है क्योंकि राम के जीवन में सीता का महत्त्व अत्यधिक है। यहाँ राम को एक साधारण युवक के रूप में चित्रित किया गया है। इन पदों के माध्यम से कन्दलि ने राम के संघातमय जीवन और उनकी मनःस्थिति को दर्शाने की कोशिश की है। एक सुदक्ष चित्रशिल्पी की तरह कम शब्दों में ही परिवेश और परिस्थिति का अत्यन्त सुन्दर चित्र चित्रित करने में वह सिद्धहस्त हैं।

पौराणिक असमिया साहित्य में व्यंग्य का प्रयोग कम हुआ है। कवि कन्दलि को असमिया भाषा मे व्यंग्य साहित्य का उद्भावक कह सकते हैं। अपनी रामायण में उन्हें इस कौशल का प्रयोग करते हुए देखा जाता है। सप्तकाण्ड रामायण में शृंगार, हास्य, करुण, वीर, रौद्र और बीभत्स आदि सभी रसों का प्रयोग हुआ है।

वास्तविक जीवन-पद्धति, सुन्दर कहानी और सुकुमार कविता से भरपूर माधव कन्दलि की रामायण हमारे मन में एक आह्लाद की सृष्टि करती है। उनकी असमिया भाषा संस्कृत और हिन्दी के बहुत निकट है। कन्दलि की भाषा सरलता, सजीवता से भरपूर एक साहित्यिक भाषा है। उनकी भाषा में संगीतात्मकता है तथा वह रूपक, उपमा, उत्प्रेक्षा आदि अलंकारों से विभूषित है। माधव कन्दलि अपने सुन्दर शब्द चयन और भाषा के संगीतात्मक गुणों से भरपूर एक उत्कृष्ट कोटि का ग्रन्थ शंकरदेव आदि वैष्णव कवियों के मार्गदर्शन के लिए उपहारस्वरूप छोड़कर गये हैं।

कवि कन्दलि ने रामायण की रचना करते समय जिन मौलिकताओं का समावेश किया है, उसका उल्लेख उन्होंने अपनी रामायण में स्वयं ही कर दिया–

वाल्मीकि रिचिला शास्त्र गद्य पद्य चन्दे।
ताहाक वचार आमि करिया प्रबन्धे।।
आपोनार बुद्धि अर्थ जिमते बुजिलों।
संक्षेपे करिया ताक पद विरचिलो।।

× × ×

कविसव निबन्धय लोक व्यवहारे।
कतो निज कतो लम्भा कथा अनुसारे।
देववाणी नुहि इटो लौकिक है कथा।
एतेके इहार दोष नलैवा सर्वथा।।

(किष्किन्धा काण्ड : 3991-93)

अतः हम यह कह सकते हैं कि वाल्मीकि कृत रामायण का माधव कन्दलि ने एक प्रबन्ध काव्य के रूप में अनुवाद किया। कन्दलि ने रामायण की रचना की है असम के सहज-सरल लोगों को केन्द्र में रखकर। इसी कारण उन्होंने असम के लोक जीवन के साथ संगति रखते हुए ही अपने रामायण की कथा को आगे बढ़ाया है। रामायण के जिस प्रसंग से असम के सहज-सरल लोगों का मनोरजंन हो सकता है ऐसे प्रसंग को उन्होंने विस्तृत रूप से वर्णित किया है। मूल रामायण के ऐसे प्रसंग जिनके कारण कहानी में स्थिरता आयी है ऐसे प्रसंगों को छोड़ दिया या संक्षेप में प्रस्तुत किया। कन्दलि के इस प्रकार के कार्य से मूल रामायण की प्रतिष्ठा में कोई बाधा उपस्थित नहीं हुई है। वरन् उनकी रामायण मूल से भी अधिक सारगर्भित और लोक-समाज के लिए उपयोगी ही बन गयी है। मूल रामायण की कथा में विकृतता लाये बिना ही मौलिकता का समावेश करके एक प्रादेशिक भाषा में वाल्मीकि कृत रामायण का अनुवाद करना कोई आसान कार्य नहीं है। यह सम्भव हो पाया है कवि कन्दलि की अद्भुत प्रतिभा, अनुपम सौन्दर्य शक्ति और कल्पना शक्ति के कारण। माधव कन्दलि के अपूर्व भाषा ज्ञान और पाण्डित्य के कारण ही कन्दलि कृत 'सप्तकाण्ड रामायण' एक अनूदित काव्य होते हुए भी मौलिकतापूर्ण आनन्द प्रदान करती है। इस जटिल कार्य को सफलतापूर्वक सम्पादित करने के कारण माधव कन्दलि की रामायण को भारतवर्ष की उत्कृष्ट रामायणों के बीच में स्थान देना चाहिए।

सन्दर्भ ग्रन्थ

1. कन्दलि, अनन्त, सप्तकाण्ड रामायण
2. डेका हाजरिका, करबी, असमिया रामायणर चानेकी
3. नेऊग, महेश्वर, असमिया साहित्यर रूपरेखा
4. लेखारू, उपेन्द्र चन्द्र, असमिया रामायण साहित्य
5. सुरेन्द्रन, आर. और बरदलै, परिस्मिता, भारतीय साहित्य का भावसंसार
6. शर्मा, शशी, माधव कन्दलिर रामायण

असमिया रामकथा की परम्परा

(माधव कन्दलि, शंकरदेव और माधवदेव के रामायणी साहित्य के सन्दर्भ में)

डॉ. अनुशब्द

"भक्ति आन्दोलन एक विराट जनान्दोलन है। एक व्यापक जनतान्त्रिक आन्दोलन है। एक अखिल भारतीय आन्दोलन है।"...आदि-आदि। जब ऐसी स्थापनाओं पर ग़ौर करता हूँ तो मन में बरबस यह सवाल उठता है कि इस भक्ति आन्दोलन का स्वरूप कितना और कैसे अखिल एवं विराट है कि उसमें कुछ क्षेत्र विशेष के कवियों एवं उनके काव्यों को ही स्थान दिया जाता है। क्या सामन्तवाद के प्रति विरोध एवं मानवतावाद की स्थापना का स्वर केवल कुछ क्षेत्र विशेष के कवियों एवं उनके काव्यों में ही था। यह विचारणीय प्रश्न है। आख़िर भक्ति आन्दोलन का फ्रेम इतना छोटा कैसे हो सकता है? अखिल और विराट होने का अर्थ मैं तो यही समझता हूँ कि जिसमें कश्मीर से कन्याकुमारी तक तथा द्वारका से दीमापुर तक सब शामिल हों। लेकिन विडम्बना यह है कि जब कभी हम भक्ति आन्दोलन के अखिल भारतीय स्वरूप पर बात करते हैं तो हमारी चर्चा के केन्द्र में बंगाल के चैतन्य महाप्रभु, महाराष्ट्र के नामदेव, ज्ञानेश्वर, एकनाथ, तुकाराम, राजस्थान की मीरा, उत्तर प्रदेश के कबीर, सूर, जायसी, तुलसी, गुजरात के दादू दयाल, पंजाब के गुरुनानक, दक्षिण के आलवार, नयनारों, बसवन्ना, अक्क महादेवी आदि प्रमुख रूप से होते हैं। उनके साहित्यिक, सामाजिक, धार्मिक अवदानों पर खुलकर चर्चा होती है लेकिन पूर्वोत्तर भारत के रचनाकारों एवं उनके रचनात्मक अवदानों पर उतना फोकस नहीं किया जाता। इस उपेक्षा की वजह क्या है? इस पर विचार करने की ज़रूरत है। प्रो. गोपेश्वर सिंह ने इसका कारण भक्तिकाव्य की आलोचना और आलोचकों का 'काशी सेंट्रिक' होना बताया है।

ध्यातव्य है कि समूचे मध्यकालीन भारतीय समाज की सामाजिक, राजनीतिक, धार्मिक परिस्थितियाँ कमोबेश एक जैसी ही थीं और उनसे जनता तथा समाज के लिए चिन्तित और समर्पित रचनाकारों-समाजसुधारकों की मनःस्थिति भी लगभग एक जैसी ही थी। फिर चाहे वह पूर्वोत्तर भारत हो, उत्तर, दक्षिण या पश्चिम भारत हो। बावजूद इसके हम देखते हैं कि कबीर, सूर, जायसी, तुलसी आदि के अवदानों को तो प्रमुखता से रेखांकित किया जाता है लेकिन पूर्वोत्तर भारत के माधव कन्दलि, माधवदेव, शंकरदेव, अनन्त कन्दलि, दुर्गावर कायस्थ, रघुनाथ महन्त सरीखे शीर्षस्थ रचनाकारों पर, उनके विचारों पर; जिनका पूर्वोत्तर भारत के साहित्य, समाज, कला तथा संस्कृति के निर्माण एवं विकास में गहरा हस्तक्षेप रहा है, लगभग नहीं के बराबर या नाममात्र की चर्चा होती है। हाल के कुछ वर्षों में महापुरुष श्रीमन्त शंकरदेव का नाम तो पॉलिटिकल स्टंट के तौर पर ही सही लेकिन लिया जाने लगा है। और, धीरे-धीरे दिल्ली आदि क्षेत्रों के आम लोग भी श्रीमन्त शंकरदेव के

बारे में जान गये हैं लेकिन माधव कन्दलि, माधवदेव आदि से अब भी अनभिज्ञ या अल्पभिज्ञ हैं। आप सोचिए हमारे असम, अरुणाचल, मिजोरम, मेघालय, मणिपुर, त्रिपुरा, नागालैंड तथा सिक्किम के विद्यार्थी तो कबीर, सूर, जायसी, तुलसी, मीरा आदि को पढ़ते-सुनते रहते हैं लेकिन उत्तर भारत के विद्यार्थियों के लिए पूर्वोत्तर भारत का भक्ति आन्दोलन, भक्ति साहित्य, भक्त कवि प्रायः अछूते ही रह जाते हैं। मुझे लगता है 'एक भारत श्रेष्ठ भारत' की संकल्पना को कुछ इस नज़र से भी देखने-समझने की ज़रूरत है। ख़ैर, जब से साहित्य की राजधानी काशी से दिल्ली शिफ़्ट हुई है, स्थितियाँ बदल रही हैं। सन्तोष की बात है कि अब दिल्ली में भी स्वतन्त्र रूप से शंकरदेव पर चर्चा हो रही है। लचित बरफूकन, कनकलता आदि का ज़िक्र हो रहा है। अब लगता है कि 'ज़माना आ रहा है जब उसे समझेंगे सब असगर।' कुल मिलाकर मैं कहना यह चाहता हूँ कि भारत या भारतीय साहित्य के मानचित्र से पूर्वोत्तर भारतीय भक्ति साहित्य को काटकर भक्ति आन्दोलन का अखिल भारतीय एवं तथाकथित विराट स्वरूप निर्मित करना न तो सम्भव है, न जायज़ ही।

अगर हम भारतीय साहित्य में रामकथा की परम्परा को देखें तो सबसे पहले मुक़म्मल रूप में और मुखर रूप में हमारे सामने संस्कृत में रचित आदिकवि वाल्मीकि की 'रामायण' आती है। यही समस्त रामकथाओं का स्रोत बिन्दु है। उपजीव्य है। हालाँकि कुछ रचनाकारों ने अपनी मौलिक उद्‌भावनाएँ भी की हैं लेकिन आधार वाल्मीकि रामायण ही है। संस्कृत के बाद पालि, प्राकृत, अपभ्रंश तथा अन्य भारतीय भाषाओं में भी रामकथा की रचना हुई। यदि आधुनिक भारतीय भाषाओं में रचित रामकथा की बात करें तो इस क्रम में द्रविड़ भाषा परिवार की भाषाओं में रचित साहित्य का नाम पहले आता है। मसलन—तमिल में रचित कम्बन कृत 'कम्ब रामायण' (12वीं सदी), तेलुगु में रंगनाथ रचित 'रंगनाथ रामायण या द्विपद रामायण'(13वीं सदी), मलयालम में राम नामक कवि रचित 'रामचरितम्/इरामचरित' (14वीं सदी) तथा कन्नड़ में नरहरि रचित 'तोरवे रामायण' (16वीं सदी) प्रमुख हैं।

हम में से बहुत लोग जानते भी होंगे और जो लोग नहीं जानते हैं उन्हें भी यह जानकर सुखद आश्चर्य होगा कि आधुनिक भारतीय आर्य भाषाओं में पहली बार रामकथा पूर्वोत्तर भारत की एकमात्र आर्य भाषा असमिया में 14वीं सदी में लिखी गयी। रोचक बात यह भी है कि पूरा का पूरा पूर्वोत्तर भारत कृष्णभक्ति प्रधान क्षेत्र है फिर भी यहाँ सबसे पहले रामकथा लिखी गयी। तुलसी के मानस से 150 वर्ष पूर्व 14वीं सदी के मध्य में पहली बार 'अप्रमादी कवि' माधव कन्दलि (सं.1330-1370) ने अपने आश्रयदाता बाराह राजा महामाणिक्य की प्रेरणा, प्रोत्साहन एवं आदेश से वाल्मीकि रामायण के गौड़ीय पाठ के आधार पर रामकथा लिखी। दरअसल यह वाल्मीकि रामायण का लोकभाषा (ब्रजावली/ब्रजबुलि) में किया गया सारानुवाद है। कन्दलि की इस रामकथा का नाम है—'सप्तकाण्ड रामायण'। अपनी इस रचना के सन्दर्भ में कन्दलि लिखते हैं—**'सप्तकाण्ड रामायण पदबन्धे निबन्धिलो लम्भा परिहरि सारोधृत।'**

हालाँकि कन्दलि ने सात काण्ड वाली रामकथा लिखने का ज़िक्र किया है लेकिन पाँच काण्ड ही उपलब्ध हैं। जनश्रुति है कि आहोम और कछारियों के बीच लगातार होने वाले युद्ध, भूकम्प, बाढ़, सीलनयुक्त जलवायु आदि के कारण सप्तकाण्ड रामायण के दो काण्ड—आदि काण्ड और उत्तर काण्ड अप्राप्य हैं। 'सप्तकाण्ड रामायण' में कन्दलि ने असमिया जनमानस की रुचि को ध्यान में रखते हुए बहुत ही संक्षेप में तथा मनोरंजक तरीक़े से रामकथा को प्रस्तुत किया है। आम जनता के लिए उन्होंने वाल्मीकि रामायण के अयोध्या काण्ड के 119 अध्यायों को 41 अध्यायों में, अरण्य काण्ड के

75 अध्यायों को 22 अध्यायों में, लंका काण्ड के 128 अध्यायों को 56 अध्यायों में समेटा है। वाल्मीकि रामायण के कई कम लोकप्रिय या कठिन प्रसंगों को वे छोड़ते हुए आगे बढ़ गये हैं जैसे–अयोध्या काण्ड में महर्षि जवाली द्वारा राम को दिये गये भौतिकतावादी निर्देश तथा सौन्दर्यशास्त्रीय सिद्धान्तों को उन्होंने आम जनता के लिए कठिन होने के कारण छोड़ दिया है।

ध्यातव्य है कि 'सप्तकाण्ड रामायण' केवल अनुवाद नहीं है बल्कि कवि ने इसमें असमिया लोक जीवन एवं लोक संस्कृति का निवेश करते हुए कई सारी मौलिक उद्भावनाएँ भी की हैं जो वाल्मीकि रामायण में नहीं हैं। जैसे–

1. (क) अयोध्या काण्ड में दशरथ के महामन्त्री सुमन्त्र जब वनवास के समय राम, लक्ष्मण और सीता को वन में छोड़कर वापस अयोध्या आते हैं तब अयोध्या की स्त्रियाँ उन्हें फटकारती हैं।

(ख) चित्रकूट से राम को लिए बिना खाली हाथ लौटे अयोध्या के पुरुषों को उनकी पत्नियाँ पीटती भी हैं।

➢ यह स्थिति उत्तर भारतीय समाज के लिए सहज ग्राह्य नहीं है। लेकिन सप्तकाण्ड रामायण के इस प्रसंग से यह तो ज्ञात हो जाता है कि असमिया समाज में स्त्रियों की स्थिति कितनी सुदृढ़ थी।

2. रामकथा का पद्यानुवाद किया है तथा उसमें झुमुरा, दुलारी, छवि, पयार आदि शैलियों का अलग-अलग अध्यायों में प्रयोग किया गया है।

3. कन्दलि ने राम के चरित्र में कुछ मानवीय दुर्बलताओं का भी निवेश किया है। इससे कहानी पर कोई नकारात्मक प्रभाव नहीं पड़ता बल्कि पाठकों का राम के प्रति सहानुभूति एवं प्रेम और बढ़ जाता है। पाठकों को राम तथा रामकथा ज़्यादा स्वाभाविक और वास्तविक लगने लगते हैं। कहानी आम जनता से जुड़ पाती है। मानवीय कमज़ोरियाँ नहीं होंगी तो राम मानवीय कम ईश्वरीय ज़्यादा लगने लगेंगे। हालाँकि अनन्त कन्दलि ने इसका विरोध किया और राम को साक्षात परमब्रह्म के रूप में दिखाने की कोशिश की। इस सन्दर्भ में यहाँ ज़िक्र करना लाजिमी होगा कि 'कथा गुरु चरित' (Biography of Shankardeva) में माधव कन्दलि शंकरदेव को सपने में कहते हैं कि मेरी रामकथा को अनन्त कन्दलि से बचाओ। यानी माधव कन्दलि स्वयं भी राम के मानवीय स्वरूप के पक्षधर थे। इसी घटना के पश्चात शंकरदेव ने 'सप्तकाण्ड रामायण' का 'आदि काण्ड' माधवदेव से लिखवाया हैं और उत्तर काण्ड स्वयं लिखा।

4. सीताहरण के समय विन्ध्याचल पर रहने वाले सुपार्श्व का रावण को चुनौती देना। रावण का विनयपूर्वक यह कहना कि मेरी तुमसे कोई दुश्मनी नहीं है। मुझे जाने दो। मैंने उसकी पत्नी का हरण किया है जिसने मेरी बहन का अपमान किया है। राम यदि सच्चे वीर और साहसी क्षत्रिय हैं तो वे अपनी पत्नी को पुनः वापस ले जायेंगे।

5. सुन्दर काण्ड में हनुमान का लंका की वाटिका का दहन करने से पूर्व सौराष्ट्र के एक वृद्ध ब्राह्मण के रूप में रावण से मिलना।

6. नल को दिये गये वरदान का स्पष्टीकरण कि उसके स्पर्श से पत्थर डूबेंगे नहीं।

7. सुन्दर काण्ड में ही अशोक वाटिका नष्ट करने और अक्षय कुमार के वध से कुपित इन्द्रजीत हनुमान पर ब्रह्मास्त्र चलाता है लेकिन हनुमान पर कोई असर नहीं होता, तब इन्द्रजीत ब्रह्मा के पास शिकायत करने और उनसे सलाह लेने जाता है।

8. हनुमान जब सीता की खोज में लंका जाते हैं तो वहाँ रावण के महल में सीता के आसपास सीता के वेश में कई सारी राक्षसियाँ, रावण की दासियाँ और पत्नियाँ सो रही होती हैं। वहाँ की

औरतें मदिरा पीती हैं लेकिन हनुमान जानते हैं कि सीता कभी मदिरा को हाथ नहीं लगा सकतीं इसलिए हनुमान सबका मुँह सूँघकर सीता का पता लगाते हैं।

9. इसके अलावा असमिया जीवन, समाज और संस्कृति के प्रभावस्वरूप कन्दलि रामकथा के वर्णन में कई सारे Folk Element का प्रयोग करते हैं जिससे रामकथा में मौलिकता आ जाती है। जैसे–असम में पायी जाने वाली विशिष्ट वनस्पतियों, फूल-पौधों, खाद्य-पेय पदार्थों, वस्त्र एवं आभूषणों का प्रयोग। असम के विशिष्ट खेलों, वाद्ययन्त्रों, मछली के प्रकार, मछुआरों, सिल्क, ताम्बूल आदि का प्रयोग। असमिया जाति, पेशा, व्यवसाय आदि का उल्लेख।

10. विवाह संस्कारों में 'उरुलि' (औरतों द्वारा की जाने वाली एक विशेष प्रकार की ध्वनि) का ज़िक्र आदि।

माधव कन्दलि के बाद असमिया रामकथा को आगे बढ़ाने का श्रेय महापुरुष श्रीमन्त शंकरदेव तथा माधवदेव को जाता है। महापुरुष श्रीमन्त शंकरदेव (1449-1568) असम के सांस्कृतिक लोकनायक हैं। इनके सन्दर्भ में इनके शिष्य माधवदेव कहते हैं–'जन-जन तारण देव नारायण, शंकर ताकेरी अंश।' अर्थात् शंकरदेव समाज का, आमजन का उद्धार करने वाले नारायण के अंश हैं। शंकरदेव के अनुसार समाज के दो रूप हैं–भक्त और विभक्त। उन्होंने अनेक आचार-विचार-उच्चार के आधार पर विभक्त तत्कालीन असमिया समाज को (अनेक रूढ़ियों, रीति-रिवाजों, मतों, सम्प्रदायों में बँटे समाज को) **'एकशरण नाम धर्म'** के आधार पर संगठित किया तथा **'एक देव एक सेव एके बिना नाइ केव'** का सन्देश देकर तैंतीस करोड़ देवी-देवताओं वाले भारतीय समाज में प्रचलित बहुदेववाद का विरोध किया। धर्म के नाम पर प्रचलित बाह्याचारों, बाह्याडम्बरों, पाखण्डों एवं कुसंस्कारों का प्रतिरोध किया।

शंकरदेव के सन्दर्भ में एक बात जो मुझे बहुत प्रभावित करती है वह है उनकी व्यापक दृष्टि तथा उदारवादी सोच। यह व्यापकता और उदारता उनके देशाटन की देन है। बारह वर्षों तक उन्होंने देश का कोना-कोना घूमा तथा अपने विचार और दर्शन में यात्रा के अनुभवों को शामिल किया। उनकी रचनाओं में केवल असम की चिन्ता नहीं है बल्कि पूरे भारत की चिन्ता है।

राम की मर्यादा, आदर्श, चरित्र की उदारता, उच्च मानवीय मूल्यों से शंकरदेव इतने प्रभावित हैं कि कृष्णभक्त कवि होते हुए भी उन्होंने अपनी रचनाओं में राम को पर्याप्त स्थान दिया है क्योंकि उन्हें विश्वास है कि मध्यकालीन विशृंखलित समाज को रामकथा के माध्यम से ही संयमित-संचालित किया जा सकता है। शंकरदेव की अधिकांश रचनाएँ और पद कृष्ण पर केन्द्रित हैं लेकिन उनका पहला 'बरगीत' राम को समर्पित है–

मन मेरो राम चरणहि लागू
इन देखुना अंतक आगू
मन आयु क्षणे-क्षणे टूटे

. . . .

देखु राम बिना गति न हे।

अर्थात्, हे मेरे मन तू राम के चरणों में ही लीन हो जा। तूने देखा नहीं है क्या? मृत्यु का समय पास आ गया है। हे मन! किसी भी समय मृत्यु आ सकती है। और इस शरीर का ध्वंस निश्चित है। इसलिए माया-मोह त्यागकर राम की आराधना कर। शंकरदेव कहते हैं कि राम के बिना सद्गति का कोई अन्य उपाय नहीं है।

बरगीत के अलावा शंकरदेव की और दो रचनाएँ रामकथा पर केन्द्रित हैं—'उत्तर काण्ड' और राम विजय नाटक। उत्तर काण्ड की रचना तो उन्होंने माधव कन्दलि के 'सप्तकाण्ड रामायण' को मुकम्मल रूप प्रदान करने के लिए की। उत्तर काण्ड वाल्मीकि रामायण के गौड़ीय पाठ के उत्तर काण्ड पर आधारित है। इसमें कथानक में बहुत ज़्यादा परिवर्तन नहीं है। हाँ, संक्षेप में पूरी कथा को प्रस्तुत किया गया है। इसमें सीता-वनवास से लेकर राम के स्वर्गारोहण तक की वाल्मीकीय कथा को बिना किसी परिवर्तन के प्रस्तुत किया गया है। वाल्मीकि के उत्तर काण्ड के आरम्भ में जो विस्तृत रावण-चरित का वर्णन है उसे शंकरदेव ने छोड़ दिया है। शंकरदेव ने इसका स्पष्ट उल्लेख किया है कि भक्ति मार्ग का प्रचार ही मेरा उद्देश्य है।

शंकरदेव को इसमें लव-कुश के माध्यम से राम के दरबार में पूरी रामकथा को फिर से लिखने और प्रस्तुत करने का अवसर प्राप्त हो गया है। राम के जन्म से लेकर स्वर्गारोहण तक की पूरी कथा को शंकरदेव ने प्रस्तुत किया है। सीता वनवास, वाल्मीकि के आश्रम में लव-कुश का जन्म, राम का अश्वमेध यज्ञ, लव-कुश का राम के दरबार में रामायण गान (सीता वनवास तक), सीता का वाल्मीकि के साथ आगमन, सीता का पाताल में प्रवेश, लव-कुश का राज्याभिषेक, लक्ष्मण का प्रेत कार्य समापन, राम का स्वर्गारोहण आदि प्रसंगों का शंकरदेव ने बहुत ही रोचक अन्दाज़ में वर्णन किया है।

रामकथा पर केन्द्रित शंकरदेव की एक अन्य महत्त्वपूर्ण कृति है—'राम विजय'। यह अंकिया नाट है अर्थात् एक अंक का नाटक है। शंकरदेव नाटक के माध्यम से यानी एक दृश्य-श्रव्य विधा के माध्यम से तत्कालीन असमिया समाज में आदर्श एवं मर्यादा की स्थापना करना चाहते हैं इसलिए नाटक के माध्यम से रामकथा प्रस्तुत करते हैं।

'राम विजय' में मुख्य रूप से राम के पराक्रम को उद्घाटित किया गया है। इसमें दशरथ के यहाँ विश्वामित्र के आगमन से लेकर राम-विवाह के पश्चात अयोध्या प्रत्यावर्तन तक की कथा का वर्णन है। इसमें प्रयुक्त मौलिक उद्भावनाएँ इस प्रकार हैं—

- इसमें शंकरदेव ने विश्वामित्र के द्वारा राम-लक्ष्मण के समक्ष सीता के सौन्दर्य का वर्णन कराया है।
- सीता स्वयंवर का विस्तृत वृतान्त कथन प्रस्तुत किया है।
- स्वयंवर में राम के साथ अन्य राजाओं के युद्ध का वर्णन।
- अयोध्या के मार्ग में राम-परशुराम का द्वन्द्व युद्ध।

ध्यातव्य है कि कहानी को रोचक, स्वाभाविक और मौलिक बनाने के लिए शंकरदेव ने भले ही नवीन प्रसंगों की उद्भावना की है लेकिन मूल कथा को बिल्कुल सुरक्षित रखा है। शंकरदेव के छह नाटकों में से सबसे अन्तिम और एकमात्र नाटक है जो रामकथा पर आधारित है। शेष सभी कृष्ण कथा पर केन्द्रित हैं। यह महज़ इत्तेफ़ाक़ है या और कुछ कि पहला बरगीत और आख़िरी नाटक रामकथा से सम्बद्ध है। वास्तव में यह शोध का विषय हो सकता है।

शंकरदेव के बाद असमिया रामकथा में उनके शिष्य माधवदेव(1489-1596) का महत्त्वपूर्ण स्थान है। एक तरह से कहें तो असमिया रामकथा माधव कन्दलि, शंकरदेव एवं माधवदेव इन तीनों के सम्मिलित प्रयास से ही पाठकों के समक्ष मुकम्मल रूप में आ पायी है। माधवदेव ने शंकरदेव के कहने पर 'सप्तकाण्ड रामायण' के अप्राप्त अंश 'आदि काण्ड' को पूरा किया। इन्होंने भी 'आदि काण्ड' का आधार वाल्मीकि रामायण के गौड़ीय संस्करण के बालकाण्ड को बनाया है लेकिन उसका हू-ब-हू अनुवाद न करके उसमें कुछ मौलिक उद्भावनाएँ भी की हैं। हालाँकि इस क्रम में माधवदेव ने मूल

कथानक को बिल्कुल अक्षुण्ण रखा है। असमिया जनमानस की पसन्द को ध्यान में रखते हुए इन्होंने जनता के मन रमने लायक कुछ प्रसंगों को विस्तार दिया है तो कुछ बोझिल प्रसंगों को छोड़ते हुए आगे भी बढ़ गये हैं। इनके राम न तो पूरी तरह ईश्वरीय हैं और न ही मानवीय। उनमें गुण-दोषों का समाहार है।

फ़ादर कामिल बुल्के के अनुसार माधवदेव का 'आदि काण्ड' कृत्तिवासी रामायण (15वीं सदी) से ज़्यादा प्रभावित है। इसमें वर्णित प्रमुख कथा-प्रसंग हैं—सूर्यवंश का वर्णन, कैकेयी का स्वयंवर, सुमित्रा का सिंहल के राजा की पुत्री के रूप में उल्लेख, गुह और बालक राम की मैत्री, सीता के पूर्वानुराग की कथा, रामादि के जन्म के पूर्व रानियों के स्वप्न की कल्पना आदि।

माधवदेव के 'आदि काण्ड' की शुरुआत—क्रौंच वध-प्रसंग से **'मा निषाद प्रतिष्ठां...'** के साथ होती है। तत्पश्चात सिन्धु मुनि की शब्दभेदी बाण से मृत्यु, अन्ध मुनि का अभिशाप, वशिष्ठ मुनि-ऋष्य श्रृंग द्वारा पुत्रेष्टि यज्ञ, सीता जन्म, विश्वामित्र का दशरथ के यहाँ आना, राम-लक्ष्मण का सिद्धाश्रम जाना, मारीच, सुबाहु, ताड़का वध, अहिल्या उद्धार, धनुर्भंग, सीता स्वयंवर, राम के साथ अन्य राजाओं का युद्ध, राम तथा अन्य भाइयों का सीता, उर्मिला, माण्डवी तथा श्रुतकीर्ति से विवाह, राम-परशुराम द्वन्द्व आदि घटनाओं का वर्णन होता है तथा राम के राज्याभिषेक की तैयारियों के साथ कथा का अन्त होता है।

माधवदेव के 'आदि काण्ड' की मौलिकता यह है कि इसमें वाल्मीकि रामायण की तरह रामकथा लिखने का ज़िक्र लंका-विजय के पश्चात नहीं देखने को मिलता है बल्कि राम के जन्म के पूर्व ही ब्रह्मा द्वारा वाल्मीकि को रामकथा लिखने के लिए प्रेरित करते हुए दिखाया गया है। साथ ही इसमें दशरथ की सात सौ रानियों का वर्णन, शनि की रोहिणी नक्षत्र पर कुदृष्टि के कारण अयोध्या में अनावृष्टि, शनि से दशरथ को वरदान की प्राप्ति, स्वयंवर सभा का वर्णन, अन्ध मुनि के अभिशाप से दशरथ का मन-ही-मन प्रसन्न होना (उन्हें वर जैसा प्रतीत होता है और कहते हैं कि 'नुही इटो शाप प्रभु दिला मुक वर'), सुबाहु का वध राम द्वारा नहीं, बल्कि लक्ष्मण द्वारा होना आदि नवीन उद्भावनाएँ की गयी हैं।

बहरहाल, असमिया शिष्ट साहित्य में तो रामकथा की एक सुदीर्घ एवं समृद्ध परम्परा रही ही है, लोक साहित्य में भी वाचिक रूप में इसकी उपस्थिति को जनजातीय लोक गीतों एवं लोक कथाओं में सहज ही रेखांकित किया जा सकता है। कार्बी जनजाति की 'छाबिन आलुन' तो सबसे पुरानी मौखिक रामकथा के रूप में ख्यात है। इसी तरह टाइफाँके जनजाति की टाइ रामायण तथा मिजो, न्यीशी आदि जनजातियों की रामकथाओं का भी अपना महत्त्व है। असमिया शिष्ट साहित्य और लोक-साहित्य में मौजूद विभिन्न रामकथाओं में भले ही अलग-अलग लोकल फ़्लेवर हो लेकिन आदर्श, मर्यादा, त्याग, परोपकार सरीखे उच्च मानवीय मूल्यों की मौजूदगी तो सबमें है जिससे आज का निरन्तर निष्ठुर होता समाज सहज ही प्रेरणा ग्रहण कर सकता है।

सन्दर्भ ग्रन्थ

1. महन्त, केशदा(1990), असमिया रामायणी साहित्य : कथावस्तुर आंतिगुरि, महन्त प्रकाशन, जोरहाट
2. नाथ, डॉ. ध्रुवज्योति(2014), रामकथा आश्रयी असमिया साहित्य, पूर्वांचल प्रकाशन, गुवाहाटी
3. शर्मा, डॉ. नवीनचन्द्र(2014), असमर लोक-साहित्य, ज्योति प्रकाशन, गुवाहाटी
4. नेऊग, महेश्वर(2012), असमिया साहित्यर रूपरेखा, गुवाहाटी
5. शर्मा, डॉ. सत्येन्द्रनाथ(2013), रामायणर इतिबृत्त, वीणा लाइब्रेरी, गुवाहाटी
6. शर्मा, डॉ. सत्येन्द्रनाथ(2011), असमिया साहित्यर समीक्षात्मक इतिवृत्त, अरुणोदय प्रेस, गुवाहाटी

अंकिया नाट और रामलीला : एक तुलनात्मक अध्ययन

कुल प्रसाद उपाध्याय/डॉ. जोनाली

नाटक का विकास मानव चेतना और उनमें सामाजिकता की भावना के विकास के साथ हुआ। इसी के साथ उसमें मनोरंजन की इच्छा उत्पन्न हुई। मानव में चेतना का विकास और मनोरंजन की इच्छा ने लोकनाट्य के आदि रूप का सृजन किया। नाटक की उत्पत्ति के सम्बन्ध में डॉ. रिजवे ने अपना मत प्रकट करते हुए कहा है कि नाटक की उत्पत्ति पूजा से हुई। पिशेल ने नाटकों की उत्पत्ति कठपुतलियों से मानी है। भारतवर्ष में इसकी परम्परा बहुत प्राचीन है। पाश्चात्य विद्वानों में से कीथ ने ऋतु उत्सवों में होने वाले नृत्य में लोक-नाटकों के उद्‌भव की खोज की है। नाटकों का सम्बन्ध निस्सन्देह लोकजीवन से है और इसलिए लोक का इतिहास जितना पुराना है, नाटक परम्परा भी उतनी ही प्राचीन है। भारतीय वांग्मय का अवलोकन करने पर नाटक के तत्त्व, संवाद आदि का समावेश सबसे पहले वेदों में मिलता है। इससे उसकी प्राचीनता का सहज ही परिचय मिल जाता है। नृत्य-गीत और कविताओं की प्रधानता से आगे निकलकर आधुनिक नाटकों का वास्तविक प्रारम्भ 19वीं शताब्दी के अन्त में हुआ, परन्तु नाटकीय तत्त्वों का अपेक्षाकृत अभाव होने के बावजूद पद्यबद्ध नाटकों की परम्परा आज भी विद्यमान है। इस प्रकार के नाटक आज भी देश के विभिन्न भागों में रास मण्डलियों द्वारा खेले जाते हैं।

भारतीय लोक-नाटकों में धार्मिक एवं आनुष्ठानिक तत्त्वों का व्यापक प्रभाव देखा जाता है। कथानक के स्रोत भी पुराण या धर्मग्रन्थ ही हैं। सामान्य जनता का मनोरंजन करना इन लोक-नाटकों का उद्देश्य होता है। सामान्य दर्शक लोक-नाट्य का रसास्वादन कर एकरस होकर रुचिपूर्वक सुनता और देखता है।

भारतवर्ष के उत्तर पूर्व में स्थित प्रकृति की मनोरम भूमि असम प्राचीन संस्कृति और कला का केन्द्र रहा है। ईसा की 14वीं सदी में समस्त भारत में भक्ति की एक लहर प्रकट हुई। विशेषकर कृष्णभक्ति आन्दोलन के अभ्युदय, विकास एवं विस्तार ने असम जैसे प्रान्तीय प्रदेशों को प्रभावित किया। परिणामस्वरूप हर एक प्रान्त में भक्ति की पावन धारा प्रवाहित होने लगी। असम प्रदेश के प्रमुख वैष्णव कवि, नाटककार, अभिनेता, चित्रकार, संगीतकार, समाज-सुधारक बहुमुखी प्रतिभा के धनी श्रीमन्त शंकरदेव असमिया समाज संस्कृति में क्रान्तिकारी परिवर्तन लाये। उन्होंने भगवान विष्णु की उपासना पर बल देते हुए दास्य भाव की भक्ति का प्रचार किया। भगवान राम को अवतार मानकर रामभक्ति का प्रवर्तन किया जिसका प्रभाव अन्य प्रान्तीय भाषाओं में भी दृष्टिगोचर होता है। निस्सन्देह, मध्ययुग में कृष्ण और राम सम्बन्धी विश्वास, आस्था, विचार और मान्यताओं का व्यापक प्रभाव था, साथ ही यह बात भी महत्त्वपूर्ण है कि इन आस्था व विश्वासों में पायी जाने वाली कई प्रवृत्तियों की विभिन्न प्रान्तीय साहित्य से समानता भी थी।

श्रीमन्त शंकरदेव ने यद्यपि कृष्ण को भक्ति का केन्द्र बनाया तथापि राम को भी उतनी ही प्रधानता दी और रामभक्ति का भी प्रचार किया। जात-पाँत के भेद को भुलाकर भक्ति को सर्वजन सुलभ बनाने के लिए नाटक जैसी प्रभावशाली साहित्यिक विधा का सहारा लिया। श्रीमन्त शंकरदेव के नेतृत्व में असम में 'अंकिया नाट' का सूत्रपात और विकास हुआ। उनका राम के चरित्र पर आधारित प्रथम अंकिया नाट 'राम विजय' है। हालाँकि इसके पूर्व ही उनका मन 'मन मेरो राम शरन ही लागी' में विलीन हो गया था। 'राम विजय' के पश्चात राम के चरित्र पर आधारित अंकिया नाटों की परम्परा अबाध गति से चलती रही।

ईश्वर के साकार, अवतारी और लीलामयी रूप की उपासना रामकाव्य के कवियों ने की है। लोकरक्षक, अधर्म के विनाशक, धर्म संस्थापक, मर्यादा पुरुषोत्तम राम जन-जन को मोहित करने वाले हैं। रामभक्ति धारा का प्रमुख स्रोत रामचरितमानस है। भारतीय रंगमंच के इतिहास के आरम्भिक समय से ही रामचरितमानस के अभिनय किये जाने का उल्लेख मिलता है। वर्तमान युग में रामलीला का जो भारतव्यापी प्रचार-प्रसार है, उसकी आधारशिला गोस्वामी तुलसीदास ने ही रखी थी।

मध्य भारतीय प्रदेशों की रामलीला और असम प्रदेश के अंकिया नाटों का तुलनात्मक अध्ययन प्रस्तुत करना ही इस शोध-पत्र का लक्ष्य है। दोनों भाषाओं के नाटकों में अंकित रामाख्यान प्रायः पुराणों के अनुसार हैं। कथावस्तु, चरित्र, संवाद, रंगमंचीयता तथा रस और भाषा-शैली आदि नाटकीय तत्त्वों की दृष्टि से उपरोक्त नाटकों का तुलनात्मक अध्ययन प्रस्तुत किया जायेगा।

'अंकिया नाट' असमिया नाट्य साहित्य के जनक महापुरुष शंकरदेव की अपूर्व सृष्टि हैं। 'एक शरण नाम धर्म' के प्रचार माध्यम के रूप में सृजित इस विधा ने एक ओर जहाँ असमिया साहित्य के भण्डार को समृद्ध किया वहीं दूसरी ओर असमिया संस्कृति की अभिव्यक्ति में एक विशेष भूमिका भी निभायी। शंकरदेव ने तत्कालीन समाज के निरक्षर, सहज-सरल लोगों के मन में कृष्ण भक्ति की धारा प्रवाहित करने के उद्देश्य से अंकिया नाटों की रचना की तथा भाउना प्रथा का श्रीगणेश किया। कुछ विद्वानों के अनुसार समाज में निम्न श्रेणी के माने जाने वाले शूद्रों को संस्कृत नाटकों का मंचन देखना मना था। शंकरदेव ने जात-पाँत के बन्धन से मुक्त होकर सभी वर्ग के लोगों को एक माना। शंकरदेव का प्रथम सफल प्रयास था 'चिह्नयात्रा' का मंचन। 'चिह्नयात्रा' की सफलता के बाद शंकरदेव ने कहानी, संवाद, श्लोक, गीत, भटिमा, नाट या नृत्य आदि उपादानों से युक्त अंकिया नाटों की रचना की। शंकरदेव द्वारा लिखे गये नाटक हैं : कालिया दमन, पत्नी प्रसाद, केलिगोपाल, रुक्मिणी हरण, पारिजात हरण और राम विजय। शंकरदेव की परम्परा का निर्वाह करते हुए उनके प्रिय शिष्य माधवदेव ने भी नाटकों की रचना की।

अंकिया नाटों का स्रोत

जिस समय (15वीं शती के अन्तिम चरण में) शंकरदेव ने लिखित नाट्य साहित्य का प्रवर्तन किया उस समय असमिया, बांग्ला, ओड़िया आदि किसी प्रान्तीय भाषा में लिखित नाट्य साहित्य का उदाहरण देखने को नहीं मिलता। कुछ विद्वान मैथिली भाषा में लिखित 'उमापति उपाध्याय' की रचना 'पारिजात हरण'(1325 ई.) को प्रान्तीय भाषाओं और बोलियों में प्रथम नाट्य साहित्य मानते हैं। शंकरदेव ने अंकिया नाटों की लेखन शैली संस्कृत नाटकों से ली थी। अंकिया नाटों की रचना शैली में संस्कृत नाटकों का स्पष्ट प्रभाव देखा जा सकता है। विशेषकर अंकिया नाटों में नान्दी, प्ररोचन,

आमुख या प्रस्तावना, श्लोकों का प्रयोग, सूत्रधार, संगी और भरत वाक्य समान मुक्ति मंगल भटिमा का प्रयोग संस्कृत नाटकों की ही देन है।

अंकिया नाटों का दूसरा प्रमुख स्रोत है—मध्ययुगीन भारत के विभिन्न रंगमंचीय अनुष्ठानों का प्रत्यक्ष अनुभव। शंकरदेव ने अपने जीवनकाल में दो बार तीर्थाटन किया था। असम के बाहर की विभिन्न नाट्य मण्डलियों और संस्थानों के साथ वे स्वयं जुड़े रहे। इनमें कथकली, भागवत मेल नाटक, तेरकुतु, भवाई, ललित, रासलीला, रामलीला, नौटंकी आदि प्रमुख हैं।

अंकिया नाटों का तीसरा एवं महत्त्वपूर्ण स्रोत है—असम के स्थानीय नाट्यानुष्ठान। यद्यपि उस समय असम में लिखित नाट्य साहित्य का अभाव था तथापि समाज में मनोरंजन के साधन के रूप में कुछ लोक-नाट्यों का प्रचलन था, जिनमें ओजापालि, कठपुतली नृत्य, लोक-नृत्य, ढुलिया नाच, देवधानी नृत्य आदि उल्लेखनीय हैं।

उपर्युक्त तीनों स्रोतों के आधार पर नाट्य साहित्य का सृजन करने के बावजूद शंकरदेव की रचनाओं में उनकी अपनी विलक्षण प्रतिभा और एक पृथक रचना शैली का परिचय मिलता है। विशेषकर अंकिया नाटों के कला-कौशल और कथानकों के चयन में काफ़ी मौलिकता दिखाई देती है।

'अंकिया नाट' शब्द की उत्पत्ति

महापुरुष शंकरदेव और महापुरुष माधवदेव द्वारा रचित नाट्य साहित्य में उन्होंने कहीं भी 'अंकिया' शब्द का उल्लेख नहीं किया है। इस शब्द का प्रयोग परवर्ती समय में देखा जाता है। डॉ. सत्येन्द्रनाथ शर्मा ने कहा है—"अंकिया एक विशेषण शब्द है (अंक''इया), इसके साथ नाट शब्द जोड़कर 'अंकिया नाट' शब्द प्रचलन में आया"।

संस्कृत नाट्य साहित्य में अंकित शब्द का अर्थ है चिह्न। इसके माध्यम से कथानक के विभिन्न स्तरों को चिह्नित किया जाता है। कुछ विद्वानों का मानना है कि एक अंक का होने के कारण इसका नाम अंकिया नाट पड़ा होगा। शंकरदेव और माधवदेव ने नाटक की अभिव्यक्ति के लिए 'नाट' या 'नाटक' और 'यात्रा' शब्द का प्रयोग किया था। परवर्ती समय में इन दो महापुरुषों द्वारा रचित नाट्य साहित्य को विशेषता प्रदान करने के लिए शायद उसे 'अंकिया नाट' कहा गया।

अंकिया नाटों के प्रकार और विशेषताएँ

अंकिया नाटों को मुख्य रूप से तीन श्रेणियों में रखा जा सकता है। नाट, यात्रा और झुमुरा। अंकिया नाटों का अध्ययन करने पर उनमें निम्नलिखित सामान्य विशेषताएँ देखी जा सकती हैं—

- सूत्रधार की प्रधानता या महत्त्वपूर्ण भूमिका
- काव्यधर्मी गीत
- श्लोक या पयार की अधिकता
- ब्रजावली भाषा का प्रयोग
- लयात्मक गद्य का प्रयोग
- संगीत नृत्य

अंकिया नाट की उल्लेखनीय विशेषता है—सूत्रधार की प्रधानता। अंकिया नाटों में सूत्रधार की महत्त्वपूर्ण भूमिका होती है। यद्यपि नाटक में सूत्रधार की परिकल्पना संस्कृत नाटकों से ली गयी है तथापि शंकरदेव ने इसमें अपनी मौलिक प्रतिभा का परिचय देते हुए उसे स्थानीय रूप दिया है। संस्कृत नाटक में सूत्रधार का कार्य नाटक के आरम्भ में ही समाप्त हो जाता है, लेकिन अंकिया

नाटों में सूत्रधार नान्दी गीत गाकर नाटक की शुरुआत करता है और पूरे नाटक में अपनी उपस्थिति दर्ज कराता हुआ मुक्तिमंगल गाकर नाटक की समाप्ति तक अपना पार्ट अदा करता है। अंकिया नाट का सूत्रधार गायक, नर्तक, परिस्थिति व्याख्याकार, निर्देशक आदि सभी भूमिका निभाता है। अंकिया नाट में सूत्रधार की भूमिका को देखते हुए हम यह कह सकते हैं कि वह वास्तव में नाटक के अभिनेताओं और दर्शकों के बीच सेतु समान होता है। सामान्य दर्शकों को नाटक की कहानी समझने में सूत्रधार काफ़ी सहायक होता है।

अंकिया नाटों की भाषा ब्रजावली है। मैथिल कोकिल विद्यापति की पदावलियों का प्रभाव ब्रजावली में देखा जा सकता है। अंकिया नाट आरम्भ से अन्त तक गीतिधर्मिता की विशेषताओं से युक्त होता है। नान्दी श्लोक से नाटक का आरम्भ होता है और अभिनेताओं तथा नाटककार का परिचय देते हुए मुक्तिमंगल भटिमा से पहले गाये जाने वाले श्लोक के साथ नाटक समाप्त किया जाता है। महापुरुष शंकरदेव असमिया नाट्य साहित्य के साथ-साथ असमिया गद्य साहित्य के भी जनक हैं। पारम्परिक लीक से अलग हटते हुए नाट्यकार शंकरदेव ने अंकिया नाटों में सर्वप्रथम भाषा की सामान्य कथित शैली को साहित्यिक भाषा की मर्यादा प्रदान की। अंकिया नाटों के भाओरिया (पात्रों) के संवादों में गद्य शैली का सर्वप्रथम प्रयोग किया गया।

मंच सज्जा और अभिनय उपकरण

अंकिया भाउना अभिनय के लिए किसी ऊँचे या बड़े मंच का इस्तेमाल नहीं किया जाता। नामघर अथवा अस्थायी मंच पर ज़मीन पर ही इसका मंचन किया जाता है। भाउना में चरित्र के प्रकार अथवा गुणगत भेदों के अनुसार कुछ पात्रों के अंग अथवा चेहरे पर रंग लगाया जाता है। इसके लिए आमतौर पर सफ़ेद, नीला, लाल, गेरुआ तथा काले रंग का प्रयोग किया जाता है। भाउना में अस्वाभाविक या भयानक रूप वाले कुछ चरित्रों को मुखौटे भी पहनाये जाते हैं। गणेश, रावण, बराह, गरुड़, ब्रह्मा, असुर आदि चरित्रों के चेहरे पर मुखौटा धारण करने की परम्परा है।

अंकिया नाट में रस विचार

भरतमुनि के रस सूत्र द्वारा अंकिया नाट पर विचार कर पाना असुविधाजनक होने की बात करते हुए डॉ. सत्येन्द्रनाथ शर्मा कहते हैं, "चूँकि असमिया नाटकों का मूल उद्देश्य दर्शकों को काव्य का रसास्वादन कराना नहीं बल्कि उनमें भक्ति रस जगाना है"। यही कारण है कि साधारण काव्य नाटकों में पाये जाने वाले नौ रसों का अंकिया नाट में अभाव दिखाई देता है। इसमें दिखाई देने वाले शृंगार या वीर रस को भी भक्ति रस का सहायक उपादान माना जाता है। शंकरदेव के कुल छह नाटकों में से राम के चरित्र पर आधारित नाटक की समीक्षा करना इस शोध-पत्र का मूल उद्देश्य है। अतः यहाँ शंकरदेव के 'राम विजय' नाटक की चर्चा करते हुए तुलनात्मक समीक्षा प्रस्तुत की जायेगी।

'राम विजय' शंकरदेव की अन्तिम रचना है। 1490 ई. में चिलाराय या शुक्लध्वज की प्रेरणा से इस नाटक की रचना की गयी। शंकरदेव के नाटकों में सिर्फ़ 'राम विजय' नाटक की कहानी ही रामायण से ली गयी है। मूल कथानक रामायण से ग्रहण किये जाने के बावजूद 'राम विजय' में नाटककार ने ऐसे कई प्रसंग डाले हैं जिनका रामायण में उल्लेख नहीं मिलता। इसमें 'महानाटक' या 'हनुमन्तीकाव्य' का प्रभाव दिखाई देता है। नाटक के विकास को ध्यान में रखते हुए डॉ. सत्येन्द्रनाथ

शर्मा ने असमिया नाट्य साहित्य में पंच सन्धि के उपस्थापन को इस प्रकार दिखाया है—प्रथम चरण 'आरम्भ' सीता के रूप-गुण का वर्णन सुनकर राम के मन में सीता के प्रति आकर्षण, द्वितीय चरण 'यत्न' राम का मिथिला भ्रमण और धनुष भंग, तृतीय चरण 'प्राप्त्याशा' सीता-राम स्वयंवर तथा परशुराम का विरोध, चतुर्थ चरण 'नियताप्ति' परशुराम की बाधा का निस्तारण और सीता के साथ अयोध्या में उपस्थिति और मिलन पंचम चरण 'फलागम'। (असमिया नाट्य साहित्य पृ. 58)

अपने नाटकों का मूल उद्देश्य धर्म प्रचार होने के कारण शंकरदेव ने नाटकों में चरित्र-चित्रण को अधिक महत्त्व नहीं दिया। उनका एकमात्र उद्देश्य था भगवान विष्णु अथवा कृष्ण के चरित्र का गुणगान, जिसके कारण नायक रूपी भगवान के चरित्र पर ही पूरा नाटक केन्द्रित रहता था। 'राम विजय' नाटक में भी भगवान विष्णु के अवतार रूप भगवान राम के चरित्र को उभारने में जितना ध्यान दिया गया है उतना अन्य चरित्रों पर नहीं दिया गया। रामचन्द्र को एक वीर क्षत्रिय के रूप में नाटक में प्रस्तुत किये जाने के साथ-साथ इस बात पर अधिक ज़ोर दिया गया है कि भगवान राम त्रिभुवन के अधिपति हैं।

शंकरदेव ने अपने नाटक 'राम विजय' में कुछ ऐसे प्रसंगों की कल्पना की है जिनका रामायण में उल्लेख नहीं मिलता। ऐसे कुछ प्रसंग इस प्रकार हैं—

- मूल रामायण में राम-लक्ष्मण को गुरु विश्वामित्र शिक्षा आश्रम से धनुष-यज्ञ दिखाने ले गये थे, स्वयंवर के लिए नहीं। लेकिन शंकरदेव के राम-लक्ष्मण स्वयंवर के उद्देश्य से ही मिथिला जाते हैं।
- गुरु विश्वामित्र के मुँह से सीता के अपरूप सौन्दर्य और गुणों की बात सुनकर राम के मन में सीता के प्रति आकर्षण पैदा होने की बात भी मूल रामायण में नहीं है।
- स्वयंवर सभा का वर्णन और सीता को देखकर सभा में उपस्थित राजाओं के मन में होने वाली प्रतिक्रियाओं की अभिव्यक्ति आदि मूल रामायण में दिखाई नहीं देती।
- स्वयंवर सभा में शिव-धनुष की प्रत्यंचा चढ़ाने का प्रयास करने वाले राजाओं का लज्जित होने का प्रसंग भी मूल रामायण से अलग है।
- भगवान राम द्वारा धनुष की प्रत्यंचा चढ़ाने से पूर्व उत्कण्ठित होकर सीता द्वारा धरती माता को कहे गये वाक्य भी मूल रामायण के नहीं हैं। 'महानाटक' या 'हनुमन्तीकाव्य' में इस प्रसंग का उल्लेख मिलता है।
- अयोध्या लौटते हुए रास्ते में होने वाले परशुराम और विश्वामित्र युद्ध की कथा भी रामायण में नहीं है।
- 'राम विजय' नाटक में सीता को जातिस्मर के रूप में दिखाया गया है। रामायण के आदि काण्ड में सीता के जातिस्मर होने का उल्लेख नहीं मिलता। रामायण के उत्तर काण्ड में सीता के जातिस्मर होने का उल्लेख मिलता है। यद्यपि शंकरदेव के राम विजय का कथानक आदि काण्ड रामायण से लिया गया है तथापि उत्तर काण्ड रामायण से यह प्रसंग लाकर शंकरदेव ने अपने नाटक में उसे स्थान दिया है, और इस तरह कथानक की प्रासंगिकता को बनाये रखने में शंकरदेव ने अपनी नाट्य प्रतिभा का परिचय दिया है।

रामलीला

उत्तर भारत के प्रसिद्ध लोकनाट्य 'रामलीला' का मूलाधार है–गोस्वामी तुलसीदास कृत 'रामचरितमानस'। परम्परागत रूप से मंचस्थ होने वाली रामलीला में भगवान राम के सम्पूर्ण जीवन की नाटकीय प्रस्तुति की जाती है।

रामायण के आधार पर रचित रामलीला एक प्राचीन धार्मिक और सांस्कृतिक परम्परा के रूप में भी विद्यमान है, जिसे प्रतिवर्ष दशहरे के दौरान दस रात तक मंचस्थ किया जाता है। इस अवसर पर मेलों का भी आयोजन किया जाता है ताकि कोई भी रामलीला देखने से वंचित न रह जाये। रामलीला को उत्सव के तौर पर मनाये जाने वाले कुछ प्रमुख स्थान हैं–अयोध्या, राम नगर, वाराणसी, वृन्दावन, अल्मोड़ा, सतना और मधुबनी।

रामलीला का इतिहास

भारतीय इतिहास में अभिनय कला और रंगमंच का अस्तित्व वैदिक काल से ही दिखाई पड़ता है। बाद में संस्कृत रंगमंच ने काफ़ी उन्नति की और यह अपने शिखर तक पहुँचा। भरतमुनि का नाट्यशास्त्र इसका प्रत्यक्ष प्रमाण है। मुग़ल शासन के दौरान भारत की साहित्यिक रंगमंच परम्परा लगभग नष्ट हो चुकी थी लेकिन लोक-भाषाओं और बोलियों ने इन समृद्ध परम्पराओं को जीवित रखा था। रासलीला, रामलीला तथा नौटंकी आदि के रूप में लोकधर्मी नाट्य मंचन का प्रारम्भ हुआ। भक्तिकाल में एक ओर जहाँ ब्रज प्रदेश में रासलीला का प्रचलन बढ़ा, वहीं दूसरी ओर विजयदशमी के दौरान समस्त भारत के हर छोटे-बड़े शहरों में बड़े जोश एवं उल्लास के साथ रामलीला का मंचन किया जाने लगा।

उत्तर भारत में रामलीला का प्रचार-प्रसार गोस्वामी तुलसीदास जी की देन है। गोस्वामी जी ने सर्वप्रथम काशी नगरी में रामलीला की शुरुआत की थी। एक किंवदन्ती के अनुसार त्रेता युग में राम के वनगमन के पश्चात राम के वियोग और दुख में डूबे हुए अयोध्यावासी राम के बचपन की लीलाओं का अभिनय कर उन्हें याद किया करते थे। वहीं से रामलीला की परम्परा की शुरुआत हुई। अन्य एक लोक-विश्वास के अनुसार, इस परम्परा के आदि प्रवर्तक मेघा भगत थे जो काशी के निकटवर्ती अंचल के निवासी थे। एक बार भगवान राम ने सपने में उन्हें दर्शन दिये और यह आदेश दिया कि वह रामलीला का प्रचार-प्रसार करें, ताकि भक्त भगवान के साक्षात दर्शन कर सकें। स्वप्न से प्रेरित होकर उन्होंने रामलीला की शुरुआत की। यह सर्वस्वीकृत है कि रामलीला का मूलाधार तुलसीकृत मानस ही है किन्तु कुछ विद्वान श्री राधेश्याम कथावाचक द्वारा रचित रामायण को यह गौरव प्रदान करते हैं। हालाँकि काशी नगरी में खेली जाने वाली रामलीलाओं में गोस्वामी तुलसीदास कृत रामचरितमानस की ही प्रधानता देखी जाती है।

लोकनायक राम की लीला भारत के कई स्थानों में आयोजित की जाती है। भारत के बाहर यथा–बाली, जावा, श्रीलंका, नेपाल आदि देशों में भी रामलीला की परम्परा किसी-न-किसी रूप में चली आ रही है। रामलीला ऐसा एक मंच है जो जाति, धर्म और उम्र का भेदभाव भुलाकर समाज के सभी वर्गों के लोगों को एक साथ ले आता है।

रामलीला के प्रकार एवं रंगमंच

उत्तर भारत की इस प्रसिद्ध और लोकप्रिय नाट्य शैली रामलीला को रंगमंच की दृष्टि से तीन श्रेणियों

में रखा जा सकता है। चल लीला, अचल लीला और स्टेज लीला। हिन्दी प्रदेश में पारम्परिक शैली में रामलीला प्रस्तुत की जाती है। इनकी प्रस्तुति अलग-अलग स्थानों में अलग-अलग प्रकार की होती है। इनमें मुख्यतः तीन शैलियाँ देखी जाती हैं—

1. पारम्परिक शैली की अभिनटनपरक रामलीला
2. पारम्परिक शैली की संवादमूलक रामलीला
3. पारम्परिक शैली की गेय रामलीला

इनके अलावा मण्डलियों द्वारा प्रस्तुत मंचीय रामलीला भी है। गोस्वामी तुलसीदास द्वारा प्रतिष्ठित रंगमंच की कुछ विशेषताएँ देखने को मिलती हैं। नाटक में स्वाभाविकता बनाये रखने और राम के मनोहारी रूप को चित्रित करने के लिए अयोध्या, जनकपुर, चित्रकूट, लंका आदि के लिए अलग-अलग स्थानों का निर्माण किया जाता है और उन निर्दिष्ट स्थानों में वहाँ से सम्बन्धित लीलाएँ प्रदर्शित की जाती हैं। उल्लेखनीय है कि पहले रंगमंच मुक्त होता था और पात्रों को अपने तरीक़े से संवाद को लम्बा या संक्षिप्त करने की छूट होती थी। हिन्दी रंगमंच में रामलीला को व्यवस्थित तरीक़े से लाने का श्रेय तुलसीदास को ही दिया जाता है।

रामलीला के पात्र

प्रारम्भ में रामलीला में अभिनय करने वाले अभिनेताओं में किशोर, युवा, प्रौढ़ सभी शामिल हो सकते थे। सीता अथवा अन्य नारी पात्रों का अभिनय आज भी किशोर उम्र के लड़के ही करते हैं। यद्यपि पहले रामलीला के सभी अभिनेता ब्राह्मण परिवार से हुआ करते थे लेकिन आजकल ब्राह्मणेतर अभिनेता भी रामलीला में अभिनय करने लगे हैं। शारीरिक सौष्ठव एवं बनावट के अनुसार पात्रों का चयन किया जाता है। सभी अभिनेता दोहा, चौपाई आदि कण्ठस्थ करते हैं और संवाद के दौरान उनका प्रयोग करते हैं।

रामलीला की सफलता मुख्य रूप से व्यास सूत्रधार पर निर्भर करती है जो इसका संचालन करता है। पात्रों का प्रवेश सूत्रधार ही कराता है। प्रारम्भ में ही वह श्रीराम की स्तुति करने के पश्चात खेली जाने वाली लीला के विषय में संक्षेप में बता देता है। सूत्रधार आदि से अन्त तक रंगभूमि में उपस्थित रहता है और संवादों का संचालन करता है और सम्बन्धित स्थलों को 'रामचरितमानस' से पढ़ता जाता है और परिवर्तन के स्थलों की ओर संकेत करता जाता है। सूत्रधार ही संवादों की लयात्मकता बनाये रखता है और अभिनेताओं को निर्देशित करता है। रंगमंच की व्यवस्था का सारा कार्य उसके द्वारा ही सम्पन्न होता है। एक निश्चित विधि के अनुसार रामलीला का आरम्भ किया जाता है। स्थान, काल की भिन्नता के अनुसार इस विधि में थोड़ा-बहुत अन्तर भी दिखाई देता है। कभी भगवान के मुकुट की पूजा से रामलीला का श्रीगणेश किया जाता है और कभी किसी अन्य विधि से।

रामलीला में एक ओर जहाँ विभिन्न पात्रों का अभिनय कर रहे अभिनेताओं द्वारा भगवान के रूप और अवस्था को प्रस्तुत किया जाता है तो वहीं दूसरी ओर समवेत स्वर में नारद वाणी शैली में मानस का पारायण किया जाता है। लीला की समाप्ति के पश्चात आरती किये जाने की परम्परा है। रामलीला में नृत्य-संगीत की प्रधानता नहीं देखी जाती क्योंकि इसके मूल नायक धीर, गम्भीर, सौम्य, शालीन और मर्यादा पुरुषोत्तम राम हैं। परिणामस्वरूप समूचे परिवेश में एक

भक्तिमय गाम्भीर्य विराजमान रहता है। दर्शक प्रभु के लीला दर्शन से धर्म, अर्थ, काम, मोक्ष फल की कामना करता है।

संवाद और कथागायन

पारम्परिक शैली के अनुरूप संवाद और कथा गायन में भिन्नता होती है, जैसे अभिनटनपरक रामलीलाओं में संवाद पर ज़ोर बिल्कुल नहीं होता। प्रस्तुतीकरण की पद्धति वही है। मानस पाठ, बीच में कुछ संक्षिप्त संवाद, फिर पाठ। संवाद-अंश बहुत ही कम है। पात्रों को संवाद याद नहीं कराये जाते। व्यास काग़ज़ पर छोटे-छोटे संवाद लिखकर पढ़ देते हैं, फिर पात्र उन्हीं को दोहरा देते हैं। संवाद प्रक्षेपण में भी नाटकीय उतार-चढ़ाव नहीं रहता। संवाद अल्प होने के कारण भाषा-शैली का विशेष प्रभाव मन पर नहीं पड़ता।

हिन्दी प्रदेश के अधिकांश स्थानों में रामलीला का प्रस्तुतीकरण संवादमूलक शैली में किया जाता है। मानस के विविध प्रसंगों का नाट्य रूपान्तर करके आलेख तैयार किया जाता है। प्रत्येक छोटे-से छोटे प्रसंग का नाटकीकृत रूप एक बड़े रजिस्टर में लिखा हुआ होता है। चौपाइयों के आधार पर संवादों की रचना होती है और स्थिति के द्योतन के लिए संवाद जोड़ दिये जाते हैं।

गेय शैली की रामलीला का प्रचलन उपरोक्त दोनों लीलाओं के बाद हुआ है। गेय रामलीलाओं में सभी संवाद प्रायः गेय होते हैं और उन्हें शास्त्रीय राग-रागिनी अथवा लोक-धुनों में निबद्ध किया जाता है। यह शैली बहुत प्रचलित नहीं है। गेय संवादों का प्रयोग होने वाली इस रामलीला में कहीं-कहीं गद्य संवाद भी रखे जाते हैं।

रामलीला और अंकिया नाट : एक तुलनात्मक दृष्टि

मुक्तिमंगल, रूप-सज्जा, आभूषण, प्रसाधन, वेशभूषा, मुखौटा धारण, भाषा में स्थानीय प्रभाव, आरती से नाटक का श्रीगणेश और समापन आदि अनेक भिन्नताएँ दोनों ग्रन्थों में देखी जा सकती हैं। वास्तव में रामलीला और अंकिया नाट दोनों नाटकों की मंचीय व्यवस्था पौराणिक चरित्रों को ध्यान में रखकर की गयी है। यहाँ दर्शक या जनता का भी एक महत्त्वपूर्ण स्थान है। रामलीला की रामकथा और अंकिया नाट की रामकथा के बीच कुछ साम्य के साथ-साथ कुछ वैषम्य भी देखने को मिलता है।

रामलीला में राम के जीवन के विभिन्न प्रसंगों का वर्णन मिलता है, यथा—रामजन्म की पूर्व कथा, सीता स्वयंवर, राम वनगमन, चित्रकूट वर्णन आदि। परन्तु अंकिया नाट में रामजन्म पूर्व की कथा, रामजन्म और राम का राज्याभिषेक आदि प्रसंगों को स्थान नहीं दिया गया है। यहाँ रामजन्म के पूर्व की घटनाओं को प्रमुखता नहीं दी गयी है तथा राम के जीवन के कई प्रसंगों को छोड़ दिया गया है। व्यक्तिगत रुचिबोध और दर्शकों के रुचिबोध आदि विभिन्न कारणों से अंकिया नाट की कथावस्तु में भिन्नता पायी जाती है। अधिकतर अंकिया नाट रामाख्यान पुराण पर आधारित हैं। इनमें बहुत कम परिवर्तन देखने को मिलता है। अंकिया नाट में पात्रों में नवीनता और युगानुरूप मौलिकता प्रदान करने के कुछ प्रयोग देखे जा सकते हैं। कथावस्तु में निषाद कथा, शबरी कथा, बाली वध, मेघनाद वध, सीता की खोज, रावण कथा, सीता वनवास आदि का प्रयोग नूतन और अभिनव शैली में देखा जा सकता है। अंकिया नाट में कुछ ऐसे प्रसंग लिए गये हैं जिनका रामायण में उल्लेख नहीं मिलता, यथा—राम-हनु युद्ध, लक्ष्मण दिग्विजय, सीता के द्वारा शतस्कध वध आदि।

शंकरदेव ने अपनी प्रतिभा का परिचय देते हुए अंकिया नाट में ऐसे कई प्रसंगों का संयोजन किया है जो बिल्कुल मौलिक हैं।

रामलीला और अंकिया नाट दोनों के प्रमुख पुरुष पात्र हैं—राम, लक्ष्मण, दशरथ, हनुमान, रावण, विभीषण आदि। अंकिया नाट में सम्पूर्ण नाटक का संचालन सूत्रधार करता है रामलीला में व्यास द्वारा यह भूमिका निभायी जाती है। इनके अलावा दोनों नाटकों में सुग्रीव, बाली, निषाद, खर-दूषण, अंगद, कुम्भकर्ण, मेघनाद आदि का चरित्र-चित्रण किया गया है। उसी प्रकार उल्लेखनीय नारी चरित्र हैं—सीता, कौशल्या, कैकेयी, सुमित्रा तथा सहायक नारी पात्रों में मन्दोदरी, शबरी, तारा, शूर्पणखा, अहल्या, मन्थरा आदि का नाम लिया जा सकता है। राम के पक्ष के जितने भी चरित्र हैं, उनमें उदारता और मानवता के गुण देखे जा सकते हैं। सीता के चरित्र-चित्रण में दोनों नाटककारों ने अपनी कुशलता का परिचय दिया है।

अंकिया नाट और रामलीला का सूक्ष्म एवं गहन अध्ययन करने पर पता चलता है कि दोनों नाटकों के संवाद अपने आरम्भिक समय से आज तक की यात्रा में काफ़ी परिवर्तित हो चुके हैं, जिसे समय और परिस्थिति के अनुसार विकासोन्मुख परिवर्तन माना जा सकता है। दोनों नाटकों के संवाद सहज-सरल, प्रवहमान, और प्रौढ़ हैं। भाषा की दृष्टि से भी दोनों नाटकों के संवाद काफ़ी आकर्षक, असरदार और रुचिकर हैं। हालाँकि, इन दोनों नाटकों में राम के चरित्र के माध्यम से बोले जाने वाले संवादों में काफ़ी वैषम्य पाया जाता है। इन संवादों में सम्बोधन शब्द, भाषा-शैली और भाषा प्रयोग में समानता देखी जा सकती है। उदाहरण के तौर पर अवधी और ब्रजभाषा की बात की जा सकती है। इनके अलावा मैथिली, उर्दू मिश्रित भाषा के शब्दों का आगमन देखा जा सकता है।

सभी नाटकों में गद्य शैली का प्रयोग दिखाई देता है। प्रारम्भिक नाटकों में गद्य का प्रयोग सूत्रधार कथा प्रसंगों को जोड़ने के उद्देश्य से करता था। शंकरदेव के अन्तिम नाटक 'राम विजय' में पूर्ण रूप से गद्य शैली का प्रयोग किया गया है और पद्य का प्रयोग केवल गीतों के रूप में किया गया है। मनोभावों को उद्वेलित करने के लिए गीतों का सहारा लिया गया है। 'राम विजय' नाटक गद्य शैली का सुन्दर उदाहरण है। इस नाटक में पद्य अथवा गीतों की तुलना में गद्य का प्रयोग अधिक मात्रा में है। रामलीला का जन्म गीतिनाट्य भजन परम्परा से हुआ था और कालान्तर में इस परम्परा ने साहित्यिक रूप ग्रहण किया।

रंगमंचीयता

अंकिया नाट के मंचन के लिए किसी विशेष मंच का निर्माण नहीं किया जाता बल्कि यह खुले स्थान में किया जाता है। 'रभा' नामघर के अन्दर ही निर्मित किया जाता है अथवा नामघर परिसर में अलग से अस्थायी पण्डाल लगाकर ज़मीन पर ही इसका मंचन किया जाता है। दर्शकों के बैठने के लिए चटाई या कालीन आदि की व्यवस्था की जाती है। अंकिया नाट में नृत्य, गीत, संगीत की मुख्य भूमिका होती है। इस मामले में रामलीला कुछ अलग है। कारण रामलीला में नृत्य-संगीत का स्थान गौण है। मर्यादा पुरुषोत्तम राम के चरित्र-चित्रण में गम्भीर वातावरण बनाये रखने के लिए वहाँ नृत्य-संगीत का स्थान गौण हो जाता है। रामलीला और अंकिया नाट दोनों में पहले हज़ारों दीपक जलाकर उस स्थान को रोशन करने की परम्परा थी, जो अब लगभग समाप्त हो चुकी है। अभिनेताओं की वेशभूषा का महत्त्व सर्वोपरि है। अंगों को रँगना, मुखौटों का प्रयोग दोनों में देखा जा सकता है।

रामलीला के मंच निर्माण में तकनीक का प्रयोग विशिष्ट शैली में किया जाता है। रामलीला का मंचस्थल कई किलोमीटर तक फैला होता है। इसके दर्शक अधिकतर स्थानीय लोग ही होते हैं। आधे से अधिक नाट्य प्रस्तुति में यात्रा, जुलूस अथवा तीर्थयात्रियों को सम्मिलित किया जाता है। वास्तव में यह यात्रा या समदल रामलीला का सबसे महत्त्वपूर्ण अंग है। विभिन्न स्थानों से रामलीला क्षेत्र तक जाने वाली यात्रा भी रामलीला का ही एक अंग स्वरूप है, जिसके माध्यम से कथानक को आगे बढ़ाया जाता है।

अंकिया नाट की रचना में एक विशेष उद्देश्य निहित रहता है। शंकरदेव ने 'एक शरण नाम धर्म' के प्रचार के उद्देश्य से अशिक्षित, ग्रामीण, सहज-सरल लोगों के बीच अंकिया नाटों की शुरुआत की थी। लोगों में भक्ति रस की धारा प्रवाहित करना ही इसका मूल उद्देश्य था। अंकिया नाट और रामलीला दोनों में ही शृंगार के संयोग और वियोग दोनों पक्षों की प्रधानता देखी जाती है। इसके अलावा वात्सल्य, करुण, वीर, रौद्र, बीभत्स, शान्त आदि रसों का भी सुन्दर प्रयोग देखा जा सकता है।

रामलीला की तुलना में अंकिया नाट में अन्यान्य रसों का महत्त्व कम देखा जाता है। लोकोक्ति, कहावत और मुहावरों का प्रयोग दोनों में देखा जा सकता है। शंकरदेव ने अंकिया नाट में सहज-सरल लोगों तक अपनी बात सहजता से पहुँचाने के उद्देश्य से लोकोक्ति एवं कहावतों का ख़ूब प्रयोग किया है जिसके कारण उनकी भाषा में एक विशेष प्रवाह देखा जा सकता है।

शैली के दृष्टिकोण से दोनों नाटकों में समानता देखी जाती है। दोनों प्रकार के नाटकों में भावात्मक, दार्शनिक, कथावाचक, उपदेशपरक, आशीर्वादात्मक, वर्णनात्मक, लाक्षणिक, आदेशात्मक, ओजपूर्ण, व्याख्यात्मक और आलंकारिक शैली का प्रयोग देखा जा सकता है।

उपसंहार

रामलीला और अंकिया नाट मूलतः दोनों भारतीय समाज की संस्कृति से सम्पृक्त एक धार्मिक अनुष्ठान हैं। मध्ययुग के भक्ति आन्दोलन की साधना पद्धति के एक मुख्य मार्ग के रूप में दोनों का विशेष महत्त्व है। अंकिया नाट लिखने और उसे मंचस्थ करने का शंकरदेव का एक विशेष उद्देश्य था—आम जनता में भक्ति का प्रचार-प्रसार। इसलिए आम जनता की रुचिबोध को ध्यान में रखकर वे नाटकों की भाषा और शैली में कुछ नयापन लाये।

भक्ति आन्दोलन की नींव पर निर्मित इन दोनों नाट्य शैलियों का मूल उद्देश्य जनता को ईश्वर का साक्षात दर्शन कराकर उनके मन में ईश्वर के प्रति आस्था जगाना है। दोनों ही नाटकों का जनजीवन के साथ गहरा सम्बन्ध है। आज संचार-क्रान्ति और सूचना-प्रौद्योगिकी के युग में भी दोनों प्रकार के नाटकों का अपना अलग महत्त्व बना हुआ है। असमिया समाज जीवन में अंकिया नाट या भाउना का महत्त्वपूर्ण स्थान है। ठीक उसी प्रकार उत्तर भारत के साथ-साथ भारत के कई प्रान्तों में आज भी उसी जोश और उल्लास के साथ रामलीला का मंचन होता है।

उपर्युक्त अध्ययन से यह बात स्पष्ट होती है कि दोनों श्रेणी के नाटकों में कुछ भिन्नता पाये जाने के बावजूद दोनों की आत्मा एक है। सबसे महत्त्वपूर्ण बात यह है कि दोनों श्रेणी के नाटकों का मूल उद्देश्य मनुष्य के मन को सांसारिक लोभ, मोह से छुटकारा दिलाकर आत्मा और परमात्मा के मिलन की ओर उद्‌बुद्ध करना है। भारतीय समाज के आदर्श चरित्र तथा मर्यादा पुरुषोत्तम राम ही हमारे मन को परिष्कृत करते हुए समस्त विकृतियों को दूर कर उसे परब्रह्म में लीन होने की राह प्रशस्त करते हैं।

सन्दर्भ ग्रन्थ

1. स्नातक, विजयेन्द्र, हिन्दी साहित्य का इतिहास, साहित्य अकादेमी, नयी दिल्ली, 2009
2. गुप्त, गणपति चन्द्र, हिन्दी साहित्य का वैज्ञानिक इतिहास, लोकभारती प्रकाशन, इलाहाबाद, 1994
3. शुक्ल, हनुमान प्रसाद (संपा), तुलनात्मक साहित्य—सैद्धान्तिक परिप्रेक्ष्य, राजकमल प्रकाशन, नयी दिल्ली, 2015
4. ओझा, दशरथ, हिन्दी नाटक : उद्भव और विकास, राजपाल एंड सन्स, नयी दिल्ली, 1998
5. शर्मा, सत्येन्द्रनाथ, असमिया नाट्य साहित्य, सौमार प्रकाशन, गुवाहाटी, 2010
6. दुवारा, पूरबी (संपा), नाट्य-वीक्षा, मरिधल कॉलेज प्रकाशन प्रकोष्ठ, धेमाजी, 2010

शंकरदेव के राम का स्वरूप

('राम विजय' नाट के विशेष सन्दर्भ में)

डॉ. प्रीति वैश्य

शंकरदेव असमिया नाट्य साहित्य के जनक हैं, उन्होंने भक्तिधर्म के प्रचार के उद्देश्य से ही अंकिया नाटों को रचा था। उन्होंने निरक्षर लोगों के मन में आध्यात्मिक चेतना जाग्रत करने के लिए श्रीकृष्ण या राम की लीला तथा उनकी गुण गरिमा को श्रव्य-दृश्य रूप में प्रस्तुत किया था। यद्यपि वे निर्गुण -निराकार कृष्ण के भक्त थे, फिर भी निर्गुण-निराकार की प्राप्ति के लिए सगुण-साकार का माध्यम अपनाते थे। 'राम विजय' नाट शंकरदेव द्वारा रचित अन्तिम नाट है, जो रामकथा से सम्बन्धित है। इस नाट के अलावा शंकरदेव के शेष सभी नाटों के प्रमुख चरित्र कृष्ण हैं; 'राम विजय' के राम को भगवान विष्णु या कृष्ण के ही अभिन्न रूप में उन्होंने प्रतिष्ठित किया है। इस नाट में राम के सगुण रूप का चित्रण है, जो दशरथ पुत्र हैं। राम दशरथ पुत्र होने पर भी 'परम ईश्वर', 'महाहरिक अंश अवतार', 'ईश्वर नारायण' हैं। चाहे ऋषि विश्वामित्र या परशुराम हो; चाहे सीता हो या कनकावती, इन सभी के कथनों से राम की महत्ता का परिचय मिलता है। इन सब के माध्यम से लोगों के मन में भक्ति-भावना जाग्रत करने में शंकरदेव पूर्ण रूप से सफल हुए हैं। इस नाट में राम द्वारा मारीच, सुबाहु आदि राक्षसों का वध करना, सीता स्वयंवर में राम का अजगब हरधनु भंग करके सीता को प्राप्त करना और अन्त में परशुराम का पराजित होकर राम के चरणों में शरण लेना आदि घटनाएँ वर्णित हैं, जो विशेष महत्त्वपूर्ण हैं, जिनके माध्यम से रामचन्द्र की महत्ता, गुण-गरिमा आदि पर प्रकाश डाला गया है। परशुराम का राम के हाथों पराजित होना दिखाकर शंकरदेव ने कृष्ण या विष्णु के अभिन्न रूप रामचन्द्र का श्रेष्ठत्व प्रतिपादित किया है।

भारतीय भक्ति-आन्दोलन का इतिहास अत्यन्त प्राचीन है। लगभग 15वीं शताब्दी का समय पूरे भारतवर्ष के लिए क्रान्ति का समय था। यह क्रान्ति भारतवर्ष में वैष्णव धर्म के आन्दोलन के कारण हुई थी। इसी समय असम में शंकरदेव ने भक्ति आन्दोलन का प्रतिनिधित्व किया था। उन्होंने बहुदेवोपासना के स्थान पर प्रभु श्रीकृष्ण को परमेश्वर मानते हुए उनकी भक्ति में ही मुक्ति का मार्ग दिखाकर नववैष्णव धर्म का प्रवर्तन किया था।

शंकरदेव ने वैष्णव धर्म के प्रचार के उद्देश्य से अंकिया नाटों को रचा था। शंकरदेव तथा उनके द्वारा प्रवर्तित 'एकशरण नाम धर्म' को जानने के लिए, शंकरदेव के राम को सम्पूर्ण रूप से समझने के लिए शंकरदेव के 'राम विजय' अंकिया नाट का अध्ययन परम आवश्यक है।

शंकरदेव का रचना-संसार अत्यन्त व्यापक है। उन्होंने हरिश्चन्द्र उपाख्यान, रुक्मिणी हरण, बलिछलन, अमृत-मन्थन, कुरुक्षेत्र, अजामिलोपाख्यान काव्य, पत्नी प्रसाद, कालियदमन,

केलिगोपाल, पारिजात-हरण और राम विजय नामक नाट्य; भागवत के प्रथम, द्वितीय, दशम, एकादश, द्वादश स्कन्ध तथा उत्तर काण्ड रामायण आदि अनुवाद साहित्य; भक्ति-प्रदीप, अनादिपातन, निमि-नव-सिद्ध संवाद आदि भक्ति तत्त्व प्रधान रचनाएँ; बरगीत, भटिमा, तोटय आदि गीत; कीर्तन, गुणमाला नामक नाम-प्रसंगमूलक रचनाएँ तथा भक्ति-रत्नाकर नामक प्रकरण-ग्रन्थ रचे हैं। उन्होंने वैष्णव-धर्म के प्रचार के उद्देश्य से इन ग्रन्थों की रचना की थी। विषय के अन्तर्गत प्रस्तुत शोध-पत्र में शंकरदेव के इन समस्त काव्य-ग्रन्थों में से 'रामविजय' अंकिया नाट को विश्लेषण के लिए लिया गया है।

शंकरदेव के 'राम विजय' नाट में चित्रित राम के स्वरूप की आलोचना करना विषय का लक्ष्य रहा है।

अध्ययन की पद्धति विश्लेषणात्मक है। शोध-पत्र MLA(Modern language association) 'आधुनिक भाषा संस्था' के सप्तम संस्करण शोध पद्धति के आधार पर प्रस्तुत किया गया है। बनलता (डिब्रूगढ़) से प्रकाशित 'अंकमाला' में संकलित शंकरदेव के अंकिया नाट 'राम विजय' को मूल ग्रन्थ के रूप में लिया गया है। साथ ही शंकरदेव और उनके अंकिया नाट से सम्बन्धित अन्य ग्रन्थों का भी उपयोग किया गया है।

शंकरदेव असमिया नाट्य-साहित्य के जनक हैं। यद्यपि शंकरदेव के पूर्व असम में 'ओजापालि', 'ढुलिया', 'पुतली नृत्य' आदि लोक-गीतिनाट्य परम्पराएँ प्रचलित थीं, लेकिन पूर्ण रूप से नाटक की परम्परा शंकरदेव से शुरू होती है। शंकरदेव ने यह अनुभव किया था कि नृत्य, गीत, अभिनय आदि के माध्यम से सहज ही साधारण जन का मन आकर्षित किया जा सकता है और भक्ति भावना का संचार किया जा सकता है। इसलिए उन्होंने निरक्षर लोगों के मन में आध्यात्मिक चेतना जाग्रत करने के लिए श्रीकृष्ण या राम की लीला तथा उनकी गुण-गरिमा को श्रव्य-दृश्य रूप में प्रस्तुत किया था। 'चिह्नयात्रा' शंकरदेव का प्रथम नाट है। डॉ. कृष्ण नारायण प्रसाद 'मागध' ने अनुमान किया है कि 'चिह्नयात्रा' लिखित नाट नहीं था, बल्कि वस्त्र पर चित्र बनाकर लोगों के समक्ष भगवत लीला दिखलायी गयी थी('मागध', 1977 : 140)। शंकरदेव द्वारा रचित छह नाटों में से 'राम विजय' अन्तिम नाट है, जो रामकथा से सम्बन्धित है।

शंकरदेव ने शुक्लध्वज या चिलाराय दीवान के आग्रह पर 'राम विजय' (1568 ई.) नाट की रचना की थी। डॉ. महेश्वर नेऊग के अनुसार, 'राम विजय' या 'सीता स्वयंवर' शंकरदेव द्वारा रचा गया अन्तिम नाट है, जिसे बिहार में रचा गया था (नेऊग 2006 : 80)। इस नाट की कथावस्तु वाल्मीकि 'रामायण' के आदि काण्ड से ली गयी है (शर्मा 2010 : 59)। मूल 'रामायण' की कथावस्तु को आधार मानते हुए शंकरदेव ने इसमें कुछ मौलिक संयोजन किया है। वाल्मीकि 'रामायण' में विश्वामित्र राम-लक्ष्मण को हरधनु दिखाने के लिए ले गये थे, पर इस नाट में विश्वामित्र जानकी-लाभ के उद्देश्य से उनको जनकपुरी ले जाते है। मूल 'रामायण' में इस धनु का नाम 'सुनाभ' मिलता है जबकि इसमें इसका नाम 'अजगब' है। वाल्मीकि के आदि काण्ड में सीता जातिस्मर कन्या नहीं है, लेकिन नाट में सीता को जातिस्मर कन्या दिखाया गया है।

यद्यपि शंकरदेव निर्गुण-निराकार कृष्ण के भक्त थे, फिर भी निर्गुण-निराकार की प्राप्ति के लिए सगुण-साकार का माध्यम अपनाते थे। 'राम विजय' नाट में राम के सगुण रूप का चित्रण है, जो दशरथ पुत्र हैं। राम दशरथ पुत्र होने पर भी 'परम ईश्वर', 'महाहरिक अंश अवतार', 'ईश्वर नारायण' हैं। इस नाट में चित्रित राम के स्वरूप की निम्नलिखित बिन्दुओं के आधार पर आलोचना की जा सकती है—

सगुण-साकार दशरथ पुत्र के रूप में राम–'राम विजय' नाट में राम का चित्रण दशरथ पुत्र के रूप में हुआ है। जगत् के परम ईश्वर नारायण ने भूमि का भार हरने के लिए राजा दशरथ के घर में श्रीराम के रूप में अवतार लिया है–**'जे जगतक परम ईश्वर नारायण भूमिक भार हरण निमित्त दशरथ गृहे अवतरल'** (देव गोस्वामी 1999 : 122)। जब यज्ञ रक्षार्थ हेतु ऋषि विश्वामित्र राम-लक्ष्मण को ले जाने के लिए राजा दशरथ के पास पहुँचते हैं तब राजा दशरथ उन दोनों बालकों के स्थान पर खुद जाना उचित समझते हैं तथा विश्वामित्र से कहते हैं– **'आहे मुनिराज, हामार पुत्र राम लक्ष्मण से बालक ताहेक राक्षसक दिते चाव, ओहि कोन बेवहार हाँ हाँ ऋषिराज, जज्ञ रक्षा निमित्त हामक निया जाव'** (देव गोस्वामी 1999 : 128)। इस प्रकार हम देखते हैं कि प्रस्तुत नाट में राम का चित्रण सगुण-साकार दशरथ पुत्र के रूप में हुआ है।

सीता पति के रूप में राम–प्रस्तुत नाट में दशरथ पुत्र राम सीता के पति भी हैं जिन्होंने सीता-स्वयंवर में बज्राधिक कठिन हरधनु भंग करके जानकी को प्राप्त किया था। वे ऐसे आदर्श पति हैं जो अपनी पत्नी के दुख, चिन्ता आदि को दूर करने के लिए हमेशा तत्पर रहते हैं। राम जब राजा जनक की राजसभा में सीता को शंकित अवस्था में देखते हैं तब वे उसी क्षण सीता का दुख दूर करते हुए हरधनु में गुण लगाने को तत्पर होते हैं–**'से कृपामय रामचन्द्र सीताक सकरुण भाव पेखि, तत्काले लीलाये धनुत गुण लगावल'** (देव गोस्वामी 1999 : 140)। जानकी लाभ के उपरान्त दूसरे राजाओं के साथ राम की लड़ाई होते देख दुखी सीता को बाँहों में लेकर आश्वासन देने का प्रसंग भी राम की पत्नीप्रियता को सूचित करता है–**'प्रियाक परम संताप ताप निरेखि रामचन्द्र बाहु मेलि प्रियाक धरि कहुं आश्वास कय बोलल'** (देव गोस्वामी 1999 : 142)। इस प्रकार हम देखते हैं कि प्रस्तुत नाट में राम का चित्रण सीता पति के रूप में भी हुआ है।

कृष्ण के अभिन्न रूप में राम : यद्यपि इस नाट के अलावा शंकरदेव के शेष सभी नाटों का प्रमुख चरित्र कृष्ण हैं, लेकिन 'राम विजय' के राम को भगवान विष्णु या कृष्ण के ही अभिन्न रूप में उन्होंने प्रतिष्ठित किया है, जैसे–विश्वामित्र जब यज्ञ रक्षार्थ हेतु राम-लक्ष्मण को लेने आते हैं तब वे राजा दशरथ को राम की महत्ता का वर्णन करते हुए विश्वास दिलाते हैं कि–**'ओहि रामचन्द्र परम ईश्वर महाहरिक अंश अवतार, असुर राक्षस सव संहरि भूमिक भार उद्धारव, इहा जानि किछु चिन्ता नाहि करबि–सत्य राखि सत्वरे भूमिक भार उतरव राम-लक्ष्मणक हामाक संगे पथाव'** द्वारा (देव गोस्वामी 1999 : 129)। राम से विवाह के पूर्व सीता अपनी सखियों से पूर्वजन्म की कथा कहने के प्रसंग में भी इसी प्रकार की अभिव्यक्ति मिलती है। सीता पूर्वजन्म की कथा स्मरण करती हुई सखियों से कहती हैं कि वे परम अभागिनी हैं, जिन्होंने पूर्वजन्म में ईश्वर नारायण को पति के रूप में पाने के लिए साधना की थी। अनेक जन्मों का दुख भोगकर बहुत वर्षों की तपस्या के उपरान्त आकाशवाणी सुनी थी कि इस जन्म में उन्हें नारायण स्वामी के रूप में नहीं मिलेंगे। अगले जन्म में श्रीराम उनसे विवाह करेंगे–**'आहे सखिसव, परम अभागिनीक कि पुचहः हामु पुरुब जनम ईश्वर नारायणक स्वामी इच्छा कय अनेक जनम काय क्लेश करिये बहुत बरिष तपस्या कयलों तदनन्तर आकाशवाणी शुनलः आहे कन्या, तोहो उहि जनमे स्वामीक भेट नाहि पावब आवर जनम श्रीरामरूपे तोहाक बिवाह करावब :** (देव गोस्वामी 1999 : 125)।

मोक्ष प्राप्ति के साधन के रूप में राम–रामनाम एक ऐसा साधन है जिसके माध्यम से लोगों को परम मोक्ष की प्राप्ति होती है। रामनाम के उच्चारण या श्रवण-कीर्तन से जगत् के सभी लोगों को इस भवसागर से मुक्ति मिलती है। इसलिए शंकरदेव ने राम के नाम की महिमा का बखान करते हुए उनकी वन्दना इस तरह से की है–

जन्नामाखिल लोक शोकशमनं यन्नाम प्रेमास्पदम्
पापापारपयोधितारणविधौ यन्नामपीनप्लवः।
यन्नाम श्रवनात् पुनाति स्वपचः प्राप्नोति मोक्षंक्षितौ
तं श्रीराम महं महेशवरदं वन्दे सदा सादरम् ॥

(देव गोस्वामी 1999 : 120)

भावार्थ–जिनके नाम से जगत के सभी लोगों के दुःखों का नाश होता है, जिनके नाम से लोगों का मन प्रेम से भर जाता है, जिनके नाम के उच्चारण मात्र से पाप-सागर से मुक्ति मिलती है, जिनका नाम-कीर्तन सुनने से इस भवसागर से मुक्ति मिलती है, वे रामचन्द्र जो महेश आदि को भी वरदान दे सकते हैं–उनकी मैं हमेशा वन्दना करता हूँ।

सिर्फ़ राम-नाम ही नहीं, 'राम विजय' नाट को भी इसमें मुक्ति का साधन कहा गया है–**'श्रीरामविजयन्नाम नाटकं मुक्ति साधकम्।'** (देव गोस्वामी, 1999, 121)

'रामविजय' नाट को मंचस्थ करने वाले व्यक्ति को भी बैकुण्ठ की प्राप्ति होती है–

रामक प्रधान भकति रसजान ।
श्रीशुक्लध्वज नृपति प्रधान ॥
रामक बिजय जो करावलि नाट ।
मिलहु ताहेक बैकुंठक बाट ॥

(देव गोस्वामी 1999 : 151)

भावार्थ–शुक्लध्वज राजा ने राम के भक्ति-रस की महत्ता समझ ली थी। जो 'राम विजय' नाट को मंचस्थ कराते हैं, उन्हें भी बैकुण्ठ का मार्ग मिलता है। इस प्रकार प्रस्तुत नाट में भक्ति रस की बात कही गयी है ।

परम ईश्वर के रूप में राम : 'राम विजय' नाट में चित्रित राम परम ईश्वर हैं। इनकी महिमा अपरम्पार है। चाहे ऋषि विश्वामित्र हों या परशुराम; चाहे सीता हों या कनकावती, इन सभी के कथनों से राम की महत्ता का परिचय मिलता है। परशुराम राम की महत्ता से परिचित होकर राम के चरणों में दण्डवत प्रणाम करते हैं–

परल दंडवते रामक आग ॥
राखहु तोहारि अंश हामु राम।

(देव गोस्वामी 1999 : 148)

परशुराम अपने दोषों की क्षमा माँगते हुए राम को 'परम ईश्वर' कहते हैं–**'हे प्रभु श्रीराम, तुहु परमईश्वर, हामु तोहारि अंश, इहा नजानि दर्प कयलो, हामार दोष मरस गोंसाइ'** (देव गोस्वामी, 1999, 148)। इसके अतिरिक्त जब सीता की सखी कनकावती रामचन्द्र को सीता के स्वयंवर में देखती है तो वह सीता से कहती है–आहे सखी, जैचन महापुरुष लक्षण देखल जानल ओहि ईश्वर नारायण श्रीरामरूपे तोहार बिवाह हेतु आवल। इहात किछु शंका नाही करबि (देव गोस्वामी, 1999, 135)। इस प्रकार के कथनों से लोगों के मन में भक्ति-भावना जाग्रत करने में शंकरदेव पूर्ण रूप से सफल हुए हैं।

त्रिभुवनपति के रूप में राम : प्रस्तुत नाट में राम त्रिभुवनपति हैं। राम अपनों के दुख-यातना का नाश करनेवाले हैं, भक्तों के भय को दूर करने वाले हैं, सन्तों की मनोकामना पूर्ण करने वाले हैं। वे देवों के भी देव देवादिदेव हैं, जिनसे त्रिभुवन की उत्पति है। वे त्रिभुवन के उद्धारकारी भी हैं और संहारकारी भी। यथा–

जगतक अंतक अंतक संतक
पुरल परमा काम।
भूमिक भार उद्धारल तारल
सुर नर राजा राम ॥
ब्रह्मा महेश्वर किंकर जाकर
परि परि करतु सेवा।
त्रिभुवन कारण तारण मारण
जोहि देवकु देवा ॥

(देव गोस्वामी 1999 : 122)

भावार्थ–राम जगत का अन्त करने वाले हैं, सन्तों की मनोकामना पूर्ण करने वाले हैं। वे भूमि का भार कम करके उसका उद्धार करने वाले हैं। ब्रह्मा-महेश्वर भी जिनके दास हैं, तथा जो आपके श्रीचरणों की सेवा करते हैं, जिनसे त्रिभुवन की उत्पति हैं, जो त्रिभुवन के उद्धारकारी हैं और जो त्रिभुवन के संहारकारी हैं, आप वही देवों के भी देव देवादिदेव हैं।

पृथ्वी के नाथ राजा दशरथ की सभा में प्रवेश करते समय राम को 'त्रिभुवन ईश्वर' के रूप में चित्रित किया गया है–

त्रिभुवन ईश्वर रामक बाप।
जाहे नेहारि दूर हवे ताप ॥

(देव गोस्वामी 1999 : 126)

भावार्थ–दशरथ त्रिभुवन के ईश्वर रामचन्द्र के पिता हैं। उनको देखने से दुख दूर हो जाते हैं। इस प्रकार राम को त्रिभुवन पति के रूप में दिखाया गया है।

दुर्जेय वीर पुरुष के रूप में राम–राम दुर्जेय वीर पुरुष हैं। इस नाट के राम के चरित्र की अन्यतम विशेषता है वीरत्व का प्रकाशन। नाट में ऐसे कई स्थल हैं, जिनमें राम के चरित्र के वीरत्व का उद्घाटन हुआ है। इनमें से राम द्वारा मारीच, सुबाहु राक्षसों का वध करना, सीता स्वयंवर में राम का अजगब हरधनु भंग करके सीता को प्राप्त करना तथा राम से दूसरे राजाओं का पराजित होना और अन्त में परशुराम का पराजित होकर राम के चरणों में शरण लेना आदि घटनाएँ विशेष महत्त्वपूर्ण हैं, जिनके माध्यम से राम की वीरता, गुण-गरिमा आदि पर प्रकाश डाला गया है। राम द्वारा मारीच, सुबाहु राक्षसों का वध करते समय राम की वीरता का यह उदाहरण प्रस्तुत है–

बेधल हृदय शरक सन्धाने ।
उरल राक्षस रामक बाणे ॥
भेलि सुबाहु सागर पात ।
मारिच परल प्राणे लंकात ॥
नाश गेल अव दुहो पिशाचे ।

(देव गोस्वामी 1999 : 129-130)

भावार्थ–राम के बाणों ने राक्षस का हृदय भेद दिया। सुबाहु राक्षस को सागर में और मारीच को लंका में गिरा दिया। अब दोनों राक्षसों का नाश हुआ।

राम ऐसे वीर हैं जो वज्र से भी कठिन हरधनु को भंग करने में सक्षम हैं। राम अजगब हर धनु को बायें हाथ से इस प्रकार पकड़ते हैं जैसे पुष्प की माला हो। सीता-स्वयंवर प्रसंग में राम के आगे

दूसरे राजाओं की स्थिति ऐसी है जैसे सिंह के सामने हिरण के बच्चे हों– ***'ओहि राजासव हामाक आगु कोन हय : जैचे सिंहक आगु बालक हरिण'*** (देव गोस्वामी 1999 : 142)।

नाट के अन्त में परशुराम को भी राम की वीरता स्वीकार करनी पड़ती है। परशुराम राम से अपने प्राणों की भिक्षा माँगते हुए कहते हैं–

स्वामी, तोहाक धर्मपुत्र भेलो हामाक प्राणदान देह

(देव गोस्वामी 1999 : 149)।

विनयी और आज्ञाकारी पुरुष के रूप में राम–राम वीर पुरुष होने पर भी विनयी और आज्ञाकारी हैं। जब ऋषि विश्वामित्र राम को हरधनु में गुण देने के लिए आदेश देते हैं तो वे अपना पराक्रम छिपाते हुए अत्यन्त विनयी भाव से ऋषि से कहते हैं–**'हे मुनिराज, हामु बालक, ओहि धनु बज्राधिक कठिन इहात गुण दिते हामार सामर्थ्य कैचन होइ, तथापि तोहार आज्ञा पालि जत्न करब। जे धनुत गुण दिते महाराजासव नाहि पारल, इहात हामार कोन लाज नाहि'** (देव गोस्वामी 1999 : 139)। इस प्रकार के कथनों में राम की विनम्रता और आज्ञाकारिता देखने को मिलती है।

पापियों के उद्धारक के रूप में राम–राम ऐसे महिमामण्डित अवतारी पुरुष हैं जो पापियों के उद्धारक भी हैं। पापों को नष्ट करने की उनकी रीत बन चुकी है। राम समस्त संसार को जीवन देने वाले हैं। कोई पापी व्यक्ति कितना ही पाप क्यों न करे राम के गुणानुकीर्तन से उसे भी मुक्ति मिलती है। इसलिए शंकरदेव राम की वन्दना करते हुए कहते हैं–

ध्रुङ।। जय जय जगजीव राम । कयलो परि परणाम ॥
पद ।। जाहे गुण नाम मुहे गाइ । पापी परम पद पाय ॥
ओहि भव ताप अपारा । जाहे स्मरणे करू पारा ॥

(देव गोस्वामी 1999 : 120)

भावार्थ–जगत् के जीवन स्वरूप राम की जय हो। मैं तुम्हें प्रणाम करता हूँ। जिनके नाम का गुण गाकर पापी परम पद की प्राप्ति करता है, जिनके स्मरण से संसार का अपार भव-ताप नष्ट होकर भवसागर से मुक्त होता है।

कृपासागर के रूप में राम–राम करुणा के सागर हैं। हरि नाम स्मरण करने वाले साधकों पर उनकी कृपा हमेशा बनी रहती है और वैसे साधकों को वे सिद्धि दिलाते हैं –

सब अपराधक बाधक साधक
सिद्धि करु हरि नाम।

(देव गोस्वामी 1999 : 122)

भावार्थ–आप साधकों के सभी अपराधों को क्षमा करने वाले हैं तथा हरि नाम स्मरण करने वाले साधकों को सिद्धि दिलाने वाले हैं।

राम कृपालु हैं, जो भी व्यक्ति चाहे वह अपराधी हो, पापी हो या दुष्ट हो, राम-नाम का उच्चारण करता है या राम के श्रीचरणों में शरण लेता है तो राम उसके अपराधों को तुरन्त क्षमा करते हैं। राम से पराजित होकर जब परशुराम राम के चरणों में शरण लेते हैं और अपने प्राणों की भिक्षा माँगते हैं तब राम उनके अपराधों को क्षमा कर देते हैं और परशुराम से कहते हैं–**'अये भार्गव, तुहु निर्भये रह : तोहारि जीव राखल, किन्तु हामार बाण ब्यर्थ नोहे, तोहारि स्वर्ग पथ छेद करोहों'** (देव गोस्वामी 1999 : 149)। इस प्रकार परशुराम का राम के हाथों पराजित होना दिखाकर शंकरदेव ने कृष्ण या विष्णु के अभिन्न रूप रामचन्द्र का श्रेष्ठत्व प्रतिपादित किया है।

उपलब्धियाँ

प्रस्तुत अध्ययन की उपलब्धियों का अनुमान कुछ इस प्रकार लगाया जा सकता है–

- असमिया नाट्य-साहित्य के जनक शंकरदेव ने 'राम विजय' अंकिया नाट की रचना लोगों को रामलीला दिखाकर उनके मन में भक्ति-भावना जाग्रत करने के उद्देश्य से की थी।
- इस नाट में राम को अवतारी पुरुष के रूप में दिखाया गया है, जो कृष्ण या हरि के ही अभिन्न रूप हैं।
- प्रस्तुत नाट में राम की महत्ता, गुण-गरिमा आदि पर प्रकाश डाला गया है।
- इस नाट में राम सगुण-साकार दशरथ के पुत्र और सीता के पति होने पर भी परम ईश्वर, त्रिभुवनपति, कृपासागर, पापियों के उद्धारक हैं।
- इस नाट में राम के वीरत्व को प्रमुखता दी गयी है, जो उनके चरित्र की अन्यतम विशेषता है।
- प्रस्तुत नाट में परमेश्वर राम की भक्ति में ही मुक्ति का मार्ग दिखाया गया है।
- मूल 'रामायण' की कथावस्तु को आधार मानते हुए शंकरदेव ने इसमें कुछ मौलिक संयोजन किया है।
- हम आधुनिक एकांकी का प्राचीनतम रूप शंकरदेव के अंकिया नाटों में देख सकते हैं।

निष्कर्ष

अतः निष्कर्ष रूप में हम कह सकते हैं कि शंकरदेव ने असम के शाक्त धर्म और तन्त्राचार से पीड़ित उग्र वातावरण में राम तथा कृष्ण कथा पर आधारित अंकिया नाट, काव्य, बरगीत आदि के माध्यम से 'एकशरण नाम धर्म' और वैष्णव भक्ति का प्रचार किया था। उन्होंने निरक्षर लोगों को वैष्णव धर्म की शिक्षा देने के लिए राम की लीला तथा उनकी श्रेष्ठता को 'राम विजय' नाट के रूप में प्रस्तुत किया था। उन्होंने 'राम विजय' नाट के राम को भगवान विष्णु या कृष्ण के ही अभिन्न रूप में चित्रित किया है।

सहायक ग्रन्थ

अंग्रेजी : नेऊग महेश्वर, शंकरदेव एंड हिज टाइम्स, 1998

असमिया : देव गोस्वामी, केशवानन्द, संपा. अंकमाला, तीसरा, डिब्रूगढ़, बनलता, 1999

नेऊग, महेश्वर, श्रीश्री शंकरदेव, गुवाहाटी, चन्द्र प्रकाश, दिसम्बर 2006

शइकीया, नगेन, बिषय शंकरदेव, द्वितीय, डिबूगढ़, कौस्तुभ प्रकाशन, दिसम्बर 2011

शर्मादलै, हरिनाथ, शंकेदेवर साहित्य-प्रतिभा(पहला भाग), पंचम, नलबारी, सरस्वती प्रेस, दिसम्बर 2014

शर्मा, सत्येन्द्रनाथ, असमिया नाट्य साहित्य, गुवाहाटी, सौमार प्रकाशन, 2010

हिन्दी : 'मागध', कृष्ण नारायण प्रसाद, शंकरदेव : साहित्यकार और विचारक, पटियाला, 1977

पूर्वोत्तर भारत के विभिन्न राज्यों के जीवन, साहित्य एवं कला में 'राम'

(कार्बी, डिमासा जनजातियों पर विशेष अध्ययन)

डॉ. नूरजहान रहमतुल्लाह

भारत की प्रागैतिहासिक परिस्थिति के अध्ययन से पता चलता है कि भारतीय जनजीवन को उस समय सर्वाधिक प्रभावित करने वाले नायक के रूप में 'राम' का परिचय मिलता है। 'राम' एक ऐसे पात्र हैं जिन्हें ऐतिहासिक रूप में सिद्ध न कर पाने पर भी युगों से, सदियों से एशिया के विभिन्न देशों में पूजा जाता है एवं अब भी वे चर्चा-गवेषणा का विषय बने हुए हैं।

राम का समय धर्मशास्त्रानुसार त्रेता युग है जिसे विद्वान लाखों साल पहले का समय बताते हैं। कतिपय विद्वान 5000 ई. पू. का समय काल बताते हैं। पर गवेषक विद्वान धीरजलाल हंसमुखलाल के अनुसार यह सभी अनुमान हैं। इस सन्दर्भ में कोई प्रामाणिक तथ्य उपलब्ध नहीं है। 8वीं शती की एलोरा गुफा के शैल-चित्र इस सम्बन्ध में कुछ तथ्य प्रकट करते हैं। इनसे कम-से-कम यह सत्य प्रमाणित होता है कि राम एक बहुत ही लोकप्रिय, प्रजारंजक शासक हुआ करते थे। ऑक्सफोर्ड विश्वविद्यालय के संस्कृत विभाग के अध्यापक जॉन बेकिंगटॉन बताते हैं 7 से 4 ई.पू. में रामायण महाकाव्य की रचना हुई थी। जो भी हो यह निस्सन्देह सही है कि 'राम' प्राचीन एशियाई देशों में सर्वाधिक लोकप्रिय, मान्य एवं चर्चित जननायक थे। तब से अब तक एशियाई देशों के जनसमाज को सर्वाधिक प्रभावित करने वाले पात्र राम ही हैं। भारत में ऋषि वाल्मीकि से प्रारम्भ करते हुए माधवाचार्य की मूल रामायण संस्कृत में रामकथा की विख्यात पुस्तिका है। 12वीं शती में तमिल में कवि कम्बन ने 'कम्ब रामायणम', हिन्दी (अवधी) में तुलसीदास ने 'रामचरितमानस', कन्नड़ में कवेंपू ने 'श्री रामायणादर्शणम', तेलुगु में रंगनाथा ने 'रामायण कल्परक्षम', असमिया में कवि माधव कन्दलि ने 'सप्तकाण्ड रामायण', उड़िया में 'विलंक रामायण', बंगाल में कृतिवास की 'रामायण', मलय में 'इलन्ताचान' इत्यादि रामायणी काव्य ने पूरे भारत में राम को जन-जन से विभिन्न युगों के लोगों से परिचित ही नहीं कराया बल्कि जनता के सम्मुख संकटकाल में उपस्थित कर संकटमोचन के तत्त्व-रूप में पेश कर सर्वाधिक ग्रहणीय लोकनायक बनाया।

उत्तर पूर्व की गोष्ठियों में लिखित भाषा व लिपि के अभाव के कारण रामायणी साहित्य को निजी कथित भाषा में व्यापक मात्रा में उपलब्ध नहीं कराया जा सका। असमिया और मणिपुरी इसका व्यतिक्रम हैं। कार्बी और डिमासा गोष्ठी के निवास समतल से दूर पहाड़ी जंगलों में होने के कारण दुर्गम यातायाती व्यवस्था तथा समतलीय अधिवासियों से नैकट्यता के अभाव के कारण भी समतलीय साहित्य, कृष्टि से ये दोनों गोष्ठियों अल्प-प्रभावित रह गयीं। फिर भी कार्बी गोष्ठी

में रामकथा डिमासा लोगों से परिमाण में कुछ अधिक ही है। हालाँकि प्राचीन ग्रन्थ कालिकापुराण में कछारी डिमासाओं के प्राचीन नरेश नरक का ताल्लुक़ रामायणी पात्रों से पाया जाता है। बाद में इस जाति के बिखराव एवं पहाड़ी स्थल पर निवास के कारण यह रामायणी प्रभाव से दूर होती गयी। युद्ध-विग्रह के कारण एक स्थान से अन्य स्थान पर निवास का परिवर्तन भी इसका एक कारण हो सकता है।

विदेश में राम

भारत से जुड़ा यह धर्म जहाँ-जहाँ फैला, वहाँ-वहाँ राम ने भी जनता के हृदय-दरबार में स्थान प्राप्त कर लिया। चाहे वह आर्य सभ्यता के रूप में हो, आदि सनातनी धर्म के रूप में हो अथवा बाद के बौद्ध या जैन धर्म के रूप में हो। दक्षिण पूर्व एशिया में सर्वाधिक प्राचीनकाल में 'राम' को विस्तार मिला। परवर्ती समय में आधुनिक काल तक समूची पृथ्वी पर रामकथा का विस्तार हुआ। यूरोप, अमेरिका आदि महादेशों में भी राम मन्दिर अब सहज उपलब्ध हैं।

ईसा के जन्म की 1000 शती के भीतर ही दक्षिण पूर्व एशिया में रामकथा ने व्यापक विस्तृति पायी। हिन्दू और बौद्ध धर्म के विस्तार से जावा, मलय, बर्मा, थाईलैंड, कम्बोडिया और लाओस में रामायणी कथा का स्थानीय भाषाओं में अनुवाद हो चुका था। संस्कृत से प्राचीन जावनीज भाषा में 860 ई. में अनुवाद हुआ था। 243 ई. में चीनी भाषा में रामकथा पर आधारित सार्वजनिक नाटक खेले जाने के तथ्य पाये जाते हैं। तीसरी व पाँचवीं शताब्दी में चीनी भाषा में बौद्ध रामकथा 'अनामंक जातकम' तथा 'दशरथ कथानम' का अनुवाद हुआ था। तिब्बती भाषा में रामकथा सम्बन्धित अनेक हस्तलिपियाँ प्राप्त हैं। 'रामकथा' (कामिल बुल्के, पृ. 207) के अनुसार इसमें रावण चरित्र से लेकर सीता त्याग और राम-सीता सम्मिलन तक की समस्त कथा मिलती है।

पूर्वी तुर्कीस्तान की रामकथा जिसे सामान्यतः खोतान भाषा की 'खोतानी रामायण' कहा जाता है। यह नवीं शताब्दी की रचना है, जो तिब्बती रामायण से मिलती-जुलती है। तिब्बती तथा खोतानी रामायण में सीता को रावण की पुत्री के रूप में पेश किया गया है। दोनों में चार भाई के स्थान पर केवल राम-लक्ष्मण दो भाई बताये गये हैं।

इंडोनेशिया में रामकथा प्राचीनकाल से है। नवीं शताब्दी के एक शिव मन्दिर के शिलाचित्रों में इसका प्रमाण उपलब्ध है। बाद में जावा एवं मलय में भिन्न-भिन्न रूप में रची गयी रामकथा की प्राप्ति हुई तथा प्रचलित पायी गयी। शिया की प्राचीन रामकथा 'रामायण ककबिन' है जो दसवीं शताब्दी की रचना है। यह मूलतः भक्तिकाव्य है। इसकी मुख्य विशेषता गेयता है। 11वीं शताब्दी में लिखित 'सुमन' सांतक ककबिन जावा में प्राप्त हुआ है। जावा का आधुनिक 'सेरत राम' 'रामायण ककबिन' की भाँति वाल्मीकि रामायण का सहोदर है। मलय में 'हिकायत सेरी राम' हस्तलिखित रामकथा प्राप्त हुई है। सम्भवतः यह चौदहवीं शताब्दी की रचना है।

कम्बोडिया में दक्षिण भारतीय प्रव्रजनकारियों द्वारा ख्मेर कम्बोडियन जाति के बीच कम्बोज नामक राज्य स्थापित करते हुए अनेक मन्दिरों की स्थापना नवीं से चौदहवीं शताब्दी ईसा के बीच की गयी थी। कम्बोडिया की प्राचीन राजधानी अंकोरवाट के मन्दिरों में रामपूजा इसका प्रमाण है। ख्मेर साहित्य की कलात्मक रचना 'रामकेर्ति' प्राचीन कम्बोडियन रामकाव्य है। 'रामकेर्ति' पर सेरीराम का प्रभाव है।

बर्मा (म्यांमार) में 'रामकियेन' रामकथा आधारित नाटक है। रामकियेन की प्राचीन हस्तलिपियाँ 17वीं शताब्दी ईसा की हैं। रामाकियेन का आधार ख्मेर भाषा की रामकेर्ति है। 18वीं शताब्दी में बर्मीज़ भाषा में 'रामायागन' नामक रामकथा की रचना हुई। जिसे स्थानीय भाषा में 'यामप्वे' कहा जाता है।

उत्तर-पूर्वी भारत की जातियों गोष्ठियों में 'राम'

पूर्वोत्तर भारत में असम, मणिपुर, मेघालय, नागालैंड, मिजोरम, त्रिपुरा और अरुणाचल प्रदेश आते हैं। इनमें सर्वाधिक आबादी वाली गोष्ठियाँ असम में पायी जाती हैं। यहाँ समतलवासी जातियों में भिन्न-भिन्न समूह हैं तो पर्वत-पहाड़ में रहने वाली जातियों-गोष्ठियों की भी कमी नहीं है। पर्वतीय जातियाँ मुख्यतः आर्यों से भिन्न प्राचीन निवासी हैं। समतलीय आर्य-अनार्य मंगोलीय जातियों में आर्य सभ्यता तथा कृषि का परिपूर्ण प्रभाव है। अपनी-अपनी जनगष्ठियों में कृषि कला, सभ्यता भी यद्यपि संरक्षित है। इससे भिन्न पर्वतीय जातियों में आर्य प्रभाव समग्रता में कम ही पाया जाता है। हाँ, यह अवश्य है कि इनमें पाश्चात्य पादरियों के प्रयास से क्रिश्चियन धर्मीय अग्रसेन की वजह से यूरोपियन आर्यों का धार्मिक प्रभाव आ जाने के कारण भारतीय धर्म एवं कृषि-परम्परा में रुकावट पड़ जाना स्वाभाविक है। सम्भवतः इसी कारण भारतीय वैदिक कृषि परम्परा, साहित्य का प्रभाव इनमें टूटता हुआ नज़रअन्दाज़ नहीं किया जाना चाहिए।

आलोचना लेख के आधार पर पूर्वोत्तर के जीवन तथा कला साहित्य में राम का प्रभाव रहा है। विस्तार की ओर दृष्टि रखते हुए असम की पर्वतीय जनजातियों में से केवल दो बड़ी पर्वतीय जनगोष्ठियों कार्बी और डिमासा पर 'राम' का प्रभाव एवं लोकप्रियता का आकलन किया जाना आलेख का उद्देश्य है। हालाँकि पूरा विश्व हज़ार-हज़ार वर्षों से रामकथा को सारोगत करते हुए अपनी जीवन शैली का सुधार-संस्कार करने में सक्षमता प्राप्त कर चुका है। परन्तु इन जनजातियों में भारतीय धर्म, दर्शन एवं आदर्श पुरुष पर आस्था की टूटन के कारण पाश्चात्य धर्म, दर्शन एवं नायक पर निर्भरशीलता बढ़ना दृष्टिगत हो रहा है। फिर भी भारतीय चरित नायक के रूप में आदर्श पुरुष 'राम' इन जनजातीय समुदायों में समान रूप में ग्रहणीय प्रमाणित हैं।

कार्बी जनजाति

असम राज्य के दक्षिण पूर्व में निवास करने वाली कार्बी जनगोष्ठि का लिखित इतिहास प्राप्त नहीं है। लोककथा-लोकश्रुति के आधार पर तथा तात्त्विक शोध से पता चलता है कि यह असम की प्रधान भूमिपत्र जाति है। विद्वान इन्हें तिब्बतवर्गीय जनगोष्ठियों के अन्तर्गत मानते हैं। विशिष्ट पण्डित रंग बंग तेरांग इन्हें मंगोलीय जनगोष्ठी के अर्न्तगत मानते हैं। हज़ारों साल पहले अपनी आदिभूमि तिब्बत से प्रव्रजित होकर ये असम में बस गये थे। डॉ. बिरिंचि कुमार बरुवा इनका प्राचीन निवास चीन के होवांगहू और इयंगचियांग के बीच समतल भूमि बताते हैं। बाद में इनकी कई शाखाओं ने ईरावती, चिंदविन नदी को निवास भूमि बनाया। आगे की शाखा ने पटकाई पर्वत लाँघकर असम में प्रवेश कर लिया।

पहले इन्हें 'मिकिर' कहकर बुलाया जाता था परन्तु बाद में ये कार्बी नाम से जाने गये। ले चार्ल्स ने अपनी 'द मिकिर्स' नामक पुस्तक में कहा है—"The name Mikir is that given to the race by the Assamese, its origin is unknown. They call themselves 'Arleng' which mean is generals."

विभिन्न जातियों की समन्वय भूमि उत्तर पूर्वांचल को माना जाता है। अपने ही नीति-नियम, नृत्य-गीत, आचार-विचार, कृषि-संस्कृति से भरपूर असम की जनगोष्ठियों में से कार्बी जनगोष्ठी का उल्लेख विभिन्न पण्डितों ने किया है। कलागुरु विष्णु राभा के अनुसार, ''असम की प्राचीन आदिम जाति स्वरूप नगा, कुकि, मिकिर को ही असम की जनगोष्ठी मानते हैं। असम के पहाड़-पर्वत, गुफा, नद-नदी, जंगलों में यह मिकिर जनजाति ही पहले देखने को मिलती है। यह जनजाति ही असम की प्रवर्तक है।'

कार्बी जनगोष्ठी ख़ुद को 'आरलेंग' के नाम से पुकारती है। 'आरलेंग' शब्द का अर्थ है मनुष्य या स्वजाति। यह आरलेंग लोग ही आगे चलकर 'कार्बी' के नाम से पहचाने गये हैं। ज़्यादा-से-ज़्यादा लोग 'थेकारकिबि' शब्द से ही कार्बी नाम पड़ा है, यह मानते हैं। कार्बी जनजाति के लोग 'थेकारकिबि' पर विश्वास करते हैं इसलिए भगवान या देवता पर अटूट विश्वासी जाति के रूप में परिचित हैं।

कार्बी जनजाति की पूजा

कार्बी जनजाति में भगवान और देवी-देवता पर अटूट विश्वास उनके पूर्वजों के काल से ही मानते हैं। वे मानते हैं कि उन लोगों की सभी चीजों को किसी-न-किसी देवता का आशीर्वाद प्राप्त हुआ है। जैसे कि रित आंलं, तिकि आंलं और लंले आहि ई ये सब कार्बी के देवता हैं। 'हेमफु' कार्बी के सर्वशक्तिमान देवता हैं। 'हेमफु' कार्बी जनसाधारण के स्वजनकर्ता माने जाते हैं। 'मुकां' को पालनकर्ता मानते हैं। 'राछिनझा' को एक सर्वशक्तिसम्पन्न देवी के रूप में मानते हैं। उसी तरह से 'बारिथे' को इन्द्र के समतुल्य देवता मानते हैं। कार्बी जनजाति के लोग विभिन्न देवी-देवताओं की पूजा-अर्चना करके अपना सामाजिक जीवन बहुत अच्छी तरह से गुज़ारते हैं। सबसे उल्लेखनीय पूजाओं में 'च' जुन पूजा है। यह पूजा सभी बड़े उत्साह से मनाते हैं। इन जनजातियों में एक और पूजा प्रचलित है वह है 'स्वर्गपूजा'। सामूहिक रूप से की गयी पूजाओं में 'रंकेर' पूजा है, जो गाँव के मंगल के लिए की जाती है। 'रंकेर' पूजा महिलाएँ नहीं कर सकतीं, यह पूजा सिर्फ़ पुरुष ही करते हैं। 'रंकेर' पूजा में हेमफु, मुकां, राछिनझा, छनापि आदि सभी देवी-देवताओं की वेदी बनायी जाती है और नियमानुसार उनकी पूजा की जाती है। पूजा-पाठ के बीच में ही कार्बी जनजाति का जीवन गुज़रता है। कार्बी जनजाति लोक भगवान और देवी-देवताओं को अधिक मानते हैं।

कार्बियों में राम

कार्बियों के पास अपने लोक साहित्य का बड़ा भण्डार है। लोक संस्कृति, परम्परा, विश्वास में यह गोष्ठी धनी है। रामायण का गीत 'छाबिन-आलुन' कार्बियों में प्राचीनकाल से प्रचलित है। कार्बी लोक गीत में सीता के स्वयंवर से सम्बन्धित प्रसंग का भी उल्लेख है। सीता राजा जनक की कन्या थीं। जनक के पास एक धनुष था। आँगन में झाड़ू लगाते समय सीता इस प्रकाण्ड धनुष को दायें-बायें करती थीं। इसे देखकर जनक ने कहा जो कोई इस धनुष को तोड़ेगा उसी के साथ सीता का विवाह होगा। कथा लोकश्रुति में इस प्रकार वर्णित है–

''निच चारित मिरलरि
फांग टांग रां पेनखन् बेनि
इंछिन आ लिठाई थेंपी
जनक रिचं अंचंपि

आथेनं सीता कुरिपी
भारनां कारकक् आर्नि
....
लाचि सीता पित्र नांजि।।''

(असम की जनजाति, पृ. 104)

इस प्रकार से कार्बी लोग अपने को राजा जनक से जोड़कर एवं सीता मैया के आत्मीय वंशज मानकर गौरव करते हैं। इसलिए कार्बी जनसमाज में 'राम' का आदर 'जमाई' के रूप में किया जाता है। इनकी विवाह पद्धति को अगर देखा जाय तो प्राचीनकाल से ही स्वयंवर प्रथा के प्रचलन का प्रमाण मिलता है। विवाह के क्षेत्र में पितृ-मातृ की सम्मति द्वारा मर्यादापूर्ण विवाह को समर्थन है और विवाह की जोड़ी को राम-सीता की जोड़ी बनने के लिए प्रधान पुरोहित आशीर्वाद देते हैं।

कार्बी भाषा में बतायी गयी कई लोक कथाओं में राम और सीता की कहानियों का प्रमुख स्थान है। कार्बी लोगों के सामान्य जीवन में राम का प्रभाव बहुत दिखता है। यह ध्यान देने योग्य है कि कार्बी रामायण खुद को प्रमुख धार्मिक पवित्र पुस्तकों में से एक के रूप में स्थापित करने में सक्षम था जिसकी प्रशंसा छाबिन आलुन को जाती है, जो कार्बी काव्य द्वारा निर्मित असली कार्बी रामायण है। इसकी कहानी हमें जनजाति की वास्तविक जीवन स्थितियों की वास्तविक तस्वीर प्रदान करती है।

ऐसा कहा जाता है कि माधव कन्दलि के समय में कचरी राजा जिसका नाम महामाविक्य था, का कार्बी रामायण के गठन में बहुत बड़ा योगदान था। यही कारण है कि कार्बी और माधव कन्दलि के रामायण में बहुत समानता है। इससे यह पता चलता है कि कार्बी रामायण भी चौदहवीं शताब्दी के आसपास लिखी गयी।

छाबिन आलुन के गायकों ने स्थानीय दर्शकों का मनोरंजन किया और कहानी को और अधिक यथार्थवादी बनाने में स्थानीय सामग्री भी शामिल की। महाकाव्य के गायकों को स्थानीय लोगों को उनके गायन से खुश करना था इसलिए उन्होंने कार्बी रामायण में स्थानीय तत्त्वों का मिश्रण किया। ऐसे कई दिलचस्प विश्वास हैं जो अभी भी कार्बी लोगों के बीच बने हैं। कई उदाहरण हैं जो कार्बी लोगों के जीवन और विश्वासों में अभी भी देखे जा सकते हैं, जो कार्बी रामायण के प्रभाव को दर्शाते हैं। उदाहरण के लिए, कार्बी लोगों का मानना है कि बन्दर अपने जबड़े में भोजन रखते हैं, क्योंकि एक बार एक भिक्षु ने एक जादुई चावल की गेंद को निगलने के लिए हनुमान को चुना था। हनुमान ने अपना सर्वश्रेष्ठ प्रयास किया लेकिन वह निगल नहीं सके और गेंद को अपने जबड़े में रखना पड़ा। इसलिए आज तक बन्दर सीधे निगल नहीं सकते और वे जबड़े में खाना रखते हैं तथा धीरे-धीरे चबाकर उन्हें निगल लेते हैं। इसके अलावा, कार्बी यह भी मानते हैं कि वे बाली के वंशज हैं। इस तरह से कार्बी लोगों के जीवन में विश्वासों की मौजूदगी का सार क्षेत्र के लोगों के जीवन में रामायण और राम के प्रभाव को दर्शाता है।

इस प्रकार कार्बी जनजीवन में 'छाबिन-आलुन' नामक रामायणी गीत शिक्षा, पठन-पाठन तथा जीवन में उसकी शिक्षा के सार्थक पालन पर बल दिया जाना प्रमाणित करता है कि 'राम' कार्बियों में विशेष महत्त्व रखते हैं।

डिमासा जनसमूह और राम

ब्रह्मपुत्र उपत्यका के प्राचीन बाशिन्दों तथा बोडो-कछारी जनगोष्ठी की एक प्रमुख गोष्ठी के रूप में

डिमासा जनगोष्ठी की विद्वानों में मान्यता है। डिमासा भाषा में 'डिमा' मतलब बड़ी नदी और 'सा' का अर्थ पुत्र या सन्तान। 'डिमापुर' इस जनसमूह की प्रथम राजधानी रहा। युद्धबाज, वीर एवं साहसी इस जनसमूह को विभिन्न समय में आहोम आदि राजाओं से संघर्ष में लिप्त होकर अपने मुख्य निवास से भटकना पड़ा और ये कई प्रशाखाओं में विभक्त होकर ब्रह्मपुत्र के तट को छोड़ दक्षिण में बराक और सूरमा तट तक पहुँच गयी। और अन्तिम राजधानी खाचपुर बराक में स्थापित कर ली। वर्तमान में सर्वाधिक डिमासा लोग, असम के डिमा हासाओ ज़िला तथा नगाँव में और कार्बी आंलंग ज़िला, कछार ज़िला तथा नागालैण्ड के डिमापुर इलाक़े में निवास करते हैं। किंवदन्तीनुसार इन लोगों का सम्बन्ध महाभारत की हिडिम्बा से है।

असम के प्रख्यात इतिहासकार रायबहादुर के.एल.बरुआ ने अपनी पुस्तक 'अर्ली हिस्टरी ऑफ़ कामरूप' में तथ्य दिया है कि डिमासा के पूर्वज कछारी मूल के थे जो कामरूप नरेश 'नरक' से सम्बन्धित थे। राजा नरक का सीधा सम्पर्क मिथिला नरेश जनक से रहा–"After setting himself in Pragjyotisha Naraka married Maya, the daugther of the king of Bidarva. Pargiter holds that the Aikshakus of Ayodhya and the Janaka of Videha not Aryans but Dravidians. It is probable that Pragjyotisha was originally a Dravidians kingdom, that subsequently Mongolian hordes entering through the north & east over through the Dravidian dynesty and setup their own rule and that afterwards prince Naraka regained the kigdom with the help of the king of Videha."(p-19) इस प्रकार प्राचीनकाल से ही पूर्व कामरूप या प्रागज्योतिष कछारमूलीय किरातराज 'नरक' द्वारा विदेह राज के ज़रिये रामायणी पात्रों अथवा प्रसंगों से सम्बन्धित थे। इतिहासकार विद्वान के.एल.बरुआ ने इसे सिद्ध कर दिया है। आलोच्य प्रसंग में डिमासा समूह के लोक जीवन एवं कला में 'राम' का प्रवेश इस प्रकार पुराण ग्रन्थ (कालिका पुराण) से प्रमाणित होता है।

2001 की लोकगणनानुसार 98 प्रतिशत डिमासा हिन्दू धर्म के अनुयायी हैं। इनका साक्षरता प्रतिशत 18.84 है। जयदीप सिंह दोदिया के अनुसार (Hindu literature 2001 सौजन्य : इंटरनेट) Dimasas and Jayantias are more or less well & aquinted with the Ramayana lore. डिमासाओं की पौराणिक कथा है, जिसमें रामायणी कथा का सहारा स्पष्ट है। यद्यपि 'डिमासा' अपने को हिडिम्बा से सम्बन्धित मानते हैं और गवेषकों ने इसे स्पष्ट भी कर दिया है। किन्तु रामायणी कथा की चर्चा इनमें तब तक व्याप्त नहीं हुई। जब तक जयहरि आता नामक श्रीश्री शंकरदेव के वैष्णव भक्त ने इन्हें रामायण से अवगत नहीं कराया। साफ़ है वैष्णव आन्दोलन के फलस्वरूप डिमासाओं में रामायण चर्चा का प्रारम्भ हुआ। अतः 15वीं शती से पूर्व डिमासा जनगोष्ठी में रामायण का प्रभाव मामूली रहा। 15वीं शती में असम में नववैष्णव भक्ति आन्दोलन से जुड़े सन्तों (भक्त) ने रामायण का इस प्रान्त की भिन्न-भिन्न जनगोष्ठियों में प्रचार किया। जनसमूहों के गीतों तथा कृतियों में रामकथा को युक्त कराने का महती काम किया। डिमासा भी इससे अछूता न रहा।

डिमासा कृष्टि

डिमासा माइथोलॉजी के अनुसार वे बांग्ला राजा उर्फ़ भूकम्प देवता और स्वर्गीय पक्षी आरिखीडिमा की सन्तान हैं। बांग्ला राजा के छह पुत्र सिबराई, दोराजाल, नाइखु राजा, वा राजा, गुवुंग ब्राई युंग, हम्मादाओं और आरिखीडिमा उनके उत्तराधिकारी हैं। डिमासा लोग विश्वास करते हैं कि ये सभी

इनके कुलदेवता हैं। डिमासा में इन्हें मादाई कहते हैं। लोकप्रचलित कथा है कि आरिखीडिमा नामक स्वर्गीय पक्षी के सातवें अण्डे से जिस अपदेवता का जन्म हुआ है, वे बीमारी, यातना और प्राकृतिक दुर्योग के लिए ज़िम्मेदार हैं।

सन् 2001 की आदमशुमारी में डिमासा लोगों की संख्या 1,11,961 बतायी गयी है। इनकी भाषा 'ग्राओ-डिमा और इंगलिश' है। धर्म—पशुपूजक हिन्दू और क्रिश्चियन। कछार ज़िले में जब डिमासा राज्य का अन्तिम पड़ाव पड़ा था तो राजा कृष्णचन्द्र हास्नुवा ने विधिवत् हिन्दू धर्म ग्रहण किया था। तब से हिन्दू धर्म का प्रभाव इतना बढ़ा कि 98 प्रतिशत डिमासाओं ने हिन्दू धर्म क़बूल किया। हिन्दू रीति-रिवाजों का निष्ठावत पालन करने वाले डिमासाओं ने अपने संस्कृतिगत वैशिष्ट्य को बरकरार रखा। इसलिए सांस्कृतिक कार्यक्रम, पारिवारिक अनुष्ठान, विवाह, मृत्यु आदि अवसरों पर प्राकृतिक गोष्ठीगत नियमों का प्रतिपालन चलता रहा। पर हिन्दू धर्म के आचार-विचार से वे प्रभावित हुए। महादेव यद्यपि इनके आराध्यदेव और रणचण्डी काली मुख्य देवी हैं। किन्तु राम और कृष्ण रूप में भगवान विष्णु की आराधना भी साथ-साथ ही चलती रही।

स्वतन्त्रता के बाद भारत के अन्य राज्यों विशेषकर उत्तर भारत से व्यापारी एवं अन्य जीविका संधानी लोगों के सम्पर्क में आ जाने के कारण डिमासा के अध्युषित इलाक़ों में भी बड़े-बड़े मन्दिरों की स्थापना हुई। इनमें रासलीला के अतिरिक्त रामलीला का भी मंचन बड़े पैमाने पर होने लगा। असमिया वैष्णववाद के सम्पर्क में आने के कारण डिमासाओं में शरण प्रथा का जन्म हुआ। जिन डिमासाओं ने शरण ली उन्हें होजाई कछारी नाम दिया गया। इन होजाई गोष्ठी में असमिया भाउना-नाटक जैसे रामायण आधारित नाटक का मंचन डिमासा कृष्टि में समा गया।

फलतः डिमासा जनजीवन में दैनन्दिन कार्यक्रमों में राम का नाम लेने की प्रथा आ गयी। विवाह में वर-कन्या को राम-सीता की जोड़ी कहने की परम्परा का आरम्भ हुआ। रामायणी कथा का अपनी 'ग्राओ-डिमासा' भाषा में लोरी के रूप में गायन की परम्परा का गाँवों के मुख्य प्रार्थना गृहों में चलन शुरू हुआ। मुख्यतः वैष्णव डिमासा पूरी तरह रामायणी व्यवस्था के अन्तर्गत आ गये इसलिए डिमा हसाओ ज़िला, कछार एवं डिमापुर में यत्र-तत्र हनुमान की मूर्तियाँ दृष्टिगत होती हैं।

महत्त्व एवं उपलब्धियाँ

पहाड़ी जनगोष्ठियों में अपनी भाषा में बृहद धार्मिक मान्यता प्राप्त ग्रन्थों का अभाव है। बहुदेव-देवीवादी सिद्धान्तों को मानने वाली इन गोष्ठियों में विभिन्न धार्मिक सिद्धान्तों के प्रवेश के कारण ये धार्मिक चिन्तन के क्षेत्र में भारतीय सिद्धान्तों पर उलझे हुए हैं। फलतः सरल अंग्रेज़ी धर्म के प्रभाव में आ जाते हैं। रामायण तथा रामकथा एक आदर्श एवं युग-प्रतिष्ठित नैतिक शिक्षा तथा समाज व परिवार संचालन का आधार है। जिसके बहुल प्रचार से आदिम जनगोष्ठियों में अंग्रेज़ी क्रिश्चियन धर्म से बेहतर संस्कृति का प्रसार किया जा सकता है। केवट, निषाद, हनुमान आदि पात्रों को जनजातीय गोष्ठियों के चिन्तन-मनन में संस्थापित किया जाये तो एक बृहद मान्यता प्राप्त भारतीय संस्कृति को और सशक्त किया जा सकता है।

रामकथा को सभी जनों तक पहुँचाना विद्वानों की निस्सन्देह एक बड़ी ज़िम्मेदारी है। राम को धर्म की बेड़ियों से ऊपर उठाकर भारतीय संस्कृति तथा मानवीय संस्कृति के प्रतीक के रूप में प्रतिष्ठा दिलानी है।

उपसंहार

दक्षिण पूर्वी देशों के जीवन में 'राम' प्रायः जनगोष्ठियों के कृष्टि-साहित्य में उपलब्ध हैं। दक्षिण पूर्व एशिया के विभिन्न देशों के जनजीवन में 'राम' एक प्रोत्साहक उपलब्धि के रूप में विराजमान हैं। आलोच्य आलेख में असम के कार्बी और डिमासा जनजातियों में 'राम' के सन्दर्भ की खोज की गयी है। कार्बियों में अपेक्षतः राम तथा रामकथा की चर्चा अधिक है। परन्तु डिमासा में कम है। कार्बी तथा डिमासा रामकथा पर यद्यपि वाल्मीकि रामायण का प्रभाव है पर स्थानीय संस्कृति, सभ्यता तथा जनजीवन के प्रभाव के कारण कार्बी तथा डिमासा रामकथा समूची निराली रचना सिद्ध हुई है।

कला के क्षेत्र में यत्र-तत्र डिमासा राजाओं के शिलाचित्र, तथा हनुमान की मूर्ति 15वीं शती के बाद मिलती है। इस प्रकार डिमासा एवं कार्बी जनगोष्ठियों में 'राम' चर्चा अभी भी शैशवकाल में है। इस पर अधिक चर्चा-गवेषणा अपेक्षित है।

सन्दर्भ ग्रन्थ

1. दास, मुरलीधर, लोक संस्कृतिर सुवास
2. बरा, देवजित, उत्तर-पूर्वांचलर जनगोष्ठीय लोक संस्कृति
3. भट्टाचार्य, डॉ. प्रमोद चन्द, असमर जनजाति
4. बुल्के, कामिल, रामकथा
5. मानव, अनुराधा, इंडियन ट्राइब्स एंड कल्चर
6. फूकन, डॉ. विमल, श्रीमन्त शंकरदेव
7. राभा हाकासाम, डॉ. उपेन, असमर जनजातीय संस्कृति

महाकवि शंकरदेव के राम

('राम विजय' नाटक के विशेष सन्दर्भ में)

मणि कुमार

रामकाव्य हमारे देश का राष्ट्रीय महाकाव्य है और राम इस देश के महानायक। इस महान चरित्र में वैयक्तिक, पारिवारिक और सामाजिक आदर्शों का अत्यन्त भव्य रूप में प्रतिफलन हुआ है। रामकथा और रामकाव्य के नायक राम के व्यक्तित्व में कितनी ऐतिहासिकता और कितनी कवि कल्पना है, यह कहना बहुत कठिन है। परन्तु इस बात में कोई सन्देह नहीं है कि वाल्मीकि के महाकाव्य 'रामायण' ने सर्वप्रथम महामानव राम को लोकनायकत्व प्रदान किया। राम का जो गौरवपूर्ण चरित्र जगविख्यात है, उसका श्रेय महर्षि वाल्मीकि को ही है। उसके बाद रामकाव्य की परम्परा को जयदेव, कालिदास, कम्बन, माधव कन्दलि, तुलसीदास आदि अन्य कवियों ने आगे बढ़ाया। उन्होंने वाल्मीकि रामायण की कथावस्तु का ही अपनी-अपनी शैली में उपयोग कर रामोपाख्यान प्रस्तुत किये। हिन्दी और संस्कृत साहित्य की इस रामकाव्य परम्परा ने मर्यादा पुरुषोत्तम राम के चरित्र को और भी अधिक व्यापक बनाया। रामकथा ने प्रत्येक कवि को प्रभावित किया है। इसलिए आज विश्व की लगभग प्रत्येक भाषा में रामकथा उपलब्ध है। विभिन्न आधुनिक भारतीय भाषाओं का प्रथम महाकाव्य तथा सर्वाधिक लोकप्रिय काव्य ग्रन्थ प्रायः रामायण ही है। विश्वनाथ त्रिपाठी लिखते हैं कि, "कविता रूपी स्त्री के लिए 'राम-नाम' वस्त्र के समान है।"[1]

"भारतीय साहित्य में अनादिकाल से ही राम और रामकथा का महत्त्व मान्य है। रामकथा का मूल स्रोत आदिकवि वाल्मीकि कृत रामायण है। विभिन्न आधुनिक भारतीय भाषाओं में उसी की कथा के आधार पर सैकड़ों रामायण लिखी गयी हैं। आज भी रामकथा विषयक अनेक नयी-नयी रचनाएँ विभिन्न भाषाओं में हो रही हैं। मध्ययुगीन भारतीय भक्ति आन्दोलन में रामकथा और रामचरित को सर्वथा नवीन गति मिली थी। फलस्वरूप राम के ईश्वरत्व के प्रत्यक्षीकरण के लिए अनेक रामायणों की रचना विभिन्न क्षेत्रीय भाषाओं में हुई। असमिया और हिन्दी भाषा की रामकथात्मक रचनाओं का इतिहास मध्ययुगीन भक्ति आन्दोलन इतिहास से किंचित प्राचीन है।"[2]

श्रीराम मर्यादा पुरुषोत्तम एवं धीरज के शिखर पुरुष कहे जा सकते हैं। एक सभ्य समाज को सदैव ही ऐसे व्यक्ति पसन्द आते हैं जो हर प्रकार से लोकहितैषी हों। श्रीराम ऐसे ही लोकनायक हैं जो न केवल पौरुष सौन्दर्य से भरपूर हैं बल्कि स्वाभिमान व जनहित के लिए एक समर्थ योद्धा भी हैं। श्रीराम को करुणानिधान भी कहकर पुकारा गया है, वह न केवल मानव जाति बल्कि संसार के सभी जीवों के प्रति करुणा का भाव रखते हैं। श्रीराम भगवान विष्णु के त्रेतायुगीन अवतार माने जाते हैं। श्रीराम भारतीय समाज में इस तरह से व्याप्त हैं कि उनके बिना नैतिकता के समस्त

मानदण्ड अधूरे हैं। श्रीराम का जो रूप जन-जन में लोकप्रिय है। उसे लोगों के अन्तस में बसाने का काम भक्तिकाल के शिरोमणि कवि एवं असमिया समाज के महानायक महाकवि शंकरदेव ने बख़ूबी किया है। शंकरदेव ने अपने 'उत्तर काण्ड' और 'राम विजय' नाटक में प्रभु श्रीराम के अनेक रूपों का अपनी सरल एवं सरस भाषा में वर्णन कर उन्हें जन-जन के हृदय में बसा दिया है।

असम के जनजीवन में वैष्णव धर्म को प्रतिष्ठित करने के लिए शंकरदेव ने जिस विपुल साहित्य (नाटक) की सृष्टि की, उस साहित्य ने सर्वभारतीय भक्ति आन्दोलन के साथ असमिया समाज के हृदय का सम्पर्क अविछिन्न रूप से जोड़ दिया। शंकरदेव को असमिया नाट्य साहित्य का जनक माना जाता है। उन्होंने प्रभूत भ्रमण और अध्ययन की अभिज्ञता से इस विशेष नाट्य पद्धति का आविष्कार किया। जिससे न केवल पुनर्जागरण का प्रादुर्भाव हुआ, अपितु शंकरदेव के इन प्रयासों से भारत के सांस्कृतिक मानचित्र में असम को एक निश्चित स्थान प्राप्त हुआ। "शंकरदेव ने न सिर्फ़ आधा दर्जन के लगभग नाटकों की रचना की और उनके मंचन का अभियान चलाया, बल्कि उसमें स्वयं भाग भी लिया। उन्होंने नाटक को अपने सन्देश के प्रचार का माध्यम बनाया और जनजागरण का शंख फूँका।"[3]

महाकवि शंकरदेव वैष्णव सन्त ही नहीं, अपितु गीत, संगीत, गायन, वादन, नृत्य, नाटक, अभिनय, चित्रकारी आदि विभिन्न ललित कलाओं के अनुपम शिल्पी भी थे। उन्होंने पाखण्ड, कर्मकाण्ड, अन्धविश्वास, जातिभेद, बलिप्रथा और वामाचार में खोये असमवासियों में धर्म की वास्तविक शुचिता, सहजता, करुणा आदि मानवीय गुणों से नवचेतना विकसित करने का क्रान्तिकारी कार्य किया। श्री शंकरदेव की सोच की व्यापकता ही तो थी जो आज से पाँच सौ वर्ष पहले उन्होंने भारत को जोड़ने के लिए एक सम्पर्क भाषा की आवश्यकता को न केवल समझा, अपितु असमिया, मैथिली आदि भाषों को मिश्रित कर एक नयी भाषा 'ब्रजबुलि' सृजित कर उसमें अनेक गीत और नाटक लिखे। उन्होंने सहज-सरल गीतों-नाटकों के माध्यम से जनसाधारण के समक्ष अध्यात्म के रहस्य को उद्‌घाटित किया।

कृष्णकाव्य के पश्चात् शांकरी काव्य में विस्तार और उपलब्धि दोनों दृष्टियों से सर्वाधिक महत्त्व रामकाव्य का है। रामाख्यान सम्बन्धी शंकरदेव की दो रचनाएँ प्राप्त होती हैं—राम विजय (नाटक) और उत्तर काण्ड (रामायण)। प्रो. गोपेश्वर सिंह लिखते हैं कि, "मध्यकालीन हिन्दी भक्तिकाव्य में प्रायः साम्प्रदायिक संकीर्णता कमोबेश सभी भक्त कवियों में देखने को मिलती है। अपने आराध्य और अपने उपासना मार्ग के प्रति अत्यधिक निष्ठा और अन्य सम्प्रदायों के प्रति निन्दा एवं उपेक्षा का भाव प्रायः आम बात है। लेकिन शंकरदेव इस अर्थ में विलक्षण हैं कि कृष्ण उपासक होने पर भी वे राम के बारे में भी लिखते हैं। ...शंकरदेव ने असम आरै पूर्वोत्तर में अकेले वह काम किया जो हिन्दी क्षेत्र में रामानन्द, वल्लभ, कबीर, सूर, तुलसी आदि के समन्वित प्रयास से सम्पन्न हुआ।"[4]

रामायण की एक प्रसिद्ध घटना है, परशुराम पर राम की विजय, जिसका उल्लेख वाल्मीकि रामायण के बालकाण्ड और अग्निपुराण के पाँचवें अध्याय में पाया जाता है। इस (राम-विजय) नाटक का यही स्रोत है। "विवेच्य नाटक में विश्वामित्र के साथ उनकी यज्ञ रक्षा के लिए राम और लक्ष्मण का अयोध्या से जाना, राक्षसों का संहार, ऋषिमुख से सीता सौन्दर्य की प्रशंसा, ऋषि के साथ राम-लक्ष्मण का जनकपुर जाना, धनुर्भंग, सीता-राम विवाह, परशुराम का क्रोध, परशुराम की राम से क्षमायाचना और उन्हें राम द्वारा अभयदान दिया जाना वर्णित है। कथावस्तु का आधार—वाल्मीकि रामायण ही है, पर कथा विवरणों में अनेक स्थलों पर पर्याप्त अन्तर सम्भवतः नाटकीय दृष्टि से ही किये गये हैं।"[5]

शंकरदेव के राम कैसे हैं? वे नीतिज्ञ हैं, गुणज्ञ हैं, प्रीति-नीति दोनों को भली प्रकार निभाना जानते हैं। सेवक, सखा, बन्धु, प्रियजनों सभी के प्रति अपने व्यवहार में सन्तुलित एवं उदार हैं। उनका मन पूरी तरह उनके बस में हैं। वे धर्मज्ञ, सत्यव्रती, प्रजा के हित में सदैव रत रहने वाले, यशस्वी, ज्ञान सम्पन्न, पवित्र भावों से युक्त, इन्द्रियों को वश में और मन को एकाग्र रखने वाले हैं। महाकवि शंकरदेव नाटक के आरम्भ में श्रीराम की वन्दना करते हुए कहते हैं–

"यन्नामाखिल लोकशोकशमनं यन्नाम प्रेमास्पदं,
पापापारपयोधि-तारण-विधौ यन्नाम पीनप्लवः।
यन्नाम श्रवणात् पुनाति स्वपचः प्राप्नोति मोक्षं क्षितौ,
तं श्री राममहं महेश वरदं वन्दे सदा सादरम् ।।"[6]

अर्थात् जिसका (राम) नाम समस्त सांसारिक सन्तापों को दूर करने वाला, प्रेम का आस्वाद देने वाला तथा अपार पाप-सागर को पार करने के लिए विशाल नौका है। जिनके नाम-श्रवण से चाण्डाल भी पवित्र हो जाता है और पृथ्वी पर मोक्ष लाभ प्राप्त करता है। उन महेश वरद भगवान श्रीराम की मैं सदा सादर वन्दना करता हूँ।

महाकवि शंकरदेव श्रीराम की महिमा का बखान करते हुए उन्हें सदैव कल्याणकारी कहते हैं–

"येनाभाजि धनुः शिवस्य सहसा सीता समाश्वासिता,
येनाकारि पराभवो भृगुपतेव्यासक्त रामस्य च।
वैदेह्या विधिवद्विवाहमकरोत् निर्जित्य यः पार्थिवान्,
युष्माकं वितनोतु शं हि भगवान श्री रामचन्द्रशिचरम् ।।"[7]

अर्थात् जिन्होंने शिव का धनुष अकस्मात् (अनायास) तोड़ डाला और सीता जी को आश्वस्त किया, जिन्होंने परशुराम को पराजित किया, जिन्होंने राजाओं को जीतकर सीता से विधिपूर्वक विवाह किया, वे भगवान श्रीरामचन्द्र सदा आप लोगों का कल्याण करें ।

महाकवि शंकरदेव 'राम विजय' नाटक में राम के सौन्दर्य का विस्तार के साथ वर्णन करते हैं। उनके (राम) श्याम शरीर पर पीताम्बर शोभायमान है, कमल के समान नेत्र हैं, मुख पर मन्द हँसी है। मणिजड़ित मुकुट सिर पर विराजमान है और कानों में कुण्डल पहने हुए हैं। गले में मणिमुक्ताओं से जड़ा हुआ सोने का हार ऐसे शोभायमान हो रहा है मानो आकाश में तारे चमक रहे हों। चरणों में मणि निर्मित मंजीर ध्वनित हो रही है–

"श्याम रुचिर चिर पीत परकाश।
पंकज नयन बयन मन्दहास।
मर्णिमय मुकुट कुंडल गंडे डोले।
हेरि मुरुती मन मनमथ भोले।
माणिक मोति ज्योति हेमहारा।
गगन उजोरे जैचन रुचि तारा।
चरणक रंजि मंजिर मनि रोल।"[8]

राम के सौन्दर्य वर्णन के उपरान्त नाटककार सीता के सौन्दर्य का वर्णन करते हैं। सीता के सिर पर माणिक्य मुकुट है, कानों में कुण्डल हैं। दाँतों की शोभा मोतियों की पंक्ति के समान दिखाई पड़ रही है। उनके मृदु हास्य से ज्योत्सना का सौन्दर्य छिटक रहा है। सीता के रूप को देखकर सारा त्रिभुवन मोहित हो रहा है।

"माणिक मुकुट कुंडल करु कान्ति।
दशम ओतिम नव मोतिम पांति।
इसत हासि चांदक रुचि छोर।
नील अलक लोचन चकोर।
कनक केयूर झनकक काय।
रामक चरण चित्तिये चित्ते लाइ।
पदपंकज मणि मंजिर रोल।
रूपे भूवन भूले शंकरे बोल।"[9]

शंकरदेव के राम धीरो दात्त, प्रेमी, कर्तव्यनिष्ठ, आदर्श, आज्ञाकारी, वीर, धार्मिक, सत्यनिष्ठ, भ्रातृप्रेम से परिपूर्ण हैं। शंकरदेव के राम ईश्वर होकर भी कर्मवीर मानव अधिक प्रतीत होते हैं। वे परशुराम को ललकारते हुए कहते हैं, 'अये! दुष्ट द्विजाधम! क्षत्रिय सब मारि तो हो गरब करैछ? तोहार माता रेणुकाक काटिए पाप आचरण। सोहि कथा कहिया हामाक भीति देखाव? रह-रह आजु तहु यमपुर देखब। यत शकति थिक हामाक समुख हुया रह।'[10] श्रीराम के धनुष की टंकार सुनकर परशुराम विकम्पित हो उठते हैं और उनके आगे झुककर प्रार्थना करते हैं, "हे प्रभु श्री राम, आप परम ईश्वर हो, मैं आपका अंश हूँ। अनजाने मैंने दर्प किया। हमारे अपराध क्षमा कीजिए और हमें प्राण दान दीजिए।"[11] परशुराम को अभयदान देकर सीता सहित रामचन्द्र अयोध्या लौटते हैं। भटिमा के माध्यम से शंकरदेव सीताराम की वन्दना करते हैं। इस प्रकार भरत वाक्य के साथ नाटक समाप्त हो जाता है। धर्मदेव तिवारी लिखते हैं कि, "लीला या रंगमंचीय नाटकों में भी राम आदि पात्र अपनी दिव्यता अलौकिकता को छोड़कर साधारण मानव बने हैं। राम का यह रूप राम विजय के अतिरिक्त असमी नाटकों से प्राप्त नहीं होता है।"[12]

सन्दर्भ ग्रन्थ

1. लोकवादी तुलसीदास, विश्वनाथ त्रिपाठी, पृ. 15
2. असमिया और हिन्दी साहित्य : अन्तरंग पड़ताल, डॉ. दिनेश कुमार चौबे, पृ. 28
3. भक्ति आन्दोलन और काव्य, प्रो. गोपेश्वर सिंह, पृ. 138
4. वही, पृ. 138-139
5. महाकवि शंकरदेव : विचारक और समाज-सुधारक, डॉ. कृष्ण नारायण प्रसाद 'मागध', पृ. 462
6. महापुरुष शंकरदेव-ब्रजबुलि ग्रन्थावली, सं. डॉ. लक्ष्मी शंकर गुप्त, पृ. 301
7. वही, पृ. 301
8. वही, पृ. 305
9. वही, पृ. 306
10. वही, पृ. 333
11. वही, पृ. 334
12. हिन्दी और असमी के पौराणिक नाटक, धर्मदेव तिवारी, पृ.103

असमिया लोकगीतों में रामकथा

उन्मेषा कोंवर

लोक गीत लोक-साहित्य का एक महत्त्वपूर्ण अंश हैं। साधारणतः मौखिक रूप में प्राचीनकाल से प्रचलित गीतों को लोक गीत कहा जाता है, जिनका रचयिता कोई एक व्यक्ति नहीं बल्कि पूरा समाज होता है। लोक गीतों में समाज के सामूहिक जनजीवन की स्वाभाविक अभिव्यक्ति मिलती है। जनसामान्य के हर्ष-विषाद, उमंग-उत्साह, हास-परिहास, आशा-निराशा, स्वप्नों और आकांक्षाओं को लोक गीतों में भली-भाँति प्रतिफलित होते देखा जा सकता है। लोक गीतों में इनके क्षेत्र की सभ्यता, संस्कृति और परम्परा की झाँकी मिलती है। अतः इन गीतों में लिपिबद्ध रूप में देशकाल और वातावरण की छवि प्रतिफलित होती है। असमिया साहित्य में प्रचलित लोक गीतों को विद्वानों ने कई भागों में विभाजित किया है। असमिया साहित्य के प्रसिद्ध विद्वान सत्येन्द्रनाथ शर्मा ने इन गीतों को अनुष्ठानमूलक, आख्यानमूलक और विविध विषयक गीत नामक तीन मूल भागों में विभाजित किया है। इन भागों के अन्तर्गत समाज में प्रचलित बिहुगीत, आईनाम, बियानाम, नाव खेलोवा गीत, बारमाही गीत, दिहानाम, तुलसीनाम आदि आते हैं। इन गीतों में रामकथा का उल्लेख तथा राम सम्बन्धी कहानियों का वर्णन भरपूर देखने को मिलता है।

असमिया रामकथा के नायक राम असमिया लोकजीवन के अति निकट हैं। इसका प्रमाण हमें राम के जीवन पर आधारित असमिया लोक कथाओं, लोक गीतों, नाटकों, लोकोक्तियों-मुहावरों आदि में मिलता है। असमिया समाज में माँ की गोद में शिशु जहाँ राम सम्बन्धी 'निसुकनि गीत' (लोरी) सुनकर सोता है वहीं जीवन के अन्तिम क्षणों में बुज़ुर्ग 'राम-राम' जपते हुए आँख मूँदते हैं। यानी असमिया जनमानस में राम आद्यान्त विद्यमान हैं और इसका असर हमें साहित्य में भी दिखाई देता है। राम की व्यापकता असमिया लोक-साहित्य में सदियों से विद्यमान है। इसी व्यापकता के कारण राम असमिया लोगों के पूज्य नायक हैं। राम के चरित्र का आदर्श तो पूरी मानव जाति के लिए आदर्श स्तम्भ का काम करता है। शैशवावस्था से ही माताएँ रामकथा के प्रेरक प्रसंगों को सुनाकर शिशुओं के मन में दया, करुणा, सहानुभूति, न्याय आदि उच्च मानवीय मूल्यों एवं आदर्शों का संचार करती हैं। कुछ असमिया लोक गीतों में राम का वर्णन आदर्श पुत्र, शिष्य, प्रजापालक के रूप में हुआ है, तो कुछ गीतों में उनका उल्लेख निर्दोष सीता को वनवास देने वाले निष्ठुर राजा के रूप में भी हुआ है। बिहु के आनन्दमय क्षणों में बिहुगीतों में राम का स्मरण किया जाता है तो विवाह गीतों के माध्यम से विवाह जैसे पवित्र संस्कारों में भी बाक़ायदा राम का नाम लिया जाता है—

विवाह गीतों में राम

भारतीय परम्परा में विवाह एक महत्त्वपूर्ण संस्कार है। भारतीय समाजों में विवाहोत्सवो में अलग-अलग

गीतों का प्रचलन है। असमिया समाज भी इससे अलग नहीं है। असमिया विवाह गीतों में राम और उनकी कहानियों का भरपूर उल्लेख मिलता है। राम और जानकी असमिया विवाह गीतों में परिचित चरित्र हैं। दूल्हा-दुल्हन की राम-जानकी तथा उनके माता-पिता की जनक, दशरथ, कौशल्या, कैकयी आदि के साथ तुलना की जाती है। जैसे–

"कैकयी आहिसे सुमित्रा आहिसे आहिसे रामरे माव
जनकर जीयरी जानकी सुन्दरी आजि जुरण पिन्धाई साँउ।"

अर्थात् कैकेयी आयी हैं, सुमित्रा आयी हैं आयी हैं राम की माता; जो जनकनन्दिनी जानकी को जुड़न (जोरण) पहनायेंगी। यहाँ 'जुड़न' का अर्थ एक विशेष रिवाज है जिसमें दूल्हे के घर से दुल्हन को कपड़े-अलंकार-सिन्दूर आदि भेंट दी जाती है। किसी-किसी विवाह गीत में दूल्हे को राम मानकर रामायण की कहानी को ही गीत के रूप में गाया जाता है। दूल्हे के साथ निकलने वाली बारात की मिथिला यात्रा, ताड़का वध की यात्रा, अहल्या उद्धार की यात्रा, सीता उद्धार हेतु लंकायात्रा आदि के साथ तुलना की जाती है। उदाहरणस्वरूप–

"ओई रामे धनु धर/ हनुमन्तई धनु धर/ लोकर कइना हूई आसे लक्ष्मण तई खर कर ।"

अर्थात्, हे राम तुम धनुष तान लो, हनुमान तुम भी, दूसरों के यहाँ दुल्हन है, लक्ष्मण तुम जल्दी चलो।

"राम तुमि सैन्य लोया सागर हुवा पार/ लंकात जानकी आसे करागोई उद्धार।"

अर्थात्, राम तुम सेना लेकर सागर पार करो, लंका में जानकी बन्द है, जाकर उसका उद्धार करो।

वाल्मीकि रामायण में पिता के आदेश पर चलने वाले राम ने असमिया विवाह गीत में विवाह से पूर्व केवल कौशल्या से आदेश माँगा है। विवाह जैसे उत्सवों में नारी की प्रधानता तथा माता के पुत्र पर अधिकार को समाज के समक्ष रखने का यह एक माध्यम है। हमेशा से नारी स्वतन्त्रता पूर्वोत्तर भारत के सभी राज्यों की ख़ास विशेषता रही है। अतः यह स्वाभाविक ही है कि असमिया विवाह गीत में विवाह से पूर्व राम केवल अपनी माता से आदेश माँगते हैं–

"बिश्वामित्रई बोले हुना राम रघुवर बात साई
आसे सीता जनकर घर जनकर घरे सीता आसे बात साई"

अर्थात् विश्वामित्र ने कहा, सुनो राम रघुवर सीता तुम्हारी राह देख रही है, जनक के घर में प्रतीक्षा कर रही है।

"धनुभांगि बिया कराऊँ बिदाय दिया आय"

अर्थात् धनुष तोड़कर मैं विवाह करूँगा, आदेश दो माता।

"कौशल्या बुलंत राम जुवाँ शीघ्र करि"

अर्थात् कौशल्या बोलती है, जाओ राम शीघ्रता करो

"धनु भांगि लोई आहा जानकी सुन्दरी।"

अर्थात् धनुष तोड़कर सुन्दरी जानकी को ले आओ।

असमिया विवाह गीतों में रामायण की पूरी कहानी भरपूर मात्रा में वर्णित है। इनमें असमिया जनजीवन की छाप सहज परिलक्षित होती है। विवाह में वर-वधू की जोड़ी की राम-सीता के साथ तुलना कर सात्विकता, सुन्दरता, सम्पन्नता आदि को प्रतिफलित किया जाता है। विवाह गीत में प्रायः दुल्हन के घर में सीता सम्बन्धी कहानियों को गीत के माध्यम से गाया जाता है, जिसमें सीता को एक असमिया लड़की के रूप में देखा जा सकता है। इन गीतों में सीता साधारण लड़की की तरह कपड़ा

बुनतीं है, घर का काम करती है। साथ ही लंका में बैठकर रावण के हज़ार अनुरोध पर भी पतिभक्ति में अटल रहती है। उसी तरह असमिया विवाह गीत में चित्रित राम भी असमिया जनजीवन के अति निकट हैं। विवाह गीतों में राम का चरित्र एक साहसी वीर पुरुष का है, जो अपना धनुष तानकर हर प्रकार की बाधा को दूर करने में सक्षम है। राम और सीता मिलन की कहानी असमिया विवाह गीत में कुछ अलग ढंग से भी व्यक्त हुई है। गुरु विश्वामित्र के साथ राम जब मिथिला आये तब जनक ने उनके सामने यह शर्त रखी कि सीता से विवाह करने के लिए राम को शिवधनुष उठाकर उसमें प्रत्यंचा चढ़ानी होगी। तब मन-ही-मन सीता व्यथित हो उठती हैं कि क्या इस असम्भव काम को राम साध पायेंगे! इसी सन्देह के चलते सीता राजा जनक से अनुरोध करती हैं कि राम को धनुष तोड़ने की आवश्यकता ही नहीं, पिताजी आप हमें साधारण रीति से ही विदा कीजिए–

"केनेकोई भाङिब धनु कि करिला विधि
सीताई बोले पिता कोइला निदारूण पण
बज्रसम धनु रामे कि कोई दिब गुण
सिकन श्यामतनु राम दशरथर सूत
केनेकोई भाङिब रामे लोहार धनुक
नेलागे भाङिब धनु हिताई दिसे हाक
अंगीकार करि पितृ दियक आमाक।।'

अर्थात् 'हे विधि, हे विधि, यह तूने क्या किया, कैसे धनुष भंग होगा। सीता कहती है कि हे पिता आपने यह निष्ठुर प्रण क्यों लिया? वज्र के समान धनुष में राम किस प्रकार प्रत्यंचा चढ़ायेंगे? दशरथ के पुत्र राम कोमल सुन्दर तन वाले हैं, कैसे वे उस लोहे के धनुष को तोड़ेंगे उस धनुष को न तोड़ने से सीता मना कर रही हैं वे कह रही हैं कि पिताजी केवल वचन लेकर ही हमें विदा कीजिए'

यहाँ सीता के मन की व्यथा एवं स्त्री अधिकार स्पष्ट रूप में देखा जा सकता है। लेकिन सीता के इस अनुरोध पर भी स्वाभिमानी राम ने धनुष बायें हाथ से उठाया और प्रत्यंचा चढ़ाकर उसे तोड़ा। यहाँ राम अपने पौरुष व वीरता का परिचय देते हैं, जिसका उल्लेख विवाह गीतों में–**'बाँउ हाते धनु धरि माजते भङात'** (बायें हाथ से धनुष पकड़कर तोड़ने पर) के रूप में हुआ है। इस प्रकार असमिया लोक गीत के महत्त्वपूर्ण अंश विवाह गीतों में राम और उनसे जुड़ी कहानियों का उल्लेख कहीं साहस के प्रतीक के रूप में, कहीं विरह गाथा के रूप में, कहीं प्रजापालक, सम्पन्न, निष्ठावान राजा के रूप में तो कहीं-कहीं पत्नी को वनवास पर भेजने वाले निष्ठुर पति के रूप में हुआ है।

बिहु गीतों में राम

बिहु असमिया लोगों के प्राणों का उत्सव है। असमिया नववर्ष के शुभारम्भ के अवसर पर 'बहाग बिहु', कार्तिक महीने के प्रारम्भ पर 'काति बिहु' और मकर संक्रान्ति के उत्सव को 'माघ बिहु' के रूप में मनाया जाता है। ये तीनों बिहु उत्सव असमिया लोग हर्षोल्लास के साथ मनाते हैं। तीनों अवसरों को अलग-अलग रीति-रिवाजों के साथ मनाया जाता है। 'बहाग बिहु' को 'रङाली बिहु' भी कहा जाता है। इस समय वसन्त ऋतु के कारण चारों दिशाएँ 'रङीन' (रंगीन) होती हैं। 'रङ' का दूसरा अर्थ है आनन्द। इस बिहु को आनन्दोत्सव के रूप में मनाया जाता है। इस बिहु की एक विशेष प्रथा है 'हूँसरि' गाने की प्रथा। इसमें गाँव के युवक इकट्ठा होकर लोगों के घरों में जाकर गीत गाते हैं तथा नाचते हैं। इन गीतों को ही मूलतः बिहुगीत के रूप में जाना जाता है। आजकल हूँसरि को मंचस्थ

भी किया जाता है जिसमें युवतियाँ भी भाग लेती हैं। लेकिन पहले के समय में युवतियाँ युवकों से अलग बिहु गीत गाती और नृत्य करती थीं, जिसे 'जेङ बिहु' कहा जाता था। युवतियाँ घरों में न जाकर किसी बड़े पेड़ के नीचे जेङ बिहु करती थी। 'हूँसरि' और 'जेङ बिहु' दोनों में प्रचलित बिहु गीतों में ज़्यादातर रामकथा की करुण कहानियों का ही वर्णन मिलता है। बिहु के आनन्दमय क्षणों में भी बिहु करने वाले युवक राम की वेदना से आत्मीयता का अनुभव करते हैं। इन गीतों में राम के वनवास पर अयोध्या में जो प्रतिक्रियाएँ हुई उनका हू-ब-हू वर्णन मिलता है। सीताहरण के उपरान्त इस बात से अन्जान राम की होने वाली मनोव्यथा से व्यथित बिहुवा (बिहु गाने वाला) गाते हैं—

"प्रभूदेव आसिले बने फुरि
रावने लोई गोल सीताक हरि
लक्ष्मण गोइसिल बने
देही ओई बातरि दिबोगोई कोने।।"

अर्थात् 'प्रभु जी वनों में घूम रहे थे तभी, रावण ने सीता का हरण कर लिया। लक्ष्मण भी वन गये हुए थे। हाय, कौन उन्हें यह सन्देश देगा?'

यहाँ पर व्यवहृत 'देही ओई' वाक्यांश विशेष अर्थ सम्पन्न है। अत्यन्त व्यथित होने पर किसी के दुख में एकात्म होकर ही इस तरह से बोला जाता है। राम और सीता की यौवनावस्था में घटित कहानियों का दुख असमिया बिहुवा युवकों से एकात्म हो जाता है। इसी कारण बिहु गीत में राम 'मर्यादा-पुरुषोत्तम' के गम्भीर आवरण से बाहर आकर साधारण युवक जैसा व्यवहार करते हैं जो अपनी प्रियतमा पत्नी के वियोग से व्याकुल होकर रोने लगते हैं—

रामे बोले लक्ष्मण भाई सीता कोइक गोइला
दंदुका बनते सीता रावने हरिला
राम कान्दे इनाइ-बिनायी लक्ष्मण कान्दे रोई
बाटते जटायु कान्दे सीतार कथा कोई
राम कान्दे, लक्ष्मण कान्दे, कान्दे दुई भाई
हनुमंतई गसर दालत सीतार गुने गाई

अर्थात् राम कहते हैं, भाई लक्ष्मण सीता कहाँ चली गयी? दन्दुक वन में सीता का रावण ने हरण कर लिया। अर्थात् राम रोने लगे सिसक-सिसककर, लक्ष्मण ने भी उनका साथ दिया। रास्ते में जटायु रोया सीता की बात करके। अर्थात् राम रो रहे हैं, लक्ष्मण रो रहे हैं, रो रहे हैं दोनों भाई। हनुमान भी पेड़ की डाली पर बैठकर सीता के गुण गा रहे हैं।

बिहु गीतों में जहाँ एक ओर इस लौकिकता को देखा जा सकता है वहीं दूसरी ओर राम को हूँसरि या जेङ बिहु प्रारम्भ होने से पहले भगवान के रूप में भी स्मरण किया जाता है। जैसे—

रघुपति राम हरि भृगुपति राम।
रघुपति राम हरि, दुर्बादल श्याम।।

यहाँ हरि का अर्थ है भगवान। इस गीत में भगवान के अंश के रूप में रघुनन्दन राम, भृगुपुत्र परशुराम तथा श्याम अर्थात् कृष्ण को एक ही भगवान का अंश माना गया है। इसके अलावा हूँसरि और जेङ बिहु के प्रारम्भ और अन्त में भी 'ओ हरि ओ राम' ध्वनि से भगवान का स्मरण कर घरवालों को आशीर्वाद दिया जाता है। बिहु गीतों में जहाँ राम को भगवान का स्थान दिया गया है वहीं राम द्वारा बाली वध, सीता को वनवास देना आदि कार्यों को अन्यायपूर्ण मानकर उस पर प्रश्न के माध्यम से सन्देह भी व्यक्त किया गया है। जैसे—

"राम राम राम राम राम नारायण।
बालिक वध करिला प्रभु कि कारण।।"

अर्थात् राम राम राम राम राम नारायण बाली का वध आपने किस कारण किया।।'

रामचन्द्र गोसाँई तुमि अकार्ज करिला
सीता मातृ गर्भावती बनत एरिला

अर्थात् रामचन्द्र प्रभु आपने अनुचित कार्य किया। गर्भवती सीता माता को वन में छोड़ा।

इसी तरह बिहु के आनन्दमय परिवेश में बिहु गीतों के माध्यम से राम का उल्लेख किया जाता है जो असमिया लोगों के हृदय में राम के प्रति आत्मीयता का सूचक है।

निसुकनि गीतों में राम

राम और सीता की मनोरम कहानियों का उल्लेख अनेक असमिया निसुकनि गीतों में मिलता है। इन गीतों में कहीं राम का चित्रण वीर योद्धा के रूप में हुआ है तो कहीं विरही के रूप में। शिशु मन को सहज आकर्षित करने वाली चीज़ों के साथ रामकथा को जोड़कर गीत गाये जाते हैं–

कलमौ पातरे नाव साजि ललो
इकरा पातरे बठा।
अकल रामचंन्द्रई कि जज्ञ पातिसे
लगत नाई सारथि सीता।।

अर्थात् कलमौ के पत्तों से नौका बनवायी और इकरा पत्तों पतवार। अकेले रामचन्द्र क्या यज्ञ करेंगे जब साथ में नहीं हैं सारथि सीता।

इस गीत में गीत को छन्दबद्ध रखने के उद्देश्य से शिशु मन को सहज आकर्षित करने वाली नाव और पतवार का उल्लेख किया गया है। नीचे की पंक्तियों में राम का उल्लेख एक विरही व्यक्ति के रूप में हुआ है जिससे व्यक्ति को सामाजिक जीवन की आवश्यकता का संकेत दिया गया है। राम और सीता के बिछुड़ने की कहानी से छोटे-बड़े सभी के हृदय को दुख पहुँचता है। शिशु मन पर इन भावनाओं का गहरा प्रभाव परता है। माँ के मन में विरहिणी सीता के प्रति जो सहानुभूति है उसका चित्रण इस तरह के गीतों के में मिलता है।

वनवासी राम को निसुकनि गीत में दिगम्बर भी बताया गया है–

"रामर बरण श्यामतनु दिगंबर वेश
पीठित परिया आसे आउल-बाउल केश
चारु चन्द्र रामर बरण जले अलंकार अति
जकमक पातर पिन्धे रत्नर मालती"

अर्थात् राम साँवले रंग के दिगम्बर वेश के हैं, उनके बाल पीठ पर बिखरे हुए हैं। अलंकारों से सुशोभित राम चन्द्रमा की भाँति उज्ज्वल है। पात के वस्त्र पहनकर वे रत्न के समान जगमगाते हैं।'

इस गीत में सीता स्वयंवर के समय का संकेत है। शिशु मन की कल्पना का अनुकरण कर राम का वर्णन इस गीत में किया गया है। गुरु विश्वामित्र के साथ दिगम्बर वेश में घूमने वाले राम राजकीय अलंकार तथा वस्त्र पहनकर सुदर्शन राजकुमार बन जाते हैं जो कि शिशु मन को अत्यन्त आकर्षित करता है। राम जैसे आदर्श राजकुमार की कहानी सुनाकर, उनका गुण बखानकर माताएँ शिशुओं के मन को सुन्दरता और सकारात्मकता अर्थात् भर देती हैं।

राम जाय रनलोई सीताई लगे धरे
मोको निया प्रभु रणे
नेलागे जाब ओई जनकर जीयरी
मृग मारि आहों बने।

अर्थात् राम युद्ध पर निकले हैं सीता साथ जाना चाहती हैं वे कहती हैं, वे कहती हैं मुझे भी युद्ध में साथ ले चलिए प्रभु! यह सुनकर राम कहते हैं कि तुम्हें नहीं जाना चाहिए जनकनन्दिनी मैं तो वन में मृग शिकार करके आता हूँ।

बारमाही गीतों में राम

असमिया बारमाही गीतों की हिन्दी साहित्य के बारहमासा विरह वर्णन के गीतों के साथ तुलना की जा सकती है। इन गीतों में पति वियोग में विरहिणी पत्नियों का विरह वर्णन मिलता है। साल के अलग-अलग महीने के प्राकृतिक परिवेश के अनुसार विरहिणियों के विरह का वर्णन किया जाता है। असमिया बारमाही गीतों में 'राम बारमाही गीत' अति प्रसिद्ध हैं। साथ ही अलग से 'सीता बारमाही गीत' भी प्रचलित हैं। असमिया राम बारमाही गीत में साधारण विरह वर्णन की बजाय राम के वनवास से लेकर सीताहरण तक की कहानी का वर्णन मिलता है। इसकी ख़ास विशेषता यह है कि इसमें राम के राज्याभिषेक का समय मार्गशीर्ष महीना बताया गया है। जबकि वाल्मीकि रामायण से कवि माधव कन्दलि द्वारा अनूदित रामायण में इसका समय चैत्र बताया गया है। राम बारमाही गीत में राम का प्रजा के चहेते राजा के रूप में वर्णन किया गया है, जिनसे बिछड़ने पर लोगों को सारा संसार अन्धकारमय लग रहा है–

"पुहर मासते राम बने कोइला सार।
अजोध्यार नर आसे राम देखिबार
अजोध्यार नर-नारी करे हाहाकार
राम प्रभु अबिहने जगत आंधार"

अर्थात् राम ने कहा पौष महीने में वे वन जायेंगे यह सुनकर अयोध्या की प्रजा राम को देखने आयी। अयोध्या के नर-नारी हाहाकार करने लगे क्योंकि प्रभु राम के बिना जगत अन्धकारमय है।

इसके बाद राम बारमाही गीत के अनुसार माघ महीने में राम 'दिगम्बर वास' (दिगम्बर वेश धारण) करते हैं, फाल्गुन के महीने में 'रामर पेटत लागे भूक' (राम के पेट में भूख की ज्वाला उठती है)। असमिया लोककवि के अनुसार तब राम धनुष को भूमि पर रखकर पेड़ पर चढ़कर फल तोड़ते हैं और लक्ष्मण सारे फल इकट्ठे करते हैं। तब राम को अतीत की याद आती है जब वे अयोध्या के राजकुमार थे। उनके आगे-पीछे अनेक लोग घूमते थे। चैत्र के महीने में धूप के कारण सीता का गला सूख जाता है और गर्म बालू में पैर रखकर चलना सीता के लिए मुश्किल हो जाता है। तब राम वृक्षों की डालियों को नीचे खींचकर सीता के लिए छाँव की व्यवस्था करते हैं। बैसाख महीने में राम यज्ञ करते हैं, जिसमें लाखों ऋषि-मुनियों का आगमन होता है। वनवास पर रहने पर भी राम इन सभी ऋषि-मुनियों का यथासम्भव स्वागत करते हैं और दान-दक्षिणा भी देते हैं। ज्येष्ठ महीने में लोककवि ने यह कहा है कि वन में राम के पास घरबार कुछ नहीं है। बस एक नारी है और एक भाई। लेकिन इतने में ही राम अत्यन्त सुखी हैं। आषाढ़ के महीने में अयोध्या से लोग आकर विलाप

करने लगते हैं कि राम के बिना हमारा जीवन दिन में ही अन्धकारमय है। श्रावण के महीने में भारी वर्षा होने पर राम सोचने लगते हैं—

माथाय हात दिया भाबे अरण्य भीतरे
पितृवाक्य पालिते आइलो भाई दुईजन
निदारून मातृ बने दिला कि कारण।

अर्थात् वन में माथे पर हाथ रखकर राम सोचते हैं कि पिता के वचन का पालन कर हम दोनों भाई यहाँ आ गये। किन्तु निर्दयी माता, तुमने किस कारण से हमें वन भेजा।

भाद्र महीने में राम के सामने एक विपत्ति आती है—'सुवर्णर मृग एक आसि देखा दिल' (एक सोने का मृग दिखाई देने लगा)। आश्विन के महीने में सीता की बात सुनकर राम उस मृग के शिकार पर निकले। कार्तिक महीने में उस मृग ने राम की तरह आवाज़ निकाली। सीता के फटकारने पर लक्ष्मण भाई को ढूँढ़ने निकले। लोककवि के अनुसार इसी अवसर पर कार्तिक महीने के शुक्ल पक्ष में ही रावण ने सीता का हरण किया।

इसी तरह असमिया लोक गीत के एक महत्त्वपूर्ण अंश 'राम बारह माही गीत' में राम का उल्लेख मिलता है, जिसमें राम कभी ऋषि-मुनियों के पूज्य हैं तो कभी सौतेली माता की निर्दयता से व्यथित साधारण व्यक्ति।

ढोल, मृदंग और ओजापालि राग मालिता में राम

ढोल और मृदंग एक प्रकार के वाद्य हैं जिन्हें लोक गीत गाते समय प्रायः बजाया जाता है। ओजापाली एक प्रकार की लोक-परिवेश्य कला है। श्राद्ध, विवाह आदि अनुष्ठानों में ढोल के साथ ताल मिलाकर गाये जाने वाले गीतों को मालिता कहा जाता है। ये मालिताएँ असमिया लोक गीतों में विशेष उल्लेखनीय हैं। लोककवि अपनी मौलिक प्रतिभा से स्वकीय रूप में महाभारत, रामायण, पुराण आदि की कहानियों को आधार बनाकर मालिता गाते हैं। कभी-कभी इन मालिताओं में पौराणिक कथाओं की आढ़ में स्वरचित कहानी भी गाते हैं। यह इन लोक गीतों की विशेषता भी है। इन मालिताओं में साधारणतः सर्वप्रथम प्रश्नों की अवतारणा की जाती है और बाद में उन्हीं प्रश्नों का उत्तर दिया जाता है। जैसे—

कोने लगाई साकि कोईत पाले तेल?
सरियहर जन्म कोई भाङि डिबा मेल?
कोने कार माटि साह कोनजने बय
केनेमते सरियहर जन्म आसि हय?
केनेमते सरियहर तेल उलियाय?
कोने श्रजे शाल कोने पेरिया पेलाय?

अर्थात् कौन दिया लगाते हैं, कहाँ मिला तेल? सरसों का जन्म कहाँ हुआ ज़रा समझा देना? कौन किसकी मिट्टी पर हल चलाता है और कौन बोता है? किस तरह से सरसों का जन्म होता है किस तरह से सरसों से तेल निकाला जाता है? किसने तेल फेरने की चक्की बनवायी और किसने फेरा?

इस बात का उत्तर देने के लिए मालिताकार ने राजपुत्र रामचन्द्र को ही हल से जोड़ दिया है—

श्री रामचन्द्रई सरियहर जुरिलेक हाल
ब्रह्माई आहि सरियहर सिन्सिलेक गाल

धरिले सरियहर नयगुटि पात
नवग्रह आसि स्थित भोईलंत ताहात
विश्वकर्मार शाल आरू बहुना बेटेरी
टातेई सरियह पेलाइलेक पेरी
भकतिर प्रेमरसे टेलतुपि पाय
पारिषदे प्रदीप दिले विष्णुक जोगाय

अर्थात् श्रीराम ने सरसों के खेत में हल जोता ब्रह्मा ने आकर बीज बोया। सरसों का नया पत्ता और बीज निकला, नवग्रह आकर वहाँ बस गये। तेल फेरने वाला यन्त्र और बैटरी विश्वकर्मा की है। उसी में फेरकर सरसों से तेल निकाला गया भक्ति के प्रेम से तेल निकला। उसी तेल से परिषदों ने दिया लगाकर विष्णु को अर्पण किया।

यहाँ पर स्पष्ट रूप में यह देखा जा सकता है कि लोककवि ने मालिता में राम का उल्लेख करते समय सम्पूर्ण रूप से अपनी कल्पना शक्ति और मौलिकता का प्रयोग किया है। इससे राम जनजीवन के अति परिचित भी बन गये और निकट भी आ गये हैं। इसके अलावा इन गीतों के अनुसार राग तथा मालिताओं का उद्भव और प्रचलन भी राम के विवाह के समय से ही बताया गया है–

"जिकालत श्रीरामे सीताक बिहाइला
ब्रह्मा आदि त्रिदश देवतागाणे धाईला
हेहिकाल हंते मनुष्ये लाग पाइला
रामर आदेशे राग प्रिथिवित रोइला।।"

अर्थात् जिस काल में श्रीराम ने सीता से विवाह किया, ब्रह्मा से लेकर तीनों लोकों के देवतागण आये उसी काल में मनुष्य से भी उनकी भेंट हुई और राम के आदेशानुसार राग पृथ्वी पर ही रह गया।

इसी तरह वन में राम-सीता से मिलने पर नारद द्वारा 'धनश्री राग' की उत्पत्ति, लक्ष्मण के पुनर्जीवित होने पर वानरों द्वारा राम का जयघोष करने पर 'ईमण-कल्याण' राग की सृष्टि, भरत द्वारा आघातप्राप्त होकर जब हनुमान रोने लगे तब 'पहाड़ी राग' की उत्पत्ति की कथा मालिताओं में वर्णित है। रामकथा के विभिन्न प्रसंगों को मालिताओं में जिस रूप में जोड़ा गया है वह केवल कवि की कल्पना है, जिसका सम्भवतः कोई ठोस आधार नहीं है।

नावखेलोवा गीतों में रामकथा

नाविक को नाव चलाते समय श्रम करते हुए जो थकान होती है उसे कम करने के लिए वे गीत गाते हैं। पतवार की ताल पर गाये जाने वाले इन गीतों को 'नावरिया गीत' कहा जाता है। असमिया साहित्य के विशिष्ट लेखक केशदा महन्त के अनुसार, "विभिन्न धार्मिक उत्सवों में, ख़ासकर बरपेटा में होने वाले नावखेल में व्यवहृत होने के बाद नावरिया गीतों को नावखेलोवा गीत कहा जाने लगा।" इस तरह का एक गीत है–

'राम आसिल रे मायामृग मारि
माया करे मारीस माया चूड़ामणि
माया मृग धरी साधोई रामर बिघिनि
आँतर करिला राम लक्ष्मण दुई भाई
हरिला रावने सीता शून्य घरे पाय।।'

राम माया मृग का वध कर रहे थे, माया के शिरोमणि मारीच माया कर रहे थे। माया मृग पकड़कर राम ने विपत्ति को गले लगाया। राम और लक्ष्मण दोनों भाइयों को उसने दूर कर दिया। शून्य अकेले घर में सीता का रावण ने हरण कर लिया।

नावखेलोवा गीतों में भी अन्य असमिया लोक गीतों की तरह राम-सीता के मिलन की कथा वर्णित है। इन गीतों की कथाएँ वाल्मीकि रामायण में वर्णित कहानियों का ही रूपान्तर हैं। इन गीतों में लोककवि की मौलिकता ज़्यादा देखने को नहीं मिलती। नावखेलोवा गीतों में सीता का विरह वर्णन कृष्ण के छोड़ने पर राधा के विरह वर्णन से हू-ब-हू मेल खाता है। इसलिए इन गीतों में जहाँ कृष्ण कथा का वर्णन हो रहा है वहीं पर तुरन्त राम-सीता प्रसंग भी आ जाता है।

अन्य लोक गीतों में राम

उपर्युक्त लोक गीतों के अलावा असमिया जनजीवन में दुर्गानाम, तुलसीनाम, दिहानाम आदि लोक गीतों का प्रचलन है। इन सभी गीतों में कम या ज़्यादा मात्रा में रामकथा की उपस्थिति है। दिहानाम मूलतः भगवान की पूजा विषयक गीत हैं। इन गीतों को 'उपदेश गीत' भी कहा जा सकता है। क्योंकि दिहा का अर्थ ही उपदेश है। इन गीतों में राम और सीता की कहानी को करुण कथा के रूप में गाया जाता है। इनमें सदा ही आशा की अभिव्यंजना रहती है। राम और सीता की कहानी का स्मरण कर सकारात्मकता से भक्तिमय परिवेश का सृजन किया जाता है। भारतवर्ष के अन्य समाजों की तरह असमिया समाज में भी 'तुलसी के पेड़' की बहुत अधिक मान्यता है। लोक गीत के अनुसार—**'जिटो जने तुलसीर डाले-मुले सिङे/सातम पुरुष तार नरकत परे'** अर्थात् 'जो व्यक्ति तुलसी के पौधे को उखाड़ता है, उसकी सात पीढ़ियों तक नरक वास होता है। असमिया तुलसी गीतों में इसी पवित्र तुलसी को राम द्वारा लाया हुआ बताया गया है। राम द्वारा लाये गये तुलसी के पौधे को लक्ष्मण ने सींचा और सीता ने गोबर से तुलसी के नीचे के स्थान को पवित्र किया। इसलिए तुलसीनाम में यह भी गाया जाता है कि पवित्र तुलसी को लाने वाले भगवान राम के चरणों में ही जन्म-जन्म तक हमारा मन लगा रहे। दुर्गानाम में साधारणतः राम भगवान के अंश के रूप में नहीं बल्कि भक्त के रूप में अवतरित हुए हैं। लंका पर विजय हासिल करने हेतु राम द्वारा दुर्गा पूजन की कहानी इन गीतों में मिलती है। इस कथा का वर्णन वाल्मीकि रामायण से लेकर निराला तक की रामकथा में हमें मिलता है। दुर्गानाम में वर्णित रामकथा भी इनसे भिन्न नहीं है।

इसी तरह हम देख सकते हैं कि असमिया लोक गीतों में रामकथा व्यापक रूप में वर्णित है। इन गीतों के माध्यम से असमिया जनजीवन का भी परिचय मिलता है। जहाँ भारत के अन्य समाजों की ही तरह राम के मूल्य एवं आदर्शों को सदियों से सराहा गया है तथा उनका अनुकरण किया गया है। लोक गीत किसी एक समाज की संस्कृति का ज्ञापक होता है। असमिया लोक गीतों में रामकथा की उपस्थिति इस समाज के नैतिक मूल्यों व आदर्शों को प्रतिफलित करने में सहायक बनती है।

सहायक ग्रन्थ

1. महन्त, केशदा, असमिया रामायणी साहित्य : कथावस्तुर आँतिगुरि, महन्त प्रकाशन, जोरहाट, 1990
2. नाथ, डॉ. ध्रुवज्योति, रामकथा आश्रयी असमिया साहित्य, पूर्वांचल प्रकाश, गुवाहाटी, 2014
3. शर्मा, डॉ. नवीनचन्द्र, असमर लोक-साहित्य, ज्योति प्रकाशन, गुवाहाटी, 2014
4. नेऊग, महेश्वर, असमिया साहित्यर रूपरेखा, गुवाहाटी, 2012
5. शर्मा, डॉ. सत्येन्द्रनाथ, रामायणर इतिबृत्त, वीणा लाइब्रेरी, गुवाहाटी, 2013
6. शर्मा, डॉ. सत्येन्द्रनाथ, असमिया साहित्यर समीक्षात्मक इतिबृत्त, अरुणोदय प्रेस, गुवाहाटी, 2011

माजुली की मुखौटा कला में राम

शेवाली कलिता तालुकदार सुधा कुमारी

माजुली एक ऐसा नाम है जो असमिया समाज के हृदय में बसता है। माजुली असम के जोरहाट ज़िले के उत्तर दिशा में अवस्थित है। माजुली के उत्तर में लखीमपुर तथा धेमाजी ज़िला, दक्षिण में जोरहाट ज़िला, पूर्व दिशा में शिवसागर ज़िला और पश्चिम दिशा में गोलाघाट तथा शोणितपुर ज़िला स्थित है। सन् 1891 में किये गये एक सरकारी सर्वे के अनुसार माजुली का क्षेत्रफल 1256 वर्ग किलोमीटर था, किन्तु सन् 1990 के आँकड़े के अनुसार मूल द्वीप का क्षेत्रफल सिर्फ़ 514 वर्ग किलोमीटर पाया गया है। यहाँ सोनोवाल कछारी, मिसिंग, देउरी, कुम्हार, कैवर्त (मछुआरा), योगी, गायन तांति (जुलाहा) आदि जनजातियों के लोग निवास करते हैं। इन जनजातियों की मुख्य जीविका कृषि कार्य है। यहाँ सौ किस्म के अन्न उगाये जाते हैं। साथ ही कपड़े बुनना, रेशम के कीड़े पालना, मछली पकड़ना, मिट्टी के बर्तन बनाना आदि कार्य भी हैं। माजुली विश्व का बृहत्तम नदी द्वीप है। यह नदी द्वीप श्रीमन्त शंकरदेव द्वारा प्रचारित नववैष्णव धर्म तथा संस्कृति का प्राण-केन्द्र है। गुरुश्रेष्ठ श्रीमन्त शंकरदेव के भक्ति आन्दोलन ने बृहत्तर असमिया जाति को जिस तरह गीत, नाट्य, वाद्य, भाउना आदि देकर महान जाति के रूप में पहचान दिलायी उसी प्रकार मुखौटा बनाने की कला को भी एक विशिष्ट कला के रूप में पहचान दिलायी। तब से आज तक यह परम्परा सत्रों द्वारा चली आ रही है। माजुली में स्थित तीस सत्रों में से प्रधानतः नतुन सामगुरी, पुराना शामगुड़ी, एलेंगी सत्र, नरसिंह सत्र और हिडिमपुर सत्र में परम्परागत मुखौटा निर्माण का कार्य जारी है। यह मुखौटा कला प्रायः तीन सौ साल पुरानी है, जिसमें सामगुरी सत्र का गोस्वामी परिवार पिछले सौ वर्षों से भी अधिक समय से लगा हुआ है। यह सामगुरी सत्र गृहस्थ सत्रों में आता है, जहाँ लोग विवाह कर अपने वंश को बढ़ाते हैं और ये वंशज मुखौटा बनाने की कला को आगे बढ़ाते हैं।

आलोच्य विषय पर शोधपरक अध्ययन का उद्देश्य है—माजुली की मुखौटा कला को तथा इस कला में राम के चित्रण की अन्तर्वस्तु तथा शिल्प को बेहतर रूप में व्याख्यायित-विश्लेषित करना ताकि मुखौटा कला (राम) को सही स्वरूप में समझते हुए उनके कला-बोध, जीवनानुभूति, समाज दर्शन, अभिव्यक्तिगत कौशल की विशेषताओं को रेखांकित किया जा सके।

प्रस्तुत शोध सत्र की पद्धति विश्लेषणात्मक है। साथ ही श्री हेमचन्द्र गोस्वामी तथा श्रीयुत कृष्ण गोस्वामी के साथ टेलीफोन से वार्तालाप किया गया है। प्रस्तुत शोध-पत्र के लिए हमने (1) माजुली, (2) शंकरदेव शिल्पलोक, (3) 'मुखा'—सत्रीया मुखा शिल्प ग्रन्थों को आधार ग्रन्थ के रूप में लिया है।

मुखौटा कला का इतिहास

असम में मुखौटा कला का प्रचलन आदिमकाल से चला आ रहा है। ऐसा माना जाता है कि शुरू-शुरू में खेत-खलिहान में बुरी नज़र से फसल को बचाने के लिए मुखौटे का प्रयोग किया गया होगा। मिट्टी के घड़े पर चूने से बनी हुई आकृति में या पुआल से बनाये जाने वाली आकृति में मुखौटे का इतिहास छुपा है। क्रमिक रूप से मुखौटे के रूप में यही आकृति हमें छिटपुट रूप में देखने को मिलती है। यहीं से प्रेरणा लेकर श्रीमन्त शंकरदेव ने भक्ति आन्दोलन के समय मुखौटा निर्माण को 'कला' के रूप में प्रतिष्ठित किया। श्रीमन्त शंकरदेव ने धर्म प्रचार के लिए अभिनय के रूप में 'भाउना' नाटक का सहारा लिया और इस भाउना के द्वारा मुखौटा कला को एक विशिष्ट रूप प्रदान किया। सत्रों (संस्कृति का मूल स्रोत) द्वारा इसी कला का पारम्परिक रूप में निर्वाह किया जा रहा है। एक समय था जब एक-एक सत्र, एक-एक संस्कृति का केन्द्र बिन्दु था, जिसमें अभिनय कला, गायन-वादन की तालीम, संगीत आदि के साथ-साथ अन्य अनेक कार्यों की भी चर्चा होती रहती थी। इसी क्रम में भाउना में अभिनेता द्वारा धारण किये जाने वाले मुखौटे की कला भी उनमें से एक है।

मुखौटा निर्माण की प्रक्रिया

मुखौटा से हमारा तात्पर्य बाँस से निर्मित मुखौटे से है। मुखौटे को असमिया भाषा में 'मुखा' कहा जाता है। इसे (मुखौटा) बनाने के लिए प्रायः अत्यन्त साधारण सामग्री को माध्यम बनाया जाता है। यह सामग्री इस प्रकार है—बाँस, बेंत, गोबर, मिट्टी और कपड़ा। यद्यपि यहाँ काठ से निर्मित मुखौटों का भी प्रचलन था लेकिन वर्तमान समय में बाँस के द्वारा बनाये गये मुखौटे का महत्त्व अधिक है। प्राचीन समय में ग्रामों में खनिकर (मूर्तिकार) द्वारा लौकी के छिलके, मटका, ढकुआ (गुवा या ताम्बूल के पत्तों का अंश) आदि से भी मुखौटा बनाया जाने का प्रमाण प्राप्त हुआ है। बाँस और बेंत से मुखौटा बनाने की प्राचीन प्रक्रिया को 'लखिमि सूत्र' कहा जाता है।

मुखौटा-निर्माण प्रक्रिया के प्रथम चरण के अन्तर्गत सर्वप्रथम बाँस के टुकड़ों को 4 या 5 दिनों तक पानी में भिगोकर रखा जाता है कारण यह है कि पानी में भिगोकर रखने के बाद धुन या अन्य कीट-पतंगों से इसे हानि नहीं पहुँच पाती। इसके बाद बाँस के छोटे-छोटे 'तमाल' (बत्तियाँ) बनाये जाते हैं, तथा 'लखिमि सूत्र' द्वारा मुखौटा बनाने का काम प्रारम्भ किया जाता है। 'मुखौटा' को सीधा खड़ा रखने के लिए उसे बाँस की लाठी तथा बेंत के सूत्रों द्वारा बाँध दिया जाता है। इसके बाद कुम्हार मिट्टी को घोलकर लगाता है। मिट्टी लगा हुआ कपड़ा पहले से बनाये हुए बाँस के फ्रेम या खपच्चे पर लगाया जाता है। इसके बाद मुखौटे को धूप में सूखने के लिए रखा जाता है।

मुखौटा सूख जाने के बाद द्वितीय चरण का काम आरम्भ होता है। बछड़े के गोबर और आलतीय मिट्टी (चिकनी मिट्टी) को अच्छी तरह मलकर फ्रेम को चेहरे का रूप दिया जाता है। फिर उसे सूखने के लिए रख दिया जाता है। मुखौटे के पूरी तरह से सूखने के पहले उसे बाँस की करणि से मसृण बनाया जाता है। और उसे पुनः सूखने के लिए रख दिया जाता है।

मुखौटा निर्माण प्रक्रिया के तृतीय चरण के अन्तर्गत रंग लगाने का कार्य किया जाता है। इसके लिए कच्ची सामग्री के रूप में खनिज पदार्थ, पत्थर, जातीय हेंगुल-हाईताल, नील और धवल या सफ़ेद मिट्टी आदि का व्यवहार किया जाता है। काले रंग के लिए लौकी के छिलके को जलाकर उससे मिलने वाली राख का प्रयोग किया जाता है। साथ ही लाल रंग के लिए हेंगुल, पीले रंग के लिए हाईताल, नीले रंग के लिए नील का प्रयोग किया जाता है। रंग निर्माण की प्रक्रिया काफ़ी कष्टसाध्य है।

इसलिए आजकल बाज़ार में आसानी से तथा कम लागत में उपलब्ध होने वाले रंगों का व्यवहार किया जाता है। मुखौटे पर रंग अच्छी तरह से चिपक जाये इसके लिए बेल के बीज से तैयार किये गये गोंद (गम) को रंग के साथ मिला दिया जाता है।

मुखौटों के प्रकार

साधारणतः सत्रों में तीन प्रकार के मुखौटों का प्रयोग किया जाता है, जिनका नाम है—मुख मुखा, लोटकोई मुखा तथा छो मुखा। मुख मुखा का अर्थ है सिर्फ़ चेहरे को ढँकने वाला मुखा, लोटकोई मुखा अर्थात् चेहरे के साथ-साथ सम्पूर्ण सीने को ढँकने वाला मुखा तथा छो मुखा अर्थात् मुख से लेकर पूरे शरीर को ढँकने वाला मुखा। 'छो मुखा' आकार में बड़ा होता है। इसे दो भागों में बनाया जाता है। इसकी विशेषता यह है कि अभिनय करते समय इस प्रकार के मुखौटे का प्रयोग करने वाला पात्र 8 से 10 फुट तक लम्बा होता है। भाउना के पात्रों के चरित्र के अनुसार इस प्रकार के मुखौटों का निर्माण किया जाता है। रावण, वारणराजा, कुम्भकर्ण, मयदानेव, नरकासुर और नरसिंह आदि पात्रों के लिए इस प्रकार का मुखौटा बनाया जाता है। 'लोटकोई मुखा' की विशेषता है कि इसके हाथ, सिर आदि अंगों का संचालन किया जा सकता है। इस मुखौटे के सिर के हिस्से को शरीर के अंश के साथ नहीं बाँधा जाता। अभिनेता इसे स्वयं अपने सिर पर पहन लेता है। इस प्रकार के मुखौटे का निर्माण भी भाउना के कुछ विशेष पात्रों के लिए किया जाता है। जैसे पूतना राक्षसी, ताड़का राक्षसी, शंखचूड़ तथा यक्ष आदि। 'मुख मुखा' का प्रयोग भाउना में अभिनय करते समय अभिनेता द्वारा किया जाता है। यह अभिनेता भिन्न-भिन्न प्रकार के रंग तथा आकृति के कपड़े का प्रयोग करता है। कंस, पांचनी, मारीच, सुबाहु, चक्रवात, उपानन्द आदि चरित्रों के लिए इस प्रकार के मुखौटे का प्रयोग किया जाता है। इन तीन प्रकार के मुखौटों के अलावा कुछ मुखौटे पशु-पक्षियों के भी मिल जाते हैं।

मुखौटा कला में राम

'राम' एक ऐसा शब्द है जिसकी महिमा अपार है। हर भारतीय के रोम-रोम में 'राम' बसता है। श्रीराम आज भी उतने ही प्रासंगिक हैं क्योंकि उनकी कार्यप्रणाली का ही दूसरा नाम प्रजातन्त्र है। श्रीराम यानी संस्कृति, धर्म, राष्ट्रीयता और पराक्रम। एक आम आदमी बनकर जीवनयापन करने के लिए जो तत्त्व, आदर्श, नियम और धारणा ज़रूरी होती है उनके सामंजस्य का नाम श्रीराम है। एक लोकविश्वास है कि एक बार रामनाम लेने से मनुष्य के हज़ारों पाप धुल जाते हैं। रामकथा की जड़ें बहुत गहराई में जमी हुई हैं। रामकथा की व्याप्ति देश-देशान्तर तक है। थोड़े-बहुत अन्तर के साथ सम्पूर्ण एशियाई जनमानस तक इसका विस्तार है। राम को ही बोधिसत्व मानकर रामकथा को जातक कथाओं में स्थान मिला है। वाल्मीकि से प्रेरित और प्रभावित होकर भारत की विभिन्न भाषाओं में रामकथा के रूपान्तर मिलते हैं। अब तो रामकथा सिर्फ़ भारतीयों की ही धरोहर नहीं है बल्कि यह अन्तरराष्ट्रीय कथा बन गयी है। रामायण से ही प्रेरणा लेकर 'भाउना', नाटक आदि में रामकथा को स्थान तथा विस्तार मिला है।

गुरुदेव शंकरदेव द्वारा प्रवर्तित अंकिया भावनाओं तथा रामायण पर आधारित भाउना में यद्यपि सूत्रधार और राम (मूल चरित्र) के लिए मुखौटा का व्यवहार करने का नियम प्रचलित नहीं था किन्तु विगत् सन् 2000 के आसपास से माजुली की मुखौटा कला को विश्व रंगमंच तक पहुँचाने के लिए श्रीयुत् हेमचन्द्र गोस्वामी जी ने मुखौटा भाउना को प्रचलित करने का प्रावधान किया। इसे नये रूप में प्रस्तुत करने के लिए मुखौटा भाउना में सूत्रधार को छोड़कर राम के चरित्र को भी मुखौटा पहनाने

की व्यवस्था की गयी। एक मुखौटा भाउना में राम के चरित्र के लिए एक ही मुखौटे का व्यवहार किया जाता है भले ही परिस्थितियाँ भिन्न-भिन्न क्यों न हों। उदाहरणस्वरूप राम वनगमन के समय राम की वेशभूषा तथा केश-सज्जा इस प्रकार होगी—कमर में धोती, पीठ पर धनुष, बाण तथा सिर पर जटा इत्यादि, किन्तु मुख पर वही मुखौटा होगा जो राम के राजसी वेशभूषा में रहते समय दिखाया जायेगा। राम के मुखौटे में जिस रंग का व्यवहार किया जाता है, उसका नाम 'दूर्वादल' श्याम वर्ण है। इसका उल्लेख शास्त्रों में मिलता है। राम विजय, सीताहरण, दुन्दुभि वध आदि भाउनाओं में राम के चरित्र का दर्शन होता है।

अन्त में यह कहना ग़लत नहीं होगा कि माजुली की मुखौटा कला दिन दूना रात चौगुना विस्तार पाती जा रही है। वह दिन दूर नहीं जब यह कला असम की सीमा से निकलकर सम्पूर्ण विश्व में समादृत होगी।

सन्दर्भ ग्रन्थ

1. 'माजुली', संपा. प्रशान्त कुमार महन्त
2. शंकरदेव शिल्पलोक, प्रदीप ज्योति महन्त (पूर्वांचल प्रकाश)
3. 'मुखा' सत्रीया मुखा शिल्प, कृष्ण गोस्वामी
4. दैनिक पूर्वोदय समाचार-पत्र, तारीख़ 20/08/2017

असमिया लोकगीतों में रामकथा

सिकदर आनवारुल इसलाम अब्दुल मतिन

असमिया साहित्यिक परम्परा में रामकथा सर्वाधिक लोकप्रिय है। भारतीय परम्परा का कालजयी महाकाव्य रामायण देश की भावात्मक सांस्कृतिक एकता का बुनियादी सूत्र है। यह दुर्लभ आख्यानों में असाधारण है जिसने भारतीय जनजीवन को सबसे अधिक प्रभावित किया है। असमिया जनजीवन भी इससे अछूता नहीं रहा। रामकथा शताब्दियों से असमिया जनमानस से जुड़ी हुई है, और इसीलिए श्रीराम असमिया लोक-साहित्य के अभिन्न अंग है। असमिया लोक-साहित्य की परिधि अत्यन्त व्यापक एवं विस्तृत है। लोक-साहित्य लोकसमाज का स्वच्छ दर्पण है। इसमें लोकमानव का हृदय बोलता है। इस साहित्य में जनजीवन की सभी प्रकार की भावनाएँ बिना किसी कृत्रिमता के समाई रहती हैं। असमिया लोक-साहित्य को विभिन्न भागों में विभाजित किया जा सकता है। लोक गीत उनमें सबसे प्रमुख हैं।

लोक गीत लोक जीवन की अनुभूति का यथार्थ चित्र हैं। जनजीवन की प्रबल भावनाओं की स्वाभाविक तथा सांगीतिक अभिव्यक्ति ही लोक गीत है। अन्य लोक गीतों की तरह ही असमिया लोक गीत यहाँ के जनजीवन तथा संस्कृति के परिचायक हैं। ऐसा भी कहा जाता है कि असमिया लोक गीतों में यहाँ का इतिहास छिपा हुआ है। असमिया लोक गीतों के अनेक भेदोपभेद हैं, जिनमें प्रमुख हैं–1) पूजा और धर्म विषयक गीत, 2) ऋतु विषयक गीत, 3) कर्म विषयक गीत, 4) संस्कार विषयक गीत और 5) विविध विषयक गीत। असमिया लोक गीतों के अन्तर्गत निसुकनि गीत (लोरी), विवाह गीत, नावखेल गीत, विभिन्न मालिता, गीति-नृत्य-नाट्य, यात्रा-गान आदि में रामकथा विशेषतः रामायण के चरित्रों का विशेष प्राधान्य देखा जाता है। तभी तो जन्म के अवसर पर–'राम जन्मिलो रे अयोध्या नगरे, गीत से लेकर मृत्यु के समय राम-राम उच्चारण करते हुए अपार संसार समुद्र पार होने की परम्परा असमिया समाज में वर्तमान है। अतः यहाँ असम में प्रचलित रामकथा सम्बन्धी कुछ प्रमुख लोक गीतों की चर्चा करने का प्रयास किया गया है–

संस्कार विषयक गीतों में रामकथा

असम के लोकजीवन में जन्म, नामकरण, अन्नप्राशन, चूड़ाकरण, विवाह, मृत्यु आदि प्रधान संस्कार के लोक गीत वर्तमान में भी प्रचालित हैं, जिनमें राम तथा रामायण के विभिन्न चरित्रों का नाम बड़े ही आदर से लिया जाता है। यहाँ इन सबकी आलोचना सम्भव नहीं है। उदाहरण के तौर पर विवाह गीतों का संक्षिप्त परिचय दिया गया है–

विवाह गीतों में रामकथा : असमिया समाज में विवाह का संस्कार सबसे अधिक महत्त्वपूर्ण है। इससे सम्बन्धित गीतों की संख्या भी सबसे अधिक है। असमिया लोक गीतों में वैवाहिक रीति-रिवाजों, बारात-बारातियों, समधी, सास, ननद आदि का उल्लेख मिलता है। असमिया विवाह

गीतों को दो भागों में विभाजित किया जा सकता है—1) रुचिपूर्ण और गम्भीर भावयुक्त गीत तथा 2) दूसरी प्रकार के विवाह गीतों में वर पक्ष अथवा कन्या पक्ष को चिढ़ाते हुए आनन्द लेने वाले इन गीतों को जोरानाम या खिचागीत नाम से जाना जाता है। जोरण के गीत, अधिवास के गीत, पानी उठाने के गीत, कन्या विदाई-गीत, वर-वधू के हवन (होम) में बैठते समय गाये जाने वाले गीत, सेहरा (बाराती) पक्ष और कन्या (चुनरी) पक्ष के स्वागत के गीत आदि विवाह के विभिन्न अवसरों पर गाये जाने वाले गीतों में रामकथा का प्राधान्य उल्लेखनीय है।

विवाह के दिन वर और कन्या की साक्षात राम और सीता के रूप में कल्पना करते हुए (होम) हवन-मण्डप के पास बैठते समय उपस्थित स्त्रियों (आयती) द्वारा गाये जाने वाले गीत द्रष्टव्य हैं—

मिथिला नगरे जनकरे घरे
जन्मिला जानकी सीता।
पारे कि नोवारे रामधेनु भाङिब
सीतार मन हैसे चिन्ता।।

(कल्पना तालुकदार, असमिया बियागीतत रामकथा, रामायनी साहित्यर अध्ययन, संपा.—डॉ. इन्दिरा बरा और कमलाकान्त बरा, पृ. 146)

लेकिन रामचन्द्र जब धनुष तोड़ते हैं, तब उपस्थित सभी जन आश्यर्यचकित हो जाते हैं और गाते हैं—**'डबा बाजे शंख बाजे आरु बाजे बेनु। आकाशो दुन्दुभि बाजे रामे भाङे घेनु।।'** धनुष तोड़कर राम जब (यज्ञ) हवन में बैठते हैं और हाथ में दही का (पात्र) कटोरा लेकर सीता जब पुष्पमाला पहनाती हैं तब स्त्रियाँ गाती हैं—**'सखीसवे बोले सीता तुमि भाग्यवती। तोमार भैलन्त स्वामी राम रघुपति।'** (केशदा महन्त, असमिया रामायणी साहित्य : कथावस्तुर अतिगुरि, पृ. 709)। विवाह गीत के कवि के अनुसार राम को माला पहनाने वाली सीता विष्णु को अपनाने वाली लक्ष्मी, शिव के पास पार्वती, चन्द्र के पास रोहिणी तथा कामदेव के पास रति देवी जैसी हैं।

शादी हो जाने के बाद वर-वधू को अन्दर बुलाकर अँगूठा छुपाना खेल का आयोजन करते हुए गाते हैं—**'रामे सीताइ पाशा खेले राइजे बेरि चाय। आजि जदि राम हारे कि हब बिलाइ।।'** सेहरा पक्ष (बाराती) जब कन्या को लेकर वापस चले जाते हैं, तब उपस्थित स्त्रियाँ(नामती) जो गीत गाती हैं वह करुण रस से परिपूर्ण है—उरि गले पखिलाटि परि गले पाखि। रामर लगत सीता जाब कोने थब राखि ।। (केशदा महन्त असमिया रामायणी साहित्य, पृ. 710) इस तरह देखा जाता है कि विवाह के विभिन्न प्रसंगों में रामकथा सम्बन्धी गीत गाकर असम की ग्रामीण महिलाएँ आत्मविभोर हो जाती हैं।

बिहु गीतों में रामकथा—असम का बिहु विश्व-संस्कृति में समन्वय का सर्वश्रेष्ठ निदर्शन है। तथाकथित आर्य-आर्येतर, ऊँच-नीच, हिन्दू-मुस्लिम, बोडो, आहोम, कोच, कलिता, ब्राह्मण सभी बिहु में भारतीय विभूति के साथ अल्लाह-गॉड, बुद्ध के संहति-प्रेम-बन्धुत्व, अहिंसा, आनन्द आदि आदर्श प्रकाशित करते हैं।

बिहु असम के तीन अलग सांस्कृतिक उत्सवों के एक समूह को दर्शाता है और दुनिया-भर के असमी प्रवासी इसे धूमधाम से मनाते हैं। अधिकांश अन्य भारतीय त्योहारों की तरह बिहु (तीनों बिहु) खेती के साथ जुड़ा हुआ है। बिहु गीत के अन्तर्गत हूँसरि (ग्रुप में नृत्य के साथ गाया जाता है) का विशेष स्थान है। हूँसरि नाम में रामकथा विषयक गीत भी गाये जाते हैं। यहाँ रामकथा विषयक घोषा की कुछ पंक्तियाँ द्रष्टव्य हैं—

"राम राम राम, रघुपति राम। कौशल्यानन्दन हरि दुर्वादल श्याम।"

(केशदा महन्त-असमिया रामायणी साहित्य, पृ. 711)

हूँसरि नामों (गीतों) में साधारणतः राम के जीवन की करुण कहानियों को ज़्यादा गाया जाता है। बिहु के आनन्दोत्सव में भी राम के वनगमन को याद करते हुए बिहुआ अभिभूत हो जाते हैं—हाय रे हाय, राम आजि बने चलि जाय। राम के वन में चले जाने से अयोध्या की प्रतिक्रिया व्यक्त करते हुए बिहुआ इस तरह गाते हैं—**राम बनवासे गल। कैकेयीर मन भाल हल। पुत्रर संतापे राजा दशरथ। अयोद्धात परि मूर्च्छा गल।** (वही, पृ. 712)

इसी तरह बिहु के अपार आनन्द में भी बिहु बलीया असमिया लोग राम-सीता की करुण-कथा स्मरण करते हुए इन कालजयी दो चरित्रों को आत्मीय महसूस करते हैं।

बारहमासा गीत में रामकथा—वर्ष के बारह मासों के प्राकृतिक परिवेश के कारण विरहिणी के मन में जो व्यथा होती है उसकी कवित्वमयी व्यंजना ही बारहमासा या बारमाही गीत है। इन गीतों में पति के अनुपस्थित होने के कारण बारह महीनों में जो-जो कष्ट उठाने पड़ते हैं, उसका बड़ा ही मार्मिक वर्णन होता है। असम में प्रचलित रामकथा युक्त बारहमासा गीतों को राम बारमाही और सीता बारमाही नाम से भी जाना जाता है। राम बारहमासी गीत में वर्ष का प्रारम्भ यद्यपि अगहन से दिखाया गया है, लेकिन सीता बारमाही गीत में बहाग (वैशाख) से वर्ष की शुरुआत मानी जाती है।

राम बारहमाही गीत में राम-वनगमन से लेकर सीताहरण तक की कथा वर्णित है। साधारणतः अन्य बारहमासा गीतों की तरह राम बारहमाही गीत का वर्ण्य-विषय विरहिणी का विरह-वर्णन नहीं है।

आघोण माहते राम मने कैल चिन्ता। किमते वन्चिबो आमि संगे लैया सीता।।
कान्दे दशारथ राजा आर्तनाद हैया। कौशल्या सुमित्रा कान्दे पुत्रक लागिया।।

(वही, पृ. 714)

सीता बारहमाही गीत में अन्य विरहिणी की तरह सीता भी विलाप करती हैं—**'आमाक छाड़िया गैला राम नारायण। वारहमासा गीत में चैत्रर मासते देवी मंगला पुजन्ते। समुद्र बान्धिया रामे बधिल रावणे'**—विशेष उल्लेखनीय है। सीता बारहमाही गीत में विरहिणी सीता की मनोवेदना इस तरह वर्णित हुई—

अघोणर माहते वापु शालिरे बतर। दूरर परा रामचन्द्रक करिछो कातर ।।
पुहर माहते बापु अति बर शीत । मई अभागिनी सीतार नाइ थान थित ।।

(वही, पृ. 717)

मालिता में रामकथा—लोकगाथा को ही असमिया में मालिता कहा जाता है। मालिता शब्द का प्रचलन स्वर्गीय हेमचन्द्र बरुआ ने किया था। संस्कृत के माला शब्द से सम्भवतः मालिता शब्द की उत्पत्ति हुई है। जिस प्रकार माला में फूल परस्पर एक-दूसरे से गुँथे होते हैं, वैसे ही अनेक घटनाएँ परस्पर एकसूत्र होकर एक कथा का रूप लेती हैं। सम्भवतः इसलिए इसे मालिता की संज्ञा मिली है। अन्य प्रान्तीय लोकगाथाओं की तरह असमिया मालिताओं में यहाँ का जनजीवन, विभिन्न ऐतिहासिक क्षेत्र, असमिया लोकमानस की वैचारिकता तथा स्थानीय परिवेश के विभिन्न पहलुओं का सजीव अंकन मिलता है। असम में प्रचलित ढोल, मृदंग तथा ओजापालि राग की मालिता में प्रचलित रामायणी कथा के कुछ उदाहरण यहाँ अपेक्षित है—

ढुलीया मालिता में पहले कुछ प्रश्न किया जाता है, उसके बाद गीतों के माध्यम से उन प्रश्नों का उत्तर दिया जाता है । जैसे—**'सत्य जुगे कोने कार पातिछिले बिया। तेतिया बजाले ढोल कोनजन ढुलीया।।'**

इसका जबाव इस तरह दिया जाता है—

'सत्य जुगे पातिलेक श्रीरामचन्द्रर बिया। तेतियाइ बजाइ ढोल सुधर्म ढुलीया।।'

इस मालिता में और भी एक सवाल उठाया गया है—

'कोने करे माटि चाह कोनजने बय। केनेमते हरियहर जन्म आसि हय।।'

इस प्रश्न के उत्तर में मालिताकार कहते हैं कि—

श्रीरामचन्द्रइ हरियहर जुरिलेक हाल। ब्रह्माइ आसि हरियहर सिंचिलेक गाल।।

मृदंग मालिता में भी एकाधिक राग की उत्पत्ति के साथ रामकथा जुड़ी हुई है। ढुलीया मालिता की तरह मृदंग मालिता की रामकथा का रामायण की घटनाओं के साथ शायद ही कोई सम्पर्क है। मृदंग में रागों के प्रचलन के बारे में कहा गया है—

जि कालत श्रीरामे सीताक बिहाइला। ब्रह्मा आदि त्रिदश देवतागणे धाइला।।
सेहिकाल हन्ते मनुष्ये लाग पाइला। रामर आदेशे राग पृथिवीत रइला।।

(ढोल, मृदंग, खोल आरु तालर मालिता, संपा. श्री श्री तीर्थनाथ गोस्वामी से उद्धृत, पृ. 42)

इसी तरह धनश्री राग, ईमन कल्याण और पहाड़ी राग की मालिता की उत्पत्ति के प्रसंग में भी रामकथा जोड़ देना देखा जाता है। उदाहरणस्वरूप धनश्री राग की कुछ पंक्तियाँ देखिए—

राम-लक्ष्मण सीता संगे दुइ भाई। ससैन्ये सहिते बनवास चलि जाय।।
सेहि बेला आसि नारद लग पाइला। रामर आदेशे धनश्रीराग गाइला।।

(वही, पृ. 40)

ओजापालि राग की मालिता में मृदंग-मालिता की राग की उत्पत्ति की तरह रामकथा को जोड़ दिया गया है। रामगिरि राग की उत्पत्ति के बारे में इस तरह कहा गया है—

श्रीराम स्वरूपे बालीराजक बधिला। अकण्टक राज्यभार सुग्रीवक दिला।।
राज्यपाय पाहरिला सुग्रीवे रामक। समय बुजिया नासे वानर लटक।।
हेन देखि लक्ष्मणर क्रोध उपजिला। सुग्रीवर मंन्दिरत गर्जिबे लागिला।।

. . . .

फोंकारि फोंकारि बीरे क्रन्दन करिला। सुग्रीवर कन्दनत रामगिरि राग भइला ।।

(डॉ. बीरेन्द्र नाथ दत्त, असमिया संगीतर ऐतिह्य, पृ. 53)

ऐसा अनुमान लगाया जाता है कि ओजापालि राग की मालिता शत्रुंजय से भी प्राचीन है। शायद किसी लौकिक उत्स से मालिता की यह कहानी अपनायी गयी है। ओजापालि धनश्री राग की मालिता का एक उदाहरण देखिए—

तिनि देवे मिलि बुलिलन्त मन्दरक। एक गोट श्रृंग तुमि दिया पवनक।।
हेन शुनि सुमेरुर आनन्दित मन। सुवर्णर श्रृंगगोट दिला तेतिक्षण।।

. . . .

सीताक बिचारि रामे आटासेक दिला। गन्धमादनक जाइ धमक लागिला।।
शब्दर आन्दोले गिरिराज कम्पि गैला। रामर क्रन्दनत धनश्रीराग भैला।।

इसी तरह विभिन्न मालिताओं में रामकथा को जोड़ने से यह स्पष्ट होता है कि असम की आम जनता में रामकथा के प्रति आकर्षण अब भी विद्यमान है।

नावखेल गीत में रामकथा—असमिया लोक गीत में नाँवखेल गीत का भी विशेष महत्त्व है। नाविक अपने कष्टों को (लाघव) कम करने हेतु दूर देश में जाते समय इस प्रकार के गीत गाते हैं।

असम के विभिन्न धार्मिक उत्सवों में विशेषतः बरपेटा और शुवालकुछि में हर साल नावखेल प्रतियोगिता का आयोजन किया जाता है। इस खेल में भाग लेने वाले नाविक (नाविकगण) रामायण, महाभारत आदि की कहानियों से रचित विभिन्न गीत-पद नाव चलाते समय गाते हैं। यहाँ रामकथा सम्बन्धी नावखेल गीत का एक उदाहरण द्रष्टव्य है–

राम आहिल रे मायामृग मारि। माया करे मारिच माया चुड़ामणि।।
माया मृग धरि साधै रामर विघिनि। आँतर करिला राम-लक्ष्मण दुइ भाई।।
हरिला रावणे सीता शून्य घरे पाई। हाय रे हरि रे कन्या फुलेश्वरी रे अ भाया हुइच,
कि चाइ आछिला भायाटिये हे, रावणे हरि निला सीताक ए हे।
अ राम अ हरि।।

(योगेश चन्द्र तामुली (संपा.)–असमिया लोक-गीति संग्रह, पृ. 30)

लोरी गीत में रामकथा–लोरी को असमिया में निसुकनि गीत कहा जाता है। यह गीत साधारणतः बच्चों को सुलाते समय या रोते हुए बच्चे को मनाने हेतु, दादी, चाची माँ, बुआ, मौसी आदि द्वारा गाया जाता है। असम के जनजीवन में विभिन्न लोरियों का प्रचलन है, उनमें रामकथा सम्बन्धी लोरियाँ बच्चों को बहुत प्रिय हैं। उदाहरण के लिए निम्नलिखित लोरी बच्चों का ध्यान अनायास मोह लेती है–

कलमौ पातेरे नाव हाजि ललो, इकरा पातरे बठा।
अकल रामचन्द्रइ कि जज्ञ पातिछे, लगत नाइ सारथि सीता।।

(केशदा महन्त, असमिया रामायणी साहित्य : कथावस्तुर आँतिगुरि, पृ. 704)

राम का चिरसंगिनी, वनसंगिनी-सीता के बिना यज्ञ करना, राम का खाली-खाली महसूस करना सीता के प्रति गम्भीर सहानुभूति का परिचायक है। यह गीत बच्चों के कोमल मन में राम-सीता की छाप बिठाने में सक्षम है। इसी तरह राम के हाथ में धनुष-तीर लेकर पशु के पीछे भागने की कल्पना भी बच्चों को आकर्षित कर लेती है–

कलीया तुलसीर तले मृग पहु चरे। ताके देखि रामचन्द्रइ शरधनु धरे।।

(वही, पृ. 705)

निम्नलिखित लोरी में युद्ध क्षेत्र में जाने वाले राम का सीता से पशु मारने जाने की घटना कहना बच्चों को बहुत प्रिय है–

राम जाय रण लै, सीताइ लगे धरे, मोको निया प्रभु रणे।
नेलागे जाब ऐ, जनकर जियारी, मृग मारि आहों वने।।

(वही, पृ. 706)

इसी तरह असमिया जनमानस बचपन से ही लोरियों के माध्यम से भी रामकथा के साथ परिचित हो जाता है।

अन्यान्य (विविध विषयक) लोक गीतों में रामकथा

महाकाव्य रामायण की करुण कहानियों का गम्भीर प्रभाव असमिया जनमानस पर स्पष्ट है। भवभूति का कथन–'एको रसः करुण एव' असम के लोक कवियों के विषय में पूर्णतः सार्थक है। करुण रस से तन्मय होकर जब कोई लोककवि ये गीत गाते हैं, तब श्रोता के हृदय भी करुण रस से भर जाते हैं। उदाहरण के लिए, अन्धमुनि के पुत्र सिन्धुमुनि का करुण कहानी वर्णित एक गीत देखिए–

राज्य करे दशरथ जेन पुरन्दर। राजार बयस न हाजार बछर।।
सातो शत पंचास नृपतिर राणी । कारो पुत्र नाइ राजार मने अभिमानी ।।

(वही, पृ. 724)

सिन्धुमुनि के कलश में पानी भरते समय—**'राजाइ बोले जलपान करिछे हरिणी। दशरथ की सात सौ पचास राणी की कथा।'** सिन्धुमुनि द्वारा कलश भरने को राजा द्वारा हरिणी का पानी पीना सोचना और दशरथ के तीर से सिन्धुमुनि का आहत होकर पूर्वजन्म की कथा स्मरण करना आदि कथाओं में लोक कवि पर कृत्तिवास रामायण का स्पष्ट प्रभाव है।

अन्य एक लोक गीत में लक्ष्मण पर रावण की शक्तिशेल का मर्मान्तिक वर्णन देखा जाता है—

शक्तिशेले परि आछे अनुज लक्ष्मण। कोले लैया रघुनाथे जुरिला क्रन्दन।।
प्रियसम भ्रातृ मोर सुमित्रानन्दन। रावणर शक्तिशेले तेजिले जीवन।।
पितृसत्य पालि मइ बनावासी भैलो। मायामृग खेदि मइ सीताक हेराइलो।।
सीतार उद्धार हेतु जुद्ध आरम्भिलो। भार्जार कारणे आजि भातृक हेराइलो।।

(वही, पृ. 725)

इसके अलावा कामरूप तथा गोवालपरीया ज़िले के कुछ लोक गीतों में भी रामकथा का वर्णन मिलता है—

गोवालपरीया लोक गीत संग्रह त सन्निविष्ट एटा होलीगीतत सीताहरणर कारुण्य ध्वनित हैछे।

(वही, पृ. 727)

आमि बाहिर हइलाम, आमि बाहिर हइलाम।
भरतक राज्यभार दिया, हे राधा राधा बइले जात्रा करे।
पहेलां फागुन मासे, राम गेल बनवासे
आरे ओ सीताक हारिया निल रावणे, हे हनु कान्दि फुरे बने बने।

इस गीत में सीताहरण की हृदयद्रावक करुण कहानी वर्णित है। कामरूप ज़िला के महहो यानी बाम्वलपीटा गीत की तरह गोवालपारा ज़िले में प्रचलित शिव गीत में भी राम-लक्ष्मण-सीता का नाम लिया जाता है।

असम में अगहन और कार्तिक महीने की संक्रान्ति के दिन काति बिहु पालन किया जाता है। उसी दिन तुलसी पूजा का भी आयोजन किया जाता है, जिसमें शाम को गोचारण के लड़के इकट्ठा होकर तुलसी (पेड़) के आगे दीया जलाकर पूजा-अर्चना करते हैं और नाम (गीत) गाते हैं। इस तरह तुलसी पूजा के अवसर पर गाये जाने वाले गीत को तुलसी गीत कहते हैं, जिस में रामकथा का प्राधान्य है। जैसे—

तुलसीर गोरे गोरे मृग पहु चरि फुरे। ताके मारिबाक लागि रामे जतन करे।।
राम गैला मृग मारिबा लक्ष्मण गैला लरि। लंकार रावणे पाइ सीताक निला हरि।।
मरि गेल तुलसी सरि गेल पात। गोरखा छलि नाम धरे उठे जात जात।।

(डॉ. विजया बरुवा, माधव कन्दलिर रामायणत लोकायत जीवन, पृ. 183)

अतः रामकथा शताब्दियों से असमिया जनमानस से जुड़ी हुई है। असमिया लोक गीत यहाँ के जनजीवन तथा संस्कृति के परिचायक हैं। प्राचीनकाल से ही असम में रामकथा का प्रचलन है। रामकथा सम्बन्धी असमिया लोक गीत इस देश की अमूल्य निधि हैं। जन्म से लेकर मृत्यु तक असम के सामाजिक, सांस्कृतिक विभिन्न उत्सवों एवं परम्परा में गाये जाने वाले लोक गीतों में रामकथा

विद्यमान है। रामायण में उल्लिखित ब्रह्मा का यह कथन—**"जावत्तिष्ठन्ति गिरियः सरितश्व महीतले। तावद् रामायण कथा लोकेषू प्रचरिस्यति।।"** (वाल्मीकि रामायण 1-2-36) अर्थात् जब तक इस धरती पर पर्वत रहेंगे, नदियाँ बहती रहेंगी, तब तक रामायणी कथा लोकसमाज में प्रचलित रहेगी। असमिया लोक गीत भी इससे अछूते नहीं हैं। रामकथा युक्त लोक गीतों ने असमिया लोगों को श्रद्धा, विश्वास, प्रेरणा, प्रोत्साहन, प्रेम, स्नेह, त्याग एवं बलिदान की एक अपार्थिव भूमिका प्रदान की है जो चिरकाल तक मिटाये नहीं मिटेगी।

सहायक ग्रन्थ

1. कलिता, डॉ. सत्यजित, असमिया लोक संस्कृतित एभुमूकि, सन् 2011
2. चौधरी, डॉ. शान्तराम एवं खेमनर दशरथ (संपा.), भारतीय लोक-साहित्य : स्वरूप व संकल्पना, अनुबन्ध प्रकाशन, बालाजी नगर, पुणे—411043, सन्-2017
3. चौधुरी, प्रो. भूपेन्द्रराय, असमिया लोक-साहित्य की भूमिका, सन् 2002
4. बरा, डॉ. इन्दिरा शइकिया एवं कमलाकान्त (संपा.), रामायणी साहित्यर अध्ययन : समीक्षात्मक आलोचना, किरण प्रकाशन, धेमाजी (असम), सन् 2005
5. बरुवा, डॉ. विजया, माधव कन्दलिर रामायणत लोकायत जीवन, अन्तरीप प्रकाशन, मालिगाँव, गुवाहाटी-11, सन् 2006
6. महन्त, केशदा, असमिया रामायणी साहित्य : कथावस्तुर आँतिगुरि, वेदकण्ठ प्रकाशन, जोरहाट-6, सन् 2011

पूर्वोत्तर भारत के लोक साहित्य में राम

(असम के विवाह गीतों के सन्दर्भ में)

युगल चन्द्र नाथ कुशल महन्त

भारतवर्ष को बहुजाति तथा बहुधर्मी देश होने का गौरव प्राप्त है। हमारे यहाँ जितनी जातियाँ और जितने धर्म पाये जाते हैं ऐसा संसार के अन्य देशों में विरल है। यहाँ की प्रत्येक जाति की अपनी-अपनी संस्कृति है। अतः संस्कृति की दृष्टि से भी यह देश अत्यन्त समृद्ध है। संस्कृति नदी की धारा की भाँति होती है जो निरन्तर बहती ही रहती है। संस्कृति किसी भी जाति या समाज के गुणों का समाहार है जिसका प्रतिफलन साहित्य के माध्यम से हो जाता है। क्योंकि साहित्य समाज की प्रतिध्वनि और प्रतिच्छाया दोनों है।

लोक एक संस्कृतिवाचक शब्द है। व्यक्ति इकाई होता है और लोक समूह होता है। व्यक्ति ने स्व की रक्षा के लिए समाज बनाया और समाज में रहने वालों ने अपने हृदय के भाव और अनुभाव की अभिव्यक्ति के लिए अनगढ़ भाषा में लोक समाज में जो कहा उसी से लोक-साहित्य का निर्माण हुआ। लोक-साहित्य के द्वारा ही लोक जीवन को जाना जा सकता है। क्योंकि लोक जीवन से ही लोक-साहित्य का निर्माण होता है, उसे आकार प्राप्त होता है।

लोक-साहित्य का ही एक विशेष अंग लोक गीत हैं। अपनी अद्‌भुत मनोरंजन क्षमता के कारण लोक गीतों की लोक जीवन में प्रचुरता और व्यापकता है। युग-युग से लोक गीत एक पीढ़ी से दूसरे पीढ़ी तक संस्कृति को वहन करते हुए चले आ रहे हैं मानव के जीवन के हर्ष-विषाद, जय-पराजय सभी लोक गीतों में अभिव्यक्त होते आ रहे हैं। इसीलिए लोक गीत सर्वकालिक और सर्वग्राही होते हैं। आगे हम असम के विशेष सन्दर्भ में लोक गीतों की विस्तृत चर्चा करेंगे।

लोक की अवधारणा

'लोक' शब्द अत्यन्त प्राचीनकाल से ही प्रचलित है। लोक शब्द संस्कृति के 'लोक दर्शने' धातु से धञ प्रत्यय करने पर निष्पन्न हुआ है। इस धातु का अर्थ है 'देखना'। इसका लट् लकार में अन्य पुरुष एकवचन का रूप 'लोकते' है। इस प्रकार लोक शब्द का अर्थ होता है—देखने वाला।

ऋग्वेद के कई स्थानों में लोक शब्द का व्यवहार जीव तथा स्थान के अर्थ में भी हुआ है। महर्षि पाणिनि ने अपनी 'अष्टाध्यायी' में लोक तथा सर्वलोक शब्दों में ठञ प्रत्यय करने पर लौकिक तथा सार्वलौकिक शब्दों की निष्पत्ति होने का उल्लेख किया है।

बौद्ध धर्म के प्रचार के लिए निर्मित अशोक शिलालेखों में लोक-कल्याण के आदेश हैं।

प्राकृत और अपभ्रंश में लोकजना और लोकपवाय शब्द लोक के नियमों का महत्त्व प्रकट करने के लिए प्रयुक्त हैं। डॉ. हजारी प्रसाद द्विवेदी ने कहा है 'लोक' शब्द का अर्थ जनपद या ग्राम नहीं है बल्कि नगरों और गाँवों में फैली हुई वह समूची जनता है जिनके व्यावहारिक ज्ञान का आधार पोथियाँ नहीं हैं।

लोक-साहित्य और लोक गीत

लोक-साहित्य लोक संस्कृति का एक अभिन्न अंग है। प्रत्येक देश, जाति का अपना एक लोक-साहित्य होता है। लोक-साहित्य साधारण जनता के हृदय का वह उदगार है जिसमें वह गाती है, हँसती है, खेलती है, उसे लोक-साहित्य कहा जा सकता है। लोक साहित्य के द्वारा किसी भी देश या जाति की सभ्यता, संस्कृति, आचार-विचार, रीति-रिवाज, धर्म एवं कला की जानकारी प्राप्त कर सकते हैं। लोक साहित्य के ऐसे अनेक लक्षण हैं जो उसे लिखित साहित्य से अलग करते हैं। लोक साहित्य का हमेशा श्रवण किया जाता है, वह मौखिक होता है, उसका पठन-पाठन नहीं किया जाता है। उसका सदैव मौखिक रूप से निरन्तर आदान-प्रदान होता रहता है। यही आदान-प्रदान उसके निर्माण और विकास की पृष्ठभूमि भी है। लोक साहित्य अनाम होता है। किसी लोक कथा या लोक गीत के रचयिता कौन हैं यह बहुत कम ही ज्ञात हो पाता है। लोक-साहित्य का रूपाकार अवश्य किसी देश या भौगोलिक सीमा में आबद्ध रहता है परन्तु उसकी आत्मा, सार्वभौम और शाश्वत होती है।

लोक साहित्य का ही एक महत्त्वपूर्ण अंग लोक गीत हैं। लोक गीतों का प्राचीन रूप वेदों में प्राप्त होता है। ऋग्वेद के अनेक मन्त्रों में गाथा-गाथिन, गाथवश्रव आदि शब्द प्रयुक्त हुए हैं। जिसका अर्थ होता है पद्य या गीत। गाथा शब्द का प्रयोग जिस विशिष्ट साहित्य के लिए हुआ है वह विशिष्ट साहित्य है लोक साहित्य। इसलिए गाथाओं का प्रयोग मन्त्रों के रूप में नहीं होता है। ब्राह्मण ग्रन्थों में भी वैदिक गाथाओं का उल्लेख मिलता है जो लोक गीतों की भाँति गायी जाती हैं। वाल्मीकि रामायण, व्यास महाभारत में भी लोक गीतों की सामग्री उपलब्ध है। राम और कृष्ण के जन्म, विवाह, यज्ञ आदि अनेक स्थलों पर परम्परागत रूप से प्राप्त लोक गीत गाने का वर्णन प्राप्त होता है।

गौतम बुद्ध के उपदेशों तथा बुद्ध के पूर्वजन्म को परम्परित लोककथाओं में बद्ध करके पालि भाषा की गाथाओं में व्यक्त किया गया है।

कबीर की वाणी और लोक गीतों में तत्त्व की दृष्टि से समानता मिलती है। तुलसी का साहित्य तो लोक साहित्य से पूर्णतः प्रभावित है।

इस प्रकार देखा जाये तो यह नहीं कहा जा सकता है कि लोक गीतों का जन्म कब हुआ। शायद प्रारम्भिक अवस्था में मानव ने वाणी सीखने के साथ ही अपने भावों की अभिव्यक्ति वाणी के साथ जिस रूप में की होगी वहीं से लोक गीत अथवा लोक-साहित्य का सृजन हुआ होगा। मानव के अपनी लोक भाषा और अनुभव के विकास के साथ-साथ ही लोक-साहित्य का विकास भी होता गया।

लोक गीत का स्वरूप

लोक गीत क्या हैं इसे परिभाषित करने के लिए अनेक विद्वानों ने अपनी अनेक परिभाषाएँ प्रस्तुत की हैं–

"जीवन के सुख, जीवन के दुख ये हैं लोक गीत के बीज।"

(सत्यार्थी, देवेन्द्र, धरती गाती है, पृ. 178)

"लोक गीत किसी संस्कृति के मुँह बोलते चित्र हैं।"

(अग्रवाल, वासुदेव शरण, आजकल, नवम्बर, 1951)

"लोक गीत न तो नया होता है, न पुराना। वह तो जंगल के एक वृक्ष के समान है। जिसकी जड़ें गहरी धँसी हैं। लेकिन निरन्तर नवीन डालियाँ, पल्लव और फल उगते हैं।"

(ब्रिटेनिका, एनसाइक्लोपीडिया, रॉल्फ डी विलियम्स, पृ. 448)

"ग्रामीण मनुष्य के स्त्री-पुरुष के मन में हृदय नामक आसन पर बैठकर प्रकृति गान करती है। प्रकृति के वे ही गान गीत हैं।"

(त्रिपाठी, रामनरेश, कविता कौमुदी, भाग-6, पृ. 1-2)

अतः कहा जा सकता है कि प्राचीनकाल से लोक गीत की जो निर्बाध धारा चली आ रही है उसका उद्‌गम स्थल मानव हृदय रहा है। मानव हृदय के मार्मिक उद्‌गार अत्यन्त स्वाभाविक रूप से लोक गीतों में अभिव्यक्त हुए हैं। जिनमें एक मिठास और सहज आकर्षण विद्यमान है जो पीढ़ी-दर-पीढ़ी हस्तान्तरित होते हुए भी अक्षुण्ण बने रहे।

लोक गीतों का वर्गीकरण

विषय की विविधता के आधार पर अनेक विद्वानों ने लोक गीतों को अनेक वर्गों में वर्गीकृत किया है।

डॉ. रामनरेश त्रिपाठी ने लोक गीतों का वर्गीकरण इस प्रकार किया है–

(क) संस्कार गीत, (ख) चरखा गीत, (ग) धर्म गीत, (घ) ऋतु सम्बन्धी गीत, (ङ) खेती के गीत, (च) भिखमंगों के गीत, (छ) मेलों के गीत, (ज) जाति गीत, (झ) वीर गीत, (ञ) गीत कथा, (ट) अनुभव के गीत।

डॉ. कृष्णदेव उपाध्याय ने लोक गीतों का वर्गीकरण इस प्रकार किया है–

(क) संस्कार सम्बन्धी गीत, (ख) ऋतु सम्बन्धी गीत, (ग) व्रत सम्बन्धी गीत, (घ) देवता सम्बन्धी गीत, (ङ) जाति सम्बन्धी गीत, (च) श्रम सम्बन्धी गीत।

डॉ. राजकुमार सिंह ने लोक गीतों का वर्गीकरण इस प्रकार किया है–

(क) संस्कार गीत, (ख) ऋतु गीत, (ग) आध्यात्मिक गीत, (घ) जाति सम्बन्धी गीत, (ङ) दिनचर्या के गीत, (च) विविधा।

इस प्रकार देखा जाये तो विद्वानों में लोक गीतों के वर्गीकरण के सम्बन्ध में ज़्यादा मतभेद पाये नहीं जाते हैं।

विवाह संस्कार

नर और नारी ईश्वर की ऐसी दो अद्‌भुत कृतियाँ हैं जिनके मिलन में सृष्टि का मूल निहित है। इनके संयोग से ही सृष्टि आगे बढ़ती है। सृष्टि को आगे बढ़ाने में नर-नारी का समान योगदान रहता है। एक के बिना दूसरा अधूरा होता है। दोनों के समुचित और सन्तुलित योगदान से ही मानव जाति का विकास सम्भव है। इसलिए प्राचीनकाल से ही नर और नारी एक-दूसरे को जीवन का अभिन्न अंग मानते हुए सम्बन्ध बनाते चले आ रहे हैं। अपने सुख-दुख एक-दूसरे से बाँटने के साथ-साथ सृष्टि की रचना में अपना योगदान देते चले आ रहे हैं। समाज ने इनके इस सम्बन्ध को विवाह का नाम दिया है। नाम देने के साथ समाज ने इन्हें कुछ अधिकार भी दिये हैं और कुछ उत्तरदायित्व भी दिये हैं ताकि ये सुचारू रूप से सृष्टि के नियमों का पालन कर सकें।

विवाह का सर्वप्रथम उल्लेख ऋग्वेद में मिलता है। आर्यों ने मनुष्य के जीवन के सोलह संस्कारों में विवाह को भी स्थान दिया है। ऋग्वेद के अनुसार विवाह की पाँच प्रक्रियाएँ हैं–(1) वर यात्रा, (2) कन्या का शृंगार, (3) प्रीतिभोज, (4) अग्निप्रदक्षिणा और पाणिग्रहण तथा (5) वधू का स्वामी गृह प्रस्थान और आशीर्वचन। लेकिन रामायण काल तक आते-आते विवाह संस्कारों की प्रक्रिया की संख्या उन्नीस-बीस तक पहुँच गयी। इस समय विवाह प्रक्रिया को स्थूल रूप से दो भागों में बाँटा गया है–(1) वैवाहिकी, (2) समुद्वाह। वैवाहिकी में विवाह के पूर्व औपचारिक नियमों तथा मूल विवाह के संस्कार आते हैं। अतः इसके भी दो वर्ग हैं–(1) आरम्भिक औपचारिक कृत्य, (2) मूल संस्कार (विवाह)।

आरम्भिक औपचारिक कृत्यों में वरप्रेक्षण, सीमन्तीपूजन, वंशावली कथन, वर-वधू के गुणों की परीक्षा, वाग्दान और मूल संस्कार में वधू-निष्क्रमण, वधू-गृह-आगमन, वेदीकरण, अग्नि-संस्थापन, होम, कन्यादान, पाणिग्रहण, अग्नि-प्रदक्षिणा आदि संस्कारों का उल्लेख किया गया है।

विवाह के बाद के संस्कारों को वेदों में समुद्वाह कहा गया है। इसमें वधू का पति के यहाँ गृह-प्रवेश, वधू-प्रतिगृह, देवोत्थापन आदि संस्कार आते हैं।

वेदों में इन संस्कारों को सम्पन्न करने के लिए दिनों की संख्या निर्धारित नहीं की गयी है। लेकिन रामायण काल में विवाह के सभी संस्कारों को सम्पन्न करने के लिए पाँच दिन निर्धारित किये गये हैं। प्राचीनकाल में यातायात की ज़्यादा सुविधा न होने के कारण विवाह के पर्व कई दिनों तक चला करते थे। जबकि आज विवाह का कार्यक्रम मुख्य रूप से दो या तीन दिन ही चलता है लेकिन लोकाचार विवाह के पूर्व से लेकर विवाह के बाद के कई दिनों तक चलते रहते हैं ।

असम के लोक गीत

भारतवर्ष के उत्तर-पूर्व में स्थित असम अपने लोक साहित्य और संस्कृति से समृद्ध एक प्रदेश है। यह प्रदेश अनेक जातियों तथा जनजातियों की भूमि है अतः यहाँ लोक गीतों का प्रचुर भण्डार भी उपलब्ध है। विविध विषय-वस्तु तथा विचित्र शैली के असमिया लोक गीत प्रसिद्ध हैं। असमिया लोक गीत असमिया कृषि जीवन, यहाँ की जलवायु और प्राकृतिक सौन्दर्य को ही प्रतिफलित नहीं करते उसके साथ-साथ लोगों के बीच में प्रचलित विभिन्न प्रकार के लोकाचार, संस्कृति, ऐतिहासिक-राजनीतिक घटनाओं आदि को भी प्रतिफलित करते हैं जिसके कारण असमिया लोक गीतों का क्षेत्र विशाल और रंगीन है।

जनसामान्य में प्रचलित विभिन्न प्रकार के लोक गीत असमिया भाषा में उपलब्ध होते हैं। असमिया भाषा में रचित लोक गीतों को विभिन्न भागों में बाँटा जा सकता है–(क) श्रमगीत, (ख) बिहुगीत, (ग) बियागीत(विवाह के गीत), (घ) खेलरगीत, (ङ) निसुकनि गीत, (च) भेकुलिर बिया गीत, (छ) महखेदा गीत, (ज) देव-देवी गीत, (झ) बारमाही गीत, (ञ) जुनागीत, (ट) नैसंगिकगीत, (ठ) विद्रोह के गीत आदि। इससे यह स्पष्ट हो जाता है कि असमिया लोक गीत अपने-आप में वैचित्र्यपूर्ण और समृद्धशाली हैं। इन गीतों ने न सिर्फ़ असमिया जाति के स्वरूप को प्रकाशित किया है अपितु लोकहृदय को भी आनन्द प्रदान करते आये हैं।

असमिया विवाह गीत

भारतवर्ष के अन्य राज्यों की तरह असम राज्य में भी प्राचीनकाल से ही विवाह को एक स्मरणीय संस्कार या अनुष्ठान के रूप में परिगणित करते आये हैं। विवाह के अनुष्ठान में गाये जाने वाले गीत

को यहाँ स्थानीय भाषा में बियानाम या बियागीत कहा जाता है। विवाह के अनेक पर्व जैसे—अँगूठी पहनाना, जोरण, वधू को सजाना, वर-वधू का विवाह मण्डप में बैठना, वधू की विदाई, वधू गृह प्रवेश आदि में जो गीत गाये जाते हैं वह अत्यन्त मनोरम हैं। विवाह के इन गीतों में नारी जीवन के विभिन्न हर्ष-विषाद, आशा-आकांक्षा, वर-वधू के रूप-सौन्दर्य, दाम्पत्य जीवन का आदर्श आदि प्रतिफलित होते हैं।

असमिया के विवाह गीतों को दो भागों में बाँटा गया है—

क) गभीर भावयुक्त गीत—इस प्रकार के गीतों में पुराण के विभिन्न चरित्रों जैसे—शिव-पार्वती, राम-सीता, कृष्ण-राधा, नल-दमयन्ती आदि के चरित्रों को वर-वधू में आरोपित करके गाया जाता है।

ख) लघु हास्यास्पद गीत—इन गीतों को 'जोरानाम' भी कहा जाता है। वर पक्ष और वधू के पक्ष के लोगों द्वारा एक-दूसरे का मज़ाक़ उड़ाके आनन्द प्राप्त करने के लिए ये गीत गाये जाते हैं।

असम के विवाह गीतों में राम

किसी भी जाति की लोक संस्कृति का पूर्ण प्रतिफलन उसके लोक गीतों में होता है। मनुष्य के जन्म से लेकर मृत्युपर्यन्त तक जीवन के विभिन्न रीति-रिवाजों एवं परम्पराओं की व्यापक झाँकी लोक गीतों में देखने को मिलती है। मानव जीवन के विभिन्न संस्कार, पर्व, त्योहार, सामाजिक-आर्थिक चेतनाएँ ये सभी लोक गीतों में प्रतिफलित होते हैं। मनुष्य जीवन में आने वाले विभिन्न संस्कारों में से एक अत्यन्त महत्त्वपूर्ण संस्कार है विवाह। विवाह जैसे अवसरों पर विभिन्न गीतों की योजना भी की गयी है। विवाह के विभिन्न पर्वों के लिए विभिन्न लोक गीत गाये जाते हैं जिसे असमिया में 'बियानाम' कहा जाता है। इन गीतों में साधारणतः पौराणिक कथाओं ख़ास करके रामायण तथा महाभारत की कथाओं को प्रमुखता दी गयी है। राम-सीता, कृष्ण-राधा आदि चरित्रों को को वर-वधू में आरोपित करके विवाह के गीत गाये जाते हैं।

असमिया सामाजिक के जीवन में भी रामायण का अत्यन्त व्यापक प्रभाव रहा है। दाम्पत्य जीवन का आदर्श एवं नारी जीवन की आशा-आकांक्षाओं का जो भव्य चित्रण रामायण में प्राप्त होता है उसका प्रभाव असमिया लोक साहित्य पर भी पड़ा है। विवाह के गीत इस दृष्टि से उल्लेखनीय हैं कि असमिया विवाह गीतों में वर-वधू को राम-सीता की दृष्टि से देखकर गीत गाये जाते हैं। असमिया के इन विवाह गीतों में राम के द्वारा शिवधनुष तोड़कर सीता को ले जाना, मिथिला नगरी का सीता के बिना सूना पड़ जाना, राम-सीता का आदर्श आदि अनेक कहानियाँ विद्यमान हैं। विवाह के इन गीतों के माध्यम से वर-वधू के सामने राम-सीता का आदर्श प्रस्तुत करके उनके दाम्पत्य जीवन के सुख की कामना की जाती है।

असमिया के विवाह गीतों में रामनाम का प्रायः उच्चारण होता है। गीतों का आरम्भ रामनाम से भी शुरू होते हुए भी देखने को मिलता है—

राम राम मारर अलंकार
राम राम थोवाहे जानकी
हरि मोर ऐ बापेरर अलंकार थोवाहे
राम राम रामे दि पठाइछे
राम राम सूवर्णर अलंकार
हरि मोर ऐ हाते जोरे करि लोवाहे।

विवाह के पहले दिन वर के घर से वधू के लिए विभिन्न अलंकारों के साथ वेशभूषा भी दी जाती है। उस रिवाज को असमिया में जोरण कहा जाता है। उस समय वर-वधू की राम-सीता के साथ तुलना करके अनेक गीत गाये जाते हैं—

दशरथर घरे आछे शुना सखी पुत्र एकजन।
जनकर घरे आजि शुना सखी पठाले जोरण।।
जनक रजार घरे आछे शुना सखी सीता माहासती।
सर्व अलंकारर पठाय शुना सखी राम रघुपति।।

असमिया विवाह गीतों में वधू के रूप-सौन्दर्य का सुन्दर वर्णन प्राप्त होता है। वधू के रूप-सौन्दर्य की सीता के रूप-सौन्दर्य के साथ तुलना की जाती है—

गा धुइ आइदेवे बरणे सलाले।
ऐ राम हालधि चरिले अतिहे।।
स्नानों करिले बस्तउ पिन्धिले।
ऐ राम उरि जाउँ उरि जाउँ करे हे।।

विवाह गीतों में सिर्फ़ वधू के रूप-सौन्दर्य का ही वर्णन किया जाता है ऐसा नहीं है, वधू के साथ-साथ वर के भी रूप-सौन्दर्य का वर्णन किया जाता है। वर के सौन्दर्य की राम के साथ तुलना करके विवाह के गीत गाये जाते हैं—

तेले चिकेमिकाय चिकुणे प्रभुदेउ
ऐ राम गले चिकेमिकाय मणिहे,
मुठिरे भितरत किहे चिकेमिकाय
ऐ राम हेङुल हाइतालर फणीहे।

विवाह के दिन जब वर और वधू विवाह के मण्डप में बैठते हैं उस समय वर-वधू को राम-सीता की दृष्टि से देखकर विवाह के गीत गाये जाते हैं—

मिथिला नगरे जनकर घरे जन्मिला जानकी सीता,
पारे कि नोवारे रामधेनु भाङिब सीतार मन हैछे चिन्ता।

और जब वधू को घर से विदा किया जाता है तब भी वधू को सीता के रूप में ही देखा जाता है—

अ' मन तगर
आजि शून्य ह'ब
जनक नगर।

वधू जब विदा होकर अपने ससुराल की ओर प्रस्थान करती है उस समय वधू के मायके में जो करुण स्थिति उत्पन्न होती है उसे विवाह के गीतों के माध्यम से इस प्रकार अभिव्यक्त करते हैं—

कान्दिया कान्दिया सीता देवी करिले गमन ।
जननी जननी बुलिया डाके उच्च स्वरे,
शुनिया जननी माव हैल अचेतन।

वधू जब विदा होकर ससुराल जाती है तब वधू की सास को भी राम की माता के रूप में देखकर विवाह के गीत गाये जाते हैं—

अ'रे कौशल्या देवी, आनिछं गुणेरे निधि।
नामारिबा, नधरिबा, नापारिबा गालि।
सुख दुख हित चिंति करिबा पालन।

असमिया के इन विवाह गीतों में राम-सीता आदि के साथ-साथ मिथिला, अयोध्या आदि का सुन्दर चित्रण भी देखने को प्राप्त होता है—

आइ सीतार कपालते
माणिकरे जेठी
अयोध्या राम आहि धेनु भङाइल आजि।
कइनाघरर बाप-भाइ सवे रइल चाइ,
रामचन्द्र धनु भाङि
सीता लैया जाय।

असमिया के विवाह गीतों में राम-सीता के प्रति लोगों की गम्भीर श्रद्धा, उनके दाम्पत्य जीवन के आदर्श और नारी हृदय का व्यापक रूप प्रतिफलित हुआ है—

सीता तुमि त्याजा अनुरागे
रामचन्द्रक स्वामी पाला
कत जन्मर भाग्ये।

निष्कर्ष

उक्त विवेचना के आधार पर कहा जा सकता है कि असमिया विवाह गीतों में विभिन्न पौराणिक आख्यानों के साथ-साथ रामकथा को भी असमिया के लोगों ने अपनाया है। राम-सीता के आदर्शों एवं मर्यादा को विवाह गीतों में प्रयोग करके न सिर्फ़ वर-वधू के सामने आदर्श पति-पत्नी का उदाहरण रखा है अपितु समग्र समाज के सामने नैतिकता और मर्यादा का उदाहरण भी रखा है। परिवार से ही अच्छे समाज के गठन की रूपरेखा प्रारम्भ होती है और अच्छा परिवार अच्छे पति-पत्नी से ही बनता है। जिसका उत्कृष्ट निर्दशन रामकाव्य है। विवाह गीतों द्वारा रामकथा को असमिया समाज एवं जनजीवन में जो प्राधान्य मिला है वह असमिया समाज में रामकथा की लोकप्रियता को दर्शाता है।

सहायक ग्रन्थ

1. त्रिपाठी, सुरेश चन्द्र, कनउजी लोक साहित्य में समाज का प्रतिबिम्ब, वाणी प्रकाशन
2. देव चौधुरी, ज्योतिपद, बिया गीत, नतुन असम, गुवाहाटी-21
3. गोस्वामी, भृगुमोहन, संस्कृति आरु लोक संस्कृति, चन्द्र प्रकाशन, गुवाहाटी
4. कायस्थ, पुतली, असमर विभिन्न जनगोष्ठीर विवाह पद्धति, शतदल, गुवाहाटी-6
5. शर्मा, शशी, असमर लोक-साहित्य, ष्टुडेण्टच ष्टरच, गुवाहाटी-781001
6. बोरा, इन्दिरा शइकीया, बोरा, कमलकान्त, रामायणी साहित्यर अध्ययन, किरण प्रकाशन, धेमाजी-78757
7. प्रसाद, दिनेश्वर, लोक-साहित्य एवं लोक संस्कृति, जयभारती प्रकाशन, इलाहाबाद

श्रीमन्त शंकरदेव की रचनाओं में राम

पुरबी कलिता

श्री शंकरदेव नव-वैष्णव धर्म के प्रवर्तक हैं। उन्होंने साहित्य रचना के द्वारा धर्म प्रचार के साथ-साथ सामाजिक जीवन को भी सुधारने का प्रयास किया। उनका मूल उद्देश्य था—भक्ति को प्रचारित करते हुए बिखरे हुए लोगों को इकठ्ठा करना और खोयी हुई सांस्कृतिक एकता की पुनः प्रतिष्ठा करना। भारतीय सभ्यता-संस्कृति को जानने के लिए प्रत्येक शिक्षित भारतीय नागरिक का रामायण अध्ययन करना आवश्यक है। विभिन्न समय पर विभिन्न प्रादेशिक भाषाओं में रामायण का अनुवाद हुआ है। असमिया भाषा में भी सर्वप्रथम माधव कन्दलि जी ने 'सप्तकाण्ड रामायण' का अनुवाद किया। लेकिन दो काण्ड लुप्त हो जाने के कारण श्री शंकरदेव ने 'उत्तर काण्ड' और उनके प्रिय शिष्य श्री माधवदेव ने 'आदि काण्ड' की रचना करके उसे सम्पूर्ण किया। इसके अलावा श्री शंकरदेव ने राम के चरित्र के पर 'राम विजय' नामक एक नाटक की भी रचना की।

उत्तर काण्ड रामायण

उत्तर काण्ड में सीता, लक्ष्मण और समस्त वानर सेना सहित राम के अयोध्या वापस आने से लेकर राम की स्वर्गयात्रा तक का वर्णन है। यहाँ श्री शंकरदेव ने दशरथ पुत्र राम को ईश्वर का एक रूप माना है। उन्होंने उत्तर काण्ड रामायण की रचना का वर्णन करते समय लिखा है—

"जय जय जगत जनक श्रीराम।
अधम उद्धवे यार लैले गुण नाम।।
याक सुमरणे तरि दुर्घोर संसार
करो हेन रामर चरणे नमष्कार ।।"

(उत्तर काण्ड, पृ. 420)

अर्थात्, हे जगत के ईश्वर राम, तुम्हारी जय हो, मैं अधम तुम्हारा नाम लेता हूँ। जिसके स्मरण से इस जगत का दुःख दूर होता है, मैं उसके चरणों में प्रणाम करता हूँ।

श्री शंकरदेव ने साधुगण को सम्बोधित करते हुए उत्तर काण्ड रामायण के प्रारम्भ में लिखा है—

शुनियोक बोधलोक निन्दा नकरिवा मोक आमार अयोग्य इटो कर्म।
तुमिसव महागुणी रामर चरित्र शुनि करियों मनत महारति।
कलित परम धर्म नाहि रामनाम सम आक नलै याय अधोगति।

(उत्तर काण्ड, पद 323)

अर्थात्, हे साधुजन, मेरी निन्दा न कीजिए, मैं हरि गुण चरित्र की व्याख्या करने के योग्य नहीं हूँ। हे साधुजन, रामनाम में अपने को विलीन कीजिए। क्योंकि कलियुग में रामनाम ही श्रेष्ठ है। रामनाम ही इस संसार से मुक्ति का उपाय है।

यहाँ राम के चरित्र को मोक्ष का माध्यम और राम को परम शक्ति के रूप में स्वीकार किया गया है। राम के नाम उच्चारण मात्र से पाप दूर हो जाता है ऐसी बातों से यह साबित हो जाता है कि राम में कितनी शक्ति है। अतः राम का नाम जीवन का उद्धार करने वाले कारक जैसा है। आज भी लोगों के हृदय में राम के प्रति वही ध्यान और धारणाएँ हैं, जो धारणाएँ महाकाव्य युग में रही थीं।

उत्तर काण्ड में विभिन्न स्थानों पर रामनाम का महत्त्व दिखाया गया है। इस काण्ड में भी अनेक बार दशरथ पुत्र राम का परम पुरुष के रूप में वर्णन हुआ है। राम की स्वर्गयात्रा के समय ब्रह्मदेव ने उन्हें त्रिभुवन पति कहा है–

"तुमि त्रिभुवन पति जगतरे गति।
तुमिसे अचिन्त्यगुण अनन्त शक्ति।।
प्रकृतित अन्तर परम तुमि तत्व।
आदि अन्त नजानिय तोमार महत्त्व।।
भुमि भार हरा बारे बारे अवतरि।
दुष्टक दन्दिया महन्तक रक्षा करि।।
तुमिसि ईश्वर सुरासुरे करे सेव।।
अंतत तुमिसे थाका नाथाकय केव।।"

(उत्तर काण्ड, पृ. 466)

अर्थात्, हे राम, तुम त्रिभुवन के पति, जगत की सृष्टि का मूल हो। तुम्हारा आदि और अन्त हमारी समझ के बाहर है। तुमने बार-बार अवतार लेकर दुष्ट को दण्ड दिया। साथ ही साधुजन की रक्षा की। तुम परम ईश्वर हो। इसलिए सबके पूजनीय हो।

यहाँ राम को सबका पूजनीय मानने के पीछे राम के व्यक्तित्व का गौरव है। क्योंकि राम में वही गुण और प्रतिष्ठा है–जो अन्य व्यक्ति या पात्र में नहीं मिलते। इसलिए उनको अनादि-अनन्त माना गया।

श्री शंकरदेव ने राम गुण चरित्र की अमृत रस के साथ तुलना करते हुए कहा–

रामर चरित्रचय सम्यके अमृतमय
शुनि येन पिये दोकादोक।।
जगतरे निष्तारण पुव्य कथा रामायण
आक शुनै भणे यितो नरे।
पातेकत लागे जुइ देवरों पूजनी हुइ,
वंचे सातों स्वर्गर ऊपरे।।
रामर चरित्र इटो शुनिवाक इच्छे यिटो,
हाहाकार करे तार पापे।
एरि पलाइ तावक्षणे उजारे हरिर नामे
प्रचन्द वह्नि येन तापे।।
हेन जानि सभासद शुना रामायण पद
मुकतिक यार अभिलाष।

(उत्तर काण्ड, पृ. 468)

अर्थात्, जिस तरह अमृत को पीने के लिए लोग लोभ करते हैं, ठीक उसी तरह राम गुण चरित्र को सुनने के लिए भी उत्साहित होते हैं।

यहाँ कवि रामनाम को मोक्ष प्राप्ति का माध्यम बताकर समाज में रहने वाले लोगों को शिक्षा देना चाहता है। साहित्यिकों का कर्तव्य मनुष्यों को सत्प्रवृत्तियों का प्रेरणा देना है। सद्‌गुणों और सत्कार्यों की प्रशंसा पढ़कर मनुष्य का चित्त उनकी तरफ़ आकर्षित होता है। श्री शंकरदेव ने राम के चरण में शरण लेने की बात करते हुए कहा—

"राम पितृ मातृ सुत सुहृद सोदर वन्धु रामे आत्मा रामे जीव प्राण
रामे जप यज्ञ दान रामे हे परमज्ञान रामे कौटि शततीर्थ स्नान।।
रामे मोर इष्टदेव रामकेसे करो सेव गति मोर रामर चरण।
रामे धर्म रामे कर्म रामसे वान्धव मर्म जानि लेलो रामत शरण।।"

(उत्तर काण्ड, पृ. 469)

अर्थात्, जगत का आदि-अन्त सब मूलतः राम हैं। इस धरती के यज्ञ, पूजा-हवन सभी जगह पर राम हैं, राम ही धर्म-कर्म हैं। इसलिए मैं राम के चरणों में शरण लेता हूँ।

यहाँ रामलीला का वर्णन करते हुए लोगों को यह शिक्षा दी गयी है कि—पितृ-मातृ, अपना, पराया, समस्त जीव के प्राण में राम हैं। राम ही ईश्वर हैं। धर्म-कर्म आदि में भी राम हैं। इसलिए हमें सही मार्ग पर चलकर अपने कर्तव्य-पालन करना चाहिए।

'राम विजय' नाटक

श्री शंकरदेव ने राम के चरित्र पर 'राम विजय' नामक एक नाटक की भी रचना की थी जिसमें मूलतः तीन विषयों को दिखाया है—मारीच, सुबाहू वध, सीता स्वयंवर और राम द्वारा परशुराम का अहंकार तोड़ना। श्री शंकरदेव ने आदि से अन्त तक राम को ही श्रेष्ठ माना है। उनके विचार में राम ईश्वर हैं, लेकिन मानव रूप में विद्यमान। नाटक के प्रारम्भ में ही एक श्लोक लिखा है—

"यन्नामाखिल लोकशोकशमनं यन्नाम प्रेमास्पदम्
पापापारपयोंधितारणविधौ यन्नामपीनप्लवः।
यन्नाम श्रवणात् पुनाति स्वपचः प्राप्नोति मोक्षंनोक्षितौ
तं श्रीराम महं महेश वरदं वन्दे सदा सादरम्।।"

('राम विजय' नाटक, पृ. 15)

नाटक में कनकावती एक साधारण दासी है, जो सीता की सहेली भी है ने राम को देखकर पहचान लिया था कि राम ईश्वर हैं।

कनकावती कहती है—

"आहे सखि सीता, यैचन महापुरुष लक्षण,
देखल, जानल, उहि ईश्वर नारायण। श्रीराम रुपे तोहार विवाह हेतु आबल।"

('राम विजय' नाटक, पृ. 19)

अर्थात्, हे सहेली सीता, जिस महापुरुष को देखकर आयी हूँ, वह नारायण का अवतार है और तुमसे विवाह करने के लिए आया है।

यहाँ पर एक दासी यानी निम्न या कमजोर वर्ग के राम के चरित्र का उद्‌घाटन करने का कारण यह है कि राम बहुत ही प्रभावशाली व्यक्तित्व के अधिकारी थे, जिनके बारे में समाज के सभी लोगों को मालूम था। इससे राम की सार्वजनिक मूर्ति का निर्माण होता है।

'राम विजय' नाटक में एक अन्यतम चरित्र है—ऋषि विश्वामित्र का। वह राजा दशरथ को कहते हैं—

अये दशरथ, तुहू रामक चरित्र किछु
जानये नाहि। योगवले हामु सवे जानो।
उहि रामचन्द परम ईश्वर। हरिक अवतार

('राम विजय' नाटक, पृ. 11)

अर्थात्, हे दशरथ, तुम राम के बारे में कुछ भी नहीं जानते। राम तो हरि का अवतार यानी परम ईश्वर हैं।

साधुजन को सम्बोधित करके नाटक के एक अंश में लिखा है—

"भो भो सभासद। साधुजन। ये जगतक परम ईश्वर नारायण भूमिक भार हरण निमित्त दशरथ गृहे अवतरल।"

अर्थात्, हे साधुजन, जगत के परम ईश्वर नारायण हैं। इस भूमि के उद्धार के लिए उन्होंने दशरथ के घर में राम रूप में अवतार लिया है।

'राम विजय' नाटक में नान्दी भटिमा में रामलीला का वर्णन करके कहा—

जगतक अन्तक अन्तक सन्तक पूरल परम काम
भूमिक भार उतारण तारण सुर-नर राजा राम।।
ब्रह्मा महेश्वर किकंर याकर परि परि करतु सेवा।।"

('राम विजय' नाटक, पृ. 3)

अर्थात्, राम ही परम ईश्वर हैं। वही इस जगत् का संहार और सृजन करते हैं, साधु-सन्त की रक्षा करके अपना कर्तव्य पालन करते हैं। ब्रह्मा, महेश्वर, सभी देवगण जिसे प्रणाम करते, वही रघुपति राम हैं, त्रिभुवन के स्वामी हैं।

यहाँ पर भी राम को जगत् के सृजन, पालन और संहारकर्ता के रूप में दिखाया गया है। राम ही सर्वव्यापी हैं। इसलिए रामनाम लेकर सही रास्ता अपनाकर अपना कर्म करने के लिए श्री शंकरदेव ने लोक-शिक्षा दी है।

अन्य रचनावली

'कीर्तन घोषा' श्री शंकरदेव की एक अमर कृति है। स्यमंतहरण, कीर्तनघोषा का ही एक भाग है। वहाँ राम भक्त जाम्बवन्त ने श्रीकृष्ण को प्रणाम करके कहा कि—

"जानिलो तोमाक सेहि रघुनाथ यिटो इष्टदेव मोर।।"

(स्यमंतहरण, कीर्तन घोषा आरु नामघोषा, पृ. 366)

अर्थात्, राम और कृष्ण एक ही परमेश्वर के दो रूप हैं।

श्री शंकरदेव के रचित गीत को बरगीत कहते हैं। क्योंकि इस गीत समूह में भगवान के प्रति भक्ति भावना निहित है। श्री शंकरदेव ने राम की लंकायात्रा के ऊपर एक बरगीत लिखा है—

"शुन शुन रे सुर वैरी प्रमाणा निशाचर नाशनिदाना।
रामनाम यम समरक साजि समदल कयलि पयाणा।।"

(वरगीत आरु निर्वाचित नाटर गीत, पृ. 12)

अर्थात्, हे लंका में रहने वाले लोगों, दुष्टों का दमन, सन्त का पालन करने वाले राम समस्त वानर सेना सहित लंका की तरफ़ आ रहे हैं।

यहाँ पर कवि लोगों में भगवान के प्रति भक्ति भावना जगाना चाहता है। मन में भगवान के प्रति भक्ति भाव आने से मन निर्मल हो जाता है, साहस आता है और अपकर्म करने से दूर होता है। मनुष्य अपना कर्मफल इस जन्म में ही भोगता है।

निष्कर्ष

नववैष्णव धर्म के प्रर्वतक श्री शंकरदेव के साहित्य में कृष्णलीला का अधिक वर्णन होते हुए भी राम चरित्र का उन्होंने एक परम पुरुष परमेश्वर अनादि देव आदि के रूप में चित्रण करके राम के प्रति लोगों की मानसिकता बदलने का प्रयास किया है। राम और कृष्ण दोनों मोक्ष को दिलाने वाले परम तत्व हैं। अतः शंकरदेव ने उन्हें इस रूप में चित्रित करके लोगों में राम के प्रति आस्था और विश्वास की प्रतिष्ठा करने की चेष्टा की है।

आधार ग्रन्थ

1. भागवती, श्री कामाख्याचरण (संपा.), 'राम विजय' नाटक, प्रकाशक : न्यू बुक स्टॉल, तीसरा संस्करण, 2014 पृ. 1, 3, 4, 11, 19
2. माधव कन्दलि और श्री श्री शंकरदेव, श्री श्री माधवदेव विरचित–'सप्तकाण्ड रामायण', प्रकाशक–बनलता, पुनः संस्करण, 2009, पृ. 420, 466, 467, 468, 469
3. श्री श्री शंकरदेव, श्री माधवदेव, 'कीर्तनघोषा आरु नामघोषा', प्रकाशक–बरुवा एजेंसी, दूसरा संस्करण, पृ. 366
4. महन्त नीलमणि, 'बरगीत आरु निर्वाचित नाटर गीत', प्रकाशक–समलय बुक स्टॉल, प्रथम संस्करण 2004, पृ. 12
5. बरुवा, हरिनारायण दत्त(संपा.), 'सप्तकाण्ड रामायण', श्री माधव कन्दलि, श्रीमन्त शंकरदेव, श्री माधवदेव विरचित उत्तर काण्ड, 323 पद।

सन्दर्भ ग्रन्थ

1. चक्रवती, राजगोपालाचारी, 'रामायण', शर्मा लक्षेश्वर (अनुवाद), प्रकाशक–असम प्रकाशन परिषद्
2. शर्मा, कनकचन्द, कविराज माधव कन्दलि बिरचित रामायण, दूसरा संस्करण, 2002
3. देवी, अमि (संपा.), 'सोनकोष', प्रकाशक–मरिगाँव महाविद्यालय, सोणाली जयन्ती उत्सव उद्यापन समिति, 2015
4. गोस्वामी, डॉ. केशवानन्द, 'अंकमाला', प्रकाशक–बनलता, तीसरा संस्करण, 1999
5. शर्मा, डॉ. सत्येन्द्रनाथ- 'रामायणर इतिवृत्त'
6. महन्त, केशदा, 'असमिया रामायणी साहित्य', प्रकाशक–बनलता

वाल्मीकि रामायण और असमिया रामायण में राम
एक तुलनात्मक अध्ययन

चन्दन हजारिका

रामायण का अर्थ है राम का जीवन-वृत्तान्त। मूल संस्कृत में वाल्मीकि द्वारा लिखी गयी रामायण एक ऐसा महाकाव्य है जो पूरी दूनिया में लगभग तीन सौ अलग-अलग रूपों में उपलब्ध है। भारतवर्ष के भिन्न-भिन्न क्षेत्रों में अलग-अलग भाषाओं में अनेक रामचरित प्राप्त होते हैं। इसके अलावा अन्य एशियाई देशों जैसे—बर्मा, इंडोनेशिया, कम्बोडिया, लाओस, फिलीपींस, श्रीलंका, नेपाल, थाईलैंड, मलेशिया, जापान, मंगोलिया, वियतनाम और चीन में भी भिन्न-भिन्न भाषाओं में रामकथा प्रचलित है। संस्कृत में भी मूल वाल्मीकि रामायण के अलावा अध्यात्म रामायण, वशिष्ठ रामायण, आनन्द रामायण, अगस्त्य रामायण, अद्‌भुत रामायण आदि हैं। विभिन्न क्षेत्रीय भाषाओं जैसे—तमिल, तेलुगु, कन्नड़, असमिया, बंगाली, कोंकणी, मलयालम, मराठी, उड़िया, हिन्दी, गुजराती, कश्मीरी, उर्दू आदि में भी रामचरित मिलते हैं। भिन्न-भिन्न रामचरित में मूल से भिन्न रूप में कथावृत्त का उपस्थापन किया गया है। असमिया में जो रामायण उपलब्ध है वह माधव कन्दलि द्वारा विरचित है। लेकिन कन्दलि ने केवल पाँच काण्डों की ही रचना की थी। पहला आदि काण्ड बाद में माधवदेव ने और उत्तर काण्ड शंकरदेव ने रचा है। इस शोध-पत्र में वाल्मीकि 'रामायण' और असमिया 'सप्तकाण्ड रामायण' में प्रतिफलित राम के चरित्र का एक तुलनात्मक अध्ययन किया गया है।

इस शोध-पत्र की विषय-वस्तु असमिया रामायण और वाल्मीकि रामायण में प्रतिफलित राम के चरित्र का अवलोकन करना है। तथा दोनों में क्या सामंजस्य है और क्या असामंजस्य है उसी का अध्ययन करना है।

इस अध्ययन से दोनों रामायणों में क्या अन्तर आया है वह पता चलने के साथ-साथ इस क्षेत्रीय भाषा की रामायण का महत्त्व भी प्रतिफलित होगा। यही इस अध्ययन का उद्‌देश्य है।

इस शोध-पत्र में तुलनात्मक पद्धति का प्रयोग किया गया है।

वाल्मीकि रामायण—आदिकवि वाल्मीकि द्वारा विरचित रामायण में कुल सात काण्ड हैं तथा प्रत्येक काण्ड सर्गों में विभक्त है। सातों काण्डों का नाम इस प्रकार है—आदि काण्ड या बालकाण्ड, अयोध्या काण्ड, अरण्य काण्ड, किष्किन्धा काण्ड, सुन्दर काण्ड, लंका काण्ड या युद्धकाण्ड और उत्तर काण्ड या उत्तर काण्ड। सभी काण्डों में क्रम से 77, 119, 75, 67, 68, 128 और 111 कुल 645 सर्ग हैं और कुल 24 हज़ार श्लोक हैं।

असमिया 'सप्तकाण्ड रामायण'

असमिया 'सप्तकाण्ड रामायण' 14वीं शती में माधव कन्दलि द्वारा उस समय के कछारी राजा महामाणिक्य के कहने से रची गयी। इसको भारतीय क्षेत्रीय भाषा की पहली रामायण का स्थान प्राप्त है जो मूल संस्कृत से अनूदित है। यद्यपि इसमें काफ़ी अभिनवत्व दिखाई पड़ता है। कहा जाता है कि इसका पहला और अन्तिम काण्ड खो गया था तो बाद में शंकरदेव और माधवदेव ने उत्तर काण्ड और आदि काण्ड की स्वयं रचना की और इसको पूर्णरूप प्रदान किया।

आदि काण्ड और उत्तर काण्ड की प्रक्षिप्तता–कुछ प्राच्य और पाश्चात्य पण्डितों का कहना है कि रामायण में पहले पाँच ही काण्ड थे, आदि काण्ड और उत्तर काण्ड की रचना बाद में हुई। कुछ विद्वानों का आरोप है कि इन दो काण्डों का कवित्व अन्य पाँच काण्डों से अधोस्तर का है। इसके अलावा इन दो काण्डों में राम को पूर्ण ब्रह्म के रूप में दिखाया है जबकि अन्यों में आदर्श मनुष्य के रूप में दिखाया है, लेकिन यह बात ठीक नहीं लगती। राम चरित का अर्थ है रामजन्म से लेकर मृत्युपर्यन्त वर्णन। इन दोनों काण्डों के बिना रामायण सम्पूर्ण नहीं हो सकता।

आदि काण्ड में राम का चरित्र

राम के चरित्र के गुणों के विषय में रामायण में अनेक स्थानों पर उल्लेख मिलता है। उनमें से वाल्मीकि रामायण के आदि काण्ड या बालकाण्ड में वाल्मीकि और नारद के बीच हुए वार्तालाप में कहे गये गुण ही प्रधान हैं। नारद से वाल्मीकि प्रश्न करते हैं कि इस लोक में ऐसा कौन व्यक्ति है जो गुणवान, वीर्यवान, धर्मज्ञ, कृतज्ञ, सत्यवाक्, दृढ़व्रत, चरित्रवान, सर्वलोकहितकारी, समर्थ, विद्वान्, प्रियदर्शन, आत्मवान, जितक्रोध, द्युतिमान, अनसूयक और युद्ध में जिसके क्रोधित होने से देवता भी डरते हैं। वाल्मीकि के इस प्रश्न के उत्तर में नारद दशरथ के पुत्र रामचन्द्र का ज़िक्र करते हैं और वाल्मीकि के द्वारा कहे गये गुणों के अतिरिक्त भी अनेक गुणों के बारे में कहते हैं। उनके अनुसार राम नियतात्मा, महावीर्य, द्युतिमान, वशी, बुद्धिमान, नीतिमान, वाग्मी, श्रीमान, शत्रुनिवर्हण, विपुलांस, महाबाहु, कम्बुग्रीव, महाधनु, महोरस्क, महेष्वास, गूढ़जत्रु, अरिन्दम, आजानुबाहु, सुशिरा, सुललाट, सुविक्रम, सम, समविभक्तांग, स्निग्धवर्ण, प्रतापवान, पीनवक्षा, विशालाक्ष, लक्ष्मीवान, शुभलक्षण, धर्मज्ञ, सत्यसन्ध, प्रजाहितकर, यशस्वी, ज्ञानसम्पन्न, शुचि, वश्य, समाधिमान्, प्रजापतिसम, धाता, रिपुनिषूदन, जीवलोक का रक्षक, धर्मरक्षक, स्वधर्मरक्षक, स्वजनरक्षक, वेदवेदांगतत्त्वज्ञ, धनुर्वेद में निष्ठित, सर्वशास्त्रार्थतत्त्वज्ञ, स्मृतिमान, प्रतिभावान, सर्वलोकप्रिय, साधु, अदीनात्मा और विचक्षण हैं। साधुजन सर्वदा उनके सान्निध्य में रहते हैं। वह आर्य, सर्वसम, सदाप्रियदर्शन, सर्वगुणोपेत, गाम्भीर्य में सागर सदृश, धैर्य में हिमालय सदृश, वीर्य में विष्णु सदृश, सोम के समान प्रियदर्शन, क्रोध में कालाग्निसदृश, क्षमा में पृथ्वी समान, त्याग में कुबेर सदृश और सत्य में धर्म सदृश हैं।

राम के जन्म के समय में भी उनके लक्षणों का वर्णन किया गया है। जन्म के समय उनके नेत्र रक्तवर्ण, भुजाएँ बड़ी और ओंठ रक्तवर्ण थे।

जिस समय राजा दशरथ अपने पुत्रों के विवाह के विषय में सोच रहे थे उसी समय ऋषि विश्वामित्र राजा के समीप आ पहुँचे और राम-लक्ष्मण को सिद्धाश्रम की रक्षा के लिए तथा मारीच और सुबाहु के विनाश के लिए साथ ले जाने का प्रस्ताव रखा। उस समय राम की आयु सोलह वर्ष की भी नहीं थी। बहुत सोच-विचार करते हुए दशरथ ने दोनों पुत्रों को विश्वामित्र के साथ भेजने के लिए मना कर दिया। राजा की बात सुनकर विश्वामित्र बड़े ही क्रोधित हुए और वहाँ से लौटने लगे।

तभी ऋषि वशिष्ठ ने दशरथ को राम के वीर्य और पराक्रम के विषय में जो कहा वह अत्यन्त तात्पर्यपूर्ण है। उन्होंने कहा कि राम की महिमा से कोई भी विदित नहीं है। वह सभी अस्त्र-शस्त्र में पारंगत है और साथ-ही-साथ नये अस्त्र-शस्त्रों को जन्म देने की भी सामर्थ्य रखते हैं। अस्त्र-शस्त्रों के अपप्रयोग के विषय में भी किसी प्रकार की आशंका नहीं करनी चाहिए क्योंकि वह धर्मविद् हैं।

यहाँ पर यह ध्यातव्य है कि असमिया रामायण के माधवदेव द्वारा विरचित आदि काण्ड में राम को विष्णु के अवतार के रूप में दिखाया गया है। लेकिन वाल्मीकि रामायण में वशिष्ठ मुनि ने राम को विष्णु के अवतार के रूप में दिखाने की कोई चेष्टा नहीं की है। वाल्मीकि रामायण में दशरथ वशिष्ठ की बातें सुनकर ही दोनों पुत्रों को विश्वामित्र के साथ भेज देते हैं। लेकिन माधवदेव ने यहाँ राम के मुख से भी दो बातें कहलायी हैं–

पितृक बोलन्त रामे प्रसन्न बदने
कत भाग्ये इसव कार्यक पाया लाग। मोक प्रति चिन्ता नकरिबा महाभाग।।
पुत्र हुया नपालय पितृर वचन। चिरकाले नरकत पचे सिटो जन।।

(846-847)

इसका अर्थ है–तब प्रसन्न होते हुए राम अपने पिता से कहते हैं कि सौभाग्य से ही ऐसे कार्य प्राप्त होते हैं। मेरे लिए आप चिन्तित न हों। जो पुत्र पिता के वचन का पालन नहीं करता उसको नरक की प्राप्ति होती है। पितृवाक्य का पालन ही राम का प्रधान लक्ष्य है यह बात यहाँ पर स्पष्ट होती है।

ताड़का वध के समय राम ने उसके स्त्रीत्व को ध्यान में रखते हुए उसका वध न करके उसे केवल निर्वीर्य करने की ही इच्छा की थी। पर उसका वध न करने से नहीं होगा–ऐसा विश्वामित्र के कहने पर ही राम ने उसका वध किया था। इस बात से स्त्रियों के प्रति राम का मनोभाव प्रकट होता है।

जब विश्वामित्र ने राम-लक्ष्मण दोनों को अस्त्रों की शिक्षा देते हुए उन्हें उसका प्रयोग करने की विधि आदि सिखायी तब राम ने उसी से सन्तुष्ट न होकर अस्त्रसंहार के विषय में भी मुनि से जान लिया। इसमें ध्यातव्य है कि अस्त्र-प्रयोग के नुकसान के बारे में भी वह सचेत हैं। ब्रह्मास्त्र जैसे भयानक अस्त्र का प्रयोग करने के बाद प्रयोजन होने पर अस्त्र-संवरण करते हुए अधिक विनाश होने से रोकने के लिए वह विद्या भी आवश्यक है। इससे राम का लोकरक्षा का मनोभाव प्रकट होता है।

सीता स्वयंवर के प्रसंग में देखा गया है कि विश्वामित्र राम को स्वयंवर में प्रतिभागी के रूप में नहीं ले गये थे अपितु हरधनु दिखाने के लिए ही ले गये थे। बाद में जब उन्होंने धनुष की ज्या लगाने की कोशिश की और अचानक धनुष टूट गया तब उस चमत्कार को देखकर राजाजनक को राम के वीर्य का पता लगा और वे कहने लगे–

भगवन् दृष्टवीर्यो मे रामो दशरथात्मजः।
अत्यद्भुतमचिन्त्यं च अतर्कितमिदं मया।।

(1,67,21)

तात्पर्य है कि हे भगवन्, दशरथ के पुत्र राम का पराक्रम मैंने अपनी आँखों से देखा, यह अति अद्भुत है। मैंने सोचा भी नहीं था कि ऐसा होगा। इस प्रकार का अद्भुत दृश्य देखने के पश्चात् राजा जनक ने अपनी पुत्री सीता का विवाह राम से करवाने का निश्चय किया।

अयोध्या काण्ड में राम का चरित्र

वाल्मीकि रामायण के अयोध्या काण्ड के प्रथम अध्याय में राम के अनेक गुणों का वर्णन किया गया है। कहा गया है कि कौशल्यानन्दन राम रूपवान वीर्यशाली और अनसूय थे। सर्वगुण विभूषित होने के

कारण वह राजा दशरथ के ही अनुरूप थे। वह मृदुभाषी थे और यदि कोई उनसे ऊँचे स्वर में बात करे तो भी वह क्रोध में प्रत्युत्तर नहीं देते थे। सुचरित्रवान, ज्ञानी और वयोवृद्ध सज्जन के साथ वह अवसर के अनुरूप वार्तालाप करते थे। वह दुष्टों का दमन करते थे और इन्द्रियों को अपने वश में रखते थे। इस प्रकार इस काण्ड में भी अनेक प्रकार से राम के गुणों का विस्तार से वर्णन किया गया है।

लेकिन असमिया रामायण के इस काण्ड में राम के इन गुणों का कोई वर्णन नहीं मिलता। सीता तथा उनकी बहनों के साथ राम और तीनों भाइयों के विवाह के पश्चात् अयोध्या लौटने पर भरत और शत्रुघ्न अपने मामा के घर प्रस्थान करते हैं और इधर वशिष्ठ दशरथ से राम का युवराज के पद पर अभिषेक करने के लिए अनुरोध करते हैं। इस बीच राम के गुणों का वर्णन करने के लिए कवि को अवसर ही नहीं मिला।

राम का अभिषेक होगा इस बात को जानकर प्रजावर्ग कैसे आनन्दित हुआ उसका वर्णन माधव कन्दलि की रामायण में मिलता है। युवाओं ने खेलते समय जब राम के अभिषेक के बारे में जाना, तब सभी लड़के आनन्दित होकर एक-दूसरे से आलिंगन करने लगे। कन्दलि के इस स्वाभाविक वर्णन से राम की लोकप्रियता का पता चलता है।

वाल्मीकि रामायण में राम की उन्नत मानसिक स्थिति उभर कर आती है, उनके वनवास के लिए प्रस्थान के समय पर। जब राम को ज्ञात होता है कि कैकेयी राम का वनवास और भरत का राज्याभिषेक चाहती हैं तथा पिता दशरथ कैकेयी को दिये हुए वचन का पालन करने के कारण व्यथित हो रहे हैं, तब अपने पिता का वचन व्यर्थ न जाये उसको ध्यान में रखते हुए वह कहते हैं–हे माता, मैं किसी अर्थ का अभिलाषी होते हुए लोकसमाज में रहना नहीं चाहता। मुझे धर्मनिष्ठ विमलचित्त ऋषि के समान जानिए। अपने पिता का प्रिय अल्प भी कार्य यदि मैं कर सकता हूँ तो वह कार्य अपने प्राण देते हुए भी करने के लिए मैं तैयार हूँ। पिता की सेवा तथा उनकी आज्ञा का पालन के बढ़कर मेरे लिए और कोई भी बड़ा कार्य नहीं है। मेरे पिता अपने मुँह से यह बात यदि न भी कहें तो भी आपकी बातों के अनुसार मैं चौदह वर्ष वन में बिताऊँगा। आपने जो वचन पिता से माँगा है उसको पूरा करने का मेरा सामर्थ्य नहीं है ऐसी शंका न करें। मेरे माता कौशल्या और भार्या सीता से अनुमति लेने तक प्रतीक्षा कीजिए। उसके बाद मैं आज ही दण्डकारण्य में प्रवेश करूँगा। भरत अच्छी प्रकार से राज्य का परिचालन करें और पिता की सेवा करें, इस बात का आप ध्यान रखना, क्योंकि यही सनातन धर्म है।

असमिया रामायण में यह प्रसंग अति संक्षेप में कहा गया है–

हेर हात जोरो सुखे थाकियो गोसानी
मोत नुबुलिला तुमि भरतर काज। प्राण दिते पारोहो आचोक धन राज।।
मोर वनवासत बापक दिया दुख। इतो राज्यभार कत बर हुइबे सुख।।

(1703-1704)

राम के वनवास के समय लक्ष्मण क्रोधित होकर बलपूर्वक राज्य लेना चाहते थे चाहे उसके लिए दशरथ, भरत और कैकेयी का निग्रह भी क्यों न करना पड़े। माता कौशल्या भी इस प्रसंग में लक्ष्मण का साथ देती हैं लेकिन राम लक्ष्मण को प्रत्युत्तर देकर अपनी बातों पर अटल रहते हैं। राम कहते हैं–हे लक्ष्मण, तुम्हारा पराक्रम और मेरे प्रति निष्ठा मैं अच्छी तरह जानता हूँ। लेकिन मेरे अभिप्राय पर ध्यान न देते हुए तुम माता के साथ एकमत होकर मेरे मन को कष्ट पहुँचा रहे हो, यही मेरा दुख है। इस संसार में पूर्वकृत कर्म के अनुसार धर्म, अर्थ और काम दिखाई पड़ता है। इसीलिए जिस कार्य में ये तीनों रहते हैं वही कार्य करणीय है, तथा जिसमें इन तीनों का समावेश नहीं होता वह

कार्य करना उचित नहीं है...इस प्रकार सात श्लोकों में लक्ष्मण को समझाते हुए राम उनको निरस्त्र करते हैं। इन बातों में राम के चरित्र की महानता ही प्रतीत होती है।

लेकिन कन्दलि रामायण में इस प्रसंग को ज़्यादा न बढ़ाते हुए मात्र दो पदों में ही कर्तव्य-अकर्तव्य, धर्मार्थकाम की बातें न करते हुए राम कहते हैं कि वह लक्ष्मण के उनके प्रति प्रेम को अच्छी तरह जानते हैं, लेकिन अब क्रोध का त्याग करते हुए केवल पिता की सेवा करना ही उचित है। साथ ही यहाँ पर अपने पराक्रम की प्रशंसा करते हुए राम कहते हैं–

जामदग्नि रामे बुलिलन्त जत गर्व। मोर बाहुबले ताक हरिलेक सर्व।।
आमि हेन महावीर पितृत भकत। आज्ञा भैले त्रिभुवन जिनिबे शकत।।

(1743)

तात्पर्य यह है कि जिसने परशुराम का गर्व भी अपने बाहुबल के पराक्रम से ध्वस्त कर दिया था, पिता की आज्ञा मिलने से वह राम तीनों लोक भी जीत सकते हैं। इससे कन्दलि रामायण में राम की गरिमा कुछ लाघव हो जाती है, जो वाल्मीकि रामायण में दिखाई नहीं देता।

जिस समय राम वनवास के लिए प्रस्थान करते हैं प्रजाजन उनसे वापस लौट चलने के लिए अनुरोध करते हैं। तब राम अपने भाई भरत के गुणानुकीर्तन करते हुए प्रजा को समझाते हैं। वाल्मीकि ने इस प्रसंग को विस्तार से बताते हुए राम के भरत के प्रति प्रेम और उच्च धारणा को स्पष्ट रूप से प्रकट किया है लेकिन कन्दलि रामायण में सिर्फ़ इतना ही कहकर प्रसंग को संक्षिप्त कर दिया गया है–

राघवे बोलन्त शुना अजोध्यार जन। जदि दाया थाके शुना मोहोर वचन।
मोहोर वासना एरि अजोध्याक जाहा। भरतक राजा पाति धर्मपथ चाहा।।

(1986-87)

अर्थात् मेरी बात मानकर तुम लोग अयोध्या वापस लौट जाओ और भरत को राजा बनाकर धर्माचरण करो। इसमें राम की भरत के प्रति स्नेह भावना प्रकट नहीं हो पायी।

इसी काण्ड में राम के राज़नीति ज्ञान के विषय में भी प्रमाण मिलते हैं। इस काण्ड के एक सम्पूर्ण अध्याय में 76 श्लोकों में राम भरत को दशवर्ग, पंचवर्ग, चतुर्वर्ग, त्रयीविद्या आदि अनेक विषयों का ज्ञान देते हैं।

अरण्य काण्ड में राम का चरित्र

अरण्य काण्ड में राम के सीता के प्रति प्रेम को वाल्मीकि रामायण में अत्यन्त मर्मस्पर्शी रूप से वर्णित किया गया है। सीताहरण के बाद सीता को ढूँढ़ते हुए उनके न मिलने पर राम उन्मत्त-से हो गये थे। अरण्य के वन-वृक्षों से सीता का पता पूछते हुए राम की मानसिक अवस्था का वाल्मीकि रामायण में अत्यन्त सुन्दर ढंग से वर्णन किया गया है–

वृक्षाद् वृक्षं प्रधावन् स गिरींश्चापि नदीनदम्।
वभ्राम विलपन् रामः शोकपङ्कार्णवप्लुतः।।
अस्ति कच्चित् त्वया दृष्टा सा कदम्बप्रियाप्रिया।
कदम्ब यदि जानीषे शंस सीतां शुभाननाम्।।
स्निग्धपल्लवसंकाशां पीतकौसेयवासिनीम्।
शंसस्व यदि सा दृष्टा बिल्व बिल्वोपमस्तनी।।

(3/60/11-13)

अर्थात् शोक के सागर में डूबे हुए राम एक वृक्ष से दूसरे वृक्ष, एक पर्वत से दूसरे पर्वत, एक नदी से दूसरी नदी तक भागने लगे और पूछा—हे कदम्ब, कदम्बप्रिया मेरी प्रिया को तुमने कहीं देखा है क्या? यदि जानते हो तो मुझे बताओ। स्निग्ध पल्लव के समान पीतवर्ण के पटवस्त्र पहनी हुई बिल्वसदृश स्तनवाली मेरी पत्नी को यदि तुमने देखा है तो बताओ।

इस प्रकार इस काण्ड के छः सर्गों में केवल राम का विलाप और लक्ष्मण द्वारा उनको समझाना वर्णित है। कन्दलि रामायण में भी राम के विलाप का वर्णन है, लेकिन उतने विस्तार में नहीं जितना वाल्मीकि रामायण में है—

आशेष विलापे निज थाने गैला चलि। सीताक नेदेखि तापे परिलन्त ढलि।।
हरि हरि कत दुख दिले मोक विधि। जनकर जीउ भैल सपोनर निधि।।
कैक गैले बान्धै सीता मोर प्राणेश्वरी। आमाक अनाथ करि गैले परिहरि।।
जानकीर शोके मोर प्राणखानि जाउक। दण्डकार वनत शृंगाल वेढ़ि खाउक।।
कतेक करिलो मइ इटो घोर पाप। राज्यनाश भैल आरो मरिलन्त बाप।।
बन्धुजन एरिया वनक आइलो तिनि। हराइलो सीताक ऐतो मिलिल विघिनि।।
कहि गैल सीता मोर दुखर सैतरी। झाण्टे मात मोर हेरा प्राण जाय हरि।।

(3311-3314)

इस प्रकार से अति संक्षेप में तथा सरलता से राम का शोक कन्दलि रामायण में वर्णित किया गया है। यहाॅ असमिया समाज की सरलता स्पष्ट रूप से प्रतिफलित होती है लेकिन वाल्मीकि रामायण जैसी उच्च कोटि की काव्यिकता दिखाई नहीं पड़ती।

किष्किन्धा काण्ड में राम का चरित्र

किष्किन्धा काण्ड में बाली का छल से पीछे से वध करने पर मृत्यु से पूर्व बाली राम को अधार्मिक बोलते हुए उनकी निन्दा करता है। वाल्मीकि ने 38 श्लोकों में यह निन्दा दिखाई है। राम इस तिरस्कार के योग्य हैं ऐसा अनेक लोग कहते हैं। बाली की इस निन्दा का राम ने भी उचित प्रत्युत्तर दिया है। यहाँ यह ध्यातव्य है कि वनवासी होते हुए भी राम एक राजकुमार हैं। राजा भरत उनके अनुगामी हैं। इसीलिए अधर्माचरण करने वालों को दण्ड देना यहाँ राम का कर्तव्य है। बाली ने अपने भाई सुग्रीव की पत्नी रूमा को बलपूर्वक अपनी पत्नी बनाया था जो धर्मविरुद्ध था। इसीलिए बाली का वध करना अधर्म नहीं है। शास्त्र का यही विधान है कि जो अपने भाई की पत्नी में अभिगमन करे उसका दण्ड मृत्यु है—

औरसीं भगिनीं वापि भार्यां वाप्यनुजस्य यः। प्रचरेत नरः कामात् तस्य दण्डो वधः स्मृतः।।

इसके साथ ही राम एक मनुष्य हैं, और बाली एक बन्दर है। मनुष्य जब पशु का शिकार करता है तब यह नहीं देखता कि वह पशु सम्मुख है या परामुख। इसीलिए बाली का पीछे से वध करने में राम का कोई दोष नहीं। राम की इन बातों से बाली भी सहमत हुआ।

कन्दलि रामायण में भी इस प्रसंग का इसी प्रकार वर्णन किया गया है, लेकिन यहाँ राम को ईश्वर के रूप में प्रदर्शित किया गया है—

तोर गति भैल बाली मोर हाते परि। स्वर्गे चलि जाहाँ दिव्य विमानत चरि।।
बाली बोले रामचन्द्र करो नमस्कार। तोमार रचना इटो सकले संसार।।
निचिनिया तोमाक बुलिलो खर्ववाक। पशिलो शरण प्रभु खमियोक ताक।।

(3613-3614)

उपयरोक्त पंक्तियों में यह संसार तुम्हारा ही बनाया हुआ है, इस प्रकार कहते हुए बाली ने राम को ईश्वर रूप में जाना है।

लंका काण्ड में राम का चरित्र

लंका काण्ड में रावण वध के पश्चात् सीता के प्रति राम के द्वारा किये गये व्यवहार के लिए राम को दोषी ठहराया जाता है। सीता की शुद्धता पर सन्देह करते हुए राम ने उनको ग्रहण नहीं किया और– उसकी जहाँ इच्छा वहाँ चली जाय–ऐसा कहा। राम ने सीता को इतना तक कहा कि वह चाहे तो लक्ष्मण, शत्रुघ्न, भरत, सुग्रीव या विभीषण को भी अपने स्वामी रूप में ग्रहण कर सकती है। राम के इन्हीं आक्षेपों का उत्तर देते हुए सीता कहती हैं कि राम जैसा सोच रहे हैं वैसा नहीं है। वह पूर्ण रूप से शुद्ध एवं पवित्र हैं। उनका हृदय अभी भी राम के ही अधीन है। रावण ने उन्हें स्पर्श किया उसमें सीता की कोई ग़लती नहीं है क्योंकि वह अबला हैं। इतने वर्ष एक साथ बिताने के बाद राम को उनके चरित्र के बारे में ज्ञात होना चाहिए था। सीता की भक्ति और शील को गुरुत्व न देकर लोगों की बातों को ज़्यादा गुरुत्व देना राम के लिए उचित नहीं था।

इस प्रसंग में भी वाल्मीकि और कन्दलि दोनों में मेल दिखाई पड़ता है। लेकिन सीता को देखने के बाद राम की अवस्था कैसी थी उसके वर्णन में कन्दलि रामायण अधिक स्पष्ट प्रतीत होता है। वाल्मीकि केवल इतना कहते हैं कि सीता को देखने के बाद लोगों के अपवाद के भय से राम का हृदय टूट गया था। लेकिन कन्दलि इस प्रकार कहते हैं–

सीताक देखिया राम अन्तर्गते स्नेह। क्षणे सकरुण क्षणे निकरुण देह।।
दुःख देखि रामर चकुर परे पानी। क्रोध करि पुनु ताक धरे टानि टानि।।
धरन्ते धरन्ते लोह धरण नजाइ। शोक दुःख क्रोध सब भैल एक ठाइ।।

(6469-70)

उत्तर काण्ड में राम का चरित्र

ऐसा कहा जाता है कि रामायण के उत्तर काण्ड में अनेक प्रक्षिप्त अंश हैं। जो भी हो, उसका मूल कथावृत्त वाल्मीकि द्वारा ही विरचित है इसमें कोई सन्देह नहीं है। उत्तर काण्ड के बिना राम का चरित सम्पूर्ण नहीं हो सकता।

असमिया 'सप्तकाण्ड रामायण' का उत्तर काण्ड शंकरदेव की रचना है, माधव कन्दलि की नहीं। वाल्मीकि रामायण के उत्तर काण्ड के प्रारम्भ का एक बृहत अंश शंकरदेव ने सम्पूर्ण रूप से छोड़ दिया है और बाक़ी अंशों का वर्णन भी अत्यन्त संक्षेप में केवल 763 पद्यों में किया है।

वाल्मीकि रामायण में जब लक्ष्मण सीता को वन में छोड़ने के लिए जाते हैं और लक्ष्मण के मुँह से सीता को ज्ञात होता है कि राम ने उन्हें लोगों के अपवाद के भय से ही वन में छोड़ा है, तब सीता ने जो कहा उसमें राम के ऊपर किसी प्रकार का दोषारोपण नहीं है। लेकिन शंकरदेव ने वैसा नहीं किया। उनका वर्णन ऐसा है कि लक्ष्मण से सब कुछ सुनने के बाद सीता मूर्च्छित हो जाती हैं और तुरन्त होश में आकर कहती हैं–

मोर अर्थे तोमार सन्ताप बाप व्यर्थ। रामे निकालन्ते तुमि किसर समर्थ।।
मोहोर मरणे आत किछु नाहि खेद। गर्भर विनाशे रामे हैबा वंशच्छेद।।
आवे राम स्वामी सुखे भुञ्जजन्तोक राज।मरि जाउँ मइ निमाखिती वनमाज।।

(6716-17)

यहाँ पर सीता स्पष्ट रूप से राम की निष्ठुरता की निन्दा कर रही हैं। वन में वह गर्भनाश होने की शंका कर रही हैं और इससे राम का ही वंशनाश होगा ऐसा सोच रही हैं। मैं चाहे मर भी जाऊँ, उसमें राम का क्या जाता है। वह सुख से राज्य भोग करते रहें। यही है सीता की बातों का तात्पर्य। इन वर्णनों से ऐसा प्रतीत होता है कि शंकरदेव राम को दोषी ठहराने के पक्ष में थे।

जब लव-कुश के गान से राम को ज्ञात होता है कि सीता अभी भी जीवित हैं तब वे दूतों को वाल्मीकि के आश्रम में सीता को लाने के लिए भेजते हैं और लोगों के सामने सीता को अपनी विशुद्धता प्रमाणित करने के लिए कहते हैं। इस वर्णन में राम का सीता के प्रति प्रेम प्रस्फुटित नहीं होता जो शंकरदेव के वर्णन में दिखाई देता है। शंकरदेव का वर्णन कुछ इस प्रकार का है—जब राम को ज्ञात हुआ कि सीता जीवित हैं, वह विलाप करने लगे और स्वयं सीता को ले आने के लिए चल पड़े। परन्तु वशिष्ठ के समझाने पर स्वयं न जाकर उन्होंने हनुमान आदि को भेजा।

वाल्मीकि के वर्णन में अपनी विशुद्धता प्रमाणित करने के लिए कहने पर सीता बिना कोई प्रतिवाद किये अग्नि परीक्षा दी और भूगर्भ में चली गयीं। लेकिन शंकरदेव की सीता चुप नहीं बैठीं और राम के प्रति अपना समस्त क्रोध दिखा रही हैं। जब हनुमान आदि सीता को लाने के लिए सीता के सम्मुख जाते हैं तब सीता कहती हैं—

किसक आमाक आर कर उतपात। पासरि आछिलो दुनाइ अग्नि ज्वाल गात।।
आरो अजोध्यात भुञ्जिवोहो राजसुख। देखिबो दुनाइ आउर राघवर मुख।।
बोलाइबो घरणी आरो राघवर घरे। नाइ तेवे नारी निलाजिनी मोत परे।।
मोक करिबाक आर नरैल रामर। आरो नुबुलिबा करो सवाके कातर।।

(6992-93)

इस प्रकार से अपने दुख का वर्णन करती हुई सीता राम को धिक्कारती हैं। अगले दिन वाल्मीकि सीता को अपने साथ राम के पास लेकर आते हैं। उस समय सीता का जो वर्णन शंकरदेव ने दिया है वो अभिनव है। सीता को बैठने के लिए आसन दिया जाता है, लेकिन वो नहीं बैठतीं। लज्जा और अपमान से वो बहुत ही दुखी हैं, आँखों से आँसू बह रहे हैं, क्रोधाग्नि से उनका पूरा शरीर दहक रहा है। बार-बार वे क्रोध से राम को देख रही हैं। क्रोध में उनका शरीर काँप रहा है। ये सब देखकर राम मन-ही-मन भयभीत हो रहे हैं। सभी लोग डर रहे थे कि सीता क्रोध में आकर राम को शाप देकर भस्म न कर दें। उसके बाद सीता कहने लगीं—आप सभी लोग जानते हैं कि राम मेरे किस प्रकार की स्वामी हैं। उन्हें अपने पिता ने वन को भेजा, मैं भी साथ गयी। वे रावण को मारकर मुझे लाये तो सही, लेकिन वहाँ भी मेरी अग्नि परीक्षा ली। घर आने के बाद भी लोगों के भय से मुझे वन में छोड़ दिया—इत्यादि प्रकार से बीस पदों में राम को दोषी ठहराया। राम का नाम भी नहीं सुनना और उनका मुँह भी नहीं देखना, ऐसा कहकर वे पृथ्वी का स्वयं को अपने अन्दर समा लेने के लिए आह्वान करती हैं—

आउर जेन नुशुनो रामर इटो नाउ। फाट दिया वसुमती पाताले लुकाउँ।।

(7075)

उपसंहार

अन्त में यह कहना पड़ेगा कि मूल से मेल रखते हुए भी असमिया 'सप्तकाण्ड रामायण' का एक स्वकीय स्थान है। जहाँ वाल्मीकि ने राम को आँच तक नहीं आने दी और सीता को केवल एक सहनशीलता की मूर्ति बनाकर रख दिया, वहीं तीनों असमिया कवियों ने सीता को एक नया रूप दिया जो प्रतिवाद करने से नहीं डरती उन्होंने राम को ईश्वर रूप में दिखाते हुए भी उनके दोषों को ढँकने की व्यर्थ चेष्टा नहीं की।

चाय जनगोष्ठी के लोकगीतों में राम

प्रियंका दास

वर्तमान प्रतिस्पर्द्धी युग में जहाँ भूमण्डलीकरण के कारण समस्त संसार को एक विश्व ग्राम की संज्ञा दी गयी है वहीं दूसरी ओर सांस्कृतिक साम्राज्यवाद भी अपनी चरम स्थिति पर है। वास्तव में भारतीय संस्कृति स्वयं इतनी समृद्ध होती हुई भी लगातार पाश्चात्य संस्कृति से प्रभावित होती जा रही है। कहीं-न-कहीं आधुनिकीकरण या हमारे आधुनिक होने का पर्याय भी पाश्चात्य संस्कृति को ग्रहण करना ही माना जाता है। ऐसी सांस्कृतिक विलय की स्थिति में यदि कहीं भी मौलिकता शेष है तो वह यहाँ की बहुरंगी लोक संस्कृति एवं लोक-साहित्य में ही। इस सन्दर्भ में आधुनिक कवि कुँवर नारायण की पंक्तियाँ अक्सर याद आती हैं—

"कि भाषा की ध्वस्त पारिस्थितिकी में आग यदि लगी तो पहले वहाँ लगेगी,
जहाँ ठूँठ हो चुकी होंगी अपनी ज़मीन से रस खींच सकने वाली शक्तियाँ।"

दरअसल, 'लोक' को ही भारतीय संस्कृति का वास्तविक धरातल कहा है। लोक ही वस्तुतः भारतीय संस्कृति का संवाहक और उसकी सादगी एवं जीवन्तता का संरक्षक होता है। जैसा कि हम सभी जानते हैं कि भारतीय संस्कृति अनेकों संस्कृतियों का सम्मिश्रण है। अतः विभिन्न संस्कृतियों या फिर मूल रूप से भारतीय सभ्यता व संस्कृति से रू-ब-रू होने या उसे समझने के लिए लोक संस्कृति और लोक साहित्य की विभिन्न विधाओं के अलावा अन्य कोई सशक्त साधन नहीं है। इस क्षेत्र में सबसे प्रचलित, रोचक, मनोरंजक एवं शिक्षा प्रधान माध्यम है—लोक गीतों का। भारत के किसी भी प्रान्त की जाति अथवा जनजाति की भाषा, उनकी संस्कृति और साहित्य को लोक गीतों के माध्यम से उकेरा जाता है। भारत की ऐसी ही एक आदिवासी जनजाति है असम की चाय जनगोष्ठी, जो राज्य की कुल आबादी का एक अहम हिस्सा है। लगभग 17-18 प्रतिशत की जनसंख्या वाले ये लोग विशेषकर असम के चाय बागानों में काम करने वाले श्रमिक वर्ग हैं और मुख्यतः राज्य की औद्योगिक अस्मिता की नींव हैं। सन् 1850 ई. के बाद ब्रिटिश सरकार द्वारा असम के चाय बागानों में श्रम कराने के उद्देश्य से लाये गये ये श्रमिक वास्तव में भारतवर्ष के विभिन्न राज्यों जैसे-झारखण्ड, उड़ीसा, पश्चिम बंगाल, तेलंगाना, छोटा नागपुर, छत्तीसगढ़ आदि के मूल निवासी थे। परन्तु आज असम के मूल निवासी कहलाते हैं। असम की चाय जनगोष्ठी प्रमुख रूप से विभिन्न जनजातियों जैसे—कोल, मुण्डा, माँझी, सन्थाल, उराँव आदि जनजातियों का ही समूह है लेकिन अपने मूल निवास स्थान से प्रव्रजित होकर असम में निवास करने के कारण इस समुदाय को 'चाय जनजाति' न कहकर 'चाय जनगोष्ठी' कहा जाता है। इस समुदाय में मुख्यतः हिन्दू और इसाई धर्म के अनुयायी हैं। तथापि ये असम की संस्कृति और रहन-सहन के अनुरूप स्वयं को ढालकर यहाँ के 'नतुन असमिया' कहलाते हैं।

चाय जनगोष्ठी में मुख्य रूप से जो हिन्दू धर्म को मानते हैं उनमें अन्य धर्मावलम्बियों की ही भाँति रामकथा, राम-नाम का महत्त्व सर्वाधिक है। जिस प्रकार भारतीय सभ्यता और संस्कृति राम में रमी हुई है ठीक वैसे ही चाय जनगोष्ठी के लोगों के लोक जीवन एवं साहित्य में भी राम जीवन्त हैं। विभिन्न पर्व एवं संस्कार विषयक लोक गीतों में राम की छवि परम्परागत रूप से प्रचलित है। जन्म से लेकर मृत्युपर्यन्त हर काम में राम का नाम लेना, कीर्तन करना आदि पीढ़ी-दर-पीढ़ी चला आ रहा है। इस समुदाय में एक पंक्ति बड़ी प्रचलित है कि **'हरिनाम नभजिले, रामनाम नभजिले, किये बचोवा पंछिले'**। आशय यह है कि हरि या राम के नाम का स्मरण और कीर्तन नहीं करने से जीवन में कुछ भी शेष नहीं रह जाता है। जीवन निरुद्देश्य हो जाता है। इसी प्रकार हम उनके विभिन्न लोक गीतों को उदहारण के तौर पर देख सकते हैं। जैसे फगुवा यानी होली के समय चाय जनगोष्ठी के विभिन्न समुदायों में प्रचलित कुछ पंक्तियाँ ली जा सकती हैं–

"राम खेले होली, लक्ष्मण खेले होली ह'
लंका गढ़ा जे रावणा खेले होली ह'
आर नाही पात्रवइ फागुना ह'
बने बने राम जी का बितलई फागुना ह'
घोरे हेई कौशल्या मैया, करहइ शगुनुवा ह'
रा-मा लड़िका धेनुका कैसे ताड़ी ह'
आरि नाहि पायेरइ फागुना ह'
ह' ह' होली, ह' ह' होली, ह' ह' होली ह'"

तात्पर्य यह है कि इधर अयोध्या में सभी होली खेल रहे हैं और उधर लंका में रावण भी अपने सगे-सम्बन्धियों और प्रजा के साथ होली खेल रहा है। परन्तु वनवास के दौरान वन-वन भटकते हुए ही राम, लक्ष्मण और सीता ने फागुन का महीना और होली का त्योहार बिता दिया। और वहाँ अयोध्या में कौशल्या मैया उनके लिए प्रार्थना और मंगलकामना करती हैं। ताकि राम सभी राक्षसों का वध कर समस्त प्रजा का कल्याण करें और लक्ष्मण और सीता के साथ सकुशल अयोध्या लौट आयें। इस प्रकार चाय जनगोष्ठी के लोग भी हर्षोल्लास के साथ होली का त्योहार मनाते हुए इस गीत के माध्यम से भगवान श्रीराम से प्रार्थना करते हैं कि वे उनके जीवन में आने वाली बाधाओं को दूर करें, वे भी उनकी ही प्रजा हैं अतः उनका कल्याण करें और सदैव अपनी कृपादृष्टि उन पर बनाये रखें।

रामायण के विभिन्न प्रसंगों को उद्धृत करते हुए चाय जनगोष्ठी में अनेक लोक गीत प्रचलित हैं जिनमें भगवान राम के विचित्र और चमत्कारी स्वरूप को चित्रित करते हुए उनसे यह प्रार्थना की जाती है कि जिस प्रकार वे प्राणीमात्र की रक्षा करते हैं ठीक वैसे ही उनकी भी करें। गीत कुछ इस प्रकार है–

"बाजिल रामेरी घंटा थरथर काँपे लंकारे;
मंदोदरी बले रावण च्छाड़ अहंकार।
देखबे सोनार लंका हबे छारखार।।"

उपरोक्त गीत की पंक्तियाँ उस समय से सम्बन्धित हैं जब रावण सीता का हरण कर लंका ले जाता है। और राम समस्त वानर सेना सहित सीता को बचाने के लिए लंका पर चढ़ाई करते हैं तब जैसे चारों ओर रामनाम की जयध्वनि गूँज उठती है। वह जयध्वनि इतनी तीव्र होती है कि उससे रावण की नगरी लंका काँप उठती है। इसी कारण रावण की पत्नी मन्दोदरी अत्यन्त दुखी और

विचलित होती हुई रावण को समझाती है कि अपना अहंकार छोड़कर सीता को आदर और सम्मान सहित श्रीराम के पास भेज दे और स्वयं जाकर उनसे माफ़ी माँग ले। मर्यादा पुरुषोत्तम भगवान श्रीराम अत्यन्त दयावान हैं। वे ज़रूर क्षमा कर देंगे। क्योंकि रावण के ऐसा नहीं करने से रावण की नगरी और स्वर्ण लंका को ध्वंस से कोई नहीं बचा सकता।

"पंचवटी बने सीता, राम लखन जटा
माया मृग बधिते न पारे
एकाराम बनेर भितोरे
जाने प्रभु जाने रघुनाथे
आज मृगी तोरे मृत्यु मोरे हाथे"

रामायण के तमाम प्रसंगों में से एक रोचक प्रसंग पंचवटी और स्वर्ण मृग का है। पंचवटी में जब राम, लक्ष्मण और सीता वनगमन कर रहे होते हैं, उसी दौरान सीता के कहने पर राम स्वर्ण मृग के शिकार हेतु निकल पड़ते हैं। गीत की इन पंक्तियों में इसी प्रसंग का उल्लेख करते हुए कहा गया है कि राक्षस जो मायारूपी मृग बनकर वन में चर रहा था वास्तव में उसे भी यह ज्ञात था कि उसकी मृत्यु मायापति श्रीराम के हाथों सुनिश्चित है और श्रीराम के हाथों मृत्यु प्राप्त कर वह मोक्ष का भागी बनेगा। उधर भगवान श्रीराम सारी माया समझते हुए भी अपनी लीला दिखाते हैं और वन में दूर-दूर तक मृग के पीछे-पीछे भागते हैं। अन्ततः स्वर्ण मृग रूपी राक्षस का वध कर उसे मोक्ष प्रदान करते हैं।

चाय जनगोष्ठी में प्रचलित विवाह से सम्बन्धित लोक गीतों में भी राम की छवि दिखती है। वर और वधू को क्रमशः राम और सीता के रूप में माना जाता है और परम्परागत रूप से विधिवत उनका विवाह सम्पन्न होता है। गीत द्रष्टव्य है—

"ढांक बाँजे ढल बाजे आरू बाजे 'चिंगा' ग' चलग' धनी देखते जाब
रामचन्द्र चलिसे बिहाय ।।

× × ×

ढल बाजे ढांक बाजे आर बाजे चिंगा
सीतार दोहांये राम चलिलेन बिहाय ।।"

चाय जनगोष्ठी के वैवाहिक अनुष्ठानों में गाये जाने वाले गीत की इन पंक्तियों में ढांक, ढोल, चंगा आदि विभिन्न वाद्य यन्त्रों को बजाते हुए और लोक गीतों को गाते हुए ही वर-वधू का विवाह सम्पन्न होता है। इसीलिए अन्य सभी लोग उन वाद्य यन्त्रों के बजने की आवाज सुनकर आपस में एक-दूसरे से विवाह में शामिल होने की बात करते हैं। वे यह कहते हैं कि सभी चलो रामचन्द्र विवाह करने चले।

"देब पुरे देब गणेर सभा बठे
सरस्वती जाइब बले
गणे परे राम सीतार लगन धरे
सेह लगन भंग करे
तबे रावण सीता हरे।"

रामायण के कथानक पर आधारित गीत की इन पंक्तियों में राम और सीता के विवाह का उल्लेख मिलता है। राम और सीता के विवाह का लगन तय होते ही समस्त देवगणों को विवाह में शामिल होने और शुभाशीष देने हेतु निमन्त्रण दिया जाता है। इसी कारण देवलोक में सभा

का आयोजन हुआ और देवी सरस्वती सहित अन्य देवगण भी विवाह में जाने को तत्पर हुए। तब जाकर राम-सीता का विवाह सम्पन्न हुआ। दूसरी ओर जब शूर्पणखा राम से विवाह करना चाहती है और लक्ष्मण द्वारा उसकी नाक काट दी जाती है तो उसके अपमान का बदला लेने के लिए ही रावण, सीता का हरण कर लंका ले जाता है। तमाम जद्दोजहद एवं संघर्षों के बाद अन्ततः जीत श्रीराम की होती है और सीता को लेकर वे सकुशल अयोध्या लौट आते हैं। इसी रीति का अनुसरण करते हुए चाय जनगोष्ठी के लोग किसी भी वैवाहिक अनुष्ठान में सर्वप्रथम सभी देवी-देवताओं को श्रद्धापूर्वक आमन्त्रित करते हैं ताकि उनके शुभाशीष से विवाह जैसे उत्तम और मांगलिक अनुष्ठान का निर्विघ्न समापन हो सके। और, राम तथा सीता की तरह ही वर और वधू का साथ विकट से विकट परिस्थितियों में भी चिरकाल तक बना रहे और उनका भविष्य शुभ और मंगलमय हो।

"कन तोर गाढ़ल झिलिमिली रे माड़वा कने तोर लिखले रामचंद्रे कहबर
बहनाई तोर गाढ़ल झिलिमिली रे माड़वा दीदी तोर लिखलाई रामचंद्रे कहबर।"

विवाह के अवसर पर गाये जाने वाले इस गीत में दूल्हा-दुल्हन में राम और सीता की छवि देखी जाती है। विवाह-संस्कार हेतु घर के आँगन में ही मड़वा (अर्थात् विवाह अनुष्ठान सम्पन्न करने हेतु सजाया गया पूजा-स्थल) बनाया जाता है। चाय जनगोष्ठी में ऐसी लोक परम्परा है कि विवाह के अवसर पर छोटी बहन मड़वा सजाती है तथा बड़ी बहन कोहबर सजाती है। इस समुदाय में कोहबर एक ख़ास रस्म है। इस रस्म में चाय जनगोष्ठी के लोगों के कच्चे घरों की दीवारों पर चावल के चूर्ण और सिन्दूर से दूल्हा-दुल्हन की छवि बनायी जाती है, जो राम और सीता की जोड़ी मानी जाती है। रस्म के दौरान उसी सुसज्जित कमरे में वर-वधू को भोजन कराया जाता है।

"देन ग बाबा हामार
चारी कुरि बाजना
हामे जाबो अयोध्या बिहार जायके जाये बेटा अयोध्या बिहार ग
देये राख दूधकेरि धार ।।
तोर जे दूध धार सुदिले न सुदाई ग
गया–गंगाइ करब उद्धार ।।"

यहाँ लड़की का भाई 'चारी कुरि बाजना' अर्थात् अस्सी वाद्य लेकर 'अयोध्या बिहार' यानी लड़के वालों के यहाँ विवाह तय करने हेतु जाने की बात करता है। लेकिन लड़की के घरवालों की आर्थिक स्थिति इतनी ज़्यादा दयनीय है कि लड़की का पिता वैवाहिक अनुष्ठान के आयोजन हेतु बिल्कुल भी सक्षम नहीं है। अन्त में माँ के हाथों के गहने बेचने की बात आती है तो माता-पिता दोनों लड़की के भाई से यही कहते हैं कि दूध का ऋण चुकाओ और अपनी बहन के प्रति कर्तव्य का निर्वहन करते हुए उसका विवाह सम्पन्न कराओ ताकि हम दोनों का गंगा में उद्धार हो सके, स्वर्ग की प्राप्ति हो सके। इन पंक्तियों में भी लड़की को सीता और लड़के को राम तथा लड़की के ससुराल को अयोध्या के रूप में सम्बोधित किया गया है। भारतीय समाज में राम एक आदर्श पुरुष हैं, एक अच्छे जीवन साथी की छवि उनमें देखी जाती है। इसी कारण धनी या ग़रीब चाहे जैसा भी परिवार हो अपनी बेटी के लिए राम जैसे वर और अयोध्या जैसे सर्वसम्पन्न ससुराल की ही तलाश करता है।

"चाशेत जन्मिले सीता जनेकिर घरे ग
जनम लिल श्रीराम ठाकुर
ताड़का बधिये राम जाये जनकपुर

संगे मुनि सहिते लक्ष्मण।।
गंडीबान तोले राम हाथ लगन ग
विवाह केर बाजे ग बाजन।।
नागरानीसान बाजे झाग्य मृदंग
सहिनेत करिसे सहान
स्वर्गे नाचे स्वर्गजन मध्ये नाचे मध्यजन
उलाचिते नाचे दशरथ
कन सखी गाहिसे
कन सखी नाचिसे
कन सखी करिसे बदन
जानेना कौशल्या रानी
रामेर विवाह सुनी
उलाचिते चंचल बदन।।"

गीत की इन पंक्तियों में राम और सीता के जन्म से लेकर विवाह तक के प्रसंग को लयबद्ध किया गया है। यह गीत विवाह के अवसर पर वाद्य यन्त्रों के साथ बहुत ही हर्ष के साथ गया जाता है। गीत में प्रारम्भ से ही हर्ष और उल्लास को अधिक प्राथमिकता दी गयी है। सर्वप्रथम तो हर्ष की वजह जन्मोत्सव को दिखाया गया है, जनक के घर सीता और राजा दशरथ के घर राम का जन्म होता है। दूसरी तरफ़, राम और सीता के विवाह-अवसर पर हर्षोल्लास का माहौल दिखता है। ताड़का नामक राक्षसी के वध के पश्चात श्रीराम अपने भ्राता लक्ष्मण और अन्य ऋषि-मुनियों के साथ जनकपुर जाते हैं। वहाँ सीता-स्वयंवर में धनुष पर प्रत्यंचा चढ़ाने के बाद राम और सीता का विवाह सम्पन्न होता है। उस समय झाल, मृदंग आदि वाद्य यन्त्र बजाये जाते हैं। सखियाँ गीत गाती हैं और नृत्य करती हैं। स्वर्गलोक से लेकर पृथ्वीलोक तक सभी इस अवसर पर झूम उठते हैं। उधर अयोध्या नगरी में भी राम-सीता के विवाह की सूचना पाकर दशरथ, कौशल्या समेत समस्त अयोध्यावासी उत्सव मनाते हैं। चाय जनगोष्ठी के लोग भी लड़की के विवाह पर इसी प्रकार हर्षोल्लास के साथ विभिन्न प्रकार के वाद्य यन्त्रों को बजाते हैं। लड़की की सखियाँ भी गीत गाती और नाचती हैं। समस्त परिजन एवं सगे-सम्बन्धी सहर्ष वर-वधू के लिए मंगलकामना करते हैं।

चाय जनगोष्ठी में भी अन्य समुदायों की ही भाँति पुत्र-जन्म के अवसर पर 'राम जन्मिलो' ऐसा माना जाता है। तो वहीं, मृत्युपरान्त 'राम कीर्तन' या रामनाम लेने की परम्परा है जिसे 'खुल कीर्तन' कहते हैं। शवयात्रा के दौरान लोग राम और हरि का नामकीर्तन करते हुए ही श्मशान जाते हैं। इसके अतिरिक्त शव-दाह होने के उपरान्त उस स्थल पर मिट्टी और पानी से पुताई की जाती है तथा वहाँ तीन बार 'राम-राम' लिखने की ख़ास परम्परा प्रचलित है। यह विशेष परम्परा चाय जनगोष्ठी में ही मिलती है। ऐसी मान्यता है कि मनुष्य का जीवन बहुत पुण्य करने पर प्राप्त होता है और रामनाम से जीवन की सारे दुःख, तकलीफ़, पाप, द्वेष आदि का नाश हो जाता है। कारण कि सृष्टि के कण-कण में जीवन के आदि से अन्त तक सब में राम रूपी हरि का वास है।

राम को आदर्श के पर्याय के रूप में देखा जाता है। भारतीय सभ्यता एवं संस्कृति में राम मर्यादा पुरुषोत्तम हैं। भारत ही नहीं, विदेशों में भी राम की उपस्थिति एवं प्रासंगिकता है। नाना लोक साहित्य, संस्कृति एवं कलाओं में आज भी राम जीवन्त हैं। रामनाम के स्मरण मात्र से ही मोक्ष

प्राप्ति की मान्यता है। इसी तरह भारतवर्ष के उत्तरपूर्व में स्थित असम राज्य की संस्कृति, कला एवं साहित्य यहाँ तक कि लोक व्यवहार में भी राम उपस्थित हैं। असम की प्रसिद्ध चाय जनगोष्ठी के लोक साहित्य में भी राम और राम के नाम का विशेष महत्त्व है। वास्तविकता तो यह है कि दैनन्दिन जीवन में ये लोग रामनाम को जीते हैं। जन्म से लेकर मृत्यु तक के सफर के दौरान विभिन्न अनुष्ठानों, पर्व-त्योहारों में राम-कीर्तन अथवा राम से सम्बन्धित लोक गीतों की अपनी महत्ता है। उपर्युक्त गीत की विभिन्न पंक्तियाँ चाय जनगोष्ठी के लोक गीतों में राम की छवि, उनकी उपस्थिति एवं प्रासंगिकता को पुष्ट करती हैं। विशेषकर विवाह जैसे मांगलिक अनुष्ठान में राम और सीता का वर-वधू के रूप में चिरकाल तक जीवन्त बने रहना अपने आप में विशिष्ट है। नवदम्पति को राम और सीता की आदर्श जोड़ी मानकर उनके मंगलमय भविष्य की कामना की जाती है। विवाह के अवसर पर गाये जाने वाले विभिन्न गीतों में इस बात को बख़ूबी उजागर किया गया है। चाय जनगोष्ठी के लोगों में एक आदर्श दाम्पत्य जोड़े के रूप में राम और सीता का स्थान है। साथ ही एक सुखी, समृद्ध एवं ख़ुशहाल ससुराल को श्रीराम की जन्मभूमि अयोध्या के रूप में उपमित किया जाता है। निश्चित तौर पर राम और सीता धरती पर श्रेष्ठ मानव-जीवन के प्रतिमान स्वरूप हैं तथा वे इसी रूप में समाज के विभिन्न समुदायों में जीवन्त एवं अमर हैं। चाय जनगोष्ठी के लोक गीतों के विभिन्न सन्दर्भों एवं प्रसंगों में भी रामकथा के विविध प्रसंग वर्तमान समय में भी अपनी प्रासंगिकता क़ायम रख सकने में तटस्थ हैं।

सन्दर्भ ग्रन्थ

1. चौधरी, प्रसनजित, असमर चाह-बनुवा आरू उनईश शतीकर बिद्वत समाज, नरेन्द्र चन्द्र दत्त, गुवाहाटी, 1989
2. बरगोहाई, होमेन, असमर चाह उद्योगर अकथित कहानी, भर्ती बुक स्टॉल, गोलाघाट, 1980
3. तासा, डिम्बेश्वर, चाह जनगुष्टिर समाज-संस्कृति, सदानन्द गगई सचिव, असम प्रकाशन परिषद्, गुवाहाटी, 2012
4. राभा, मलिता देवी, असमर जनजाति आरू संस्कृति, असम साहित्य सभा, चन्दकान्त संदिके भवन, गुवाहाटी, 2011
5. सेनगुप्ता, सार्थक, द टी लेबरर्स ऑफ़ नॉर्थ ईस्ट इंडिया, मित्तल पब्लिकेशन, नयी दिल्ली, 2009
6. कुर्मी, प्रकाश, झिलिमिलि माड़वा, श्रीयुत कमलेश्वर कुर्मी सांस्कृतिक सम्पादक, असम, 2004
7. मादल, (सं) गणेश चन्द्र कुर्मी, मादल प्रकाशन, डिब्रुगढ़, 2012

पूर्वोत्तर भारत की जनजातीय भाषाओं में राम

(मिजो, खामति, कार्बी, तिवा और बोडो जनजाति के विशेष सन्दर्भ में)

आलिया जेस्मिना नयानिका दत्ता चौधुरी

विभिन्न भारतीय जनजाति तथा सांस्कृतिक परम्पराओं में, सभी धार्मिक विश्वासों एवं प्रागैतिहासिक पृष्ठभूमि में, विभिन्न पौराणिक मान्यताओं में और प्रायः सभी भाषाओं में मर्यादा पुरुषोत्तम राम का उदात्त जीवन अविछिन्न रूप से अन्तःस्थूल है। पूर्णतया रमणीय होने से राम का नाम आज भी यथार्थ एवं जीवित है; राम का उदात्त एवं अभिनव जीवन आज हज़ारों वर्षों के बाद भी उतना ही सुन्दर, उत्सुकतावर्धक, आकर्षक, प्रभावशाली, आदर्श एवं अनुकरणीय है जितना कि पहले था। राम के इन चरित्रों के सम्बन्ध में आदिकाल से ही अलग-अलग जनजातियों के बीच अनेकता में एकता पायी जाती है, फिर भी अलग-अलग जनजातियों में राम के प्रमुखतः नवीनता, उपादेयता और सात्विकताप्रधान जीवन स्वरूप को दिखाया गया है, जो अन्यत्र दृष्टिगोचर नहीं होता है। राम को ज़्यादातर जनजातीय भाषाओं में मूर्तिमान धर्म, सज्जन शिरोमणि, पराक्रमी एवं सब लोगों के राजा के रूप में दिखाया गया है। लोक-शिक्षा एवं लोकानुग्रह के लिए ही भगवान राम का अवतार एवं कर्म है। जिस तरह वाल्मीकि रामायण में राम को जातिधर्म, देशधर्म, श्रेणीधर्म तथा कुलधर्मों को जानते एवं उनका पालन करते हुए दिखाया गया है उसी तरह भारतवर्ष की प्रायः सभी जनजातीय भाषाओं में किसी-न-किसी तरह यह स्वरूप देखने को मिलता है। आज जिस तरह असमिया, बांग्ला, उड़िया, हिन्दी, कश्मीरी, पंजाबी, मराठी, गुजराती, तमिल, तेलुगु, कन्नड़, मलयालम, मणिपुरी, मैथिली भाषाओं में अलग-अलग रूप में रामायण एवं रामकथा पायी जाती है। उसी तरह भारत की विभिन्न जनजातियों, मुख्यतः भील, साओताल, बिहोर, मुण्डा, अचुर, कुरुष, परजि, गोंड, गोंडि, कौवा, मारिया, मुरिया, खोनधा, हलबि, भाट्टी, बैगानी, आगरिया आदि की भाषाओं में भी राम जनप्रिय तथा जीवित हैं। पूर्वोत्तर भारत में भी ऐसी अनेक जनजातियाँ हैं, जिन के बीच राम अमर, लोकप्रिय एवं जनप्रिय आदर्श पुरुष के रूप में जीवित हैं। पूर्वोत्तर भारत की जनजातियों में प्रधान जनजाति है—कार्बी, तिवा, खामति, राभा, मिजो, त्रिपुरी, बोडो, मेघालय की ख़ासी और गारो एवं मणिपुरी। इनमें भी मिजो और मणिपुरी के बीच रामकथा और राम का प्राधान्य ज़्यादा है।

पूर्वोतर भारत की मिजो, खामति, बोडो, कार्बी, तिवा जनजातीय भाषाओं में देखा जाये तो एक या दो जनजातियों को छोड़कर अन्य जनजातियों में राम को सर्व समस्याओं, कष्टों एवं परेशानियों का समाधान करते हुए एक आदर्श, पराक्रमी, लोक राजा के रूप में दर्शाया गया है जिसका स्वरूप वाल्मीकि रामायण से एकदम पृथक है। इन जनजातियों के बीच वाल्मीकि रामायण से पूर्व सैकड़ों

वर्षों से रामकथा धारा अनवरत एवं नाना रूप में प्रवाहित होती चली आ रही है। चाहे वह गीतों के माध्यम से हो या मौखिक कहानी के रूप में हो। अतः यह निश्चित है कि वाल्मीकि तथा उनकी ग्रन्थ रचना के पूर्व से ही रामकथा जन-जन में परिव्याप्त है, उसकी एकरूपता नहीं है। वह अनेकानेक परम्पराओं, धारणाओं, मान्यताओं, जनश्रुतियों, किंवदन्तियों तथा पौराणिक कहानियों के रूप में भी परिव्याप्त है। यद्यपि उस समय जनजातियों के बीच प्रचलित रामकथा लिखित स्वरूप प्राप्त नहीं थी, परन्तु सभी जनजतियों के बीच लोक गीत, मूर्ति-मन्दिर, नाटक आदि के ज़रिये राम लोकप्रिय थे। अगर संक्षेप में कहा जाये तो पूर्वोत्तर भारत की जनजातियों में भी राम इसी तरह जनप्रिय और जीवित हैं। मिजो, खामति, कार्बी आदि जनजातीय भाषाओं में राम को एक आदर्श पुत्र, आदर्श भाई, आदर्श पति, त्यागी मनोवृत्ति एवं आदर्श वीर पुरुष के रूप में अलग-अलग तरीक़ों से दर्शाया है। पूर्वोत्तर जनजातियों की रामकथा पढ़ने से यह ज्ञात होता है कि प्रत्येक जनजाति के लोग राम को लोकमंगल, लोकरक्षक रूप में स्वीकारते हैं और राम का अनुकरण करते हुए उन्हें एक आदर्श व्यक्ति के रूप में अपनाते हैं।

प्रस्तुत अध्ययन के माध्यम से हम पूर्वोत्तर भारत की अलग-अलग जनजातियों के साथ ही उन जनजातियों में प्रचलित भिन्न-भिन्न धारणाएँ एवं रामकथा और राम को लेकर जो मान्यताएँ हैं, उसे आसानी से जान पायेंगे। इस अध्ययन का एक और महत्त्वपूर्ण कारण यह भी है कि सभी जनजातीय भाषाओं में रामकथा अलग-अलग होने पर भी हम उसे सहजता के साथ समझ सकते हैं और इससे हमें राम के अनेक स्वरूप जिन्हें अलग-अलग तरीक़ों से दर्शाया गया है उनके सन्दर्भ में विस्तृत ज्ञान प्राप्त कर सकते हैं। और हम वाल्मीकि रामायण के साथ उन जनजातियों की रामकथा से तुलना करते हुए, ये अन्दाज़ा लगा सकते हैं कि वाल्मीकि रामायण से पूर्व ही हमारे समाज की इन जनजातियों के बीच राम कितना लोकप्रिय एवं लोकादर्श थे। इन सभी दृष्टियों से प्रस्तुत अध्ययन की एक महत्त्वपूर्ण भूमिका है और इसे एक महत्त्वपूर्ण अध्ययन कहा जा सकता है।

मौखिक रूप से चलती आयी पुराण कथा, लोककथा-लोकगाथा, कहानी आदि लोगों के बीच एक पीढ़ी से दूसरे पीढ़ी तक चलते हैं और अन्त में वह लिखित साहित्य का स्रोत बन जाते है। इस दृष्टि से कहा जाये तो हमारे समाज में मौखिक रूप से जनजातियों के बीच रामकथा की सृष्टि कब से हुई है, उसे जानना असम्भव है। क्योंकि वाल्मीकि रामायण की रचना के पूर्व से ही अलग-अलग जनजातियों के बीच रामकथा का स्वरूप भिन्न-भिन्न दृष्टिकोणों से चलता आ रहा है। उनमें से किसी जनजातीय भाषा में तो रामकथा को लिखित रूप प्रदान किया गया है जबकि किसी जनजाति की रामकथा आज भी केवल लोक गीतों के बीच में ही आबद्ध होकर रह गयी है। उक्त सभी बातों को ध्यान में रखते हुए हमने प्रस्तुत अध्ययन में पूर्वोत्तर भारत की पाँच जनजातियों—मिजो, खामति, कार्बी, तिवा, बोडो के सन्दर्भ में आलोकपात करते हुए इन सभी जनजातियों की भाषाओं में रामकथा और राम का स्वरूप विश्लेषण एवं विवेचन किया है।

प्रस्तुत अध्ययन की पद्धति विश्लेषणात्मक एवं विवेचनात्मक है। इस अध्ययन को प्रस्तुत करते समय हमने असमिया साहित्य की किताबों से सहायता ली और साथ ही बोडो जनजाति को विस्तृत रूप से जानने के लिए हमने बोडो विभाग के विभागाध्यक्ष डॉ. भूपेन नारजरी से भी सहायता ली। इस अध्ययन में सन्दर्भ सूची के प्रस्तुतीकरण में हमने एम.एल.ए. (MLA) पद्धति का प्रयोग किया है।

प्रस्तुत अध्ययन में हमने पूर्वोत्तर भारत की जनजातीय भाषाओं में राम को पाँच विशेष जनजातीय भाषाओं के सन्दर्भ में प्रस्तुत किया है जिसे प्रस्तुत करने का प्रमुख उद्देश्य यह है कि इस अध्ययन के माध्यम से न केवल उन विशेष जनजातियों बल्कि पूरे देश के लोगों को उनके बारे में जानने का अवसर प्राप्त हो। इसका एक उद्देश्य यह भी है कि इस अध्ययन के माध्यम से रामकथा और राम के स्वरूप को और भी अधिक लोकप्रिय बना सकें एवं अलग-अलग जनजातियों के बीच उसका प्रचार-प्रसार कर सकें।

भारत की भिन्न-भिन्न जनजातियों के साथ-साथ पूर्वोत्तर भारत में भी ऐसी अनेक जनजातियाँ हैं जिनके बीच आज भी रामकथा और राम जीवित हैं। यद्यपि लिखित रूप में सभी जनजातीय भाषाओं में रामकथा प्राप्त नहीं होती, परन्तु मौखिक रूप से सभी जनजातियों में किसी-न-किसी सन्दर्भ में राम अभी भी बसे हुए हैं। पूर्वोत्तर भारत की जनजातीय भाषाओं में प्रमुखतः कार्बी, तिवा, खामति, राभा, मिजो, त्रिपुरी, मेघालय की ख़ासी और गारो जनजाति और मणिपुरी आदि के बीच राम और रामकथा प्रचलित है। परन्तु इनमें भी किसी-किसी जनजाति में राम केवल मौखिक लोक कथा और लोक गाथाओं में ही सीमित दिखाई पड़ते हैं, और किसी-किसी जनजातीय भाषा में रामकथा का लिखित रूप प्राप्त हुआ है। पूर्वोत्तर भारत की इन सभी जनजातियों में से कार्बी, तिवा, खामति, मिजो और बोडो जनजाति को भाषा के सन्दर्भ में देखा जाये तो मुख्य रूप से मिजो और कार्बी जनजाति में रामकथा और राम ज़्यादा प्रचलित हैं, और इन दो जनजातीय भाषाओं में रामकथा का लिखित स्वरूप भी प्राप्त है। इसके उपरान्त कार्बी, तिवा, खामति और बोडो जनजातीय भाषाओं में राम का स्वरूप भिन्न-भिन्न दिखाई पड़ता है जिसे निम्नलिखित बिन्दुओं में देखा जा सकता है–

कार्बी जनजातीय भाषा में राम–कार्बी जनजाति की रामकथा 'छाबिन आलुन' में राम को एक आदर्श पुरुष, आदर्श पुत्र, आदर्श पति और एक आदर्श भाई के रूप में दिखाया गया है। इसके उपरान्त राम को एक सफल प्रेमी के रूप में देखा जाता है। 'छाबिन आलुन' में राम की सृष्टि केवल विनाशकारी रावण का वध करने के लिए तथा समाज से रावण जैसे राक्षस को दूर करने के लिए ही की गयी है। दुष्टाचारी को ख़त्म करने वाले राम वहाँ एक वीर एवं साहसी पुरुष के रूप में दिखाई पड़ते हैं, जहाँ वह एक राक्षसी द्वारा उनके पथ में बाधा डालने पर उसे मार देते हैं और उस बाधा को पार करते हुए स्वयंवर में पहुँच जाते हैं। 'छाबिन आलुन' में राम को एक शक्तिशाली वीर पुरुष के रूप में दिखाया गया है। इस रामकथा में राम की शक्ति की परीक्षा दो स्थलों पर होती है, पहला जब वह छिनताकुरी (सीता) से शादी करने जाते हैं, तब वहाँ अनेक पुरुषों द्वारा धनुष को तोड़ने की कोशिश करने पर सब असफलता प्राप्त करते हैं सिवाय राम के। दूसरा, जब उनकी बरपुराम (परशुराम) से भेंट होती है, तब राम को सन्देह की दृष्टि से देखते हुए बरपुराम कहते हैं–"तुम मेरे धनुष को तोड़कर दिखाओ।" और राम उसे आसानी से तोड़ डालते हैं। इससे राम के शक्तिशाली होने का प्रमाण सामने आ जाता है।

राम का आदर्श पुत्र का स्वरूप 'छाबिन आलुन' में वहाँ दिखाई पड़ता है, जहाँ वह अपने पिता तथा भरत की माता द्वारा की गयी बातचीत सुनते हैं कि–"राम का राज्याभिषेक करने के बजाय भरत का राज्याभिषेक हो और राम को 14 साल के लिए वन में भेज दिया जाये," और यह सुनते ही राम एक आदर्श पुत्र के रूप में वन को चले जाते हैं। इसके अतिरिक्त राम-लक्ष्मण का साथ-साथ

रहना तथा वन जाना, और भरत का राज्याभिषेक होने पर किसी तरह की आपत्ति न रखना राम के आदर्श भाई के स्वरूप को सामने लाता है। आदर्श पुत्र, आदर्श भाई के साथ-साथ राम को कार्बी रामकथा में एक आदर्श पति के रूप में भी दिखाया गया है। आदर्श पति का स्वरूप हमें वहाँ देखने को मिलता है, जहाँ छिनताकुरी(सीता) का अपहरण होने के बाद वह अपने भाई लखन (लक्ष्मण) से भी झगड़ने के लिए विवश हो जाते हैं और सीता को ढूँढ़ने के लिए तथा उसका उद्धार करने के लिए बिहिहन(विभीषण) से दोस्ती भी करते हैं और सागर के ऊपर से एक बाँध बाँधकर अपनी सेना के साथ लंका में पहुँचकर रावण से युद्ध करते हैं। इस दृष्टि से राम को एक प्रेमी के रूप में भी देख सकते हैं। एक आदर्श प्रेमी और एक आदर्श पति के साथ-साथ राम हिरण के शिकार में भी रुचि रखते हुए दिखाई पड़ते हैं और साथ ही वे एक स्थल पर सशंकित पुरुष के रूप में भी दिखाई पड़ते हैं। क्योंकि छिनताकुरी(सीता) के गर्भधारण के समय राम सीता पर सन्देह करते हैं कि वह बच्चा रावण का है। परन्तु बाद में यह सन्देह दूर हो जाता है और राम राजा बनते हैं और अपना जीवन सुख से बिताते हैं।

उक्त सभी विवेचनों से स्पष्ट रूप में कहा जा सकता है कि कार्बी रामकथा 'छाबिन आलुन' में राम को एक लोकनायक तथा एक आदर्श पुरुष के रूप में दिखाया गया है।

मिजो जनजातीय भाषा में राम–पूर्वोत्तर भारत के मिजो लोगों के बीच राम की कथा कहानी, गीत आदि के माध्यम से प्राचीनकाल से मौखिक रूप में चली आ रही है। मिजो जनजाति की रामकथा 'खेना अरु राम ते उनाऊ थू'(लक्ष्मण और राम की कहानी) नामक ग्रन्थ में केवल दस कहानियों के भीतर ही राम के अनेक स्वरूपों का उद्‌घाटन किया गया है। ये कहानियाँ संगकिमा(saṇgkim) द्वारा सम्पादित–'रामायण इन नार्थ ईस्ट' नामक ग्रन्थ में–'इम्पैक्ट ऑफ़ रामायण अपॉन द मिजो' प्रबन्ध के भीतर ही मिजो जनजाति के राम की भिन्न-भिन्न विशेषताओं और स्वरूप को रखा गया है। मिजो रामकथा में राम के जन्म से लेकर उनके जीवन में आयी हुई अनेक घटनाओं की अभिव्यक्ति हुई है। इस रामकथा में राम को एक बुद्धिसम्पन्न और समस्याओं के समाधानकर्ता पुरुष के रूप में दिखाया गया है। इसमें राम की चारित्रिक विशेषताएँ देखने को मिलती हैं जैसे राम हिरण का वध करने में अधिक रुचि रखते थे। राम की इन विशेषताओं के कारण बुलबुल पक्षियों द्वारा दोषारोपण भी किया गया था। एक दिन तो राम ने भगवान की कन्या को हिरण समझते हुए उसे आघात किया और इसी गलती के कारण सज़ा भी भुगतनी पड़ी।

इसके अतिरिक्त राम एक शक्तिशाली पुरुष के रूप में वहाँ दिखाई पड़ते हैं, जहाँ सीता एक लोहे के बक्से में बन्द करके रखी गयी थीं और यह बताया गया था कि जो युवक उस बक्से को उठाने में सफलता प्राप्त करेगा, उसके साथ ही सीता की शादी करायेंगे, और इस कार्य में राम ही कृतकार्य हुए और सीता से शादी कर ली। एक दिन सात सिरों वाला लूचारिहा(रावण) राम और सीता के सम्मुख एक सोने के हिरण का रूप धारण करके आता है, राम उसका वध करने जाते हैं, तभी उनकी मृत्यु हो जाती है। इस सन्दर्भ में कहा जा सकता है कि राम शिकार में अत्यधिक रुचि रखते थे और इसी कारण उन्हें मृत्यु का सामना भी करना पड़ा। इस स्वरूप के अलावा राम का एक आदर्श भाई का रूप भी दिखाई पड़ता है। परन्तु राम आदर्श भाई होते हुए भी पूर्ण रूप से आदर्श नहीं थे। क्योंकि जब राम को खेना(लक्ष्मण) ने भगवान के ज़रिये जीवित किया तब

राम लक्ष्मण को सन्देह की दृष्टि से देखते हैं और उनसे यह पूछते हैं कि–"तुमने सीता से तो विवाह नहीं कर लिया?" तब लक्ष्मण द्वारा मना करने पर भी राम दो परीक्षाओं के माध्यम से लक्ष्मण और सीता के बीच के सम्बन्ध को लेकर जो सन्देह उत्पन्न होता है, उसे दूर करते हैं। इस दृष्टि से राम को पूर्ण रूप से आदर्श भाई नहीं कहा जा सकता। इसके अलावा राम को एक उदारवादी, परदुखकातर युवक के रूप में दिखाया गया है। हृदय की सरलता और कोमलता के कारण ही हाऊलाउमन(हनुमान) से उनका दुख देखा नहीं गया। सीता का अपहरण होने के बाद राम अपने सेना के साथ सीता को खोजते-खोजते रावण के देश में पहुँच जाते हैं और वहाँ रावण से युद्ध भी करते हैं। राम को मिजो रामकथा में एक परिश्रमी व्यक्ति के रूप में भी दिखाया गया है, क्योंकि राम अपने परिश्रम से सेना के साथ मिलकर सागर के ऊपर पत्थरों द्वारा बाँध तैयार करते हैं और सीता को खोजने में हार नहीं मानते। यद्यपि मिजो रामकथा में राम के अनेक स्वरूप देखने को मिलते हैं, जिसमें राम एक आदर्श बुद्धिजीवी भाई से लेकर एक प्रेमी, एक पति और युद्ध वीर के रूप में हमारे सामने आते हैं, परन्तु राम को मिजो रामकथा में एक आदर्श पति का स्थान नहीं मिला। क्योंकि राम सीता के ऊपर यह सन्देह रखते हैं कि सीता का सतीत्व रावण द्वारा नष्ट हुआ है और सीता को अकेले छोड़कर चले जाते हैं। इसी तरह मिजो रामकथा में सामाजिक चित्र के माध्यम से राम के अनेक स्वरूपों को उभारा गया है।

मिजो रामकथा 'खेना आरु राम ते उनाऊ थू' में राम की जिन-जिन विशेषताओं का अंकन किया गया है, वह मूलतः वाल्मीकि रामायण से प्रभावित न होकर दक्षिण पूर्व एशिया में प्रचलित रामकथाओं से प्रभावित है और कुछ सन्दर्भ मिजो समाज में प्रचलित प्रथाओं से लिए गये हैं।

खामति जनजातीय भाषा में राम–टाइ मंगोलियन जनगोष्ठी की एक शाखा खामति जनजाति की रामकथा 'लिक-चाउ-लामाङग' अनेक रामायणों से प्रभावित होने के बावजूद भी उसमें राम के चरित्र को लेकर अनेक प्रकार की नूतनता और अतिरंजित भावनाएँ दिखाई पड़ती हैं। खामति रामकथा में राम को बोधिसत्व के अवतार के रूप में दिखाया गया है। बांग्ला की कृत्तिवास रामायण, अध्यात्म रामायण, कम्ब रामायण आदि रामकथाओं में प्रचलित राम के चरित्रों की कुछ विशेषताएँ खामति रामायण में भी दिखाई पड़ती है। परन्तु मूल वाल्मीकि रामायण और माधव कन्दलि रामायण से खामति रामायण के राम एकदम अलग स्वरूप के साथ हमारे सामने आते हैं।

खामति रामायण में राम को एक महाशक्तिशाली युवक के रूप में दिखाया गया है जिनके जन्म के समय में ही रावण के मुकुट गिर पड़ते हैं। इसके अलावा सबसे आकर्षक बात यह है कि इस रामायण में राम को एक सुन्दर, आकर्षित तथा, मोहित करने वाले युवक के रूप में दिखाया गया है जिसे देखकर सीता मोहित हो गयी थीं और राम को पाने के लिए देवताओं से प्रार्थना भी की थी। खामति रामकथा में दूसरे रामायणों से अलग यह दिखाया गया है कि वह एक जगह पर 12 साल और दूसरी जगह पर 14 साल के लिए वनवास में कष्ट उठाते रहे। अनेक कष्ट और दुख का सामना करने वाले राम राजनीति में भी रुचि रखते हुए दिखाई पड़ते हैं। राम की राजनीतिक मनोवृत्ति वहाँ दिखाई पड़ती है जब युद्ध में रावण के अस्वस्थ होने पर भी राम रावण से राजनीति की शिक्षा लेना चाहते हैं। अन्य रामकथाओं की तरह ही खामति रामायण में भी सीता का अपहरण हो जाने पर वह रावण से युद्ध करते हैं जिससे राम का सहज वीरता का स्वरूप हमारे सामने आता

है। खामति रामायण में राम एक आदर्श भाई के नाते लक्ष्मण को अनेक प्रकार के, आदर्श आदि की शिक्षा देते हैं। इस रामकथा में राम को अपने जीवन में अनेक संघर्षों, कष्टों आदि को झेलते हुए दिखाया गया है और मृत्यु के बाद राम का स्वर्ग में सुख से रहने का स्वरूप भी दिखाया गया है। इसी तरह खामति रामायण में राम के जन्म से लेकर उनके वैवाहिक जीवन और बाद में मृत्यु हो जाने तक की पूरी घटनाओं को संक्षेप में दिखाया गया है।

उक्त सभी विवेचनों से यह स्पष्ट कहा जा सकता हैं कि खामति रामायण 'लिक-चाउ-लामाङ', यद्यपि वाल्मीकि रामायण का अनुसरण करके ही रची गयी है परन्तु वाल्मीकि रामायण की अनेक घटनाओं को खामति रामायण में छोड़ दिया गया है और कुछ घटनाओं का संक्षिप्त रूप दिया गया है। खामति रामायण मूल रूप से बांग्ला के कृत्तिवास रामायण से स्पष्टतः प्रभावित रहा है और इसीलिए खामति रामायण को कृत्तिवास की पार्वती रचना कहा जाता है।

तिवा जनजातीय भाषा में राम–अन्य जनजातियों की तरह ही तिवा जनजाति में भी आदिकाल से ही गीतों के माध्यम से राम की कहानी एवं रामकथा प्रचलित है। परन्तु तिवा जनजातीय भाषा में रामकथा आज तक भी लिखित रूप में प्राप्त नहीं हुई है। तिवा जनजाति में राम का स्वरूप लिखित रूप में नहीं मिलता। अन्य जनजातीय भाषाओं में जिस तरह राम के भिन्न-भिन्न स्वरूपों को हम अलग-अलग रामकथाओं के माध्यम से देख सकते हैं, वह तिवा जनजातीय भाषा में अप्राप्य हैं। इस जनजाति के बीच केवल कुछ मान्यताएँ ही प्रचलित हैं। तिवा अध्युषित अंचल में राम की स्मृति से जुड़ी कुछ जगह है, जो तिवा जनजाति के बीच राम का प्रभाव कितना था, उसे प्रमाणित करती है।

गुवाहाटी से लगभग 45 किलोमीटर दूर नगाँव ज़िले के जागीरोड में एक पहाड़ है, जिसका नाम है 'सीताजखला' और तिवा लोगों की मान्यता है कि राम के निर्देशानुसार सीता इसी पहाड़ पर वनवासित की गयी थीं। आज भी इस पहाड़ पर राम-लक्ष्मण की मूर्ति विद्यमान है।

तिवा जनजातीय भाषा में राम को लेकर कुछ प्रमुख धारणाएँ हैं जो हमें डॉ. सत्येन्द्रनाथ शर्मा के 'रामायणर इतिबृत्त' (रामायण के इतिवृत्त) और डॉ. बिजया बरुवा के 'ए कॉम्पैरेटिव स्टडी ऑन ओरल रामायणी ट्रेडिशन ऑफ़ असम, बंगाल एंड ओडिशा' नामक इन दो ग्रन्थों में मिलती हैं, जिसमें राम को एक प्रेमी के रूप में दिखाया गया है। तिवा लोगों का मानना है कि सीताहरण के बाद राम और लक्ष्मण स्वयं एक-दूसरे पर दोषारोपण कर रहे थे। इससे यह कहा जा सकता है कि राम एक आदर्श भाई होते हुए भी एक पति का कर्तव्य निभाने के लिए अपने छोटे भाई को ही दोषी ठहराते हैं। इसमें राम का क्रोधी स्वरूप भी उभारा गया है। तिवा लोग राम की पत्नी सीता की देवी के रूप में पूजा करते हैं और उसकी तरह पवित्र और सती-सावित्री होने के लिए अपने समाज में कुँवारी पूजा का आयोजन करते हैं। यहाँ इस बात का उल्लेख करना आवश्यक है कि सीता के सती-सावित्री और पवित्र होते हुए भी राम उन्हें वनवासित कर देते हैं। इससे राम में विद्यमान अवगुण भी हमारे सामने स्पष्ट रूप से आ जाते हैं।

उपर्युक्त विवेचनों से यह स्पष्ट कहा जा सकता है कि तिवा लोगों में राम को लेकर जो विचार प्रचलित हैं, वे वास्तविक रूप में तिवा जनजातीय समाज में प्रचलित केवल धारणाएँ मात्र हैं। जिस पर एक-दो लेखकों ने अपना मत दिया है। इससे अधिक तिवा जनजातीय भाषा में राम को लेकर अधिक मान्यताएँ नहीं मिलतीं।

बोडो जनजातीय भाषा में राम : बोडोलैंड टेरिटोरियल ऑटोनॉमस डिस्ट्रिक्ट के चार ज़िले– कोकराझार, चिरांग, बक्सा और उदलगुड़ी की आबादी में लगभग 30 फ़ीसदी बोडो हैं। यही इलाक़े की सबसे बड़ी जनजाति है। इस जनजाति में दूसरी जनजातियों की तरह रामकथा एवं राम को लेकर किसी भी तरह के लोक गीत एवं लोककथा का लिखित स्वरूप नहीं मिलता, सिवाय 'राम तुलसी' शब्द के। इस जनजाति में पूजा करते समय 'राम तुलसी' शब्द को कहते हुए पूजा प्रारम्भ की जाती है। इसके अतिरिक्त हमें गुवाहाटी विश्वविद्यालय के बोडो विभाग के विभागाध्यक्ष डॉ. भूपेन नारजरी की सहायता से यह जानने को मिला कि कोकराझार ज़िले के दो गाँवों में वर्तमान समय में एक प्रथा दिखाई पड़ती है, जो मुख्यतः पश्चिम बंगाल से प्रभावित है। इस प्रथा में 'खरम पूजा' नामक एक पूजा आयोजित की जाती है, जिसमें एक जोड़े खरम की पूजा की जाती है। इन लोगों का मानना है कि जब राम अपने अधिकार राज्याभिषेक, सिंहासन को छोड़कर वनवास को चले गये थे तब भरत उन्हें वापस लेने गये थे और राम के न आने पर उनकी चरण पादुकाएँ लेकर लौटे और उन पादुकाओं को सिंहासन पर रखकर राम का अधिकार वापस लौटाते हैं। इसी मान्यता से प्रभावित होकर पश्चिम बंगाल के कुछ इलाक़ों के लोग प्राचीनकाल से ही 'खरम पूजा' के रूप में पूजा करते आये हैं जिसका प्रभाव धीरे-धीरे बोडो जनजाति पर भी पड़ने लगा। परन्तु व्यापक दृष्टि से इस पूजा का प्रभाव उतना नहीं है, जितना कि 'राम तुलसी' कहने का है।

उपर्युक्त विवेचनों को दृष्टि में रखते हुए यह कहा जा सकता है कि बोडो जनजाति में यद्यपि राम को लेकर कोई विशेष धारणा नहीं मिलती, परन्तु इस जनजाति के लोगों ने राम को विशिष्ट स्थान प्रदान किया है। राम को शान्ति प्रदान करने वाले, कष्ट को दूर करने वाले, दुख को ख़त्म करने वाले के रूप में एक अलग महत्त्वपूर्ण स्थान प्रदान किया गया है। इसीलिए तो 'राम-तुलसी' कहकर ही पूजा करते हैं और केवल एक ही शब्द में राम के अनेक स्वरूप प्रकट हो जाते हैं। इन मान्यताओं के अलावा बोडो जनजाति के बीच दूसरी मान्यताएँ नहीं मिलतीं और यह भी कहा जा सकता है कि अन्य जनजातियों की तरह इस जनजाति में किसी भी तरह की रामकथा और रामायण का स्पष्ट प्रभाव नहीं पड़ा।

उपलब्धियाँ

- अलग-अलग जनजातीय भाषाओं में रामकथा तथा राम का स्वरूप भी भिन्न-भिन्न है।
- पूर्वोत्तर भारत की प्रायः सभी जनजातियों में रामकथा पहले मौखिक रूप से पीढ़ी-दर-पीढ़ी चलती आयी है
  और बाद में वह लिखित रूप में प्राप्त होती है।
- कार्बी रामायण 'छाबिन आलुन' में राम को एक ऐतिहासिक चरित्र का रूप देकर कार्बी समाज के प्रतिनिधि
  चरित्र के रूप में दिखाया गया है।
- मिजो जनजातीय भाषाओं में राम के जन्म से लेकर वैवाहिक जीवन तक घटित अनेक घटनाओं को कार्बी
  रामकथा 'खेना आरू राम ते ऊनाऊ थू' (लक्ष्मण और राम के कहानी) में देखा जा सकता है।

- खामति जनजाति की रामकथा में राम को बोधिसत्व के अवतार के रूप में माना गया है।
- कुछ जनजातीय भाषाओं में रामकथा मौखिक रूप में दिखाई पड़ती है परन्तु लिखित रूप में भी प्राप्त होने
  पर वह मूल वाल्मीकि रामायण से भिन्न नज़र आती है।

सन्दर्भ ग्रन्थ

1. मोहननाथ त्रैलोक्य, देश आरू बिदेशर रामायणी साहित्यर अध्ययन, पाही प्रकाशन, गाँधी बस्ती, गुवाहाटी-781003
2. महन्त केशदा, असमिया रामायणी साहित्य : कथावस्तुर आँतिगुरि, श्री विप्लप बरुवा (प्रकाशन) बेकण्ठ, ए.टी. रोड, पुलिवर, जोरहाट-785006

असम की कार्बी जनजाति की रामायण 'छाबिन आलुन' में राम

अनामिका बरो

रामकाव्य परम्परा का प्रारम्भ करने वाले आदिकवि वाल्मीकि से लेकर आज तक मर्यादा पुरुषोत्तम राम के शक्ति, शील एवं सौन्दर्य से मण्डित व्यक्तित्व के विविध रूपों ने जनमानस को हमेशा से आकृष्ट किया है। विद्वानों के मतानुसार राम उत्तर वैदिक काल के दिव्य महापुरुष हैं। (डॉ. नगेन्द्र तथा अन्य 1978 : 168)। वेदों में कहीं-कहीं राम शब्द का उल्लेख मिलता है, परन्तु उसका अर्थ दशरथ के पुत्र राम नहीं बल्कि अन्यान्य व्यक्तियों से है। उपलब्ध प्रमाणों के आधार पर वाल्मीकि द्वारा रचित रामायण को आदिकाव्य मानकर रामकथा का मूलस्रोत स्वीकार किया जाता है। यह कथा महाभारत विविध प्रसंगों आरण्यक, द्रोण एवं शान्तिपर्व में वर्णित है। फ़र्क़ सिर्फ़ इतना है कि वाल्मीकि रामायण में राम अलौकिक और अवतारी पुरुष हैं तो महाभारत में उनका सिर्फ़ अवतारी स्वरूप पाया जाता है। इसके साथ ही रामकथा आख्यान, अगस्त्य संहिता, राघवीय संहिता रामपूर्व तापनीय उपनिषद्, रामोत्तर तापनीय उपनिषद्, रामरहस्योपनिषद्, अद्‌भुत रामायण, भुशुंडि रामायण, हनुमत्-संहिता, राघवोल्लास आदि ग्रन्थों में भी रामकथा की धार्मिक एवं दार्शनिक व्याख्या प्रस्तुत की गयी है। विष्णुपुराण, वायुपुराण, भागवतपुराण और कूर्मपुराण में रामकथा सर्वाधिक वैविध्य-सम्पन्न है। वराह, अग्नि, लिंग, वामन, ब्रह्म, गरुड़, पद्‌म, ब्रह्मवैवर्त आदि पुराणों में भी रामकथा के अनेक प्रसंग मिलते हैं। इनमें परब्रह्म स्वरूप में राम की प्रतिष्ठा हुई है।

संस्कृत ग्रन्थों के साथ-साथ रामकथा बौद्ध एवं जैन ग्रन्थों में भी पायी जाती है, किन्तु इनमें रामकथा के अनेक घटना-प्रसंगों को पूर्वाग्रह से प्रेरित होकर विकृत एवं परिवर्तित रूप में प्रस्तुत किया गया है। बौद्ध एवं जैन ग्रन्थों का उद्देश्य मर्यादा पुरुषोत्तम राम के औदात्त को अभिव्यक्त करने की अपेक्षा अपने-अपने धर्मों की सैद्धान्तिक मान्यताओं के अनुकूल नयी भाव-भूमि प्रदान करना रहा है। दशरथजातक, अनामर्कजातक तथा चीनी त्रिपिटिक के अन्तर्गत दशरथकथानक आदि बौद्ध जातक व रामकथा सम्बन्धी ग्रन्थ हैं। इसी तरह जैन धर्म के रामकथा सम्बन्धी ग्रन्थों में विमलसूरी का 'पउमचरियम' उल्लेखनीय है। संघदास गणिवाचय एवं धर्मसेन गणिमहत्तर रचित 'वसुदेव हिंडी' में कृष्णकथा का विस्तारपूर्वक वर्णन होने के साथ ही प्रारम्भिक पृष्ठों में रामकथा का संक्षेपण भी प्रस्तुत किया गया है। इस परम्परा में भुवंनतुंग सूरी प्रणीत 'सियाचरियम' तथा 'रामचरियम', रविषेण कृत 'पद्‌मचरित' तथा गुणभद्र रचित 'उत्तरपुराण', हरिषेण कृत 'कथाकोश' (दसवी शती) में हेमचन्द्र रचित 'त्रिष्टिशलाका पुरुषचरितम्' तथा 'योगशास्त्र' में रामकथा के अनेक प्रसंग हैं।

दक्षिण के आलवारों में भी रामभक्ति पायी जाती है। आलवारों की संख्या बारह मानी जाती है। इनमें से काठकोप अथवा नक्मालवार राम की पादुका के अवतार माने जाते हैं। इनकी प्रथम रचना

'तिरुवायमेलि' में अनन्य रामभक्ति का वर्णन मिलता है। उनकी अन्य तीन प्रसिद्ध रचनाएँ हैं— 'तिरुविरुतम', 'तिरुवर्गशरियेम' तथा 'पेरिया तिरुवंदादी'। सातवें आलवार केरल के चेरवंशी राजा अनन्य रामभक्त कुलशेखर ने भी 'प्रेरु माल तिरुभोवी' शीर्षक से रामभक्ति विषयक गीतों की रचना की है। इसी तरह श्री सम्प्रदाय के प्रथम आचार्य श्रीरंगनाथ मुनि ने आलवार सन्तों के लोक प्रचलित पदों को 'प्रबन्धम' शीर्षक से चार भागों में संकलित किया है। आचार्य रामानुज इस परम्परा में अप्रतिम हैं वे शेषनाग अथवा लक्ष्मण के अवतार माने जाते हैं। उत्तरी भारत में रामभक्ति का प्रवर्तन आचार्य रामानुज की परम्परा में राघवानन्द द्वारा प्रारम्भ हुआ और इनके शिष्य रामानन्द ने उसे युगानुकूल भावभूमि प्रदान की। हिन्दी का भक्तिकालीन रामकाव्य मुख्यतः इन्हीं के सिद्धान्तों से अनुप्रेरित है।

संस्कृत, पालि, प्राकृत एवं अपभ्रंश में भी रामकाव्य की सुदीर्घ परम्परा रही है। रामकथा के मार्मिक प्रसंगों पर आधारित संस्कृत नाटकों में कालक्रम के अनुसार सर्वप्रथम स्थान भास द्वारा रचित 'प्रतिमा' एवं 'अभिषेक' नाटकों का है। कालीदास द्वारा रचित 'रघुवंशम्' के दसवें से पन्द्रहवें सर्ग तक रामकथा का वर्णन पाया जाता है।

छठी शताब्दी के लगभग वाल्मीकि रामायण से प्रभावित प्राकृत भाषा में रचित प्रवरसेन का 'रावणवध' भी उल्लेखनीय है। इस महाकाव्य में 15 सर्ग हैं। आठवीं शती में भवभूति द्वारा रचित 'महावीरचरित' और 'उत्तर रामचरित' नाटक उल्लेखनीय हैं। कुमारदास प्रणीत 'जानकीहरण' रामायण के प्रथम काण्डों पर आधारित पच्चीस सर्गों का महाकाव्य है। इसी तरह क्षेमेन्द्र द्वारा ग्यारहवीं शताब्दी के उत्तरार्द्ध में 5386 श्लोकों में वाल्मीकि रामायण का संक्षेपन 'रामायण मंजरी' शीर्षक से किया गया तथा 'दशावतारचरितम' शीर्षक से एक स्वतन्त्र ग्रन्थ की भी रचना की गयी है। ग्यारहवीं शताब्दी के पूर्व दिङ्नाग रचित 'कुन्दमाला नाटक' भी उल्लेखनीय है जो भवभूति के 'उत्तर रामचरित' से प्रभावित है।

उपर्युक्त प्रमुख रामकाव्यों के अतिरिक्त साकल्यमल रचित 'उदार राघव', वामन भट्टणवाण (अभिनव बाणभट्ट) रचित 'रघुनाथचरित' चक्र कवि कृत 'जानकीपरिणय' और अद्वैत कवि द्वारा रचित 'राघवोल्लास' प्रमुख महाकाव्य हैं। इसी प्रकार मुराही कृत 'अनर्घराघव', राजशेखर रचित 'बाल रामायण' और शक्तिप्रद रचित 'आश्चर्य चूड़ामणि' दसवीं शताब्दी के प्रसिद्ध नाटक हैं। बारहवीं-तेरहवीं शती में जयदेव रचित 'प्रसन्नराभव' नाटकों की कथा भी सीता-राम के परिणय-प्रसंग पर आधृत है।

हिन्दी के साथ-साथ अन्य सभी आधुनिक भारतीय भाषाओं में मर्यादा पुरुषोत्तम राम के जीवन प्रसंगों को लेकर विविध काव्यों की पुष्कल रचना हुई है। बांग्ला भाषा में कृत्तिवास कृत 'कृत्तिवास रामायण', तमिल के महाकवि कम्बन की 'कम्ब-रामायण' तथा तेलुगु की 'रंग-रामायण' एवं 'भास्कर रामायण' ने प्रत्यक्ष अथवा अप्रत्यक्ष रूप से पर्याप्त सीमा तक हिन्दी रामकाव्य-परम्परा को प्रभावित किया है। मराठी के सुप्रसिद्ध सन्त एकनाथ द्वारा प्रणीत 'भावार्थ रामायण' ने भी परवर्ती भक्त कवियों को व्यापक प्रेरणा प्रदान की है। स्वामी रामदास की शिष्या वेणाबाई देशपाण्डे रचित 'रामायण' तथा स्वामी की 'अर्द्धरामायण', 'मंगलारामायण', 'सुन्दरारामायण', 'संकेतरामायण' आदि लगभग छह रामायणों से भी मराठी साहित्य की श्रीवृद्धि हुई है। असमिया रामकाव्य की शैली की दृष्टि से पदरामायण, गीतिरामायण, कथारामायण, कीर्तनियारामायण आदि विभिन्न रूपों में रामायणी साहित्य उपलब्ध होता है और रामकाव्य के प्रणेताओं में माधव कन्दलि, शंकरदेव, माधवदेव, अनन्त कन्दलि, रघुनाथ महन्त, अनन्त ठाकुर प्रभृति भक्त कवि अत्यधिक सुप्रसिद्ध हैं।

रामकथा के ओज एवं माधुर्य को जनमानस की भावभूमि पर अधिष्ठित करने का श्रेय भक्तिकालीन कवियों में विष्णुदास, स्वामी रामानन्द, अग्रदास, ईश्वरदास, गोस्वामी तुलसीदास, केशवदास, सेनापति आदि को है।

आज रामकथा का प्रचलन तथा प्रभुत्व केवल भारत देश तक ही सीमित नहीं रह गया है। इसका प्रचलन एशिया के विभिन्न देशों जैसे जापान, चीन, तिब्बत, थाइलैंड, लाओस, मलयदेश, श्रीलंका, मंगोलिया, फिलीपींस, म्यांमार, कम्बोडिया, नेपाल आदि देशों के भाषा तथा साहित्य में मिलता है।

भारत एशिया महाद्वीप का ही एक अंश है, जहाँ 29 राज्य हैं। उन 29 राज्यों में से एक राज्य है असम, जो भारत के उत्तर-पूर्वांचल में स्थित है। असम एक ऐसा राज्य है जहाँ अनेक जातियाँ तथा जनजातियाँ निवास करती हैं। उन अनेक जनजातियों में एक जनजाति है कार्बी जनजाति। कार्बी लोग तिब्बत-बर्मा जनगोष्ठी के अन्तर्गत आते हैं। हिमालय के आसपास के स्थानों में निवास करने के बाद उन लोगों में से एक शाखा म्यांमार से होकर भारत के असम में प्रवेश करती है और वहीं रहने लगती है। वर्तमान असम के पहाड़ और मैदानी दोनों इलाक़ों में कार्बी लोग निवास करते हैं।

कार्बी जनजाति में रामकथा लोक गीत के रूप में प्रचलित है। कार्बी जनजाति में लिखित रूप में उपलब्ध रामकथा का नाम है 'छाबिन आलुन'। इसके प्रणेता कौन है यह अभी भी अज्ञात है।

अतः प्रस्तुत संगोष्ठी-पत्र में असम की कार्बी जनजाति के रामायण 'छाबिन आलुन' में राम का चित्रण किस प्रकार हुआ है इसका संक्षिप्त अवलोकन करने का प्रयास इय संगोष्ठी पत्र के अन्तर्गत किया जायेगा।

आदिकाल से ही मर्यादा पुरुषोत्तम राम के शक्ति, शील एवं सौन्दर्य से मण्डित व्यक्तित्व के विविध रूपों ने जनमानस को आकृष्ट किया है। इस आकर्षण से भारत के साथ-साथ भारतेतर देश के देशवासी भी नहीं बच पाये हैं। इसका प्रचार भारत की जातीय भाषा के साथ-साथ जनजातीय भाषा में भी हो रहा है। उन जनजातीय भाषाओं में एक जनजातिय है कार्बी जनजाति। कार्बी जनजाति में प्रचलित रामायण का नाम है 'छाबिन आलुन'। कार्बी समाज में यह मान्यता है कि 'छाबिन आलुन' के माध्यम से ही कार्बी समाज में संगीत का प्रचार-प्रसार हुआ था। कार्बी रामायण 'छाबिन आलुन' वाल्मीकि रामायण तथा कृत्तिवास रामायण पर आधारित है परन्तु फिर भी इसमें मौलिकता विद्यमान है। छाबिन आलुन पूर्ण रूप से कार्बी समाज के अनुरूप लिखा गया है जहाँ कार्बी समाज, संस्कृति के रूप देखने को मिलते हैं। यहाँ चरित्रों के नामों में आयी भिन्नता भी उल्लेखनीय है। जिससे रामकथा की महत्ता तथा विशेषता और भी बढ़ गयी है। यहाँ राम शक्ति तथा शील के प्रतीक होने के साथ-साथ एक कार्बी जनजातीय महापुरुष हैं, जो कार्बी समाज की रीति-नीति का पालन करता है। यहाँ एक और उल्लेखनीय बात यह है कि छाबिन आलुन के राम अलौकिक कार्य तो करते हैं परन्तु उनमें ईश्वरत्व का अभाव है। अतः यही आलोच्य विषय का महत्त्व है।

विषय के अन्तर्गत असम की कार्बी जनजाति के रामायण 'छाबिन आलुन' में राम को पारिवारिक तथा सामाजिक रूप में प्रस्तुत करने का प्रयास किया गया है।

जनजाति की सांस्कृतिक गरिमा और साहित्य की सुदीर्घ परम्परा का प्रमाण है कार्बी रामायण 'छाबिन आलुन'। यह कार्बी समाज की जययात्रा में मील का पत्थर है। कहा जाता है कि छाबिन आलुन का प्रचार-प्रसार लोक गीत के माध्यम से कार्बी समाज में संगीत की शिक्षा हेतु हुआ था तथा आज भी इसके प्रणेता अज्ञात हैं।

राम भारतीय समाज, संस्कृति और साहित्य के मर्यादित पुरुष हैं। राम के चरित्र के शील, शक्ति तथा सौन्दर्य ने भारतवर्ष के साथ-साथ भारतेतर देशों को भी आकर्षित किया। अतः आज यह भारतीय भाषा के साथ-साथ भारतेतर भाषा में भी लोकप्रिय है। विभिन्न जाति-जनजातियों के कवियों ने भी समय के बहाव के अनुसार अपनी–अपनी सामाजिक, सांस्कृतिक और वैयक्तिक रुचि के अनुसार रामकथा को नये-नये साँचों में ढालते हुए रामकाव्य की रचना की है। अतः कहा जा सकता है कि कार्बी रामायण छाबिन आलुन का मुख्य उद्देश्य कार्बी समाज में संगीत का प्रचार-प्रसार करना तथा संगीत की शिक्षा देना था। यद्यपि कार्बी रामायण छाबिन आलुन का मूल आधार वाल्मीकि रामायण तथा कृत्तिवास रामायण है फिर भी प्रस्तुत रामायण की अपनी एक मौलिकता है। जहाँ रामायण के प्रमुख पात्र राम को नये रूप, नये रंग, नये समाज तथा नये वातावरण में प्रस्तुत किया गया है। अतः राम के इसी रूप को दर्शाना प्रस्तुत संगोष्ठी पत्र का उद्देश्य है।

प्रस्तुत संगोष्ठी पत्र के अध्ययन की पद्धति विश्लेषणात्मक है । इसी पद्धति से कार्बी रामायण 'छाबिन आलुन' के राम का चित्र पारिवारिक तथा सामाजिक रूप में प्रस्तुत करने का प्रयास किया गया है। विश्लेषण करते समय कार्बी भाषा में विरचित छाबिन आलुन के असमिया तथा हिन्दी गद्यानुवाद तथा रामकाव्य परम्परा से सम्बन्धित विभिन्न ग्रन्थों की सहायता ली गयी है। प्रस्तुत संगोष्ठी पत्र में टिप्पणी के लिए आधुनिक भाषा पद्धति के अन्तर्गत सातवें संस्करण की प्रणाली को अपनाया गया है।

भारत का उत्तर-पूर्वांचल अनेक जाति-उपजातियों का निवास स्थान है। इन जाति-उपजातियों के बारे में शेष भारत के लोग बहुत कम जानते हैं अथवा बिल्कुल नहीं जानते। राजनीतिक परिप्रेक्ष्य में उत्तर-पूर्वांचल सात राज्यों में विभाजित है, जो इस प्रकार हैं—असम, अरुणाचल प्रदेश, मेघालय, नागालैंड, मणिपुर, मिजोरम और त्रिपुरा। अभी एक और राज्य उत्तर-पूर्वांचल के अन्तर्गत आ गया है और वह है सिक्किम। भारत का उत्तर-पूर्वांचल अनेक पहाड़, नद-नदियों तथा घाटियों से भरा पड़ा है। इन पहाड़-पर्वत तथा घाटियों में बसी अनेक गिरिवासी-वनवासी जाति-उपजातियों में लोक-साहित्य और लोक संस्कृति का अनमोल भण्डार है।

भारत के उत्तर-पूर्वांचल के अन्तर्गत असम राज्य अनेक जाति-जनजातियों का निवास स्थान है। उन अनेक जाति-जनजातियों में एक जनजाति है 'कार्बी' जनजाति। असम के मध्य प्रान्त में कार्बी आंगलोंग नामक एक पार्वत्य भूमि है। वास्तव में यह अनेक छोटे-बड़े पहाड़ों की समष्टि है। पहले इस पहाड़ को मिकिर पहाड़ और यहाँ के निवासियों को मिकिर कहा जाता था। परवर्ती काल में ये लोग स्वयं को कार्बी तथा अपने निवास-स्थान को कार्बी आंगलोंग कहने लगे। आज यह गिरिवासी जाति कार्बी नाम से ही प्रसिद्ध है।

कार्बी लोग मूलतः गिरिवासी हैं, पर युग-युग से कार्बी लोग असम के विभिन्न ज़िलों के समतल क्षेत्रों में निवास करते आये हैं। इस जाति की अपनी भाषा और संस्कृति है। कार्बी जाति की उत्पत्ति तथा विस्तार के बारे में अनेक दन्तकथाएँ प्रचलित हैं। कुछ विद्वानों का कहना है कि कार्बी लोग चीन-बर्मा (म्यांमार) आदि देशों से आकर यहाँ बस गये हैं, क्योंकि कार्बी सभ्यता और संस्कृति में इंडो-मंगोलियन तत्त्व अधिक हैं। अगर हम गहराई से अध्ययन तथा विचार करें तो ये किरात वंशज हैं और असम के भूमि पुत्रों में एक हैं। (दास 2000 : 8)

साहित्य और संस्कृति की दृष्टि से 'छाबिन आलुन' कार्बी समाज की जययात्राओं में मील का पत्थर है। कार्बी मूलतः गिरिवासी जनजाति है, अतः विश्व के प्रथम महाकाव्य की कथा का प्रचार

तथा प्रभुत्व यहाँ कब से प्रारम्भ हुआ, यह अभी तक ज्ञात नहीं हो पाया है। कहा जाता है कि छाबिन आलुन अर्थात् रामायण का प्रचार कार्बी समाज में संगीत के प्रचार हेतु लोक गीत के रूप में हुआ था।

ईसा की चौदहवीं सदी में महाकवि माधव कन्दलि ने असमिया में रामायण का पद्यानुवाद किया था। माधव कन्दलि बराही राजा महामाणिक्य के राजकवि थे। बराही राजा महामाणिक्य का राज्य वर्तमान कार्बी आंगलोंग के पश्चिमी भाग में था, शायद कार्बी पहाड़ तक फैला हुआ था। उस समय उस राज्य में रामायण का व्यापक प्रचार-प्रसार हुआ था। सम्भवतः कई कार्बी जनकवियों ने रामायण का आद्यन्त श्रवण किया था। परवर्ती काल में इन्होंने अपनी भाषा कार्बी में अपनी परम्परा और संस्कृति के आधार पर इस कथा का गायन किया। कितने लोग इस पुनीत कार्य में शामिल हुए इसका निर्दिष्ट प्रमाण अब तक नहीं मिल सका है। परन्तु कार्बी भाषा में छाबिन आलुन की भिन्न-भिन्न प्रतियाँ प्राप्त हो चुकी हैं और छाबिन आलुन का हिन्दी में भी गद्यानुवाद हो चुका है। सन् 1976 ई. में छाबिन आलुन का मूल (कार्बी भाषा में) संक्षिप्त असमिया अनुवाद डिफु साहित्य सभा द्वारा प्रकाशित किया गया।

दोनों संस्करणों में कुछ प्रभेद मिलते हैं, परन्तु दोनों में भावभूमि, परिवेश, वातावरण, समाज तथा संस्कृति आदि कार्बी समाज का है। कार्बी समाज में प्रचलित छाबिन आलुन का मूलस्रोत वाल्मीकि रामायण तथा कृत्तिवास रामायण पर आधारित अवश्य है, परन्तु इसके प्रणेताओं ने इसे अपने समाज तथा संस्कृति में ढालकर मौलिकता प्रदान की है।

कार्बी रामायण के प्रणेताओं ने छाबिन आलुन को पूर्णतः जनजातीय परिवेश तथा परिस्थिति के अनुसार प्रस्तुत किया है, जिसके कारण यह परम्परागत रामकथा से कुछ भिन्न है। 'छाबिन आलुन' में कुल 22 अध्याय हैं। जहाँ इसके प्रमुख पात्र राम के साथ-साथ अन्य पात्रों का वर्णन किया गया है। जिस प्रकार आदिकवि द्वारा रचित रामायण राम की कहानी है, अतः पूरी रामायण राम पर ही केन्द्रित है, उसी प्रकार छाबिन आलुन में भी राम ही पूरी कहानी के केन्द्रबिन्दु हैं। यहाँ राम एक कार्बी जनजातीय पुरुष के रूप में चित्रित किये गये हैं। कार्बी रामायण छाबिन आलुन के राम वाल्मीकि कृत रामायण तथा तुलसीदास कृत रामचरितमानस के राम के समान ही मर्यादा पुरुषोत्तम और शील तथा शक्ति के प्रतीक हैं परन्तु उनमें जनजातीय प्रभाव भी यत्र-तत्र देखने को मिलता है। वैदिक काल में राम का आविर्भाव हुआ था पापों का नाश कर धर्म की स्थापना करने हेतु। कार्बी रामायण छाबिन आलुन में राम का जन्म धर्म और शान्ति की स्थापना करने के लिए हुआ बताया गया है। छाबिन आलुन में राम अवतारी पुरुष नहीं हैं। राम-लक्ष्मण के जन्मोपरान्त हेमफु (ब्रह्मा) स्वयं ही उनके शरीर में प्रवेश करते हैं।

रामायण एक आदर्श संयुक्त परिवार तथा समाज की कहानी है। जहाँ राम का परिवार और समाज मर्यादा के प्रतीक हैं। जहाँ हर व्यक्ति मर्यादा में रहकर अपना कार्य करता है। राम का जन्म भी इसी मर्यादित संयुक्त परिवार तथा समाज में हुआ था। अतः इन सबका प्रभाव राम के चरित्र में परिलक्षित होता है। कार्बी रामायण छाबिन आलुन में भी परिवार तथा समाज के महत्त्व को दिखाया गया है। अतः कार्बी रामायण छाबिन आलुन में राम का चित्रण निम्नलिखित शीर्षकों के अन्तर्गत करने का प्रयास किया जायेगा–

पारिवारिक क्षेत्र में राम–परिवार समाज की सबसे छोटी इकाई है, पर उसका महत्त्व किसी प्रकार से भी कम नहीं है। परिवार सामाजिक विकास की पहली सीढ़ी होती है। रामायणकालीन राम का परिवार संयुक्त परिवार था, अतः उसमें पारिवारिक सम्बन्धों का विषद निरूपण और मार्मिक

विश्लेषण किया गया है। जो आदिकवि वाल्मीकि रामायण से लेकर कार्बी जनजातीय रामायण छाबिन आलुन में भी परिलक्षित होता है। राम एक पारिवारिक व्यक्ति हैं, जिन्हें अपना परिवार अत्यन्त प्रिय है।

पुत्र के रूप में राम–जिस प्रकार आदिकवि वाल्मीकि रामायण के राम एक आज्ञाकारी पुत्र हैं जो अपने पिता के वचन का मान रखने के लिए अपना सब कुछ छोड़कर चौदह वर्ष के लिए वनवास चले गये। उसी प्रकार कार्बी रामायण छाबिन आलुन में भी राम एक आज्ञाकारी पुत्र के रूप में चित्रित हुए हैं, जो अपने माता-पिता के लिए कुछ भी कर सकते हैं। राम राजा दहरम (दशरथ) के ज्येष्ठ पुत्र हैं अतः पहले राजा बनने का अधिकार राम को है। परन्तु राम के राजा होने की ख़बर जब दहरम की दूसरी पत्नी को लगी तो उन्हें यह बात सहन नहीं हुई। वह अपने पुत्र भारत (भरत) के राजा बनने का स्वप्न देख रही थी। सपने को साकार करने के लिए उस रानी ने राजा दहरम से कहा कि वे अपने ज्येष्ठ पुत्र राम के बदले उनके पुत्र भारत को सिंहासन दे दें और राम को बारह वर्ष के लिए वनवास भेज दें। इतने में राम वहाँ उपस्थित हो जाते हैं और उन्हें सब कुछ पता चल जाता है। तब राम अपनी सौतेली माँ को खुश करने के लिए और पिता के वचन का मान रखने के लिए अपना सब कुछ त्यागकर वन के लिए चल पड़ते हैं।

भ्रातृ के रूप में राम–आदिकवि वाल्मीकि प्रणीत रामायण में राम, लक्ष्मण, भरत और शत्रुघ्न के माध्यम से भ्रातृ-प्रेम का उदाहरण मिलता है। वहाँ भ्राताओं के बीच ईर्ष्यारहित, द्वेषरहित पवित्र प्रेम को दर्शाते हुए समाज में एक आदर्श स्थापित किया गया है। उसी प्रकार कार्बी रामायण छाबिन आलुन में भी राम, भरत और लक्ष्मण के माध्यम से पवित्र भ्रातृ प्रेम का निदर्शन किया गया है। राम अपने भाइयों से अत्यन्त प्रेम करते हैं जिसका प्रमाण कार्बी रामायण छाबिन आलुन में यत्र-तत्र देखने को मिलता है। राम अपने भाइयों के लिए सब कुछ त्याग सकते हैं, जिसका प्रमाण हमें तब मिलता है जब राम अपने भाई भारत के लिए सब कुछ छोड़छाड़ कर बारह वर्ष वनवास के लिए चल पड़ते हैं।

पति के रूप में राम–रामायण में राम और सीता के माध्यम से मर्यादित प्रेम को दर्शाया गया है। राम अपनी पत्नी सीता से अत्यन्त स्नेह करते हैं। अतः पूरा रामायण ही राम और सीता के मर्यादित प्रेम की उज्ज्वल कथा को उजागर करता है। मर्यादित प्रेम का यह रूप कार्बी रामायण छाबिन आलुन में भी प्रत्यक्ष रूप में दिखाई देता है। जहाँ राम अपनी पत्नी छिनताकुरी (सीता) के लिए हर संकट से जूझते चले जाते हैं। राम अपनी पत्नी के लिए ही लंका नरेश रावण से बैर मोल लेते हैं। यहाँ तक कि जब रावण छिनताकुरी का छल से हरण करके ले जाता है तब राम वन में छिनताकुरी को न पाकर अपने भाई लक्ष्मण पर क्रोधित हो जाते हैं और उसे कहते हैं–लक्ष्मण तुम्हारी अज्ञानता के कारण इस प्रकार का अनर्थ हो गया। फलतः तुम्हारी मृत्यु निश्चित है। (दास 2000 : 43)।

अपने पुत्रों के प्रति राम–कार्बी रामायण छाबिन आलुन में राम पिता के रूप में थोड़े कठोर दिखाई देते हैं। जब राम ने छिनताकुरी के चरित्र पर सन्देह कर उसे वनवास दिया था, तब छिनताकुरी गर्भवती थी, परन्तु राम ने क्रोध में आकर यहाँ तक कह दिया था कि छिनताकुरी की कोख में पल रहे बच्चे उनके नहीं हैं बल्कि रावण के हैं। उन्होंने छिनताकुरी को शक के कारण वनवास दिया था जबकि छिनताकुरी निर्दोष थी और राम के बच्चों की माँ बनने वाली थी। परन्तु जब वे अपने पुत्र 'लछ' (लव) और 'केह' (कुश) को वन में देखते हैं तो पुत्र-प्रेम में व्याकुल होकर फिर उन्हें वापस अपने राज्य में ले आते हैं।

सामाजिक क्षेत्र में राम–रामायण कथा में परिवार के साथ-साथ समाज भी मर्यादित था जहाँ सभी लोग मर्यादित आचरण करते दिखते हैं। आदिकवि वाल्मीकि रामायण में अनेक समाजों का चित्रण हुआ है जैसे–आर्यों का समाज, राक्षसों का समाज, ऋषि-मुनियों का समाज तथा वन्य प्राणियों का समाज आदि। ठीक उसी प्रकार कार्बी रामायण छाबिन आलुन में आर्य समाज को छोड़कर जनजातीय समाज, राक्षसों का समाज तथा वन्य प्राणियों के समाज का निरूपण हुआ है। राम का चित्रण कार्बी रामायण छाबिन आलुन में एक जनजातीय पुरुष के रूप में हुआ है, अतः उनका कार्यकलाप तथा उनका आचरण भी एक जनजातीय पुरुष की तरह है, परन्तु वाल्मीकि कृत रामायण के राम की तरह ही छाबिन आलुन के राम भी एक मर्यादित पारिवारिक पुरुष होने के साथ-साथ एक मर्यादित सामाजिक पुरुष हैं जो समाज के अनुरूप आचरण करते हैं। अतः सामाजिक क्षेत्र में राम का चित्रण निम्नलिखित शीर्षकों के अन्तर्गत करने का प्रयास किया जायेगा–

वीर राम–अन्य रामकथाओं की तरह ही कार्बी रामायण छाबिन आलुन के राम एक वीर पुरुष हैं। कार्बी रामायण के राम आर्य नहीं हैं बल्कि एक जनजातीय पुरुष हैं। उनके वीरत्व का प्रमाण हमें कार्बी रामायण छाबिन आलुन में आदि से अन्त तक देखने को मिलता है। जो अनेक राक्षसों से युद्ध कर विजय प्राप्त करते हैं। जैसे–जब राम छिनताकुरी के स्वयंवर में जा रहे थे तब एक राक्षसी रास्ते में उनका अवरोध कर उन्हें खा लेना चाहती थी परन्तु राम ने एक ही वार में उस राक्षसी का वध कर दिया।

राम के वीरत्व का प्रमाण छिनताकुरी के स्वयंवर में भी मिलता है जहाँ अनेक बड़े-बड़े वीर राजा-महाराजा आये हुए हैं, यहाँ तक कि लंका नरेश रावण भी वहाँ उपस्थित है, परन्तु एकमात्र राम ही हैं, जिन्होंने धनुष भंग कर छिनताकुरी को स्वयंवर में जीत लिया है।

पूरा रामायण ही राम के वीरत्व का प्रमाण है जहाँ राम ने अत्यन्त पराक्रमी राक्षस रावण जिसके बारह सिर और बारह हाथ थे का वध कर लंका को जीत लिया।

विनयी राम–वाल्मीकि रामायण की तरह ही कार्बी रामायण के राम भी अत्यन्त विनयशील हैं। छिनताकुरी के स्वयंवर में राम को नहीं बुलाया जाता है तब खुद हेमफु (ब्रह्मा) वैरागी के रूप में आकार राम से पूछते हैं कि छिनताकुरी का स्वयंवर हो रहा है क्या आप लोगों को नहीं बुलाया? तब राम अत्यन्त विनयपूर्वक उत्तर देते हुए कहते हैं कि–हम तो कोई वीर नहीं, जो कोई हमारी ख़बर ले? (दास 2000 : 23) इससे राम के विनयशील चरित्र का प्रमाण मिलता है जो एक वीर पुरुष होते हुए भी खुद को एक साधारण मनुष्य के स्थान पर रखते हैं।

राम की विनयशीलता का प्रमाण छिनताकुरी के स्वयंवर में भी मिलता है जहाँ वे धनुषभंग करने वाले होते हैं। धनुषभंग करने से पहले वे स्वयंवर में उपस्थित सभी को सम्बोधित करते हुए कहते हैं कि–वीरो, महावीरो और प्रजाजन! सब लोग सावधानीपूर्वक देखें, मैं धनुष अभी भंग करता हूँ। धनुषभंग करते समय एक भयानक आवाज़ होगी, जिससे गूँगे-बहरे होने का डर है। इससे राम की ही बदनामी होगी। इसलिए सब लोग सावधान रहें। (दास 2000 : 28)।

दायित्वशील राम–आदिकवि वाल्मीकि रामायण की तरह ही छाबिन आलुन के राम एक दायित्वशील महापुरुष हैं, जो अपने दायित्व को हमेशा पूरा करते हैं और कभी भी अपने दायित्व से पीछे नहीं हटते। इसका प्रमाण छाबिन आलुन के एक प्रसंग में मिलता है जब रावन छिनताकुरी का हरण करके ले जाता है तो छिनता की मदद करने हेतु रामबेपी (जतायु) रावण के साथ जूझ पड़ता है। रावण रामबेपी (पक्षी) का एक पंख काट डालता है और रामबेपी (पक्षी) धरती पर गिर जाता है तथा अन्तिम साँसें गिन रहा होता है तभी राम और लक्ष्मण छिनता को ढूँढ़ते हुए रामबेपी (पक्षी) के

पास आते हैं। रामबेपी (पक्षी) छिनता के बारे में राम को बता देता है और तत्पश्चात् रामबेपी (पक्षी) की मृत्यु हो जाती है। उसकी मृत्यु के पश्चात् राम रामबेपी (पक्षी) का अन्तिम संस्कार विधिपूर्वक करते हैं। यहाँ उल्लेखनीय बात यह है कि राम रामबेपी पक्षी को मामा कहकर पुकारते हैं। अतः इस प्रकार राम अपने दायित्व का पालन करते हैं।

विवेकशील राम—जब रावण छल करके हिरण का रूप धारण करके आता है तो छिनता उस हिरण के प्रति आकर्षित हो जाती हैं और राम-लक्ष्मण से कहती हैं कि उन्हें वह हिरण चाहिए। राम-लक्ष्मण के समझाने के बावजूद कि वह हिरण नहीं किसी का छल है, वह नहीं मानतीं। अन्ततः राम को उस हिरण को पकड़ने के लिए जाना पड़ता है। परन्तु राम जाते-जाते अपने भाई लक्ष्मण को यह समझाते हैं कि वह अपनी भाभी का ख़याल रखे। राम कहते हैं कि वह क्षण-भर के लिए भी अपनी भाभी से दूर न हो।

सामाजिक संस्कारों का पालन—कार्बी रामायण छाबिन आलुन में राम एक कार्बी जनजातीय पुरुष हैं, जो कार्बी समाज की संस्कृति तथा संस्कारों को निभाते हुए दिखते हैं। यहाँ एक प्रसंग ऐसा आता है जहाँ राम कार्बी समाज के संस्कारों को निभाते हुए ससुराल में एक साल काम करते हुए बिताते हैं। क्योंकि कार्बी समाज में यह प्रथा प्रचलित है कि विवाह के पश्चात् दामाद को अपने ससुराल में एक साल रहकर काम करना पड़ता है। अतः कार्बी रामायण के राम को भी विवाह के बाद ससुराल में एक साल रहकर काम करना पड़ा था।

दयालु राम—वाल्मीकि रामायण की भाँति ही कार्बी रामायण छाबिन आलुन के राम एक दयालु महापुरुष हैं जिन्होंने अपना दया भाव अपने शत्रुओं के साथ भी दिखाया है। एक प्रसंग है जहाँ हिंक्रें (सुग्रीव) और बाली के बीच युद्ध होता है और बाली राम के बाणों के प्रहार से मृत्यु को प्राप्त होता है। राम बाली को फिर से प्राणदान देना चाहते हैं परन्तु बाली मना कर देता है क्योंकि वह जीवित रहेगा तो अपने भाई के साथ लड़ता रहेगा, इससे अच्छा वह राम के हाथों मरकर बैकुण्ठ जा पायेगा।

राम के दयालु भाव का एक और प्रसंग मिलता है जहाँ राम अपने परम शत्रु रावण का वध करने के बाद उसे फिर से प्राणदान देना चाहते हैं, परन्तु रावण भी मना कर देता है क्योंकि उसे भी राम के हाथों मरकर बैकुण्ठ जाना है।

सीता की अग्नि परीक्षा—राम एक राजा हैं अतः उनके लिए अपने राज्य तथा प्रजा को सुव्यवस्थित रखने के लिए सबकी बातें सुनना अनिवार्य है। जब राम छिनताकुरी का लंका नरेश रावन की क़ैद से उद्धार करते हैं तब प्रजा के मन में छिनता को लेकर अनेक सवाल उठते हैं कि उन्होंने इतने दिन रावण की क़ैद में बिताये हैं, ज़रूर उन्होंने राक्षसी भोजन खाये होंगे। अतः जैसे ही छिनता राम के पास आने लगती हैं तो राम मना करते हुए कहते हैं—हरो कुरी! तुम पर सन्देह की निगाहें उठ रही हैं। इतने दिन तुम रावण की बन्दिनी थीं। निश्चय ही तुम राक्षसी भोजन खाकर जी रही होंगी। इसलिए तुम्हारी अग्नि-परीक्षा होगी। (दास 2000 : 67)।

कूटनीतिज्ञ—वाल्मीकि रामायण की तरह ही कार्बी रामायण छाबिन आलुन में भी राम के चरित्र में एक नीतिकुशल व्यक्ति का रूप दिखाई देता है। उनका कूटनीतिज्ञ रूप वहाँ दिखाई देता है जहाँ राम बाली का वध करते हैं। राम ने गुप्त रूप से बाली पर बाण छोड़ते हुए उसका अन्यायपूर्वक वध किया था। राम कूटनीति अपनाते हुए एक और जगह दिखाई देते हैं जहाँ राम बिबिहन (विभीषण) की बातें सुनकर लक्ष्मण के द्वारा मेकनाद (मेघनाद) का वध अन्यायपूर्वक करते हैं। अतः इन दो प्रसंगों में राम कूटनीति अपनाते हुए दिखाई देते हैं।

सीता का वनवास–आदिकवि वाल्मीकि रामायण की भाँति ही कार्बी रामायण छाबिन आलुन में भी छिनताकुरी को वनवास दिया जाता है। परन्तु अन्य रामायणों की भाँति प्रजा द्वारा छिनताकुरी के चरित्र पर लाँछन लगाने के कारण छिनताकुरी को वनवास नहीं दिया जाता है बल्कि यहाँ राम खुद छिनताकुरी के चरित्र पर सन्देह करते हुए छिनताकुरी को वनवास देते हैं। इसका कारण यह है जब राम, छिनताकुरी और लक्ष्मण बारह वर्ष वनवास काटकर घर लौटते हैं, तब कुछ स्त्रियाँ छिनताकुरी से पूछती हैं कि रावण कैसा दिखता था। तब छिनताकुरी कहती हैं कि किसी के भी चेहरे को शब्दों में बाँधा नहीं जा सकता। परन्तु रमणियों के अनुरोध करने पर छिनताकुरी उन्हें टाल नहीं पातीं और उन्होंने रावण की प्रतिच्छवि बनाकर सबको दिखाती हैं। इतने में वहाँ राम आ जाते हैं। राम की आँखें जैसे ही रावण के चित्र पर पड़ती हैं वे क्रोधित हो उठते हैं। वे कहते हैं–छिनता तुम एक अधम नारी हो। अगर मुझे मालूम होता कि तुम रावण को इतना प्यार करती हो तो तुम्हें लंका से वापस लाने की क्या आवश्यकता थी? मुझे तुम पर सन्देह पहले से ही था अब वह सत्य प्रमाणित हो गया है। निश्चय ही तुम्हारे गर्भ की सन्तान भी मेरी नहीं है। अतः तुम मेरे राज्य में नहीं रह सकतीं। तुम्हें अभी वनवास भेजता हूँ। (दास 2000 : 71)

अतः छिनता को वनवास राम के द्वारा किये सन्देह के कारण दिया जाता है, प्रजा द्वारा लगाये लाँछनों के कारण नहीं।

प्रजावत्सल राम : वाल्मीकि रामायण में जिस प्रकार राम प्रजावत्सल थे उसी प्रकार कार्बी रामायण छाबिन आलुन में भी राम एक प्रजावत्सल राजा थे जिनका एकमात्र उद्देश्य था प्रजा को सुख-शान्ति प्रदान करना और समाज को सुव्यवस्थित करना। राम के प्रजावत्सल चरित्र का प्रमाण वहाँ मिलता है जहाँ वे अपनी प्रजा को शान्त करने के लिए अपनी अर्धांगिनी छिनता की अग्नि-परीक्षा लेते हैं।

कार्बी रामायण छाबिन आलुन में राम के पारिवारिक तथा सामाजिक रूप के साथ-साथ राजनीतिक रूप भी देखने को मिलता है। राम रावण का वध करने के बाद बिबिहन को लंका का राजा बनाकर लंका से अपना सुसम्बन्ध स्थापित करते हैं। साथ ही राजनीतिक रूप वहाँ देखने को मिलता है जहाँ वे बाली का वध कर हिंक्रें (सुग्रीव) को वानरों का राजा बनाते हैं और वानर परिवार से अपना सुसम्बन्ध स्थापित करते हैं।

उपलब्धियाँ

- कार्बी रामायण छाबिन आलुन में कार्बी समाज, संस्कृति आदि का प्रतिफलन हुआ है।
- यहाँ राम एक जनजातीय पुरुष हैं।
- यहाँ राम के चरित्र में अलौकिकत्व तो है परन्तु ईश्वरत्व नहीं है।
- छाबिन आलुन में पात्रों के नाम कार्बी समाज के अनुरूप दिये गये हैं जैसे–लक्ष्मण का लखन, सीता का छिनताकुरी, दशरथ का दहरम, हनुमान का उलिमान आदि।
- छाबिन आलुन में छिनताकुरी की अग्नि-परीक्षा प्रजा द्वारा राक्षसी भोजन खाने के सन्देह में की जाती है।
- छाबिन आलुन में छिनताकुरी को वनवास राम द्वारा दिया गया है।
- कार्बी प्रथा के अनुरूप राम को छिनता से विवाह के पश्चात एक साल ससुराल में काम करना पड़ता है।

- कार्बी समाज में संगीत के प्रचार-प्रसार हेतु छाबिन आलुन का गान किया गया था।
- छाबिन आलुन कार्बी समाज में लोक गीत के रूप में प्रचलित है।
- छाबिन आलुन में राम को बारह वर्ष का वनवास दिया गया है।

निष्कर्ष

निष्कर्षतः हम यह कह सकते हैं कि कार्बी रामायण छाबिन आलुन के राम वाल्मीकि रामायण की तरह ही शक्ति और शील के प्रतीक हैं। परन्तु फिर भी यहाँ राम एक नये परिवेश, नये समाज तथा नये वातावरण में प्रस्तुत हुए हैं। यहाँ राम एक कार्बी जनजातीय महापुरुष हैं। उनके चरित्र में अलौकिकत्व तो है परन्तु ईश्वरत्व का अभाव मिलता है। यहाँ राम अवतारी पुरुष नहीं बल्कि एक साधारण पुरुष के रूप में जन्म लेते हैं और उनका जन्म कार्बी समाज की भलाई के लिए हुआ है। उनको पृथ्वी पर ख़ुद हेमफु (सृष्टिकर्ता ब्रह्मा) ने कार्बी समाज में धर्म तथा शान्ति की स्थापना हेतु भेजा है । कार्बी रामायण छाबिन आलुन की कथावस्तु का आधार वाल्मीकि रामायण से लिया ज़रूर गया है परन्तु फिर भी इसमें अपनी मौलिकता छिपी हुई है। यह रामायण वाल्मीकि रामायण पर आधारित होते हुए भी मौलिक कृति है ।

आधार ग्रन्थ

प्राथमिक स्रोत

1. दास, डॉ. देवेनचन्द्र, कार्बी रामायण 'छाबिन आलुन', भुवन वाणी ट्रस्ट, लखनऊ –20, 2000

द्वितीयक स्रोत हिन्दी

1. डॉ. नगेन्द्र (सम्पादक), हिन्दी साहित्य का इतिहास, मयूर पेपरबैक्स, नयी दिल्ली 110002, प्रसंस्करण 1973
2. वर्मा, डॉ. रामकुमार, हिन्दी साहित्य का आलोचनात्मक इतिहास, प्रयाग, 1948
3. पाण्डेय, उमा, शोध-प्रस्तुति, नेशनल पब्लिशिंग हाउस
4. शर्मा, डॉ. विनयमोहन, शोध प्रविधि, नेशनल पेपरबैक्स
5. सिंह, उदयभानु, तुलसी काव्य मीमांसा, राधाकृष्ण प्रकाशन प्राइवेट लिमिटेड
6. सिंह, उदयभानु, तुलसी, राधाकृष्ण प्रकाशन प्राइवेट लिमिटेड

असमिया

1. शर्मा, डॉ. सत्येन्द्रनाथ, रामायणर इतिबृत्त, वीणा लाइब्रेरी, 1984
2. शर्मा, डॉ.सत्येन्द्रनाथ, असमिया साहित्यर समीक्षात्मक इतिहास।
3. नाथ, त्रैलोक्य मोहन, देश आरू विदेशर रामायणी साहित्यर अध्ययन, पाहि प्रकाशन, 2013

माधव कन्दलि कृत रामायण में राम

अनन्या दास डिम्पी कलिता

14वीं शताब्दी में पश्चिम के कमतानगर और पूर्व मध्य अंचल में कछारि बाराह राजा की राजधानी असमिया साहित्य चर्चा के केन्द्र स्वरूप थे। प्राक्शंकरी युग के श्रेष्ठ कवि कविराज माधव कन्दलि (14वीं शताब्दी) प्राचीन असम के पूर्व मध्यांचल के अधिपति बाराह राजा महामाणिक्य के राजकवि थे। उत्तर भारत की प्रान्तीय भाषा में रचित रामायण में माधव कन्दलि की रामायण ही प्राचीनतम है। माधव कन्दलि की रामायण रचना के लगभग सौ वर्ष के बाद हिन्दी, बंगाली, उड़िया आदि अन्य भाषाओं में भी रामायण अनूदित हुई लेकिन इतनी प्राचीन होने के बाद भी माधव कन्दलि की भाषा और रचना शैली में दुर्बलता अथवा अक्षमता दिखाई नहीं देती है वरन् उनकी सहज और सतेज भाषा में और रचनाभंगी में एक पूर्ण विकसित साहित्यिक रूप का निदर्शन मिलता है। उनके निटोल साहित्यिक रूप ने एक धारावाहिक साहित्य परम्परा का स्पष्ट आभास दिया है।

गद्य और पद्य दोनों ही विधाओं में असमिया भाषा समृद्धिशाली है। इस भाषा में उपर्युक्त दोनों साहित्य विधाओं का उद्‌भव भी अन्य भाषाओं की तुलना में अत्यन्त प्राचीन है। माधव कन्दलि की रामायण असमिया लिखित साहित्य में अन्यतम प्राचीन निदर्शन ही नहीं, पुराणी असमिया साहित्य में सर्वोत्तम निदर्शन भी है। सन् 1987 में माधव कन्दलि के रामायण का प्रकाशन हुआ था। हम सभी विश्वास करते हैं कि भारतीय रामायण का मूल वाल्मीकि की संस्कृत रामायण से ही है। कन्दलि की रामायण को वाल्मीकि रामायण का असमिया संस्करण कहा गया है। इसीलिए कन्दलि रामायण में वाल्मीकि रामायण में चित्रित समाज, संस्कृति को प्रायः अविकृत रूप में देखा जाता है। जिस समय असम में लिखित और निश्चित असमिया साहित्य का कोई भी निदर्शन सम्भव नहीं था। उस समय कन्दलि ने रामायण जैसे महाकाव्य की रचना करने का एक महान कार्य किया था। इसीलिए कन्दलि कृत रामायण के राम के चरित्र का विश्लेषण करना महत्त्वपूर्ण है।

राम को हिन्दू देवता विष्णु का सप्तम अवतार माना जाता है। हिन्दू धर्म में वह एक जनप्रिय देवता हैं। भारत और नेपाल राष्ट्र में उनकी पूजा बहुत प्रचलित है। हिन्दू धर्म में राम उपासना-केन्द्रिक सम्प्रदायों में राम को विष्णु का अवतार न मानकर सर्वोत्तम ईश्वर रूप में माना जाता है। राम ने सूर्यवंश में (इक्ष्वाकु वंश तथा परवर्ती काल में उक्त वंश के राजा रघु नाम से रघुवंश में परिचित) जन्म लिया था। हिन्दू धर्म के वैष्णव सम्प्रदाय और वैष्णव धर्म में जिन जनप्रिय देवताओं के बारे में जानकारी मिली है उन सबके बीच राम अन्यतम हैं। पूरे दक्षिण और दक्षिण-पूर्व एशिया में राम जनप्रिय देवता हैं। राम की जीवन कथा के अनुसार हिन्दू लोग राम को धर्मनिष्ठ आदर्शवान पुरुष मानते हैं। राम की कथा भारतीय उपमहादेश और दक्षिण-पूर्व एशिया में विशेष जनप्रिय है।

हिन्दू धर्म में राम अन्तहीन प्रेम, साहस, शक्ति, भक्ति, कर्तव्य तथा मूल्यबोध के देवता माने जाते हैं। प्रस्तुत अध्ययन के द्वारा असमिया साहित्य की अन्यतम कृति रामायण के राम का विश्लेषण करने का प्रयास किया गया है।

प्रस्तुत अध्ययन माधव कन्दलि कृत रामायण में राम के चरित्र के विभिन्न पक्षों के आधार पर लिखा गया है।

प्रस्तुत अध्ययन की पद्धति विश्लेषणात्मक है । पत्र MLA (Modern Language Association) पद्धति पर आधारित है। आवश्यकता के अनुसार रामायण से सम्बन्धित अन्य ग्रन्थों तथा इंटरनेट की भी सहायता ली गयी है।

वाल्मीकि रामायण में न होने वाली बातें, अन्य पुराण अथवा उपरामायण से कथा संग्रह करके माधव कन्दलि ने अपने रामायण में अन्तर्भुक्त नहीं की हैं। वाल्मीकि के वर्णन को ही कन्दलि ने असमिया रूप दिया है–'लंभा परिहरि गये', यह ही उनके अनुवाद की मूल नीति थी, लेकिन फिर भी प्रयोजनीय घटना अथवा विवरण छोड़कर उन्होंने कथा को नीरस कहीं भी नहीं होने दिया है। माधव कन्दलि कृत रामायण अयोध्या काण्ड से लेकर लंका काण्ड तक ही प्राप्त है बाक़ी दो काण्ड महापुरुष माधवदेव और शंकरदेव द्वारा रचे गये। इस अध्ययन में हमने कन्दलि कृत रामायण के राम का चरित्र विश्लेषण करने का प्रयास निम्न बिन्दुओं के अन्तर्गत किया है।

अयोध्या काण्ड में 'राम'–माधव कन्दलि के इस काण्ड का प्रारम्भ राम के राज्याभिषेक आयोजन से होता है। इसमें राम का अभिषेक केवल आयोजित ही हुआ था लेकिन सम्पन्न नहीं हो पाया था। इसके विपरीत राम को पत्नी और भाई सहित वनवास जाना पड़ा। दासी मन्थरा की कूटनीति में आकर मँझली रानी कैकेयी अर्थात् भरत की माँ ने राजा दशरथ से यह वर माँगा था कि राम वनवास जायें और भरत राजा बने। लेकिन राम एक आदर्शवादी पुरुष थे। इसीलिए उन्होंने अपने पिता के आदेश का पालन किया और सब कुछ त्यागकर वन चले गये। अयोध्यावासियों को राम इतने प्रिय थे कि रामविहीन अयोध्या त्यागकर सभी लोग वन की ओर और राम के पीछे-पीछे चलने लगे। कन्दलि ने यहाँ तक दिखाया है कि संसार वैरागी योगी भी राम के शोक में सब कुछ त्यागकर राम के पीछे-पीछे चलने लगे थे। भरत ने बहुत चेष्टा की राम को जाने से रोकने की लेकिन राम अपने निर्णय पर अटल थे। उन्होंने अपने पितृ आदेश को ही अपना धर्म माना और भरत ने राम के 'चरण चिन्ह' सिंहासन पर रखकर ही अपना राजकाज सँभाला–

अरण्य काण्ड में राम–अरण्य काण्ड का प्रारम्भ मूल रामायण से थोड़ा-सा अलग है। इस काण्ड में राम के अपने पराक्रम का वर्णन है। जब राम चित्रकूट में रह रहे थे तब राक्षसों ने वहाँ पर बड़ी अशान्ति फैलायी थी बाद में राम ने उन सबसे युद्ध करके आश्रम को अशान्ति से मुक्त किया था। उसके बाद लक्ष्मण ने शूर्पनखा का प्रेम-प्रस्ताव ठुकराकर रावण से दुश्मनी मोल ली और रावण ने अपनी बहन के अपमान का बदला लेने के लिए भिक्षुक वेश में सीता का हरण किया। इस काण्ड में एक तरफ़ तो राक्षसों को परास्त कर राम का पराक्रम पेश किया गया है दूसरी तरफ़ उन्हें एक असहाय प्रेमी की भाँति सीता के विरह में व्याकुल दिखाया गया है। राम व्याकुल होकर सीता को वन में ही खोजते रहे। इस काण्ड में राम एक दुर्बल प्रेमी के रूप में देखने को मिलते हैं।

किष्किन्धा काण्ड में राम–कथा के अनुसार किष्किन्धा वानरों का राज्य है और वहाँ का महाराज महावीर बाली था। दुन्दभी नामक एक असुर का वध करने के लिए बाली और उसके भाई सुग्रीव दोनों ने मिलकर युद्ध किया लेकिन बाद में दोनों भाइयों के बीच मतभेद हो गया। राम अपनी पत्नी

सीता को खोज रहे थे जहाँ उनकी मुलाक़ात सुग्रीव से हुई। राम-लक्ष्मण को क़रीब से जानने के लिए सुग्रीव ने हनुमान को भेजा था और हनुमान को सब कुछ पता चलने के बाद सुग्रीव ने अग्नि को साक्षी मानकर राम के साथ मित्रता की। सुग्रीव ने राम को बाली के बारे में सब कुछ बताया। अन्त में राम ने अपने व्यक्तिगत स्वार्थ के लिए सुग्रीव और बाली के बीच युद्ध करवाया जिसमें छल से बाली का वध किया। लेकिन कन्दलि ने अपने इस काण्ड में राम को दोषी नहीं माना है। बल्कि उन्होंने अपने काव्य कौशल से यह कहा है कि **'ताराइ अभिशाप दियार समयते बालिये सम्पूर्ण चेतना हेरुवा नछिल, अभिशापर प्रत्युत्तरस्वरूपे बालिये समिधान दी गैछे जे जी घतिछे सि केवल विधिर विधानहे, राम तार कारणे दोषी हब नोवारे, विधिर विधान मनी लै, नतुन परिस्थितिर लगत मिलाई कर्तव्यरत होवाहे सकलोरे कर्तव्य'।**

इस काण्ड में राम की बुद्धिमत्ता का परिचय दिया गया है। इसका प्रमाण स्पष्ट रूप से बाली और सुग्रीव के युद्ध के समय दिखाई देता है। युद्ध के समय बाली और सुग्रीव के एक जैसा होने के कारण पहचानने में कष्ट हो रहा था तब राम सुग्रीव को पहचानने के लिए उसे एक फूलों का हार पहना देते हैं।

सुन्दर काण्ड में राम : यह काण्ड रामायण का सबसे सुन्दर काण्ड है। कन्दलि के अनुसार—

सुन्दर श्रीरामचंद्र सुन्दर लक्ष्मण।
सुन्दर ये सुग्रीव सुन्दर कपिगण।।
सुन्दर जानकी सीता जगतर आइ।
सुन्दरकाण्डत किछू असुन्दर नाइ।।

इस काण्ड के विषयों का वर्णन करने से पहले कन्दलि की यह गम्भीर धारणा बहुत ही महत्त्वपूर्ण है। रामायण विषय के अनेक समालोचकों की व्याख्यानुसार 'राम' शब्द का अर्थ है सुन्दर, रमणीय। इस प्रकार राम के अनुगामी हैं लक्ष्मण, सुग्रीव और समस्त वानर सेना। दुर्विनीत तथा दुर्दान्त रावण ने संस्कृति रूपिणी सीता का हरण किया और लक्ष्मण, सुग्रीव, हनुमान आदि असंख्य वानर इस संस्कृति को पुनः लौटाने के लिए राम के पीछे खड़े हो गये क्योंकि संस्कृति के बिना समाज अधूरा है, संस्कृति के बिना कोई भी मनुष्य सुन्दर नहीं हो सकता। इस काण्ड में त्याग और आदर्शवाद का सम्पूर्ण चित्रण हुआ है। इसलिए कन्दलि ने कहा है कि **'सुन्दराकाण्डत किछू असुन्दर नाइ'**। इस काण्ड में राम के मन में हर्ष-विषाद की भावना का उदय होता है। हर्ष इसलिए क्योंकि सीता सुरक्षित हैं और विषाद इसलिए क्योंकि समुद्र पार करके सीता को कैसे लायेंगे। इस काण्ड में राम को एक साधारण मनुष्य के रूप में दिखाया है। जिस प्रकार साधारण पुरुष अपनी पत्नी को सुरक्षित रखने के लिए चिन्ता करते हैं उसी प्रकार राम को यहाँ चिन्तित दिखाया गया है।

लंका काण्ड में राम : कन्दलि द्वारा रचित रामायण में लंका काण्ड अत्यन्त महत्त्वपूर्ण है। इस काण्ड का प्रारम्भ 'बोला राम' वन्दना सूचक संस्कृत श्लोक से ही हुआ है। इसके उपरान्त लंका काण्ड के प्रायः प्रत्येक अध्याय के आदि और अन्त में राम का महात्मासूचक पद संयोग किया गया है। मूल अर्थात् वाल्मीकि रामायण में लंका काण्ड और उत्तर काण्ड में ही राम तथा रामायण के महत्त्व का संयोग किया गया है। मूल रामायण के लंका काण्ड में राम को परम ब्रह्म के रूप में दिखाया गया है। कन्दलि रामायण में भी राम-रावण के युद्ध के समय राम को ईश्वर कहा गया है। यहाँ कन्दलि ने कहा है कि—

"ईश्वर समान कोन आछे त्रिजगते
तथापि करत लीला मनुष्यर मते"।

सीता की अग्नि-परीक्षा के समय भी ब्रह्मा आदि सभी देवताओं ने राम को परमेश्वर भगवान रूप में प्रतिपन्न किया है—**'तुमि नारायन महा हरि'**। लेकिन यह सब मूल रामायण का अनुकरण ही है। इस काण्ड के अन्त में कन्दलि ने राम के महत्त्व को संयोजित किया है। राम-रावण के युद्ध में भी एक विशेष बात को दिखाया गया है कि 'राम साहसी, सत्यवान तथा न्याय के देवता हैं' इसीलिए राम की सेना में से किसी की भी मृत्यु नहीं हुई लेकिन रावण महाअन्यायी था इसलिए उसके सैनिकों की मृत्यु होती गयी। अन्त में यह भी कहा गया है कि राम के हाथों जिनकी भी मृत्यु हुई उन सभी को परम मुक्ति मिली क्योंकि राम ही परमेश्वर थे। इस काण्ड में राम का वीरत्व, पराक्रम सब कुछ दिखाई देता है। अन्त में एक महाप्रतापी योद्धा की भाँति राम युद्ध में विजय प्राप्त करके सीता, लक्ष्मण, हनुमान सहित अयोध्या लौटते हैं। कन्दलि ने इस काण्ड के अन्त में अपने साथ-साथ राजा महामाणिक्य का भी परिचय कराया है और उसके साथ ही रचना रीति का भी बोध कराया है।

उपलब्धियाँ

- माधव कन्दलि ने अपनी रामायण में पाँच काण्डों की ही रचना की है।
- वाल्मीकि कृत रामायण के राम को ही माधव कन्दलि ने अपने रामायण में चित्रित किया है।
- माधव कन्दलि ने अपने राम को असमिया साहित्य समाज में एक महत्त्वपूर्ण स्थान दिलाया है।
- प्रान्तीय भाषा में रचित रामायणों में से माधव कन्दलि कृत रामायण सबसे प्राचीन है।
- माधव कन्दलि कृत रामायण में प्राप्त उत्तर काण्ड शंकरदेव और आदि काण्ड माधवदेव ने लिखा है।
- माधव कन्दलि कृत रामायण प्राक्वैष्णव युग की अन्यतम कृति है।

निष्कर्ष

निष्कर्षतः हम कह सकते हैं कि माधव कन्दलि का रामायण प्राक्शंकरी युग की एक उल्लेखनीय कृति है। जिस समय असम में लिखित असमिया साहित्य का कोई भी निश्चित निदर्शन नहीं था, उस समय कन्दलि ने रामायण जैसे महाकाव्य की रचना करने का महान कार्य किया कन्दलि कृत रामायण में एक ओर राम एक साधारण मनुष्य हैं तो दूसरी ओर परमेश्वर भगवान भी। एक ओर राम द्वारा छल से बाली का वध किया गया है तो दूसरी ओर कहा गया है कि राम के हाथों मृत्यु वरण करने वाले को परम मुक्ति प्राप्त होती है। इसीलिए राम के चरित्र का विश्लेषण करना बहुत ही जटिल है क्योंकि राम एक ऐतिहासिक विवर्तमान चरित्र हैं।

सन्दर्भ ग्रन्थ

1. शर्मा, शशी, माधव कन्दलिर रामायण, पंचम, जर्नल एम्पोरियम, 2011
2. भद्र मोहन, सुधेन्दु, साहित्यर सुबास, प्रथम, 1998
3. शर्मा, शशी, असमर विष्णु, वैष्णव आरु श्रीमन्त शंकरदेव, प्रथम, ज्योति प्रकाशन, 2007
4. इंटरनेट

असमिया मौखिक साहित्य में रामकथा

अपराजिता डेका

भारतीय समाज में महर्षि वाल्मीकि प्रणीत 'रामायण' तथा महानायक एवं देवोत्तम भगवान 'श्रीराम' इन दोनों का अभिन्न महत्त्व परिलक्षित होता है। 'रामायण' को महाकाव्य कहा जाता है। इस सम्बन्ध में वसन्त कुमार भट्टाचार्य जी ने अपना मत व्यक्त करते हुए कहा है कि—

"भारतीय सामाजिक जीवन और विचारधारा में रामायण का प्रभाव बहुत व्यापक और गहन है। समाज-नीति आदि विविध तत्त्वमूलक दृष्टिकोण से एक उत्कृष्ट दलित की भाँति स्वीकृति प्रदान करने के अलावा श्रद्धा प्रदर्शित करते आये हैं।"[1]

रामायण के सर्जक आदिकवि वाल्मीकि के सम्बन्ध में भारतीय समाज में अनेक कथाएँ प्रचलित हैं। वाल्मीकि के सम्बन्ध में विद्वानों द्वारा दिये गये मतों के आधार पर डॉ. सत्येन्द्रनाथ शर्मा जी ने जो बातें कही हैं वे उल्लेखनीय हैं—

"अचल बात यह है कि वाल्मीकि कवि का नाम हो या कोई उपाधि हो, किन्तु एक विशेष कवि द्वारा वर्तमान प्रचलित रामायण के अधिकांश श्लोक लिखे गये हैं इस बात पर कोई सन्देह नहीं है।"[2]

भारत के अन्य प्रान्तों की भाँति असम में भी प्राचीनकाल से रामायण की कथाएँ प्रचलित हैं। विद्वानों के अनुसार असम में आर्य सभ्यता के विस्तार के साथ-साथ रामायण की कथाएँ प्रचलित होने लगी थीं। इसके पीछे कारण था—भौगोलिक एवं सांस्कृतिक एकत्व। इस सम्बन्ध में डॉ. ओमप्रकाश भारती जी ने इस प्रकार लिखा है—

"रामायण और महाभारत काल में कामरूप, मगध, मिथिला, कलिंग तथा बंग आदि जनपदों को प्राचीन कहकर सम्बोधित किया गया है। राजनीतिक दृष्टि से इन क्षेत्रों की पृथक सत्ता रहते हुए भी भाषा, भाव, राग-द्वेष, गीत-पद, आचार-विचार, रहन-सहन, खान-पान, पहनावा, रीति-रिवाज, देवी-देवता, नाट्य-नृत्य आदि परम्पराओं में आश्चर्यजनक साम्य है। आज बिहार, बंगाल, उड़ीसा तथा असम के भू-भागों को पूर्वांचल कहकर सम्बोधित किया जाता है।"[3]

इन्हीं विशेषताओं के कारण असम में रामायण की कथाओं को विस्तार मिला जिसके फलस्वरूप असमिया समाज में मौखिक या लौकिक और लिखित साहित्य में रामकथा ने महत्त्वपूर्ण स्थान प्राप्त किया। राम विषयक कथा का उल्लेख सर्वप्रथम कालिका पुराण में पाया जाता है। अनुमानतः दसवीं-ग्यारहवीं सदी में रचित इस ग्रन्थ में राम-सीता का जन्म, विवाह, राम-रावण का युद्ध, राम की विजय कामना हेतु ब्रह्मा के दुर्गापूजा आयोजन का विवरण सन्निविष्ट है। उसी प्रकार बांग्ला और असमिया भाषा के सम्मिलित निदर्शन स्वरूप चर्यापद में भी रावण के लंका राज्य का उल्लेख करना महत्त्वपूर्ण है।

असमिया भाषा में माधव कन्दलि और अनन्त कन्दलि दोनों कवियों ने रामायण की रचना की है। माधव कन्दलि शंकरदेव के पूर्व कवि थे और उनका एक अन्य नाम था कविराज कन्दलि। अनन्त कन्दलि शंकरदेव के समसामयिक कवि हैं। उनकी रामायण को 'अनन्त रामायण' कहा जाता है। वस्तुतः असमिया रामायण कहने से माधव कन्दलि की रामायण को ही समझा जाता है। सन् 1889 में स्वर्गीय माधव चन्द्र बरदलै ने उक्त रामायण को मुद्रित रूप देकर असमिया जाति और असमिया भाषा पर विशेष उपकार किया है। असमिया लिखित परम्परा में रामायण विषयक रचनाएँ : काव्य, गीत, नाट्य और गद्य इन चार धाराओं में प्रवाहित हैं। इनमें अधिकांश वाल्मीकि रामायण की कथा के विपरीत काल्पनिक घटनाएँ तथा कार्यकलाप उपस्थापित हुए हैं।

असमिया लोकजीवन एवं समाज-संस्कृति पर रामायण का प्रभाव बहुत ही गहरा और जीवन्त है। इसका उत्कृष्ट उदाहरण हैं कथा-कहानियाँ और चरित्र को लेकर प्रचलित मौखिक साहित्य और वाचिक कलाएँ। इसे लौकिक साहित्य भी कहा जाता है। लोक में जो नवीन एवं मौलिक सृष्टि होती है वह बन्धनहीन और व्यापक होती है। इस सम्बन्ध में डॉ. ओमप्रकाश भारती ने लिखा है–

"लोक जिसे हम जनसाधारण मानते हैं, वह भी सोचने-समझने की बौद्धिक क्रिया में अग्रसर रहता है। यानी लोक आलोकगामी होता है। नित्य नये अनुभव की ओर जाता है। यह आलोक यथार्थ से दूर नहीं होता, यथार्थपरक आलोक के कारण ही लोकमानस अलौकिक घटना, अनुभूति तथा अभिव्यक्ति की परिकल्पना कर जाता है।"[4]

अतः लोकमानस की चिन्ताएँ, चेतनाएँ, आवेग, आकांक्षाएँ लोकसमाज में अपनी समृद्ध संस्कृति-परम्परा को ग्रहण कर एक नवीन मौलिक और रोचक रूप से लोक समाज का अंश बन गयीं। जो यथार्थ सहजता-सरलता मिठास यहाँ की रामायण की कथा-कहानियों में घुली है वह अनूठी है।

असमिया लोक साहित्य का श्रेणी विभाजन डॉ. प्रफुल्ल दत्त गोस्वामी ने निम्न प्रकार किया है –

क) कल्पना प्रधान कहानियाँ, किंवदन्तियाँ, कौतुक आदि।

ख) गीत :

(1) वर्णनात्मक मालिता, (2) धार्मिक गीत, (3) प्रणयमूलक गीत, (4) कर्म गीत, (5) लोरी गीत, (6) पहेलियाँ, (7) प्रवचन या संवाद, (8) मन्त्र

इससे स्पष्ट होता है कि असमिया मौखिक साहित्य का भण्डार व्यापक और आकर्षक है। रामायण की कथाएँ, कहानियाँ, चरित्र, क्रियाकलाप आदि को उन्होंने अपने ढंग से असमिया सामाजिक जीवन के साथ जोड़ा। फलस्वरूप उनकी रामायण में अनेक अरामायणी कथा-घटनाएँ सम्मिलित हो गयीं। पुराणों में, राम-सीता से जुड़े हुए काव्यों में अथवा रामायणों में जो अवाल्मीकीय घटना आदि पायी जाती हैं उनका श्रेय इसी जनमानस एवं जनकल्याण को जाता है। डॉ. सत्येन्द्रनाथ शर्मा जी ने मौलिक परम्परा से सृष्ट राम-सीता या रामायण सम्बन्धी छोटी-छोटी घटनाओं या कहानियों का उनके 'रामायणर इतिबृत्त' शीर्षक ग्रन्थ में उल्लेख किया है। यथा–1. रत्नाकर का (राम) उच्चारण न होने पर (मरा) उच्चारण करते हुए राम का नाम लेना, 2. लक्ष्मण रेखा, 3. मेघनाद वध के लिए लक्ष्मण का चौदह वर्ष निद्रा और आहार त्याग, 4. सीता द्वारा दशरथ का पिण्डदान और झूठा बयान देने पर सूर्य, तुलसी, पीपल वृक्ष पर सीता का क्रोध, 5. राम द्वारा जनक के घर में रखे टूटे धनुष से सागर में पुल बनाकर उस पार जाना, 6. कैकेयी की पुत्री के अनुरोध पर सीता द्वारा रावण का चित्र अंकित करना और राम के देख लेने पर सीता के चरित्र पर

सन्देह कर वनवास देना, 7. सीता के खोज में सहानुभूति प्रदर्शित करने के कारण राम का बगुले को अनुग्राहित करना और व्यंग्य करने के कारण चकवा-चकवी को अभिशाप देना...आदि कथाएँ असमिया समाज में प्राचीनकाल से प्रचलित हैं। दुर्गावरी गीति-रामायण में लक्ष्मण के शक्तिबाण से अहिरावण वध आदि काव्य में वर्णित घटनाएँ भी जनरुचि का प्रतिफलन हैं। अतः इस सम्बन्ध में डॉ. सत्येन्द्रनाथ शर्मा जी ने लिखा है–

"ऐसी घटनाओं या कहानियों को जनमानस में प्रचलित घटना या कहानियों से कवियों ने ग्रहण किया है जोकि एक जटिल कार्य है। क्योंकि पुराणों की कथाओं को लोगों में मौलिक रूप से प्रचलित होकर फिर काव्य में सन्निविष्ट होता हुआ भी देखा गया है।"[5]

जो भी हो असमिया मौखिक साहित्य की प्रधान शाखा इन कथा-कहानियों का अधिकांश रामायण केन्द्रित कथाओं के अन्तर्गत आता है यह बात स्वीकार्य है।

मौखिक साहित्य या वाचिक कला का एक विशिष्ट भाग हैं गीत। असमिया मौखिक साहित्य गीतों से अत्यन्त समृद्ध है। ऐसे गीतों के अन्तर्गत वर्णनात्मक मालिता तथा बारहमासा गीतों में राम और सीता बारहमासा गीत की प्रमुखता अधिक है। उदाहरणार्थ–

राम बारमाही

दिहा–

उहे प्रभु रघुनाथ संसारर सार।
राक्षस कुलक प्रभु करिला उधार।।

पद–

आघोण मासत रामे मने करि चिन्ता।
किमते वन्चिवो आमि संगे लैया सीता।।
कान्दे दशरथ राजा आर्तनाद हैया।
कैकेयी सुमित्र काने पुत्रक लागिया।।
चैत्रमासे राम प्रभु रबिर प्रताप।
सीताई बलन्त प्रभु लागिल पियास।।
उपरे रबिर ताप तले बालू।
नपरे हान्थिते सीता सुकोमल तनु।।
सीता-क्रन्दन देखि रामर भैल दया।
डाल भांगि प्रभु रामे धरिलन्त धाया।।
राम भांगे वृक्षडाले लक्ष्मणे धरे सिरे।
तार छायात सीतादेवी चले धीरे धिरे।।
राम जाय आगे आगे लक्ष्मण जाय पीछे।
जलखावा सीता जाय सरोवरो काछो।।

हिन्दी रूपान्तर

दिहा–

हे प्रभु रघुनाथ संसार सार।
राक्षस कुल का प्रभु उद्धार करने वाला।।

पद–

अगहन महीने में राम-मन में हुई चिन्ता।
किस प्रकार गुजरेगा समय मेरे संग लिए सीता।।
रोने लगे राजा दशरथ आर्तनाद कर।
कैकेयी-सुमित्रा भी रोने लगीं पुत्र को लेकर।।
चैत्र महीने प्रभु श्री राम सुर्य का ताप।
सीता बोली प्रभु बध गयी प्यास।।
ऊपर सुर्य का ताप नीचे गर्म बालु।
सहन नहीं होता सीता कैसे सुकोमल तनु।।
सीता-क्रन्दन देख राम को आयी दया।
डाल तोड़कर प्रभु राम ने प्रदान किया छाया।।
राम ने तोड़ी वृक्ष की डाल लक्ष्मण ने पकड़ा शिर में।
उसकी छाया में सीता देवी चलने लगीं धिरे धिरे।।
राम गये आगे लक्ष्मण गये पीछे।
जल पीने को सीता जाती है सरोवर किनारे।।

सीता बारमाही

दिहा–

कान्दे मोर जानकी सीता।।
वहागर माहते बापू अशोकरे तले।
मई नारी निद्रा गैलो उत्तर शिताने।।
जेठर माहते बापू रावणे नेईहरिया।
इन्द्रे दिला मुक्तार माला ब्रह्माक लागिया।
आहार माहते बापू पकि सरे आम।
सिटो बेला मई क्रिशिर आश्रम।।
शाउणर माहते बापू राइजे देई गंछा।
मई अभागिनि सीतार कपालरे दशा।।[6]

हिन्दी रूपान्तर–

रोती है मेरी जानकी सीता।।
वैशाख के महीने अशोक के नीचे।
मैं सो गया उसके नीचे।।
जयेष्ठ के महीने बापू रावण ने हर लिया।
इन्द्र ने मोतियों की माला ब्रह्मा से माँगकर दिया।।
आषाढ़ के महीने बापू गिरता है पाका आम।
उस समय मैं हूँ ऋषि के आश्रम।।
श्रावण के महीने बापू लोग देते हैं गछा।
मैं अभागिन सीता भाग्य की यह दशा।।

दोनों ही गीतों में जनमानस की कल्पना का स्पष्ट प्रकाश देखने को मिलता है । विरह गीत के रूप में भी इन गीतों का महत्त्व है।

असमिया लोक संस्कृति में शादी में जो ओजापालि प्रदर्शित होती है उसके गीत प्रधानतः रामायण-केन्द्रित घटनाओं पर आश्रित हैं। उसी प्रकार कठपुतली नृत्य के ज़रिये जो गीत प्रदर्शित होते हैं उनमें भी रामकथाएँ पायी जाती हैं। असमिया समाज में प्रचलित 'दिहानाम' में भी रामकथा पर आधारित घटनाओं के अनेक उदाहरण पाये जाते हैं। उदाहरणार्थ—

घोषा—

वनर मृग मारि राम धनुधारी आहिला आनन्द मने।
शुण्य गृह देखि जुरिल क्रन्दन सीता को हेरुवालो वने।।

पदः

हा सीता हा सीता जनक दुहिता कैक गैला मोक एरि।
जीवने मरणे शयने सपोने आछिला तुमि लगरी।।
गछलता वन स्थिर करि मन कोवा सवे सत्य करि।
जटायु भनिले सुनितो काणेरे लंकेश्वरे निले हरि।।
सागर बान्धिव पार हैया जाब बान्दरक संगे करि।
रावण्क बधि राखिबेक ख्याति
आनिब सीताक उद्धारि।।[7]

हिन्दी रूपान्तर

घोषा—

वन का मृग मारकर राम धनुर्धारी। आये आनन्दित मन से।
शुन्य गृह देखकर करने लगे क्रन्दन सीता को खोया वन में।।

पद—

हे सीता हे सीता जनकनन्दिनी कहाँ गयी मुझे छोड़कर।
जीवन-मरण संसार स्वप्न में तुम थीं मेरी सहचर।।
पेड़-पौधे वन स्थिर कर मन बोलो सभ सत्य कर।
जटायु का कथन सुना काणों से लंकेश्वर ने कर लिया हरण।।
सागर बाँधकर उस पार होकर जाऊँगा वानरों संग
रावण का बध कर रखूँगा मान...लाऊँगा सीता को संग।।

घोषा—

सीतार संतापे दग्ध श्रीराम।
कैत गैला सीता कैत तोमाक पाम।।

पद—

राम कान्दे लक्ष्मण कान्दे शुन्य गृह छाई।
डालत बहि हनु कान्दे सीताक नापाई।।
रामे बोले लक्ष्मण भाई कि कर्म करिला।
शुन्य गृह सीताक किय एरिया चलिला।।

लक्ष्मण बोले दादा दोष नाहिके आमार।
अकस्माते आर्तराउ सुनिया तोमार।।
मायावी राक्षसे जानो चलिले तोमाक।
कि कारणे सीता माबे पठाइले आमाक।।
तोमार विक्रम कथा बूजाइलो अनेक।
किन्तु सीता माए कुवचन कैला मोक।।
कि कारणे दादा सीताक शुन्य फ्रिहे एरि।
तोमार पाशक शीघ्र चलिलो लवारि।।[8]

हिन्दी रूपान्तर

घोषा–

सीता के विरह में दग्ध श्रीराम।
कहाँ गयी सीता कहाँ मिलेगी।।

पद–

राम रोते हैं लक्ष्मण रोता है शून्य गृह देखकर।
डाल में बैठकर हनु रोता है सीता को न देखकर।।
राम ने बोला लक्ष्मण भाई क्या कर्म किया।
शून्य गृह सीता को छोड़कर क्यों चला गैया।।
लक्ष्मण बोले भैया दोस नहीं है मेरा।
अचानक आर्तनाद सुना मैंने तुम्हारा।।
मायावी राक्षस ने तुम्हारे साथ घुल किया।
यही सोचकर सीता माँ ने मुझे भेज दिया।
तुम्हारे बल-विक्रम की बात कही मैंने अनेक।
परन्तु सीता माँ ने बोले मुझे कुवचन अनेक।।
इसी कारण सीता को शून्य गृह में छोड़कर।
चला गया शीघ्र आपके निकटतर।।

इस प्रकार के अनेक दिहानाम असमिया समाज में प्रचलित हैं। असमिया समाज-संस्कृति में विवाह एक महत्त्वपूर्ण अनुष्ठान के रूप में प्राचीनकाल से प्रचलित है। ऐसे अनुष्ठान के आकर्षण और सुन्दरता की वृद्धि में विवाह गीत की भूमिका विशिष्ट है। विवाह उत्सव के विविध कर्मों में (जोरण में, पानी लाने जाने में, वर-वधू के आगमन में) अनेक भाँति-भाँति के विवाह गीत गाये जाते हैं। इन गीतों में 'रामायण' का प्रभाव सुस्पष्ट है। उदाहरणार्थ—राम और सीता के आदर्श मिलन की दुहाई देते हुए वर-वधू को भावी जीवन में आदर्श पति-पत्नी के रूप में संसार-धर्म पालन करने की प्रेरणा दी जाती है।

राम राम पाणत पत्र लेखि
राम राम दिलेहे आइदेउ
राम राम पाणत पत्र लेखि दिले।।
राम राम सेई पत्र खन

राम राम पाई रामचन्द्रई
राम अलंकार पठियाई दिले।।"[9]

हिन्दी रूपान्तर

राम राम पाण के पत्ते पर पत्र लिखकर
राम राम भेजा है बेटी ने
राम राम पाण के पत्ते पर पत्र लिखकर
राम राम वही पत्र
राम राम पाकर रामचन्द्र
राम अलंकार भेज दिया।।

इसी प्रकार विवाह के विविध अवसरों पर गाये जाने वाले विवाह गीतों का उदाहरण नीचे प्रस्तुत है–

1. जोरण गीत–

"मारर अलंकार थव ओ आईदेउ देउतारर अलंकार थव।
अयोध्यार रामचन्द्रई अलंकार पठाईछे हातजोर करि लव।।"[10]

हिन्दी रूपान्तर

माँ का अलंकार रहने दो बिटिया, पिता का अलंकार रहने दो।
अयोध्या से रामचन्द्र ने अलंकार भेजा है हाथों में ले लो।।

2. विवाह-स्थल पर कन्या को ले जाते हुए गाये जाने वाले गीत–

"सीता तुमि त्याजा अनुरागे।
रामचन्द्रक स्वामी पाला।
कत जन्मर भाग्ये।।"[11]

हिन्दी रूपान्तर

सीता तुम अनुराग त्यागो
रामचन्द्र जैसे पति मिला
कितने जन्म के भाग्य से।

3. केले के पेड़ के नीचे वर को पधारने के लिए गाया गया गीत–

"वृक्षर मध्ये तामोल जुपि लतार मध्ये पाण ।
कलर गुरित रामचन्द्र पुरुष प्रधान ।।"[12]

हिन्दी रूपान्तर

वृक्ष के मध्य ताम्बूल पेड़ लताओं के मध्य पाण
केले के पेड़ के नीचे रामचन्द्र पुरुष प्रधान।।

4. वर-वधू के विवाह सम्पादन के समय गाये जाने वाले गीत–

(क) मिथिला नगरे जनकरे घरे जन्मिला जानकी सीता।
पारे कि नोवारे रामधेनु भान्गिब सीतारं मने हैछे चिन्ता।।

(ख) पानक धेनु भान्गक रामे एहि समाजन।
सीताक हले दिव लागे अवश्ये रामक।।

(ग) नालागे भाङिब धेनु सीताई दिछे हाक।
अंगीकार एरि पिता दियोका आमाक ।।

(घ) "रामचन्द्र सरु बुलि जगते हाहिलाँ
वाउहाते धेनु एरि माजते भाङिला।।"[13]

हिन्दी रूपान्तर

(क) मिथिला नगर में जनक के घर में जन्म लिया जानकी सीता।
तोड़ जायेगा या नहीं राम धेनु सीता के मन में हुई चिन्ता।।

(ख) वाण लगाये धनुष तोड़े दिखाये इसी समाज को।
सीता को देना चाहिए अवश्य ही राम को।।

ग) तोड़ना मत धनुष सीता ने मना किया है।
अंगीकार छोड़ पिता सोपिये मुझे कहा है।

घ) रामचन्द्र छोटा हूँ समझकर सभी ने हँसा।
वाह हाथ से धनुष पकड़ बीच में ही तोड़ा।।

5. वधू को बाहर लाते समय गाये जाने वाले गीत–

"अ' मन नगर आज सुना होगा मिथिला नगर ।।"[14]

हिन्दी रूपान्तर

ओ मन तगर आज सुना होगा मिथिला नगर।।

6. विवाह के बाद जब विविध प्रकार के खेल जैसे–अँगूठी छिपाना, पासे का खेल आदि खेले जाते हैं। उस समय गाया जाने वाला गीत है–

"पातिले पाशार खेला रामे सीताक वहि।
सीता रामे पाशा खेले साक्षी आछे सखी।।
डिङिर सातेसरी रामे खेलात दिले आनि।
एई बेलिए हारिल छोटा राम गुणमणि।।"[15]

हिन्दी रूपान्तर

राम सीता बैठकर पाशो का खेल खेलने बैठे।
राम सीता के इस खेल में साक्षी बनी सखी।।
गले का हार राम ने खेल में जितकर ली।
इस बार भी हार गयी देखो राम गुणमणि।।

राम और सीता का नामोल्लेख कर वर-वधू के मन की दशा का बखान करते हैं ये विवाह गीत।

मौखिक साहित्य का एक प्रमुख भाग है प्रवचन का। इस सम्बन्ध में प्रफुल्ल दत गोस्वामी जी ने लिखा है–

"पृथ्वी की अन्य भाषाओं की तरह असमिया भाषा में भी विविध प्रकार की लोकोक्तियाँ,

कहावतें और मुहावरे प्रचलित हैं। इनके व्यवहार से असमिया लोक समाज की भाषा शक्तिशाली तथा स्वतन्त्र बनी।"[16]

लोकोक्तियों या कहावतों की अपनी विशेषताएँ भी महत्त्वपूर्ण हैं। इस सम्बन्ध में Alan Dundes ने लिखा है–

"Like the other forms of folklore, proverbs may serve as impersonal vehicles for personal communication."[17]

हिन्दी रूपान्तर–प्रवचन, मुहावरे एवं लोकोक्तियाँ आदि जो भी नाम हो, लेकिन भाषा विशेष के प्रवाह स्वरूप इन उपादानों की एक प्रधान विशेषता है उनकी निर्वैयिक्तकता।

प्राचीनकाल से जनसमाज में प्रचलित इन मुहावरों, लोकोक्तियों एवं प्रवचनों का उद्‌भव किसने कब, कहाँ और कैसे किया, उसका प्रामाणिक तथ्य नहीं मिलता।

इस सम्बन्ध में महेश्वर नेऊग जी ने लिखा है–

"जीवन के चरम सत्य के बारे में विचार करने का अवसर न मिलने वाले साधारण लोगों के जीवन या एक दिन के तीव्र अनुभव, कभी एक जाति की कई पीढ़ियों की अभिज्ञताएँ समूह में लोकोक्ति के रूप में प्राप्त होती हैं।"[18]

असमिया भाषा में रामकथा पर आधारित कुछ प्रवचनों को निम्न रूप में देखा जा सकता है–

अति दर्पे हत लंका–इसका साधारण अर्थ है शक्तिशाली एवं प्रतिष्ठित लंका का राजा रावण अपने अहंकार के वशीभूत होकर सीता जी का हरण करता है। इसी अपराध के कारण उसका तथा सम्पूर्ण लंका राज्य का पतन होता है। अत्यधिक अहंकार पतन निश्चित करता है।

आई सीता पाताललै जाब काक थब काक लब–इसका सामान्य अर्थ है अन्य के काम पर ध्यान न देकर अपना कार्य करते जाना।

सीता आछे कथा नपरे मनत। सीताई कान्दे अशोक वनत–अर्थात् अर्थहीन विलाप। अशोक वन में सीता का विलाप करना भी अर्थहीन हुआ।

एके जापे लंकार पार–अर्थात् प्रथम कोशिश में कार्य का समापन करना। जिस प्रकार हनुमान प्रथम प्रयास में समुद्र पार कर लंका पहुँचे थे।

एके रामे रक्षा नाई सुग्रीव दोहार–लंका पर विजय और सीता-उद्धार के लिए राम की शक्ति ही काफ़ी थी। उसमें सुग्रीव तथा उसकी सेना की शक्ति जुड़ने से वह और भी शक्तिशाली बन गयी थी। अर्थात् आशय यह है कि एक के साथ और एक शक्ति जुड़कर परिस्थिति और भी गम्भीर बन जाती है।

कुम्भकर्णर निद्रा–अधिक निद्रामग्न तथा विलासी व्यक्ति की कुम्भकर्ण से तुलना की जाती है।

घर शतुरे रावण वध/घर शत्रु विभीषण–जिस प्रकार घर के सदस्य होने पर भी विभीषण ने रावण के खिलाफ़ कदम उठाया था उसी प्रकार घर के अपनों की प्रताड़ना को समझाने हेतु उक्त लोकोक्ति प्रचलित है।

ताहानिये किलाले राम आजिहे गाटो घामे–अर्थात, पुरानी बातें याद कर दुखी होना।

दरिदू जाय लंकार पार तेउ नुगुचे कांधर भार–अर्थात गरीबों का दुख कभी ख़त्म नहीं होता चाहे वह लंका ही क्यों न पहुँच जाये।

फाट दिया वसुमती पाताले लुकाउ–अर्थात् राम से निन्दा सुनकर सीता सहन न कर पायीं और पाताल में समा गयीं। किसी के दुष्कर्म की निन्दा करते हुए यह लोकोक्ति कही जाती है।

बालिलै जिपाट सुग्रीवलैउ सेईपाट–आशय यह है कि अनिष्टकारियों की दशा अन्त में एक जैसी ही होती है।

भादत करि कल रोपण सवंशे मरिल लंकार रावण–अर्थात् असमय किये गये कार्य का फल शुभ नहीं होता।

मारीचर माया–जिस प्रकार मारीच की माया द्वारा सीताहरण सहज हुआ उसी प्रकार अनुचित उपाय से किये गये छल को समझाने के लिए यह लोकोक्ति प्रचलित है।

जत करिलो छाईत भूंजालो। लक्ष्मण्क जीयावर औषध नापालो–अर्थात् अनेक प्रयत्न के बावजूद कार्य में विफल होना। जिस प्रकार लक्ष्मण के रावण के साथ युद्ध में घायल होने पर राम द्वारा अनेक प्रयत्न किये गये थे, परन्तु सभी विफल हुए थे।

रामर काजलै वद्दे करे हेला शैचलै गै करे डेर बेला–अर्थात् दूसरो के कार्य के प्रति रुचि न दिखाना।

रामलै चालेउ डरो सीतालै चालेउ मरो–एक ओर राम लोकोपवाद के भय से सीता परित्याग कर सीता के दुख से व्यथित थे। दूसरी ओर राम राजा थे उनके विरुद्ध आवाज उठाने में भी भय था। यह द्वन्द्वात्मक स्थिति उपर्युक्त लोकोक्ति को स्पष्ट करती है।

रामो नाई अयोध्याउ नाई–राम के शासन में अयोध्या में सुख-शान्ति थी। वे एक आदर्श राजा थे। परन्तु वर्तमान में इसकी विपरीत स्थिति को स्पष्ट करने के लिए यह लोकोक्ति प्रचलित है।

राम निजीये लंका उठर दिनर वाट–विलम्ब के लिए समय नहीं है यही भाव उक्त प्रवचन में व्यक्त होता है। जिस प्रकार लक्ष्मण के लिए औषधि लाने में विलम्ब होगा सोचकर हनुमान शीघ्रता में पर्वत ही उठा लाये थे।

रामर परियाले जगत (लंका) जुरिछे सीतार है मातोतो नाई–आशय यह है कि लोग शक्तिशाली के समर्थक होते हैं, साधारण के नहीं। बेनुधर राजखोवा के अनुसार, "रामचन्द्र के विशाल सेना लेकर लंका में उपस्थित होने के बाद भी सीता उद्धार में विलम्ब होने के प्रसंग से यह प्रवचन सम्बन्धित है।"

राम भाल राम भाल राम नहय जम काल–राम चाहे जितना भी आदर्श पुरुष क्यों न हो सीता के प्रति उनका अन्याय जनसमाज में स्वीकार्य नहीं था। आशय यही है कि देखने में साधू लगने वाले भी घोर अपराधी होते हैं। यही भाव उक्त लोकोक्ति से प्रकट होता है।

रावणर चिता जुई–कहा जाता है कि रावण की चिता की अग्नि अब तक नहीं बुझी है वह अब भी सुनाई देती है। असमिया जनसमाज में हृदय की गहन वेदना को समझाने के लिए यह लोकोक्ति प्रचलित है।

रामर खाई रावणर गीत गाई–अकृतज्ञता का भाव प्रकाशित करने के लिए यह प्रवाद है।

लंकालै जि जाई सियेई रावण हय–क्षमता से होने वाले अंहकार को समझाने के लिए यह प्रवचन प्रचलित है।

लग हलै लंकालै को जाब पारि–लंका बहुत दूर है। फिर भी कोई साथ हो तो वहाँ तक जाना आसान हो जाता है। इस प्रकार मुश्किल कार्य साथ मिलकर आसानी से किया जा सकता है।

लक्ष्मण रेखा–सभी सीमाओं को लाँघने के अर्थ में यह लोकोक्ति प्रचलित है।

सीता नोहोवा यज्ञ पता : राम ने सीता को वनवास देने के पश्चात उनके बिना अश्वमेध का यज्ञ किया था। इसी कहावत के अनुसार मूल व्यक्ति की अनुपस्थिति में कार्य समापन करने का भाव व्यक्त करने के लिए यह लोकोक्ति प्रचलित है।

सात काण्ड रामायण पढ़ि सीता कार बाप! रामायणर पद देखि ने सुनि।।

इसका अर्थ है, सम्पूर्ण रामायण पढ़ने के बाद सीता के पिता कौन हैं? यह प्रश्न करना हास्यास्पद है। अतः किसी विषय पर सम्पूर्ण ज्ञान के बिना मत व्यक्त करना अनुचित है। यही भाव व्यक्त होता है।

शुक्ल पक्ष में नाचे बाम लका जिनि आहे राम–अर्थात् शुक्ल पक्ष में बायीं आँख फड़कना शुभ होता है यही भाव व्यक्त हुआ है।

हनुमानर लंका काण्ड : जिस प्रकार हनुमान ने पूँछ पर आग लगाने पर पूरी लंका का ध्वंस कर दिया था उसी प्रकार असमिया जनसमाज किसी भी बड़ी घटना को उक्त लोकोक्ति से व्यक्त करता है।

हनुमान लंकालै गोल, नेजर अग्नि मुखे नुमाल–जिस प्रकार हनुमान ने पूँछ की आग स्वयं चुनी थी उसी प्रकार अपनी समस्या का समाधान स्वयं करने का उपदेश देने के क्रम में यह लोकोक्ति प्रचलित है।

इस प्रकार अनेक लोकोक्तियाँ, मुहावरे जो कि रामकथा पर आधारित हैं असमिया जनसमाज में प्रचलित हैं। इनकी प्रासंगिकता अब भी बनी हुई है। अतः इनके संरक्षण की आवश्यकता भी महत्त्वपूर्ण विषय है क्योंकि बदलते परिप्रेक्ष्य में आधुनिक शिक्षा-पद्धति तथा बदलती जीवन शैली लोक समाज को इन प्रवादों से दूर कर रही है।

विवाह गीत के अलावा बिहु गीत, विविध अनुष्ठान जैसे उपनयन, चूड़ाकरण आदि में रामकथा पर आधारित गीतों का प्रचलन है। उदाहरणार्थ–

बिहु गीत

घोषा–

देउतार पदुलित गोंधाइछे माधुरी
केतेकी मलेमलाय अई गोबिन्दाई राम।

पद–

वशिष्ट बदति सुना रघुपति
मिलिल परम चिन्ता अई गोबिन्दाई राम।
केने यग्यभुमि प्रवेशिला तुमि
लगत नाहिके सीता अई गोबिन्दाई राम।
आवे कि करिब सभार्थे जजिव
शास्त्रर एहिसे न्याय अई ।
सुनि रघुनाथ चपराईल माथ।
राघव चिंतित बुजिया इंगित
भक्त भरत काजी अई
प्रवन्धि जतने जोगाईल तेखने
सूवर्णर सीता साजि अई
सुना बुधरने केदिन जीवन
मिलिब घोर मरण अई

अद्‌यापि नेदेखा नाई आर रक्षा
रामत लैयो शरण अई गोबिन्दाई राम[19]

उपरोक्त गीत में राम द्वारा अश्वमेध का यज्ञ सम्पादन, सीता का विवाह और यज्ञ के समय सीता के न होने पर सीता की स्वर्ण मूर्ति बनाकर यज्ञ करने की कथा का वर्णन है।

चूड़ाकरण का गीत

राम राम गा धुई उठिये
राम राम माकक सुधिलै
राम राम कि कापोर पिन्धिव पाई है।

उपनयन का गीत

लोटा दि खेदिले बाते दि खेदिलै
अई राम आरु कि दि खेदिलै विधि हे।
भार्या दिमे बुलि उलोटाई आनिले
अई राम किनो देउताकर बूदूदिहे।

इस प्रकार रामकथा पर आधारित विविध अनुष्ठानों के अनेक गीत मौखिक परम्परा में प्रचलित हैं।

इनके अलावा गोवालपारा ज़िले में नाट्यानुष्ठान में रामायण पर आधारित कुशान गीत, भारी गान, और बेना गान वर्तमान में भी प्रचलित हैं। यह बहुत ही लोकप्रिय अनुष्ठान हैं। उदाहरणार्थ–

भारी गान–

"राम राम प्रभु राम कमालि लोचन युद्ध लागिलरे।"

रावण के युद्ध में प्रवेश का वर्णन–

"रावण साजिलरै आहे लंकार राजन रावण साजिलरै।"

बेना गान–

पंच मास गर्भ आछे सीतार उदरे।
जाये जाये एक बहिछे घरे।।
सीताक देखिया कय जत नारीगण।
तोमाक लैया लंकापूरी है याछे दुर्गति।
भुमिते लिखह ताक मुण्डे मारुङ लाथि ।।
सीता बले ताके मुई देखा नाई कुनो काले।
छायामात्र देखिछुड मुई सागर जले।।
तथापि जिज्ञासा करे जत नारीगण।
जलत द्रष्ट छाया कि रकम रावण।।[20]

यहाँ, सीता को राम किन कारणों से वनवास देते हैं, उन्हीं का वर्णन है। इस प्रकार अनेक उदाहरण भरे पड़े हैं।

उपसंहार

असमिया समाज तथा संस्कृति में मौखिक रूप से गीतों, प्रवादों के माध्यम से रामकथा अब भी जीवित है। जहाँ थोड़े-बहुत परिवर्तन के साथ असमिया सभ्यता की छाप, लोक मनःस्तत्व का प्रतिफलन होकर

रामकथा और भी रोचक तथा आकर्षक बन पड़ी है। लोक से जुड़कर रामकथा तथा राम विशिष्ट बन गये हैं और यह धारा प्रवाहित रहेगी।

सन्दर्भ ग्रन्थ

1. बसन्त कुमार भट्टाचार्य, माधव कन्दलिर रामायण, सुन्दर काण्ड : एटि समीक्षा, पृ. 1, 1995
2. सत्येन्द्रनाथ शर्मा, रामायणर इतिबृत्त, पृ. 463, 1989
3. डॉ. ओमप्रकाश शर्मा, लोकायन : लोककला रूपों पर एकाग्र, पृ. 2007
4. वही, पृ. 12, 2007
5. सत्येन्द्रनाथ शर्मा, रामायणर इतिबृत्त, पृ. 468, 1989
6. कवीन्द्र नाथ कलिता बारमाही आरू विलाप गीत, पृ. 43, 1994
7. निकुंजलता बरुवा, सं., दिहानाम, पृ. 142-43, 2001
8. वही, पृ. 147
9. अनिमा नाथ, प्रीति नाथ, संकलित, बियानाम, भट्टाचार्य एजेन्सी, 2003
10. वही
11. वही
12. वही
13. वही
14. वही
15. वही
16. प्रफुल्ल दत्त गोस्वामी, असमिया जन साहित्य, पृ. 201
17. Alan Dundes, Essays in Folkloristics, पृ. 50
18. महेश्वर नेऊग, भूमिका, असमिया खण्डकाव्य कोश संकलक वेणुधर राजखोवा, पृ. 14
19. प्रफुल्ल दत्त गोस्वामी, बारमाहर तेरगीत साहित्य अकादेमी, नयी दिल्ली, 1970
20. बीरेन्द्रनाथ दत्त, गोवालपारा लोकनाट्य प्रबन्ध, संलाप प्रथम संख्या भाषा साहित्यर जलङाईदि ग्रन्थपीठ, 1988

रचनाकारों के पते

प्रो. गजेन्द्र कुमार पाठक	:	प्रोफ़ेसर, हिन्दी विभाग, हैदराबाद विश्वविद्यालय, हैदराबाद
डॉ. रीतामणि बैश्य	:	एसोसिएट प्रोफ़ेसर, हिन्दी विभाग, गौहाटी विश्वविद्यालय, असम
डॉ. राजकुमारी दास	:	असिस्टेंट प्रोफ़ेसर, हिन्दी विभाग, बी.एच. कॉलेज, हाउली, असम
करबी देवी	:	असिस्टेंट प्रोफ़ेसर, हिन्दी विभाग, नगाँव महाविद्यालय, नगाँव, असम
जोनटि दुवरा	:	असिस्टेंट प्रोफ़ेसर, हिन्दी विभाग, गोलाघाट वाणिज्य महाविद्यालय, गोलाघाट, असम
डॉ. मालविका शर्मा	:	सहयोगी अध्यापिका, हिन्दी विभाग, राधा गोविन्द बरुवा महाविद्यालय, गुवाहाटी, असम
डॉ. मंजुमोनी सैकिया	:	असिस्टेंट प्रोफ़ेसर, लखीमपुर कॉमर्स कॉलेज
डॉ. दीपा डेका	:	एसोसिएट प्रोफ़ेसर, नगाँव महाविद्यालय, नगाँव, असम
डॉ. परिस्मिता बरदलै	:	हिन्दी विभाग, कॉटन विश्वविद्यालय, गुवाहाटी
डॉ. अनुशब्द	:	अस्सिटेंट प्रोफ़ेसर, हिन्दी विभाग, तेजपुर विश्वविद्यालय, तेजपुर, असम
कुल प्रसाद उपाध्याय	:	शोधार्थी, हिन्दी विभाग, तेजपुर विश्वविद्यालय
डॉ. जोनाली बरुवा	:	एसोसिएट प्रोफ़ेसर, मरिधल कॉलेज, धेमाजी, असम
डॉ. प्रीति बैश्य	:	सहकारी अध्यापिका, हिन्दी विभाग, प्रागज्योतिष महाविद्यालय, गुवाहाटी, असम
डॉ. नूरजहान रहमतुल्लाह	:	सहायक अध्यापक, हिन्दी विभाग, कॉटन विश्वविद्यालय, गुवाहाटी
मणि कुमार	:	शोधार्थी, हिन्दी विभाग, दिल्ली विश्वविद्यालय
उन्मेषा कोंवर	:	शोधार्थी, हिन्दी विभाग, तेजपुर विश्वविद्यालय
शेवाली कलिता तालुकदार	:	असिस्टेंट प्रोफ़ेसर, डिमोरिया कॉलेज, क्षेत्री, कामरूप, असम
सुधा कुमारी	:	असिस्टेंट प्रोफ़ेसर, नारंगी आंचलिक कॉलेज, गुवाहाटी, असम,
सिकदर आनवारुल इसलाम/ आब्दुल मतिन	:	सहयोगी अध्यापक एवं सहकारी अध्यापक, हिन्दी विभाग, खारुपेटीया महाविद्यालय, खारुपेटीया, ज़िला दरंग, असम

युगल चन्द्र नाथ	:	सहकारी अध्यापक, मोरीगाँव महाविद्यालय, असम
कुशल महन्त	:	शोधार्थी, असम विश्वविद्यालय, असम
पुरबी कलिता	:	शोधार्थी, हिन्दी विभाग, असम विश्वविद्यालय, डीफू परिसर, असम
चन्दन हजारिका	:	असिस्टेंट प्रोफ़ेसर, एच़.पी.बी. गर्ल्स कॉलेज, गोलाघाट, असम
प्रियंका दास	:	शोधार्थी, हिन्दी विभाग, तेजपुर विश्वविद्यालय, तेजपुर, असम
आलिया जेसमीना/ नयानिका दत्ता चौधुरी	:	विद्यार्थी, हिन्दी विभाग, गौहाटी विश्वविद्यालय, असम
अनामिका बरो	:	प्राक्तन विद्यार्थी, हिन्दी विभाग, गौहाटी विश्वविद्यालय, असम
अनन्या दास	:	गौहाटी विश्वविद्यालय, गुवाहाटी, असम
डिम्पी कलिता	:	कॉटन विश्वविद्यालय, गुवाहाटी, असम
अपराजिता डेका	:	शोधार्थी, हिन्दी विभाग, गौहाटी विश्वविद्यालय, असम

❑❑